JN007935

はしがき

本シリーズのねらい――「過去問」の徹底分析による効率的な学習を可能にする

合格したければ「過去問」にあたれ。

あたりまえに思えるこの言葉の、ほんとうの意味を理解している人は、じつは少ないのかもしれません。過去問は、なんとなく目を通して安心してしまうものではなく、徹底的に分析されなくてはならないのです。とにかく数多くの問題にあたり、自力で解答していくうちに、ある分野は繰り返し出題され、ある分野はほとんど出題されないことに気づくはずです。ここまできて初めて、「過去問」にあたれ、という言葉が自分のものにできたといえるのではないでしょうか。

頻出分野が把握できたなら、もう合格への道筋の半分まで到達したといっても過言ではありません。時間を効率よく使ってどの分野からマスターしていくのか、計画と戦略が立てられるはずです。

とはいえ、教養試験も含めると20以上の科目を学習する必要がある公務員試験では、過去問にあたれといっても時間が足りない、というのが実状ではないでしょうか。

そこでTAC公務員講座では、みなさんに代わり全力を挙げて、「過去問」を徹底分析し、この『過去問攻略Vテキスト』シリーズにまとめあげました。

網羅的で平板な解説を避け、不必要な分野は思いきって削り、重要な論点に絞って厳選収録しています。また、図表を使ってわかりやすく整理されていますので、初学者でも知識のインプット・アウトプットが容易にできるはずです。

『過去問攻略Vテキスト』の一冊一冊には、“無駄なく勉強してぜったい合格してほしい”という、講師・スタッフの思いが込められています。公務員試験は長く孤独な戦いではありません。本書を通して、みなさんと私たちは合格への道を一緒に歩んでいくことができるのです。そのことを忘れないでください。そして、必ずや合格できることを心から信じています。

2019年12月　TAC公務員講座

●—— 第２版（大改訂版）　はしがき

長年、資格の学校TACの公務員対策講座で採用されてきた『過去問攻略Ｖテキスト』シリーズが、このたび大幅改訂されることになりました。

◆より、過去問攻略に特化

資格の学校TACの公務員講座チームが過去問を徹底分析。合格に必要な「標準的な問題」を解けるようにするための知識を過不足なく掲載しています。

『過去問攻略Ｖテキスト』に沿って学習することで、「やりすぎる」ことも「足りない」こともなく、必要かつ充分な公務員試験対策を進められます。

合格するために得点すべき問題は、このテキスト１冊で対策できます。

◆より、わかりやすく

執筆は資格の学校TACの公務員講座チームで、受験生指導に当たってきた講師陣が担当。受験生と接してきた講師が執筆するからこそ、どこをかみ砕いて説明すべきかがわかります。

読んでわかりやすいこと、講義で使いやすいことの両面を意識した原稿づくりにこだわりました。

◆より、使いやすく

・本文デザインを全面的に刷新しました。
・「過去問Exercise」などのアウトプット要素も備え、知識の定着と確認を往復しながら学習できます。
・TAC公務員講座の講義カリキュラムと連動。最適な順序でのインプットができます。

ともすれば20科目以上を学習しなければならない公務員試験においては、効率よく試験対策のできるインプット教材が不可欠です。『過去問攻略Ｖテキスト』は、上記のとおりそのニーズに応えるべく編まれています。

本書を活用して皆さんが公務員試験に合格することを祈念しております。

2022年５月　TAC公務員講座

2023年４月　第３版改訂

公務員試験
過去問攻略Vテキスト 18-1

TAC公務員講座 編

自然科学（上）
数学
物理
化学

TAC出版
TAC PUBLISHING Group

●──〈自然科学（上）〉はしがき

本書は、地方上級･国家一般職レベルの大卒公務員試験の合格に向けて、過去問（過去に出題された問題）を徹底的に分析して作成されています。

過去問を分析すると、ある科目の学習範囲のなかでも出題の濃淡が見られることがわかります。本書はその出題傾向を踏まえて編まれた受験対策テキストですが、特に自然科学という科目の性質に合わせて工夫された部分や、留意してほしい点について、はじめに示しておきます。

1．自然科学の出題について

自然科学の出題は大きく、数学・物理・化学・生物・地学の５分野に分かれ、本書もこれを踏まえた章構成をとっています。一般知識科目全体にいえることですが、学習範囲の広さに比べて出題数が少ないという特徴があります。また自然科学は受験先によっては分野ごと出題が一切ないこともありますので、学習に時間を割きすぎないことも重要です。

本書には序章を設け、試験ごとの出題数や、分野ごとの重点項目を挙げていますので、傾向を念頭においたうえでメリハリのある学習を心掛けましょう。

2．過去問 Exerciseについて

冒頭に示したとおり、本書は地方上級・国家一般職レベルの大卒公務員試験を対象にしたテキストですが、各節末に設けている「過去問 Exercise」においては、警察官・消防官の過去問や、中級以下の公務員試験の過去問を掲載していることがあります。

高等学校までの学習課程で理数系の科目にあまり取り組んでこなかった受験生にとっては特に、自然科学の学習内容は親しみにくいところもあるでしょう。ただ実際に出題された過去問にも単純なものから難しいものまで難易度の幅があり、本書を簡単に流し読みする程度の学習でも解けてしまう問題は数多くあります。あえてメインターゲットより易しい問題を掲載しているのは、そのような取り組みやすい問題を入り口にして、段階的に学習の負荷を上げていけるようにするための配慮です。

他の科目と同様に、インプットとアウトプットを往復しながら学習を進めていくように心がけましょう。

2022年５月　TAC 公務員講座

本書の使い方

本書は、本試験の広範な出題範囲からポイントを絞り込み、理解しやすいよう構成、解説した基本テキストです。以下は、本書の効果的な使い方ガイダンスです。

本文

★★★

1 物質の構成

地球上のあらゆる物質はすべて原子という粒子から構成されています。これらの構造や分類、さらには結合について見ていきましょう。

●アウトライン
その節のアウトラインを示しています。これから学習する内容が、全体の中でどのような位置づけになるのか、留意しておくべきことがどのようなことなのか、あらかじめ把握したうえで読み進めていきましょう。

1 物質の構成

1 元素、原子、分子

① 元　素

物質を構成する基本的な成分を**元素**という。100種類以上の元素が存在し、**元素記号**を用いて表す。性質ごとに**周期表**にまとめられている。

例　水素H、ヘリウムHe、炭素C、窒素N、酸素O、ネオンNe、ナトリウムNa、塩素Cl、金Auなど

② 原　子

物質を構成する基本的な粒子を**原子**という。原子がそのままの状態で物質を作っていることはほとんどなく、結合していることが多い。

③ 分　子

いくつかの原子が結合して作られた粒子を**分子**という。物質の化学的性質を決める最小の単位である。

例　水H_2O、二酸化炭素CO_2など

2 物質の分類

物質は、１種類の物質のみで構成される純物質と、２種類以上の物質で構成される混合物に分けられる。

292　第３章　化　学

●**重要度**

各種公務員試験の出題において、この節の内容がどの程度重要かを示していますので、学習にメリハリをつけるための目安として利用してください。

㊦★☆☆ ←――――→ ★★★㊤

重要度

物質
- **純物質**
  - **単体**…１種類の元素から構成される物質
    例　水素H_2、酸素O_2、炭素C、硫黄S、鉄Feなど
  - **化合物**…２種類以上の元素からなる物質
    例　水H_2O、二酸化炭素CO_2、塩化ナトリウムNaCl、ショ糖$C_{12}H_{22}O_{11}$など
- **混合物**…２種類以上の純物質が混合しているもの
  例　空気、海水、石油、アンモニア水、砂糖水、塩酸[1](H_2O＋HCl)など

第3章　化学

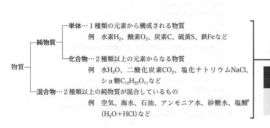

純物質はすべて一つの化学式で表現できるが、混合物は純物質が複数混ぜられているので一つの化学式では表現できない。

3 物質の状態変化

純物質は、それぞれ物質ごとに一定の値の融点や沸点、密度などを持っている。この融点や沸点を超えて物質の状態が変化することを**状態変化**という。

気体が液体に変化することを**凝縮**といい、液体が気体に変化することを**蒸発**という。

液体が固体に変化することを**凝固**といい、固体が液体に変化することを**融解**という。

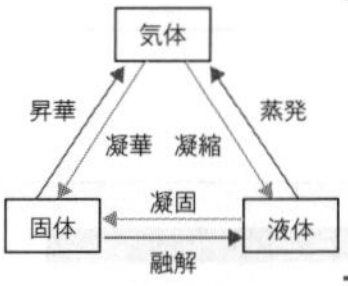

気体が固体に変化することを**凝華**といい、固体が気体に変化することを**昇華**という。

気体、液体、固体という物質の三つの状態を**物質の三態**という。

4 物質の分離・精製法

混合物にさまざまな操作を加えることによって、その中に混ざっている純物質を別々に取り出すことができる。これを**分離**といい、より純粋な物質を得る操作を**精製**という。

混合物の分離は一般に、各純物質の沸点や融点、水への溶解度の違いなどを用いて行われる。

1　塩化水素HClという気体が水に溶けたものが塩酸で、便宜上同じくHClと表記している。

1　物質の構成　293

●**図・表**

抽象的な概念を理解しやすくするための図や、関連し合う事項を区別しやすくするための表を適宜設けています。

●**脚注**

試験とは直接関係しないものの、学習にあたって参考にしてほしい情報を「脚注」として適宜示しています。

（※図はいずれもサンプルです）

例題

主に第1章（数学）で、学習内容の理解を確かめられる問題を配置しています。

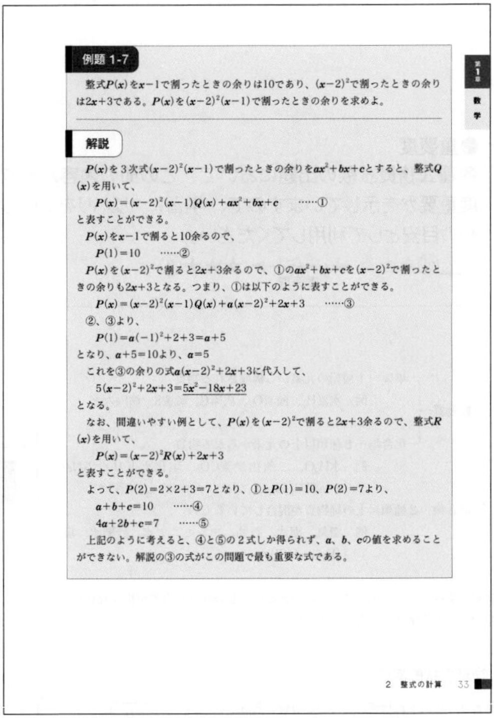
第1章 数学

例題 1-7

整式$P(x)$を$x-1$で割ったときの余りは10であり、$(x-2)^2$で割ったときの余りは$2x+3$である。$P(x)$を$(x-2)^2(x-1)$で割ったときの余りを求めよ。

解説

$P(x)$を3次式$(x-2)^2(x-1)$で割ったときの余りをax^2+bx+cとすると、整式$Q(x)$を用いて、

$P(x)=(x-2)^2(x-1)Q(x)+ax^2+bx+c$ ……①

と表すことができる。

$P(x)$を$x-1$で割ると10余るので、

$P(1)=10$ ……②

$P(x)$を$(x-2)^2$で割ると$2x+3$余るので、①のax^2+bx+cを$(x-2)^2$で割ったときの余りも$2x+3$となる。つまり、①は以下のように表すことができる。

$P(x)=(x-2)^2(x-1)Q(x)+a(x-2)^2+2x+3$ ……③

②、③より、

$P(1)=a(-1)^2+2+3=a+5$

となり、$a+5=10$より、$a=5$

これを③の余りの式$a(x-2)^2+2x+3$に代入して、

$5(x-2)^2+2x+3=\underline{5x^2-18x+23}$

となる。

なお、間違いやすい例として、$P(x)$を$(x-2)^2$で割ると$2x+3$余るので、整式$R(x)$を用いて、

$P(x)=(x-2)^2R(x)+2x+3$

と表すことができる。

よって、$P(2)=2\times2+3=7$となり、①と$P(1)=10$、$P(2)=7$より、

$a+b+c=10$ ……④

$4a+2b+c=7$ ……⑤

上記のように考えると、④と⑤の2式しか得られず、a、b、cの値を求めることができない。解説の③の式がこの問題で最も重要な式である。

2 整式の計算 33

過去問Exercise

節ごとの学習の終わりに、実際の過去問にチャレンジしてみましょう。
正しい基準で判断できたかどうかだけでなく、正しい基準で判断できたかどうかも意識しながら取り組むようにしましょう。

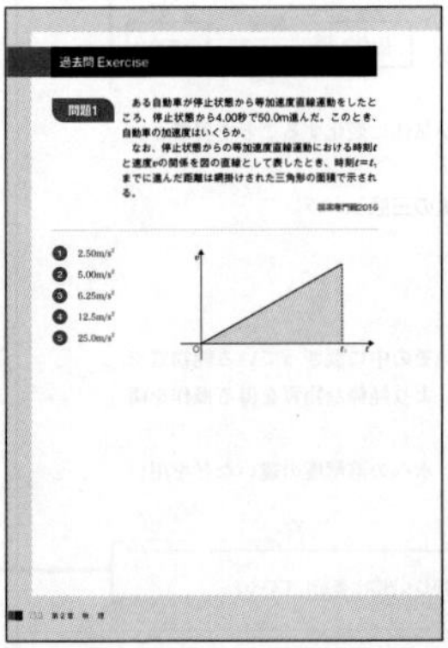
過去問 Exercise

問題1 ある自動車が停止状態から等加速度直線運動をしたところ、停止状態から4.00秒で50.0m進んだ。このとき、自動車の加速度はいくらか。

なお、停止状態からの等加速度直線運動における時刻tと速度vの関係を図の直線として表したとき、時刻$t=t_1$までに進んだ距離は網掛けされた三角形の面積で示される。

国家専門職2016

❶ 2.50m/s²
❷ 5.00m/s²
❸ 6.25m/s²
❹ 12.5m/s²
❺ 25.0m/s²

第2章 物理

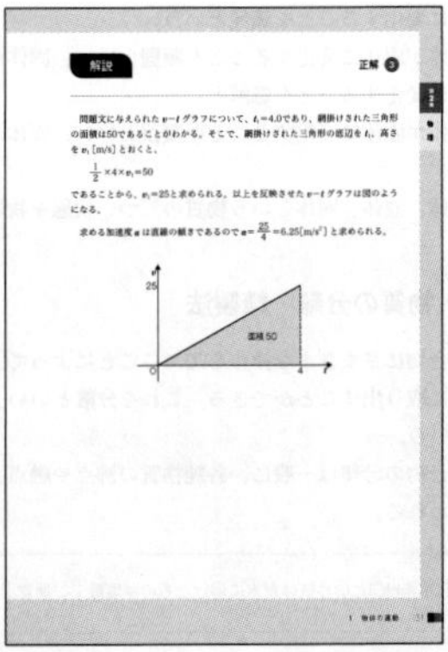
解説 正解 ❸

問題文に与えられた$v-t$グラフについて、$t_1=4.0$であり、網掛けされた三角形の面積は50であることがわかる。そこで、網掛けされた三角形の底辺をt_1、高さをv_1 [m/s] とおくと、

$\frac{1}{2}\times4\times v_1=50$

であることから、$v_1=25$と求められる。以上を反映させた$v-t$グラフは図のようになる。

求める加速度aは直線の傾きであるので$a=\frac{25}{4}=6.25$[m/s²] と求められる。

1 物体の運動

CONTENTS

第3章　化　学

序章

学習の前に

学習を始める前に、まず自然科学特有の事情について理解しておきましょう。

1 出題状況

自然科学は、数学、物理、化学、生物、地学の５分野で構成されており、以下の表のような出題状況にある。試験種によっては分野ごと出題が見られないものもあるため、まずは受験予定に照らして学習スケジュールを組み立てていきたい。

近年の自然科学の出題状況

	数学	物理	化学	生物	地学
裁判所一般職	0	1	1	1	1
東京都Ｉ類B	0	1	1	1	1
特別区Ｉ類	0	2	2	2	2
地方上級（道府県庁・政令市）	1	1	2	2	1
市役所	1	1	1	2	1

※年度によって、出題数が変動する可能性がある。
※国家一般職、国家専門職での自然科学は、2024年試験より「自然・人文・社会に関する時事」として時事的な内容に絡めた出題となることが発表されている。

1 数学の出題内容と対策

数学の出題がある場合、高校数学の範囲から出題がなされる。数的処理で出題される範囲と区別するためか、方程式や関数に関わる出題が多いのが特徴である。

１次関数・２次関数や数と式といった特定の分野からの出題が繰り返されているので、的を絞って対策するとよい。また、数列の内容は数的推理、三角比で学ぶ図形の公式などは空間把握や物理を学ぶうえでも役に立つので、知識を習得しておくとよいだろう。

2 物理の出題内容と対策

物理の出題区分は、高校課程の物理（現行では物理・物理基礎）全般からの出題となり、特に物理基礎が重要である。出題される単元は大きく分けて、力学、波動、電磁気である。

物理はやや相性の要求される科目であり、どうしても負担に感じる場合はあまり深追いをしないほうがよい場合も確かにある。しかし、例えば力学の等加速度運動は数的処理の「速さ」の単元の延長上にある分野であり、このように部分的に取り組みやすい単元もある。

また、近年の傾向として知識のみで解ける出題も多く、前述したように公式や計算が苦手な受験生は、知識分野だけでも押さえておくとよいだろう。また、波動で扱う光の性質や放射線物理学の知識は地学で必要となり、電磁気で扱う静電気の知識は化学でも必要となるので、科目横断を意識して学ぶとよいだろう。

3 化学の出題内容と対策

化学の出題区分は、高校課程の化学(現行では化学・化学基礎)全般からの出題となり、特に化学基礎が重要である。出題される単元は大きく分けて、理論化学、無機化学、有機化学である。

まず、出題の過半数を占め、なおかつ科目全体の理解に必要不可欠な理論化学の学習に十分な時間を割き、そのうえで無機化学を対策し、余力があれば有機化学に取り組むとよい。高校の２年間の学習課程を短期的に詰め込むことになるので、裏を返せば頻出分野や核となる分野に絞った学習が不可欠ということであり、要領よく取り組むことが重要である。

4 生物の出題内容と対策

生物の出題区分は、高校課程の生物(現行では生物・生物基礎)全般からの出題となる。特に出題される単元は大きく分けて、細胞、遺伝と発生、人体、その他である。

生物は、分野ごとの出題頻度に明確な傾向があるわけではなく、全体的に均等に出題されている。ただ、試験種ごとに見た場合、東京都Ⅰ類Bと裁判所一般職の出題傾向は似ているといえる。しかし、これも明確なものではなく、どの試験種を受験するにしても、全体的に学習する必要がある。そのため、単元ごとの基本事項を確実に押さえ、少しでも正解する確率を上げていくしかない。

知識系は「やや曖昧にたくさん覚えている」よりも「少なくても確実な知識」があるほうが正答率が上がる。このことを意識して取り組んでいこう。

5 地学の出題内容と対策

地学の出題区分は、高校課程の地学(現行では地学・地学基礎)全般からの出題となり、特に地学基礎が重要である。出題される単元は大きく分けて、宇宙、大気・海洋、個体地球、地球史である。

公務員試験全体の傾向としては、天体と日本の天気、地震からの出題が比較的多く、全体の半分以上が中学学習内容なので、高校入試で理科が得意だった者にとっては、それよりも易しいと感じる問題もあるだろう。そのため、まずはこれらの分野の基礎部分を重点的に学習し、問題演習で知識を確実なものにしていくとよい。

2 10^n の表記・計算

1 10^n の表記

自然科学においては、非常に大きな数量や非常に小さな数量を取り扱うケースがあり、これらの数量を表記したり計算したりするのに、10^nという形式を採用する場合がある。

例えば、化学の学習に登場するアボガドロ定数は6.02×10^{23}という数であり、これを通常の方法で表記しようとすると、

6.02×10^{23}＝602,000,000,000,000,000,000,000

と長大な記述を要することになる。これをコンパクトにしたものが「10^n」という表記である。$\boldsymbol{n}$には負の数が用いられることもある。負のときは分数で表記され、$10^{-n}=\dfrac{1}{10^n}$になる(表では小数表記している)。

〈表　10^n の表記〉

べき指数	数	べき指数	数
10^{24}	1,000,000,000,000,000,000,000,000	10^{0}	1
10^{21}	1,000,000,000,000,000,000,000	10^{-1}	0.1
10^{18}	1,000,000,000,000,000,000	10^{-2}	0.01
10^{15}	1,000,000,000,000,000	10^{-3}	0.001
10^{12}	1,000,000,000,000	10^{-4}	0.0001
10^{11}	100,000,000,000	10^{-5}	0.00001
10^{10}	10,000,000,000	10^{-6}	0.000001
10^{9}	1,000,000,000	10^{-7}	0.0000001
10^{8}	100,000,000	10^{-8}	0.00000001
10^{7}	10,000,000	10^{-9}	0.000000001
10^{6}	1,000,000	10^{-10}	0.0000000001
10^{5}	100,000	10^{-11}	0.00000000001
10^{4}	10,000	10^{-12}	0.000000000001
10^{3}	1,000	10^{-15}	0.000000000000001
10^{2}	100	10^{-18}	0.000000000000000001
10^{1}	10	10^{-21}	0.000000000000000000001
10^{0}	1	10^{-24}	0.000000000000000000000001

2 10^n の計算

数学で学習する指数法則を活用して計算する。例えば、

$$\frac{2.5\times10^{-5}}{0.5\times10^{3}}=5.0\times10^{-5}\times\frac{1}{10^{3}}\quad(2.5と0.5を約分)$$

$$=5.0\times10^{-5}\times10^{-3}\quad(指数法則 \boldsymbol{a}^{-x}=\frac{1}{\boldsymbol{a}^{x}} より)$$

$$=5.0\times10^{-5-3}\quad(指数法則 \boldsymbol{a}^{x}\times\boldsymbol{a}^{y}=\boldsymbol{a}^{x+y} より)$$

$$=5.0\times10^{-8}$$

3 既知とする知識について

以下の内容は、本書の学習を始める時点で既知であるものとして、改めて説明していない場合がある。

① 中学課程までの算数、数学、理科の学習内容
② 『過去問攻略Vテキスト 16 数的処理(上)』の数的推理で取り扱った知識

②は主に数学の図形に関する学習で前提となるものである。

第1章

数　学

数学では数ⅠAの基本をしっかりマスターすることが肝心です。それぞれの項目の重要点について解説をしていきますので、計算問題を中心に理解できるようになりましょう。

1 計算の基礎

数学の基本は計算力であり、計算の正確性は学習者にとって永遠のテーマですが、「工夫によって計算量を減らす」ことを意識して学習しましょう。

❶ 指数法則と展開・因数分解

数学では、指数法則や因数分解・展開公式を使いこなすことが要求される。そこで、以下に挙げた指数法則と因数分解・展開の公式をマスターしよう。

1 指数法則

指数法則

❶ $a^x \times a^y = a^{x+y}$

❷ $a^x \div a^y = a^{x-y}$

❸ $(a^x)^y = (a^y)^x = a^{xy}$

❹ $(ab)^x = a^x b^x$

❺ $a^{-x} = \frac{1}{a^x}$

❻ $a^0 = 1$

❼ $a^{\frac{1}{n}} = \sqrt[n]{a}$　※特に$a^{\frac{1}{2}} = \sqrt[2]{a} = \sqrt{a}$（厳密には、平方根は2を省略したもの）

2 展開・因数分解の公式

以下の公式において、左辺から右辺へ変形することを展開、右辺から左辺へ変形することを因数分解という。

展開・因数分解の公式

❶ $m(x+y)=mx+my$　❷ $(x+y)^2=x^2+2xy+y^2$

❸ $(x-y)^2=x^2-2xy+y^2$　❹ $(x+y)(x-y)=x^2-y^2$

❺ $(x+a)(x+b)=x^2+(a+b)x+ab$

❻ $(ax+b)(cx+d)=acx^2+(ad+bc)x+bd$

❼ $(x+y)^3=x^3+3x^2y+3xy^2+y^3$

❽ $(x-y)^3=x^3-3x^2y+3xy^2-y^3$

❾ $(x+y)(x^2-xy+y^2)=x^3+y^3$

❿ $(x-y)(x^2+xy+y^2)=x^3-y^3$

⓫ $(x+y+z)^2=x^2+y^2+z^2+2xy+2yz+2zx$

⓬ $(x+y+z)(x^2+y^2+z^2-xy-yz-zx)=x^3+y^3+z^3-3xyz$

3 因数分解の解法

因数分解の解き方を整理する。次の四つの例で示す因数分解のパターンは必ず解けるようにしておこう。

例1　$2x^2+6x-20$を因数分解せよ。

$2x^2+6x-20=2(x^2+3x-10)$　（共通因数でくくる：公式❶）

$=\underline{2(x-2)(x+5)}$　（公式❺）

例2　$(x^2-3)^2+3(x^2-3)-4$を因数分解せよ。

(x^2-3)をAと置いて簡単な形にする。（文字で置いて簡単な形にする（置き換え））

$(x^2-3)^2+3(x^2-3)-4=A^2+3A-4$

$=(A-1)(A+4)$　（公式❺）

Aをもとに戻す。

$\{(x^2-3)-1\}\{(x^2-3)+4\}=(x^2-4)(x^2+1)$　（文字をもとに戻す）

さらに因数分解する。

$(x^2-4)(x^2+1)=\underline{(x+2)(x-2)(x^2+1)}$　（公式❹）

例3　$x^2+2xy-10y-25$を因数分解せよ。

文字が複数ある場合には、**次数が最も低い文字**について整理する。

xの２次式、yの１次式なので、**次数が最も低いy**について整理する。

$x^2+2xy-10y-25=(2x-10)y+(x^2-25)$

因数分解できるところを探すと$(2x-10)y$は２でくくることができ（**公式❶**）、x^2-25は和と差の積に因数分解（**公式❹**）できる。

$(2x-10)y+(x^2-25)=2(x-5)y+(x+5)(x-5)$

$(x-5)$をAとおいて簡単な形にし、因数分解を経てもとに戻す。

$2Ay+A(x+5)=A\{2y+(x+5)\}$　＜ 文字で置いて簡単な形にする（置き換え）

$=\underline{(x-5)(x+2y+5)}$

例4　$3x^2+2x-1$を因数分解せよ。

たすきがけの公式（**公式❻**）を使って因数分解する。

x^2の項の係数が３なので、積が３になる組合せを考える。次に定数項が-1なので、積が-1になる組合せを考える。これらの組合せを下のようにクロスして掛け合わせ、その和がxの項の係数２になるように数字を配置する。その配置した数字を横方向に組み合わせたものが、因数分解した後の形となる。

3	╲╱	−1	→	−1　　1×(−1)＝−1
1	╱╲	1	→	3　　3×　1＝　3
				2

以上より、$3x^2+2x-1=\underline{(3x-1)(x+1)}$となる。

例題 1-1

次の式を因数分解せよ。

(1)　$x^2+xy-4x+4-2y$

(2)　x^2-y^2-2y-1

解説

(1)

xの２次式、yの１次式なので、次数が最も低いyについて整理する。

$$\begin{aligned} x^2+xy-4x+4-2y &= (x-2)y+(x^2-4x+4) \\ &= (x-2)y+(x-2)^2 \\ &= Ay+A^2 \quad \text{（}x-2=A\text{ とおく）} \\ &= A(y+A) \\ &= (x-2)(y+x-2) \\ &= \underline{(x-2)(x+y-2)} \end{aligned}$$

(2)

$$\begin{aligned} x^2-y^2-2y-1 &= x^2-(y^2+2y+1) \\ &= x^2-(y+1)^2 \\ &= x^2-A^2 \quad \text{（}y+1=A\text{ とおく）} \\ &= (x+A)(x-A) \\ &= \underline{(x+y+1)(x-y-1)} \end{aligned}$$

$x-A=x-(y+1)=x-y-1$となることに注意

❷ 絶対値・平方根

1 絶対値

絶対値の中身が正か負で場合分けすることによって絶対値を外すことができる。$x=0$は正負のどちらに含めてもよい。

$x \geqq 0$のとき、$|x|=x$

$x<0$のとき、$|x|=-x$

例5

$|2x-1|>3$を満たすxの範囲を求めよ。

❶ $2x-1 \geqq 0$のとき

つまり、

$x \geqq \frac{1}{2}$ ……①

のとき、$2x-1>3$なので、

$2x>4$

$x>2$ ……②

①、②を同時に満たすxの範囲は、

$x>2$ ……③

❷ $2x-1<0$のとき

つまり、

$x<\frac{1}{2}$ ……④

のとき、$-(2x-1)>3$なので、

$-2x+1>3$

$-2x>2$

これより、

$x<-1$ ……⑤

④、⑤を同時に満たすxの範囲は、

$x<-1$ ……⑥

よって、求める範囲は③または⑥なので、$x<-1$ または $2<x$となる。

2 平方根

正の数aの平方根には、$\sqrt{a}$と$-\sqrt{a}$の二つがある。

平方根

❶ $a>0$、$b>0$、$k>0$の場合、$\sqrt{a}\sqrt{b}=\sqrt{ab}$、$\dfrac{\sqrt{a}}{\sqrt{b}}=\sqrt{\dfrac{a}{b}}$、$\sqrt{k^2a}=k\sqrt{a}$

❷ 分母の有理化(分母から$\sqrt{\ }$をなくす)

$$\frac{A}{\sqrt{a}}=\frac{A\times\sqrt{a}}{\sqrt{a}\times\sqrt{a}}=\frac{A\sqrt{a}}{a}$$

$$\frac{A}{\sqrt{a}+\sqrt{b}}=\frac{A\times(\sqrt{a}-\sqrt{b})}{(\sqrt{a}+\sqrt{b})\times(\sqrt{a}-\sqrt{b})}=\frac{A\times(\sqrt{a}-\sqrt{b})}{(\sqrt{a})^2-(\sqrt{b})^2}=\frac{A\times(\sqrt{a}-\sqrt{b})}{a-b}$$

❸ A=(整数部分)+(小数部分) → 0≦(小数部分)<1

❹ aが実数の場合、$\sqrt{a^2}=|a|$(aが正か負で場合分けをして絶対値を外す)

例6

$2\sqrt{7}$の小数部分を式で表せ。

$2\sqrt{7}=\sqrt{2^2\times7}=\sqrt{28}$を平方数の$\sqrt{\ }$ではさみ、整数部分を求める。

$5=\sqrt{5^2}<\sqrt{28}<\sqrt{6^2}=6$

なので、整数部分は5、小数部分は$\sqrt{28}-$(整数部分)$=\underline{2\sqrt{7}-5}$

例7

$x<2$のとき、$\sqrt{x^2-4x+4}$を簡単にせよ。

$\sqrt{x^2-4x+4}=\sqrt{(x-2)^2}=|x-2|$

$x<2$なので、絶対値の中身$(x-2)$は負となり、-1倍して絶対値を外すと、

$|x-2|=\underline{2-x}$

例題 1-2

$-2<x<1$のとき、$\sqrt{9x^2+36x+36}-\sqrt{4x^2-8x+4}$を簡単にせよ。

解説

$$\begin{aligned}\sqrt{9x^2+36x+36}-\sqrt{4x^2-8x+4}&=\sqrt{9(x^2+4x+4)}-\sqrt{4(x^2-2x+1)}\\&=\sqrt{9(x+2)^2}-\sqrt{4(x-1)^2}\\&=3|x+2|-2|x-1|\end{aligned}$$

$-2<x<1$のとき、$x+2>0$、$x-1<0$であるから、

$$\begin{aligned}3|x+2|-2|x-1|&=3(x+2)-2\{-(x-1)\}\\&=3x+6+2x-2\\&=\underline{5x+4}\end{aligned}$$

3 その他の重要知識

1 恒等式と方程式

$(x-1)^2=x^2-2x+1$や$(x+y)(x-y)=x^2-y^2$などのようにx、yにどんな数を代入しても成り立つものを恒等式という。一方、$2x-1=0$のように、xに特定の数を代入したときだけ成り立つものを方程式という。

恒等式

❶ $ax^2+bx+c=0$がxについての恒等式ならば、$a=0$、$b=0$、$c=0$

❷ $ax^2+bx+c=\mathrm{A}x^2+\mathrm{B}x+\mathrm{C}$が$x$についての恒等式ならば、$a=\mathrm{A}$、$b=\mathrm{B}$、$c=\mathrm{C}$

例8 xについての恒等式$2x^2-7x-1=A(x-1)^2+B(x-1)+C$が成り立つように、定数A、B、Cの値を求めよ。

右辺を展開して整理すると、

$(\text{右辺})=Ax^2+(-2A+B)x+(A-B+C)$

xについての恒等式なので、係数比較をすると、

$A=2$、$-2A+B=-7$、$A-B+C=-1$

よって、$\underline{A=2、B=-3、C=-6}$

［別　解］

恒等式とは、xにどんな数を代入しても成り立つものなので、$x=0$、1、2を代入する。

$x=0$を代入すると、$-1=A-B+C$

$x=1$を代入すると、$-6=C$

$x=2$を代入すると、$-7=A+B+C$

よって、$\underline{A=2、B=-3、C=-6}$

※　ここで得られた答えは必要条件でしかないので、本来は十分条件の確認をしなくてはならない。つまり、$A=2$、$B=-3$、$C=-6$のとき、与式に代入すると、

$(\text{右辺})=2(x-1)^2-3(x-1)-6=2x^2-7x-1=(\text{左辺})$

であるから、与式は恒等式となる。

2 対称式

xとyなど、式中の任意の文字を入れ替えてもその値が変わらない式を対称式という。

対称式に当たる例としてx^2+y^2、$(x-y)^2$、x^3+y^3など、当たらない例として$x-y$、x^2+yなどがある。

① 対称式の性質

すべての対称式は$x+y$とxy（これを基本対称式という）だけで表すことができる。

② 対称式の式変形の例

以下の式変形をそのまま覚えるのではなく、仕組みを理解して自分で作れるようにしておきたい。

対称式の式変形

❶ $x^2+y^2=(x+y)^2-2xy$　　$(x+y)^2=x^2+2xy+y^2$を変形したもの

❷ $(x-y)^2=(x+y)^2-4xy$　　$(x-y)^2=x^2-2xy+y^2$を変形したもの

❸ $x^3+y^3=(x+y)^3-3xy(x+y)$　　$(x+y)^3=x^3+3x^2y+3xy^2+y^3$を変形したもの

❹ $\dfrac{1}{x}+\dfrac{1}{y}=\dfrac{x+y}{xy}$

❺ $x^4+y^4=\{(x+y)^2-2xy\}^2-2(xy)^2$

❻ $x^2+y^2+z^2=(x+y+z)^2-2(xy+yz+zx)$

❻のように3変数(文字が三つ)の場合、三つの基本対称式$x+y+z$、$xy+yz+zx$、xyzで必ず表すことができる。

例9

$x=\sqrt{3}+\sqrt{2}$、$y=\sqrt{3}-\sqrt{2}$のとき、$\dfrac{y^2}{x}+\dfrac{x^2}{y}$の値を求めよ。

対称式なので、基本対称式$x+y$とxyで表すことができる。

$x+y=(\sqrt{3}+\sqrt{2})+(\sqrt{3}-\sqrt{2})=2\sqrt{3}$

$xy=(\sqrt{3}+\sqrt{2})\times(\sqrt{3}-\sqrt{2})=3-2=1$

$$\frac{y^2}{x}+\frac{x^2}{y}=\frac{y^2\times y}{x\times y}+\frac{x^2\times x}{y\times x}=\frac{x^3+y^3}{xy}=\frac{(x+y)^3-3xy(x+y)}{xy}$$

数値を代入すると、

$$\frac{(x+y)^3-3xy(x+y)}{xy}=\frac{(2\sqrt{3})^3-3\times1\times2\sqrt{3}}{1}=24\sqrt{3}-6\sqrt{3}=\underline{18\sqrt{3}}$$

例題 1-3

$x<0$とし、$x-\dfrac{1}{x}=2\sqrt{2}$ のとき、$x^2+\dfrac{1}{x^2}$、$x+\dfrac{1}{x}$、$x^3-\dfrac{1}{x^3}$の値をそれぞれ求めよ。

解説

$$x^2+\frac{1}{x^2}=\left(x-\frac{1}{x}\right)^2+2=(2\sqrt{2})^2+2=10 \quad \cdots\cdots ①$$

$$\left(x+\frac{1}{x}\right)^2=x^2+2\times x\times\frac{1}{x}+\frac{1}{x^2}=x^2+\frac{1}{x^2}+2=10+2=\underline{12}$$

①を代入

$x<0$であるから、$x+\dfrac{1}{x}<0$となるので、

$$x+\frac{1}{x}=-\sqrt{12}=\underline{-2\sqrt{3}}$$

また、$(x-y)^3=x^3-3x^2y+3xy^2-y^3$より、

$$\left(x-\frac{1}{x}\right)^3=x^3-3x+\frac{3}{x}-\frac{1}{x^3}=x^3-\frac{1}{x^3}-3x+\frac{3}{x}=x^3-\frac{1}{x^3}-3\left(x-\frac{1}{x}\right)$$

よって、式変形すると$x^3-\dfrac{1}{x^3}=\left(x-\dfrac{1}{x}\right)^3+3\left(x-\dfrac{1}{x}\right)$が得られる。

$x-\dfrac{1}{x}=2\sqrt{2}$なので、代入すると以下のようになる。

$$x^3-\frac{1}{x^3}=\left(x-\frac{1}{x}\right)^3+3\left(x-\frac{1}{x}\right)=(2\sqrt{2})^3+3\times2\sqrt{2}=16\sqrt{2}+6\sqrt{2}=\underline{22\sqrt{2}}$$

3 相加平均・相乗平均の関係

次の関係を「相加平均・相乗平均の関係」という。$a+b \geqq 2\sqrt{ab}$ の形で用いることが多い。

相加平均・相乗平均の関係

$a>0$、$b>0$のとき、

$$\frac{a+b}{2} \geqq \sqrt{ab} \quad \Leftrightarrow \quad a+b \geqq 2\sqrt{ab} \text{（等号成立は}a=b\text{のとき）}$$

例10

$x>0$のとき、$x+\dfrac{1}{x}$の最小値を求めよ。

条件より$x>0$、$\dfrac{1}{x}>0$であるので、次の式が成り立つ。

$$x+\frac{1}{x} \geqq 2\sqrt{x \times \frac{1}{x}} = 2 \times \sqrt{1} = 2$$

等号成立は、$x=\dfrac{1}{x}$のとき、つまり、$x>0$より、$x=1$のときである。

よって、最小値は<u>2</u>である。

例10で示したように、等号成立を調べなければ最小値と断定することはできない。例えば「$x>0$のとき、$x+5+\dfrac{1}{x+5}$の最小値を求めよ」という問題があったとして、$x+5+\dfrac{1}{x+5} \geqq 2\sqrt{(x+5) \times \dfrac{1}{x+5}} = 2$となるので、最小値は2かというとそうではない。これは等号成立するxが存在しないためである。等号成立は$x+5=\dfrac{1}{x+5}$のとき、つまり、$(x+5)^2=1$より、$x+5=\pm 1$となり、$x=-6,\ -4$のときであるが、$x>0$なので、どちらも不適である。

例題 1-4

$x>0$のとき、$x+\dfrac{3}{x}$の最小値を求めよ。

解説

条件より$x>0$、$\dfrac{3}{x}>0$であるので、相加・相乗平均の関係より、次の式が成り立つ。

$$x+\frac{3}{x} \geqq 2\sqrt{x\times\frac{3}{x}}=2\times\sqrt{3}=2\sqrt{3}$$

等号成立は、$x=\dfrac{3}{x}$のとき、つまり、$x>0$より、$x=\sqrt{3}$のときである。

よって、最小値は$\underline{2\sqrt{3}}$である。

4 方程式の整数解

与えられた方程式を、「(　)×(　)＝整数」の形に変形して、「A、B、Cが整数のとき、AB＝CならばA、BはCの約数」であることを利用する。

例11

方程式$xy=4x-y+7$を満たす自然数x、yの組$(x,\ y)$をすべて求めよ。

まず左辺にすべての項を移項して、$xy-4x+y-7=0$とし、$(x+1)(y-4)=3$

x、yは自然数であるから、$x+1\geqq 2$、$y-4\geqq -3$

よって、$(x+1,\ y-4)=(3,\ 1)$

ゆえに、$(x,\ y)=\underline{(2,\ 5)}$

過去問 Exercise

問題1

式$x=(a^m)^n\times b^m$において$a=2$、$b=4$、$m=-2$、$n=-3$のときのxの値として最も妥当なのはどれか。

東京消防庁Ⅰ類2011

1. 2^{-6}
2. 2^{-2}
3. 1
4. 4
5. 64

解説

正解 ④

$x=(a^m)^n\times b^m$ に $a=2$、$b=4$、$m=-2$、$n=-3$を代入して計算すると以下のようになる。

$$
\begin{aligned}
x&=(a^m)^n\times b^m\\
&=(2^{-2})^{-3}\times4^{-2}\\
&=2^{(-2)\times(-3)}\times(2^2)^{-2}\\
&=2^6\times2^{-4}\\
&=2^{6-4}\\
&=2^2\\
&=4
\end{aligned}
$$

問題2

$a+b+c=2$、$ab+bc+ac=-11$のとき、$a^2+b^2+c^2$の値として、最も妥当なのはどれか。

東京消防庁Ⅰ類2013

1. 20
2. 26
3. 30
4. 36
5. 44

解説

正解 ②

式変形を行う際の初手となることが多い重要ポイントを示す。

まず、求める式はどの公式が使えそうかを考えていく。$\boldsymbol{a}^2+\boldsymbol{b}^2+\boldsymbol{c}^2$は因数分解・展開公式 $(\boldsymbol{x}+\boldsymbol{y}+\boldsymbol{z})^2=\boldsymbol{x}^2+\boldsymbol{y}^2+\boldsymbol{z}^2+2\boldsymbol{xy}+2\boldsymbol{yz}+2\boldsymbol{zx}$ で変形すればよさそうだとわかる。

与えられた条件式は $\boldsymbol{a}+\boldsymbol{b}+\boldsymbol{c}=2$なので、この式の両辺を２乗すると、$\boldsymbol{a}^2+\boldsymbol{b}^2+\boldsymbol{c}^2$を含む式ができそうである、と考えていく。

$\boldsymbol{a}+\boldsymbol{b}+\boldsymbol{c}=2$を両辺２乗すると $(\boldsymbol{a}+\boldsymbol{b}+\boldsymbol{c})^2=2^2$となり、これを展開・整理する。

$$\boldsymbol{a}^2+\boldsymbol{b}^2+\boldsymbol{c}^2+2(\boldsymbol{ab}+\boldsymbol{bc}+\boldsymbol{ac})=4$$

ここに、$\boldsymbol{ab}+\boldsymbol{bc}+\boldsymbol{ac}=-11$を代入すると、$\boldsymbol{a}^2+\boldsymbol{b}^2+\boldsymbol{c}^2+2(-11)=4$となり、$\boldsymbol{a}^2+\boldsymbol{b}^2+\boldsymbol{c}^2=26$を得る。

問題3

$|2x-8|<x$を満たすxの範囲として、最も妥当なのはどれか。

東京消防庁Ⅰ類2013

1. $x<\frac{8}{3}$、$4<x$
2. $x\leqq\frac{8}{3}$、$8<x$
3. $\frac{8}{3}<x\leqq4$
4. $\frac{8}{3}<x<8$
5. $\frac{8}{3}\leqq x\leqq8$

解説　　　　正解 4

❶ $2x-8 \geqq 0$のとき

つまり、

$x \geqq 4$ ……①

のとき、絶対値記号の中の値が0以上なので、そのまま外し不等式を解くと次のようになる。

$2x-8 < x$

$x < 8$ ……②

①、②を同時に満たす x の範囲は、以下のようになる。

$4 \leqq x < 8$ ……③

❷ $2x-8 < 0$のとき

つまり、

$x < 4$ ……④

のとき、絶対値記号の中の値が0未満なので、−1倍して外し解くと次のようになる。

$-(2x-8) < x$

$-2x+8 < x$

$-3x < -8$

$x > \dfrac{8}{3}$ ……⑤ 〈不等号の向きに注意する〉

④、⑤を同時に満たす x の範囲は、以下のようになる。

$\dfrac{8}{3} < x < 4$ ……⑥

以上より、求める範囲は③または⑥なので、$\dfrac{8}{3} < x < 8$となる。

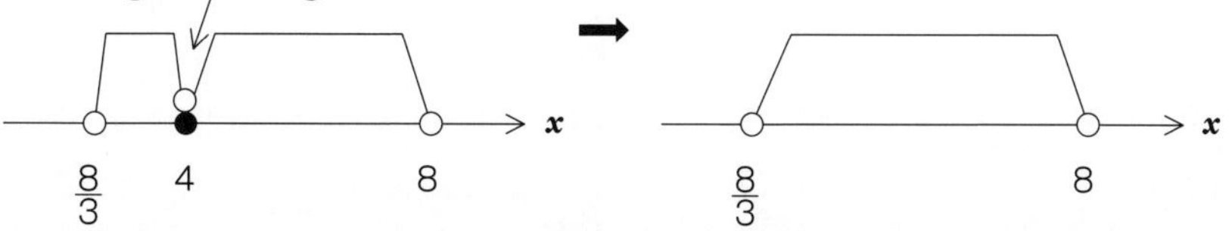

問題4

$\dfrac{1}{2-\sqrt{3}}+\dfrac{1}{2+\sqrt{3}}$ に等しいのはどれか。

警視庁Ⅰ類2008

1. 1
2. 2
3. 3
4. 4
5. 5

解説

正解 ④

分母のルートをなくす（有理化する）ためには、$(x+y)(x-y)=x^2-y^2$を利用する。その際、$x=2$、$y=\sqrt{3}$ として考えると見えやすいだろう。

$\frac{1}{2-\sqrt{3}}+\frac{1}{2+\sqrt{3}}$ の分母をそれぞれ有理化すると以下のようになる。

$$\frac{1}{2-\sqrt{3}}+\frac{1}{2+\sqrt{3}}=\frac{2+\sqrt{3}}{(2-\sqrt{3})(2+\sqrt{3})}+\frac{2-\sqrt{3}}{(2+\sqrt{3})(2-\sqrt{3})}$$
$$=\frac{2+\sqrt{3}}{4-3}+\frac{2-\sqrt{3}}{4-3}=4$$

[別　解]

$\frac{1}{a}+\frac{1}{b}=\frac{b+a}{ab}$ を用いる（有理化をする必要がなくなる）。

$$\frac{1}{2-\sqrt{3}}+\frac{1}{2+\sqrt{3}}=\frac{2+\sqrt{3}+2-\sqrt{3}}{(2-\sqrt{3})(2+\sqrt{3})}=\frac{4}{4-3}=4$$

問題5

$x+y=5$、$(x+3)(y+3)=1$のとき、$x^2-3xy+y^2$の値として、最も妥当なのはどれか。

東京消防庁Ⅰ類2015

1. 95
2. 110
3. 125
4. 140
5. 145

解説

正解 ④

まず、基本対称式の値を求める。$x+y$の値については条件から$x+y=5$とわかっているので、xyの値を求める。$(x+3)(y+3)=1$を展開し整理すると、

$$xy+3(x+y)=-8$$

となる。

ここに$x+y=5$を代入すると、$xy=-23$と求められる。

次に因数分解の公式を使って、対称式を基本対称式のみで表す。求める式$x^2-3xy+y^2$を基本対称式の形が現れるように式変形する。

$x^2+y^2=(x+y)^2-2xy$であることを利用して、

$$x^2-3xy+y^2=(x+y)^2-5xy$$

と変形すると基本対称式のみで表される。ここに基本対称式の値を代入する。

$$x^2-3xy+y^2=(x+y)^2-5xy=5^2-5(-23)=140$$

2 整式の計算

整式においても除法（割り算）を行うことが可能です。これを用いた式変形から導かれる定理を見ていきましょう。

1 整式の除法

整数$\boldsymbol{a}$を整数$\boldsymbol{b}$で割ったときの商を$\boldsymbol{q}$、余りを$\boldsymbol{r}$とすると、

$$\boldsymbol{a}=\boldsymbol{b}\times\boldsymbol{q}+\boldsymbol{r}$$

が成立する。これと同様のことが整式でも成立する。

ここでは、整式を整式で筆算して割り算をする方法を示す。

例1

整式$4x^3+2x^2+3x+7$を整式x^2+2x+1で割ったときの商と余りを整式で表せ。

割られる数の最高次数と同じ数を作る。

ここでは、x^2にかけて$4x^3$になるものを書く。

$$\begin{array}{r|l} & 4x \\ \hline x^2+2x+1 & 4x^3+2x^2+3x+7 \\ & 4x^3+8x^2+4x \\ \hline & \quad -6x^2-x+7 \end{array}$$

引き算により最高次数の項を消去する。

x^3の項が消えたので、x^2にかけて$-6x^2$になるものを書く。

$$\begin{array}{r|l} & 4x-6 \\ \hline x^2+2x+1 & 4x^3+2x^2+3x+7 \\ & 4x^3+8x^2+4x \\ \hline & \quad -6x^2-x+7 \\ & \quad -6x^2-12x-6 \\ \hline & \qquad\quad 11x+13 \end{array}$$

割る式の次数を下回ったら終了。

割る式は2次式なので、ここで終了となる。

剰余の関係から、**(割られる整式)＝(商の整式)×(割る整式)＋(余りの整式)**であるので、$4x^3+2x^2+3x+7$は以下のように変形できる。

$$4x^3+2x^2+3x+7=(4x-6)(x^2+2x+1)+(11x+13)$$

よって、商は$4x-6$、余りは$11x+13$となる。

例題 1-5

$\sqrt{7}$の小数部分をxとするとき、$2x^3+8x^2-4x-3$の値を求めよ。

解説

$2^2<7<3^2$であるから、$2<\sqrt{7}<3$となり、$\sqrt{7}$の小数部分xは、$x=\sqrt{7}-2$となる。

よって、$x+2=\sqrt{7}$であり、両辺を２乗して、

$$x^2+4x+4=7 \quad \Leftrightarrow \quad x^2+4x-3=0$$

となる。

$2x^3+8x^2-4x-3$をx^2+4x-3で割ると、商が$2x$、余りが$2x-3$となるので、

$$2x^3+8x^2-4x-3=2x(x^2+4x-3)+2x-3$$

となる。

よって、$x^2+4x-3=0$なので、

$$2x^3+8x^2-4x-3=2x-3=2(\sqrt{7}-2)-3=\underline{2\sqrt{7}-7}$$

となる。

［別　解］

$x^2+4x+4=7$より、$x^2+4x=3$なので、

$$\begin{aligned}2x^3+8x^2-4x-3&=2x(x^2+4x)-4x-3\\&=2x\times3-4x-3\\&=2x-3\\&=2(\sqrt{7}-2)-3\\&=\underline{2\sqrt{7}-7}\end{aligned}$$

2 因数定理と剰余の定理

1 因数定理

整式$P(x)$が１次式$(x-a)$で割り切れるとき、$P(a)=0$となることを因数定理という。

例えば、$P(x)=2x^2-5x+3$を因数分解して、$P(x)=2x^2-5x+3=(2x-3)(x-1)$の形に変形した場合、$P(x)$は$(2x-3)$や$(x-1)$で割り切れることがわかる。

そして、このとき、$2x-3=0$を満たす$x=\frac{3}{2}$や$x-1=0$を満たす$x=1$を代入すれば$P(x)=0$になる。これは、裏を返せば、**$P(x)=0$になるxを見つけることができれば、$P(x)$を割り切れる式を導き出せること**を意味している。

2 剰余の定理

整式$P(x)$を１次式$(x-a)$で割ったときの余りは、定数$P(a)$となることを剰余の定理という。

例2

整式$P(x)=x^3+ax^2-4$を$x+1$で割った余りが-3となるように、定数aの値を求めよ。

$P(-1)=(-1)^3+a(-1)^2-4=-1+a-4=-5+a$

これが-3となるので、$-5+a=-3$より、$\underline{a=2}$となる。

例題 1-6

整式$P(x)$を$x+5$で割ったときの余りは17であり、$x+12$で割ったときの余りは31である。$P(x)$を$(x+5)(x+12)$で割ったときの余りを求めよ。

解説

$P(x)$を２次式$(x+5)(x+12)$で割ったときの余りを$ax+b$とおいて、商を$Q(x)$とすると、次の等式が成り立つ。

$P(x)=(x+5)(x+12)Q(x)+ax+b$

剰余の定理より、

$P(-5)=-5a+b=17$　……①

$P(-12)=-12a+b=31$　……②

①、②を解くと、$a=-2$、$b=7$

よって余りは$\underline{-2x+7}$となる。

例題 1-7

整式$P(x)$を$x-1$で割ったときの余りは10であり、$(x-2)^2$で割ったときの余りは$2x+3$である。$P(x)$を$(x-2)^2(x-1)$で割ったときの余りを求めよ。

解説

$P(x)$を3次式$(x-2)^2(x-1)$で割ったときの余りをax^2+bx+cとすると、整式$Q(x)$を用いて、

$P(x)=(x-2)^2(x-1)Q(x)+ax^2+bx+c$　……①

と表すことができる。

$P(x)$を$x-1$で割ると10余るので、

$P(1)=10$　……②

$P(x)$を$(x-2)^2$で割ると$2x+3$余るので、①のax^2+bx+cを$(x-2)^2$で割ったときの余りも$2x+3$となる。つまり、①は以下のように表すことができる。

$P(x)=(x-2)^2(x-1)Q(x)+a(x-2)^2+2x+3$　……③

②、③より、

$P(1)=a(-1)^2+2+3=a+5$

となり、$a+5=10$より、$a=5$

これを③の余りの式$a(x-2)^2+2x+3$に代入して、

$5(x-2)^2+2x+3=\underline{5x^2-18x+23}$

となる。

なお、間違いやすい例として、$P(x)$を$(x-2)^2$で割ると$2x+3$余るので、整式$R(x)$を用いて、

$P(x)=(x-2)^2R(x)+2x+3$

と表すことができる。

よって、$P(2)=2\times2+3=7$となり、①と$P(1)=10$、$P(2)=7$より、

$a+b+c=10$　……④

$4a+2b+c=7$　……⑤

上記のように考えると、④と⑤の2式しか得られず、a、b、cの値を求めることができない。解説の③の式がこの問題で最も重要な式である。

過去問 Exercise

問題1　整式A＝$4x^4+2x^2-3x+7$を整式B＝x^2-x+3で割ったとき、その商と余りの組合せとして、妥当なのはどれか。

特別区Ⅰ類2009

	商	余り
1	$4x^2+4x-6$	$-21x+25$
2	$4x^2-4x+18$	$-33x+61$
3	$4x^2-4x+6$	$-21x+25$
4	$4x^2-4x+18$	$-21x+25$
5	$4x^2+4x-6$	$-33x+61$

解説

正解 1

整式 A=$4x^4+2x^2-3x+7$を整式 B=x^2-x+3で割るときに、整式 A には x^3の項がないので、係数を 0 として考える点に注意する必要がある。筆算で計算すると、下のようになる。

$$
\begin{array}{r}
4x^2+4x-6 \\
x^2-x+3 \,\overline{\big)\, 4x^4+0x^3+2x^2-3x+7} \\
\underline{4x^4-4x^3+12x^2} \\
4x^3-10x^2-3x \\
\underline{4x^3-4x^2+12x} \\
-6x^2-15x+7 \\
\underline{-6x^2+6x-18} \\
-21x+25
\end{array}
$$

よって、商は$4x^2+4x-6$、余りは$-21x+25$である。

問題2

整式$P(x)=x^5-3x^4+2x^3+2x+1$を$x-1$で割った余りを求めよ。

東京消防庁Ⅰ類2012

1. 1
2. 2
3. 3
4. 4
5. 5

解説

正解 3

余りを a とおくと、

$$P(x)=x^5-3x^4+2x^3+2x+1=(x-1)Q(x)+a$$

と表すことができる。

$x=1$を代入すると、以下のように計算される。

$$P(1)=1^5-3\times1^4+2\times1^3+2\times1+1=0\times Q(1)+a$$

よって、$a=3$となる（余りは$P(1)$となることがわかる）。

★★★

3 数　列

数列の知識やテクニックは数的処理でも必須となります。等差数列の一般項と和についてしっかり押さえ、漸化式は式の意味、部分分数分解はしくみを理解しましょう。

1 等差数列

隣り合った二つの項の差が等しい数列を等差数列という。先頭の項を初項といい、項と項の間の差を公差という。

$$\begin{array}{ccccccccccccc} a_1 & & a_2 & & a_3 & & a_4 & & a_5 & \cdots\cdots\cdots\cdots & a_{n-1} & & a_n \\ & \vee & & \vee & & \vee & & \vee & & & & \vee & \\ & +d & & +d & & +d & & +d & & \cdots\cdots & & +d & \end{array}$$

第n項(a_n)は、$a_n=a_1+(n-1)d$　(a_1：初項、d：公差)

第n項までの和(S_n)は、

$$S_n=\frac{n(a_1+a_n)}{2}$$

例1

$$\begin{array}{cccccccccc} 2 & & 5 & & 8 & & 11 & & 14 & \cdots\cdots\cdots \\ & \vee & & \vee & & \vee & & \vee & & \\ & +3 & & +3 & & +3 & & +3 & & \cdots\cdots \end{array}$$

第n項(a_n)は、$a_n=2+(n-1)\times 3=3n-1$

第n項までの和(S_n)は、

$$S_n=\frac{n}{2}\{2+(3n-1)\}=\frac{1}{2}n(3n+1)$$

となる。

このとき、第n項を表したa_nを、数列の**一般項**という。

一般項を初項a_1と隣り合う2項間の関係式で表したものを**漸化式**という(例：$a_1=2$、$a_{n+1}=a_n+3$)。

2 等比数列

隣り合った二つの項の比が等しい数列を**等比数列**という。先頭の項を初項といい、各項に乗じられる一定の比を公比という。

$$
\begin{array}{ccccccccccccc}
a_1 & & a_2 & & a_3 & & a_4 & & a_5 & \cdots\cdots\cdots & a_{n-1} & & a_n \\
 & \vee & & \vee & & \vee & & \vee & & & & \vee & \\
 & \times r & & \times r & & \times r & & \times r & & \cdots\cdots & & \times r &
\end{array}
$$

第n項(a_n)は、$a_n=a_1r^{n-1}$　(a_1：初項、r：公比)

第n項までの和(S_n)は、

$r=1$のとき、$S_n=na_1$

$r\neq 1$のとき、$S_n=\dfrac{a_1(r^n-1)}{r-1}$

例2

$$
\begin{array}{ccccccccccc}
3 & & 6 & & 12 & & 24 & & 48 & \cdots\cdots\cdots \\
 & \vee & & \vee & & \vee & & \vee & & \\
 & \times 2 & & \times 2 & & \times 2 & & \times 2 & & \cdots\cdots
\end{array}
$$

第n項(a_n)は、$a_n=3\times 2^{n-1}$

第n項までの和(S_n)は、

$$S_n=\frac{3(2^n-1)}{2-1}=3(2^n-1)$$

となる。

3 階差数列

隣り合った二つの項の差をとって新しい数列としたとき、この数列をもとの数列の階差数列という。階差数列の和を使って、もとの数列を考える場合も多い。

$$\begin{array}{ccccccccc} a_1 & & a_2 & & a_3 & & a_4 & & a_5 \;\cdots\cdots\cdots\cdots\; a_{n-1} & & a_n \\ & \vee & & \vee & & \vee & & \vee & \cdots\cdots & \vee & \\ & +b_1 & & +b_2 & & +b_3 & & +b_4 & \cdots\cdots & +b_{n-1} & \end{array}$$

第n項(a_n)は、

$$a_n = a_1 + (b_1 + b_2 + b_3 + b_4 + \cdots\cdots + b_{n-1})$$

となる。

例3

$$\begin{array}{ccccccccccccc} 1 & & 2 & & 4 & & 7 & & 11 & & 16 & & 22 \;\cdots\cdots\cdots \\ & \vee & & \vee & & \vee & & \vee & & \vee & & \vee & \\ & +1 & & +2 & & +3 & & +4 & & +5 & & +6 & \cdots\cdots \end{array}$$

第n項(a_n)は、

$$a_n = 1 + \{\underline{1+2+3+4+\cdots\cdots+(n-1)}\}$$

{＿＿＿}の中の計算は、初項1、公差1の等差数列の、第$(n-1)$項までの和S_{n-1}となるから、

$$S_{n-1} = \frac{(n-1)(1+n-1)}{2}$$

$$= \frac{n(n-1)}{2}$$

よって、

$$a_n = \frac{1}{2}(n^2 - n + 2)$$

となる。

❹ 分数の整列の和の計算

分数の形をした数列の和を求める場合には、式変形を活用して引き算の形に着目して計算を行う。これを**部分分数分解**という。

通分してもとに戻ることを意識すれば、分数を引き算の形に分解することができる。

❶ 分母の差が1である場合

$$\frac{1}{n}-\frac{1}{n+1}=\frac{n+1}{n\times(n+1)}-\frac{n}{n\times(n+1)}=\frac{1}{n(n+1)}$$

❷ 分母の差が2である場合

$$\frac{1}{n}-\frac{1}{n+2}=\frac{n+2}{n\times(n+2)}-\frac{n}{n\times(n+2)}=\frac{2}{n\times(n+2)}$$

よって、

$$\frac{1}{n(n+2)}=\left(\frac{1}{n}-\frac{1}{n+2}\right)\times\frac{1}{2}$$

過去問 Exercise

問題1 99までの正の整数のうち、3で割ると1余る数の総和として、最も妥当なのはどれか。

東京消防庁Ⅰ類2014

1. 1000
2. 1246
3. 1334
4. 1425
5. 1617

解説

正解 5

99までの正の整数のうち、3で割ると1余る数を小さいほうから述べると、次のようになる。

1, 4, 7, 10, …, 97

これらの総和は、初項1、公差3、項数33の等差数列の和と等しい。したがって、求める和は、次のようになる。

$$\frac{33\times(1+97)}{2}=1617$$

問題2

次の式の計算結果として、最も妥当なのはどれか。

東京消防庁Ⅰ類2013

$$\frac{1}{1\cdot 3}+\frac{1}{3\cdot 5}+\frac{1}{5\cdot 7}+\frac{1}{7\cdot 9}+\frac{1}{9\cdot 11}+\frac{1}{11\cdot 13}+\frac{1}{13\cdot 15}$$

1. $\frac{7}{15}$
2. $\frac{14}{15}$
3. $\frac{26}{63}$
4. $\frac{35}{63}$
5. $\frac{49}{63}$

解説

正解 1

与えられた式を部分分数分解すると次のようになる。

$$\frac{1}{2}\left\{\left(\frac{1}{1}-\frac{1}{3}\right)+\left(\frac{1}{3}-\frac{1}{5}\right)+\left(\frac{1}{5}-\frac{1}{7}\right)+\cdots+\left(\frac{1}{11}-\frac{1}{13}\right)+\left(\frac{1}{13}-\frac{1}{15}\right)\right\}$$

すると、カッコ内の分数は最初と最後の分数だけを残して打ち消し合うので、

$$\frac{1}{2}\left\{\frac{1}{1}-\frac{1}{15}\right\}=\frac{7}{15}$$

となる。

問題3 次の漸化式によって定められる数列$\{a_n\}$について、a_{100}はいくらか。

国家一般職2007

$$a_1=1、a_{n+1}=\frac{a_n}{2a_n+1}\ (n=1,\ 2,\ 3,\ \cdots)$$

1. $\frac{1}{99}$
2. $\frac{1}{100}$
3. $\frac{1}{101}$
4. $\frac{1}{199}$
5. $\frac{1}{201}$

解説

正解 ④

$n=1$のとき、

$$a_{1+1}=\frac{a_1}{2a_1+1}$$

となり、これを計算すると、

$$a_2=\frac{1}{2+1}=\frac{1}{3}$$

となり、同様に$n=2$のとき、

$$a_3=\frac{a_2}{2a_2+1}=\frac{\frac{1}{3}}{2\times\frac{1}{3}+1}=\frac{\frac{1}{3}}{\frac{5}{3}}=\frac{1}{5}$$

となり、$n=3$のとき、

$$a_4=\frac{a_3}{2a_3+1}=\frac{\frac{1}{5}}{2\times\frac{1}{5}+1}=\frac{\frac{1}{5}}{\frac{7}{5}}=\frac{1}{7}$$

となる。

よって、数列a_nは、

$$\frac{1}{1},\ \frac{1}{3},\ \frac{1}{5},\ \frac{1}{7},\ \cdots$$

となるので、このとき、

$$a_n=\frac{1}{2n-1}$$

となり、$n=100$のとき、

$$a_{100}=\frac{1}{2\times100-1}=a_n=\frac{1}{199}$$

なお、参考までに漸化式を解くと、以下のとおりとなる。

$a_n\neq0$より、与式の逆数をとると、

$$\frac{1}{a_{n+1}}=\frac{2a_n+1}{a_n}=\frac{1}{a_n}+2 \qquad \cdots\cdots①$$

$\frac{1}{a_n} = b_n$ とおけば、①は $b_{n+1}=b_n+2$ なので、b_n は初項 $b_1=\frac{1}{a_1}=1$、公差2の等差数列となる。

よって、$b_n=1+2(n-1)=2n-1$ となり、$\frac{1}{a_n}=b_n=2n-1$ より、$a_n=\frac{1}{2n-1}$ となる。

★★★

4 関数とグラフ

関数の中では２次関数が頻出です。２次方程式を２次関数としてグラフで捉えられるようにしましょう。

❶ 1次関数

１次関数については概ね説明を要しないと思われるが、復習がてら次の例を見ておこう。

例1 座標平面上の三つの点をA(0, $\boldsymbol{a}$)、B(−2, 0)、C(4, 0)とし、直線$\boldsymbol{y}=3\boldsymbol{x}$は△ABCの面積を２等分する直線である。このとき、$\boldsymbol{a}$の値を求めよ。ただし、$\boldsymbol{a}>0$とする。

△ABCの面積は、BCを底辺としOAを高さとすると、

$$\frac{1}{2}\times(2+4)\times \boldsymbol{a}=3\boldsymbol{a}$$

となる。直線$\boldsymbol{y}=3\boldsymbol{x}$は△ABCの面積を２等分する直線であるので、直線ACと直線$\boldsymbol{y}=3\boldsymbol{x}$の交点をDとおくと、△OCDの面積は$\frac{3}{2}\boldsymbol{a}$となる。△OCDの面積は、OCを底辺とすると、高さは点Dの$\boldsymbol{y}$座標であるので、

$$\frac{1}{2}\times 4\times(\text{点Dの}\boldsymbol{y}\text{座標})=\frac{3}{2}\boldsymbol{a}$$

より、点Dの$\boldsymbol{y}$座標は$\frac{3}{4}\boldsymbol{a}$となる。点Dは$\boldsymbol{y}=3\boldsymbol{x}$上にあるので、$\frac{3}{4}\boldsymbol{a}=3\boldsymbol{x}$より、$\boldsymbol{x}=\frac{1}{4}\boldsymbol{a}$となり、点Dの座標は$(\frac{1}{4}\boldsymbol{a},\ \frac{3}{4}\boldsymbol{a})$となる。

また、点Dは直線AC上にあるので、直線ACの方程式$\boldsymbol{y}=-\frac{1}{4}\boldsymbol{ax}+\boldsymbol{a}$に$(\frac{1}{4}\boldsymbol{a},\ \frac{3}{4}\boldsymbol{a})$を代入して、$\frac{3}{4}\boldsymbol{a}=-\frac{1}{4}\boldsymbol{a}\times\frac{1}{4}\boldsymbol{a}+\boldsymbol{a}$となり、16倍して整理すると、$\boldsymbol{a}^2-$

$4a=0$となる。因数分解して、$a(a-4)=0$となり、$a \neq 0$なので、<u>$a=4$</u>となる。

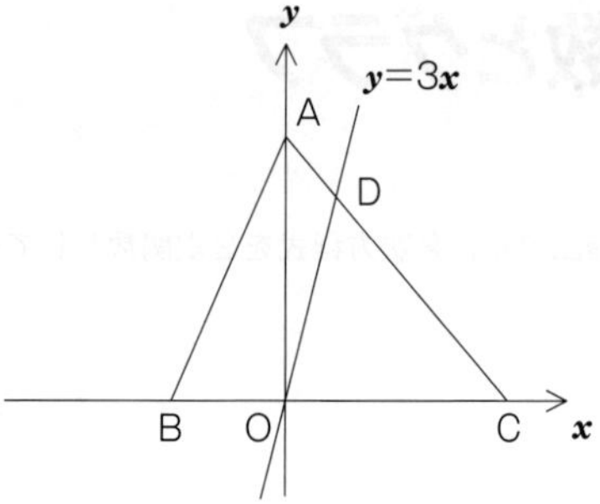

2 2次関数のグラフ

1 2次関数のグラフ

2次関数$y=ax^2$のグラフは、**頂点が原点、y軸に線対称な形をした放物線**となる。**$a>0$の場合は上に開いた形**(下に凸)**になり、$a<0$の場合は下に開いた形**(上に凸)**に**なる。aの絶対値が大きいほどグラフの開きは小さくなり、aの絶対値が小さいほどグラフの開きは大きくなる。

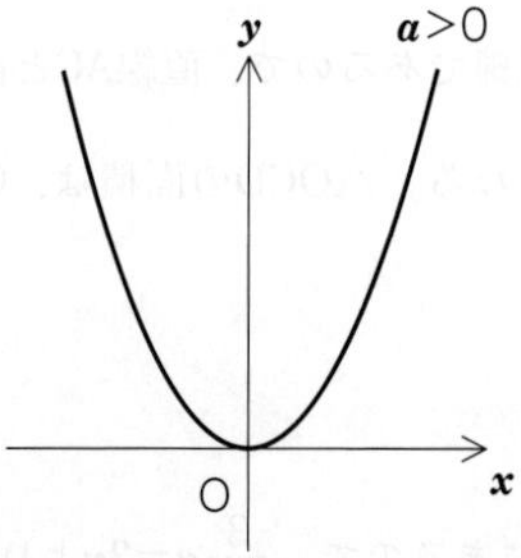

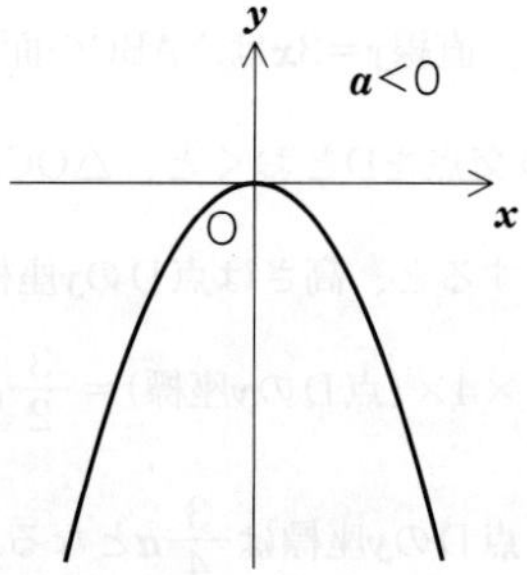

2 グラフの平行移動

2次関数$y=ax^2+bx+c$のグラフは、$y=ax^2$のグラフと同じ形をしており、$y=ax^2$のグラフを平行移動したものである。$y=a(x-p)^2+q$のグラフは$y=ax^2$のグラフを、x軸方向にpだけ移動し、y軸方向にqだけ移動したグラフであり、その頂点の座標は(p, q)となる。xの範囲が特に指定されていないとき、下に凸のグラフの場合、頂点は最小値となり、上に凸のグラフの場合、頂点は最大値になる。

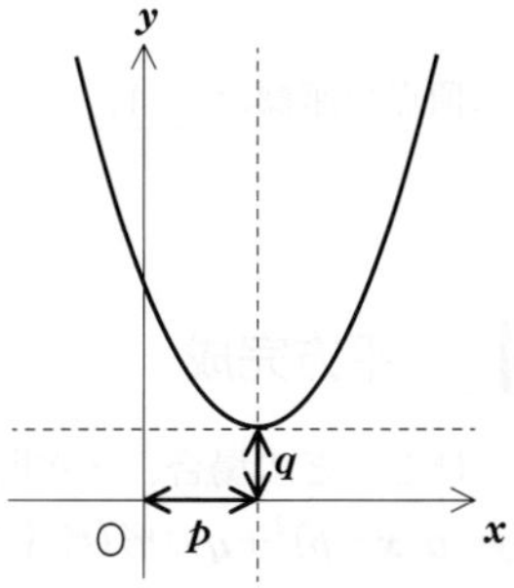

平行移動

❶ 点(a, b)をx軸正の方向にp、y軸正の方向にq平行移動 → $(a+p, b+q)$

❷ 関数$y=f(x)$をx軸正の方向にp、y軸正の方向にq平行移動
→ $y-q=f(x-p)$

※ x^2の項は$x-p$に変えたもの全体を2乗することに注意

例2

点(1, 2)をx軸方向に$+3$、y軸方向に-4平行移動した点の座標を示せ。

$(1+3, 2-4)=\underline{(4, -2)}$

例3

$y=x^2-2x-1$をx軸方向に$+1$、y軸方向に$+2$平行移動したグラフの式を示せ。

すべてのyを$y-2$に、すべてのxを$x-1$に変えて計算する。

$y-2=(x-1)^2-2(x-1)-1$

展開して整理すると、

$\underline{y=x^2-4x+4}$

例4

$y=(x+1)^2-3$の頂点の座標を求めよ。

頂点の座標は$(-1,\ -3)$である。

3 平方完成

ほとんどの場合、２次関数は$y=ax^2+bx+c$という形(一般形という)から自分で$y=a(x-p)^2+q$の形(標準形という)に変形する必要がある。この変形を平方完成という。

例5

$y=2x^2+4x+6$を平方完成によって標準形に変形する。

❶ x^2の係数が１以外の場合は、x^2の係数でくくる(x^2の係数を１にする)

$y=2x^2+4x+6=2(x^2+2x)+6$

❷ (　)内でカッコの２乗を作るため、xの係数の$\frac{1}{2}$の２乗を加え、等式を保つためその数をさらに引く

$y=2(x^2+2x+1-1)+6$ ＜ (xの係数2) × $\frac{1}{2}$の２乗と、等式を保つための－1

❸ (　)内で引いた数を(　)の外に出す

$y=2(x^2+2x+1)-1\times2+6$ ＜ (　)前の数(係数)の２に注意する

❹ (　)内を(　)^{2}の形に因数分解する

$y=2(x+1)^2+4$ ＜ $y=a(x-p)^2+q$の形が完成する

例題 1-8

放物線$y=-x^2+2x+5$について、この放物線の頂点の座標を求めよ。

解説

頂点の座標を求めるので、放物線$y=-x^2+2x+5$を平方完成する。

$$
\begin{aligned}
y&=-x^2+2x+5\\
&=-(x^2-2x)+5\\
&=-(x^2-2x+1-1)+5\\
&=-(x^2-2x+1)+1+5\\
&=-(x-1)^2+6
\end{aligned}
$$

以上より、頂点の座標は$(1,\ 6)$となる。

例題 1-9

双曲線$y=\frac{1}{x}$の平行移動について考える。$y=\frac{x}{x-1}$は$y=1+\frac{1}{x-1}$となり、$y-1=\frac{1}{x-1}$と変形できるので、$y=\frac{1}{x}$をx軸方向に$+1$、y軸方向に$+1$だけそれぞれ平行移動したものだとわかる。このことを利用して、$y=\frac{-2x-5}{x+3}$は、$y=\frac{1}{x}$をどのように平行移動したものか求めよ。

解説

整式の除法をすることにより、$y=\frac{-2x-5}{x+3}=-2+\frac{1}{x+3}$となり、$y+2=\frac{1}{x+3}$と変形できる。

この式は$y=\frac{1}{x}$のグラフをx軸方向に-3、y軸方向に-2平行移動したものである。

4 グラフの対称移動

x軸、y軸、原点などに対称な移動をするケースを次のように考えていく。

① x 軸に対称な移動

すべてのx座標は変化せず、すべてのy座標は符号が逆転する。

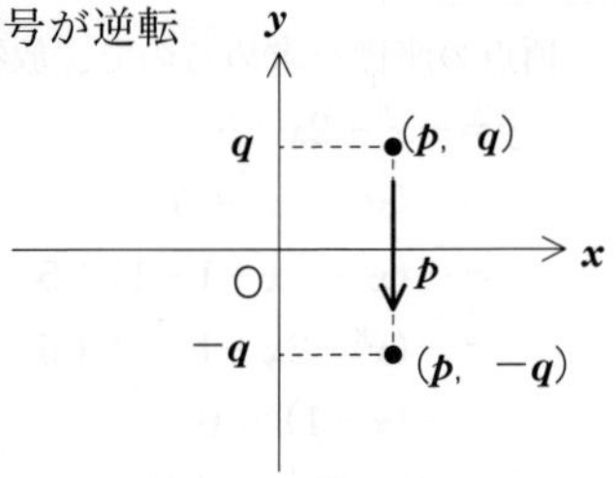

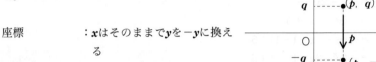

座標　　　　　：xはそのままでyを$-y$に換える

関数$y=f(x)$　：すべてのyを$-y$に換える

$$-y=f(x) \quad \Leftrightarrow \quad y=-f(x)$$

② y 軸に対称な移動

y座標は変化せず、すべてのx座標は符号が逆転する。

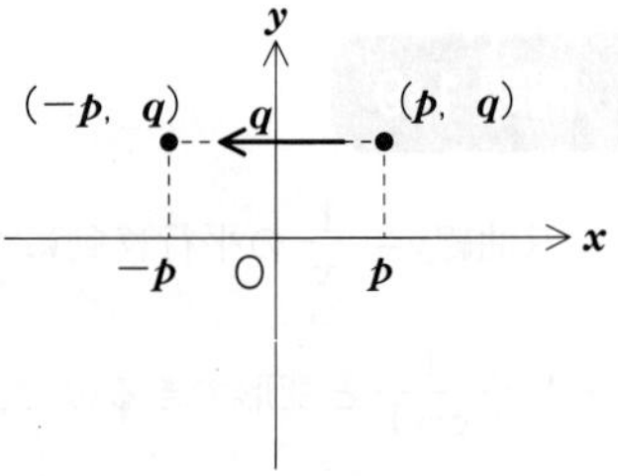

座標　　　　　：yはそのままでxを$-x$に換える

関数$y=f(x)$　：すべてのxを$-x$に換える

$$y=f(-x)$$

③ 原点に対称な移動

すべてのx座標とy座標の符号が逆転する。

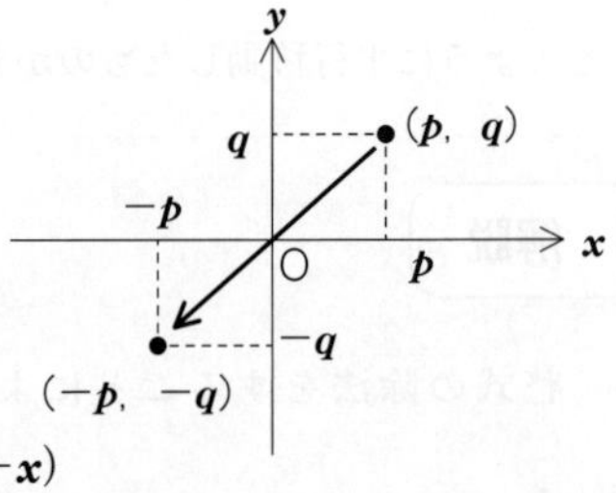

座標　　　　　：xを$-x$に、yを$-y$に換える

関数$y=f(x)$　：すべてのxを$-x$、yを$-y$に換える

$$-y=f(-x) \quad \Leftrightarrow \quad y=-f(-x)$$

例題 1-10

ある放物線をx軸に関して対称移動し、次にx軸方向に-2、y軸方向に$+3$だけ平行移動してから、再びx軸に関して対称移動したところ、放物線$y=x^2$が得られた。このとき、最初の放物線の方程式を求めよ。

解説

最後にできあがった放物線$y=x^2$から逆にたどって考える。その際、x軸方向に$+2$、y軸方向に-3だけ平行移動することに注意する。

$y=x^2$をx軸に関して対称移動した放物線の方程式は$-y=x^2$となり、$y=-x^2$である。

続いて、この$y=-x^2$をx軸方向に$+2$、y軸方向に-3だけ平行移動した放物線の放物線の方程式は$y-(-3)=-(x-2)^2$となり、展開して整理すると、$y=-x^2+4x-7$である。

さらに、この$y=-x^2+4x-7$をx軸に関して対称移動したものが求める放物線であり、その方程式は、$-y=-x^2+4x-7$となり、$\underline{y=x^2-4x+7}$である。

5 2次関数の最大値・最小値

関数の最大値・最小値の求め方の基本は、**グラフを描くこと**である。グラフを描くことによって、グラフ上のどこが一番低く、どこが一番高いのか、視覚的にすぐにわかる。

例6 右図のような関数$y=2x^2$のグラフがあったとき、$-2 \leqq x \leqq 1$における最大値と最小値はいくらか。

最大値は一番高い$\underline{8}$になるが、最小値は右側の2(点B)にはならない。なぜなら、放物線の頂点が2(点B)よりも下側にあるからである。よって、この場合の最小値は$\underline{0}$となる($0 \leqq y \leqq 8$)。

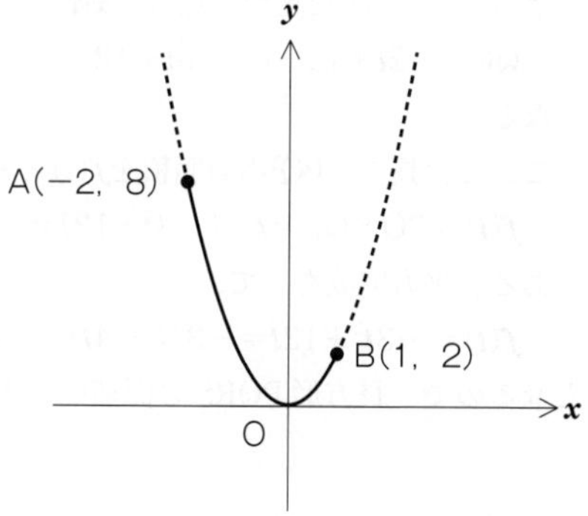

例6 における$-2 \leqq x \leqq 1$のように、xの変域(範囲)のことを**定義域**という。同様に、例6 における$0 \leqq y \leqq 8$のように、yの変域(範囲)のことを**値域**という。

例題 1-11

次の図のような、x軸、$y=x$、$y=-\frac{1}{2}x+6$に内接する長方形PQRSの面積の最大値を求めよ。

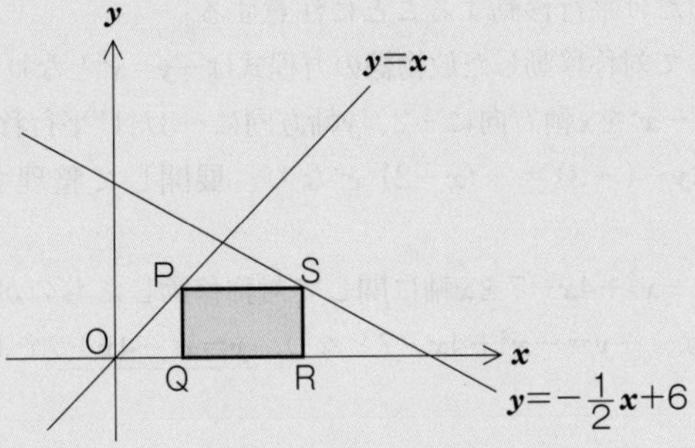

解説

点Qのx座標をtとおくと、点Pのy座標もtとなる。点Pのy座標と点Sのy座標は等しく、点Sは$y=-\frac{1}{2}x+6$上にあるので、点Sのx座標は$t=-\frac{1}{2}x+6$より、$x=-2t+12$となる。

よって、点Sのx座標と点Rのx座標は等しいので、

$$QR=-2t+12-t=-3t+12$$

となる。

ここで、長方形PQRSの面積を$f(t)$とおくと、

$$f(t)=PQ \times QR=t \times (-3t+12)=-3t^2+12t$$

である。平方完成をして、

$$f(t)=-3t^2+12t=-3(t^2-4t)=-3(t-2)^2+12$$

となるので、長方形PQRSの面積の最大値は12 ($t=2$のとき) である。

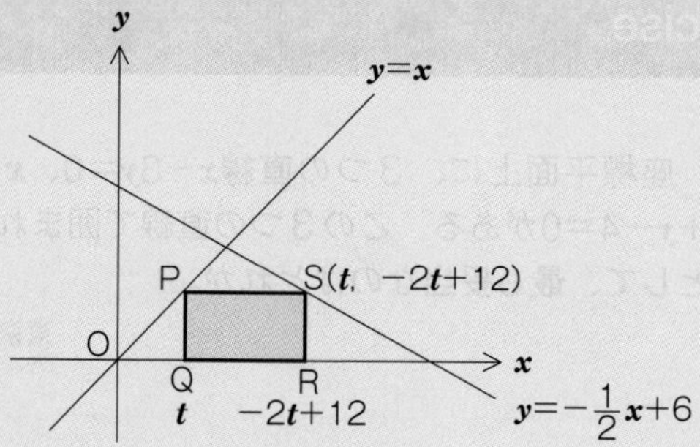
y
y=x
P
S(t, −2t+12)
O
x
Q
R
t
−2t+12
y=−1/2x+6

過去問 Exercise

問題1

座標平面上に、３つの直線$x-3y=0$、$x-y+4=0$、$x+y-4=0$がある。この３つの直線で囲まれた部分の面積として、最も妥当なのはどれか。

東京消防庁Ⅰ類2010

1. 15
2. 18
3. 21
4. 24
5. 27

解説

正解 ②

与えられた三つの直線の方程式を y について変形すると以下のようになる。

$$y=\frac{1}{3}x$$

$$y=x+4$$

$$y=-x+4$$

これらの方程式を連立させると、各交点の座標を求めることができる。よって、これらを座標平面上にグラフとして表し、y 軸で二つの三角形に分けて面積を計算すると以下のようになる。

$$4\times6\times\frac{1}{2}+4\times3\times\frac{1}{2}=12+6=18$$

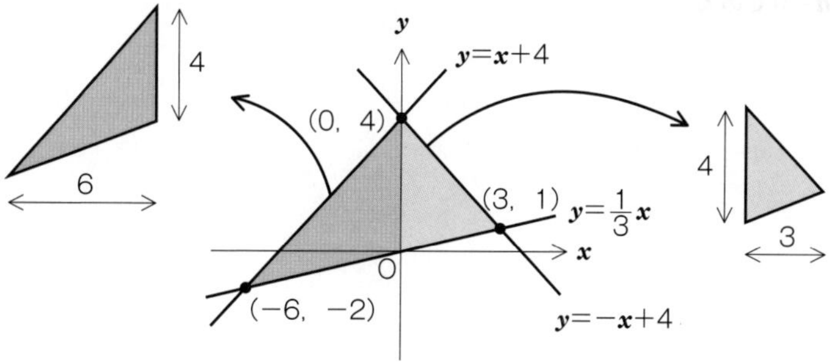

［別　解］

原点 (0, 0)、A $(a,\ b)$、B $(c,\ d)$ からなる△ABC の面積は以下のように表すことができる。

$$S=\frac{1}{2}\,|\,ad-bc\,|$$

この公式を用いると、(0, 4)、(−6, −2)、(3, 1) をそれぞれ y 軸方向に −4 平行移動をして、(0, 0)、(−6, −6)、(3, −3) となるので、面積 S は、

$$\frac{1}{2}\,|\,(-6)\times(-3)-3\times(-6)\,|=18$$

と求めることができる。

問題2 ２次関数$y=2x^2+4x+a$は、点A（-1, 3）を頂点とし、点B（0, 5）を通る放物線である。この関数に関する記述として、最も妥当なのはどれか。

東京消防庁Ⅱ類2011

1. この関数は$y=2x^2$のグラフをx方向にa、y方向に-3平行移動した放物線である。
2. この関数は$y=2x^2$のグラフをx方向に1、y方向に-3平行移動した放物線である。
3. この関数は$y=2x^2$のグラフをx方向に-1、y方向に3平行移動した放物線である。
4. $a=3$である。
5. $a=6$である。

解説

正解 ❸

まず、点Bを代入すると、$\boldsymbol{a}=5$となる（この時点で❹と❺は不適）。

次に、$\boldsymbol{y}=2\boldsymbol{x}^2+4\boldsymbol{x}+5$を平方完成すると、$\boldsymbol{y}=2(\boldsymbol{x}+1)^2+3$（$\boldsymbol{y}-3=2(\boldsymbol{x}+1)^2$）となる。

よって、この式は$\boldsymbol{y}=2\boldsymbol{x}^2$のグラフを$\boldsymbol{x}$軸方向に$-1$、$\boldsymbol{y}$軸方向に$+3$平行移動した放物線であることがわかる。

問題3

座標平面上の二次関数$y=-x^2+x+6$について、このグラフを原点Oを中心に180°回転させて得られるグラフを表す関数として、最も妥当なのはどれか。

東京消防庁Ⅰ類2013

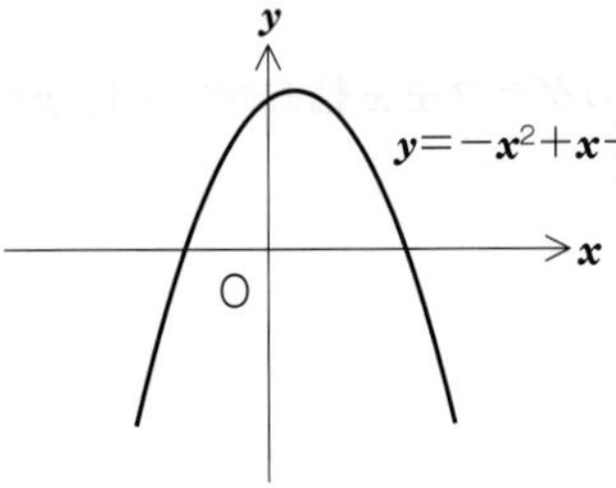

1. $y=-x^2-x-6$
2. $y=-x^2+x-6$
3. $y=x^2-x+6$
4. $y=x^2+x-6$
5. $y=x^2+x+6$

解説

正解 ④

原点に対称な移動なので、関数 $y=f(x)$ のすべての x が $-x$ に、すべての y が $-y$ に変わったと考えればよい。よって２次関数 $y=-x^2+x+6$ について、$-y=f(-x)$ を考える。

$y=-x^2+x+6$ について、すべての x を $-x$ に、y を $-y$ にすると次の式が得られる。

$$-y=-(-x)^2+(-x)+6$$

これを計算して整理すると、以下のようになる。

$$-y=-x^2-x+6 \quad \Leftrightarrow \quad y=x^2+x-6$$

問題4

2次関数$y=x^2-4x+3$（$0 \leqq x \leqq 3$）の最大値と最小値の組合せとして正しいものはどれか。

国家専門職2009

	最大値	最小値
1	1	0
2	3	−1
3	3	0
4	4	−1
5	4	0

解説

正解 ②

2次関数$y=x^2-4x+3$を平方完成すると、以下のようになる。

$$y=x^2-4x+3$$
$$=x^2-4x+4-4+3$$
$$=(x-2)^2-1$$

よって、2次関数$y=x^2-4x+3$は$y=x^2$のグラフをx軸方向に+2、y軸方向に−1移動したグラフであり、その頂点の座標は(2, −1)となる。

xの範囲(定義域)は$0 \leqq x \leqq 3$なので、$x=0$、$x=3$を代入して座標を計算すると以下のようになり、これらの値をもとにグラフを描くと右下のようになる。

$x=0$のとき、$y=0^2-4\times0+3=3$

$x=3$のとき、$y=3^2-4\times3+3=9-12+3=0$

以上より、$x=0$のとき最大値$y=3$、$x=2$のとき最小値$y=-1$をとる。

※　最小値は$x=3$のときではないことに注意する。

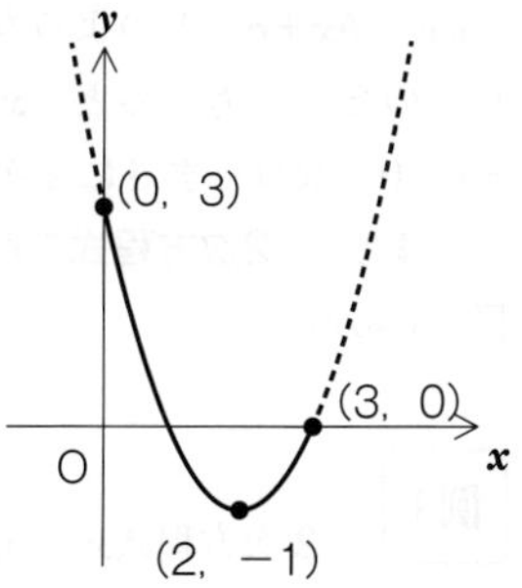

なお、グラフを描くときに毎回x軸、y軸を書く必要はない。放物線は左右対称になっているので、頂点のx座標から遠くにあるほど、yの値は大きくなる(下に凸の場合)。

5 方程式・不等式

方程式を解くに当たって、まずは基本を押さえておくことが重要です。等式の性質や、不等式の解を数直線上で表現できることを確認しておきましょう。

1 2次方程式と2次不等式

1 2次方程式

$ax^2+bx+c=0$ のような形の方程式を2次方程式という。$f(x)=ax^2+bx+c$とx軸との交点を考えると、x軸は$y=0$で表すことができるので、連立すると$ax^2+bx+c=0$となり、まさに２次方程式の形をしている。

つまり、**「2次方程式の解を求めること」と「2次関数とx軸との交点を求めること」は同じである。**

例1

２次方程式$x^2-5x+6=0$を解け。

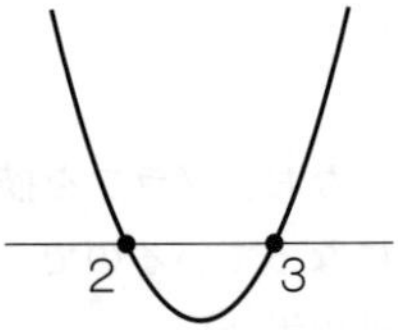

$x^2-5x+6=0$を因数分解すると$(x-2)(x-3)=0$なので、
$x=2,\ 3$となる。

またこの解は、右図のようにグラフとx軸との交点である。

2 解の公式を使った解き方

$ax^2+bx+c=0$を因数分解した形$a(x-\alpha)(x-\beta)=0$に式変形をして求められないとき、２次方程式の解の公式を使って解く。

2次方程式の解の公式

$ax^2+bx+c=0$ $(a\neq0)$の解は、$x=\dfrac{-b\pm\sqrt{b^2-4ac}}{2a}$となる。

例2

2次方程式$x^2-5x+3=0$を解け。

解の公式を用いると、$x=\dfrac{-(-5)\pm\sqrt{(-5)^2-4\times1\times3}}{2}=\dfrac{5\pm\sqrt{25-12}}{2}=\underline{\dfrac{5\pm\sqrt{13}}{2}}$となる。

3 2次不等式の解き方

2次方程式$ax^2+bx+c=0$を$a(x-\alpha)(x-\beta)=0$に変形して解いたときの解をαとβとすると、2次関数$y=ax^2+bx+c$のグラフとの関係は前述のとおりである。

これを利用して2次不等式$a(x-\alpha)(x-\beta)\leqq0$や$a(x-\alpha)(x-\beta)\geqq0$を解く。

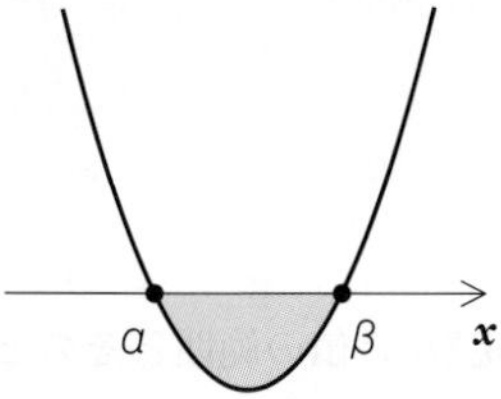

$a(x-\alpha)(x-\beta)\leqq0$

グラフが0以下になるのはxがαとβの間の場合であるから、xの範囲は次のようになる。

$\alpha\leqq x\leqq\beta$

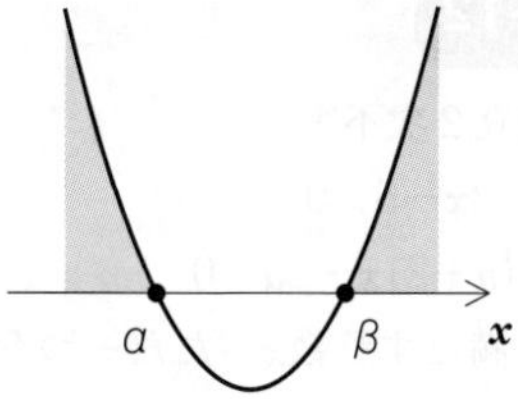

$a(x-\alpha)(x-\beta)\geqq0$

グラフが0以上になるのはxがαとβの外側の場合であるから、xの範囲は次のようになる。

$x\leqq\alpha,\ \beta\leqq x$

例3

2次不等式$x^2-5x+6>0$を解け。

2次関数とx軸との交点を求めるために、$x^2-5x+6=0$を解くと、$(x-2)(x-3)=0$なので$x=2, 3$でx軸と交点を持つグラフになる。

ここで、正になる部分を問われているので、右図のようにx軸の上側に存在する部分のxを不等式で答えればよい。そのようなxの範囲を不等式として解答す

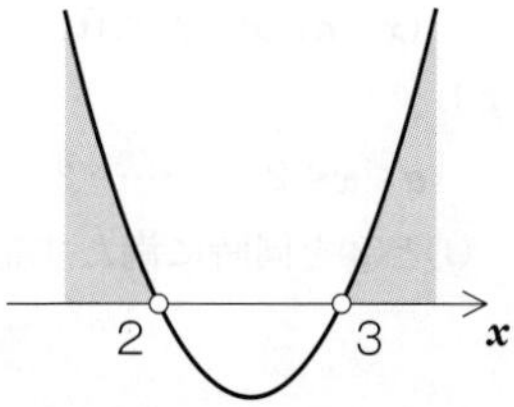

ると、$\underline{x<2,\ 3<x}$となる。

例4 2次不等式$x^2-3x+2<0$を解け。

同様に、$x^2-3x+2=0$を解くと、$(x-1)(x-2)=0$なので$x=1,\ 2$でx軸と交点を持つグラフになる。

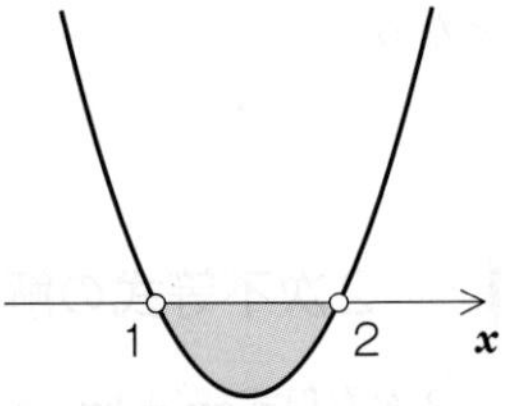

今回は、負になる部分を問われているので、右図のようにx軸の下側に存在する部分のxを不等式で答えればよい。そのようなxの範囲を不等式として解答すると、$\underline{1<x<2}$となる。

例題 1-12

次の連立2次不等式、

$$2x^2-3x-5>0$$
$$x^2-(a+2)x+2a<0$$

を同時に満たす整数xがただ一つ存在するとき、定数aの値の範囲とそのときの整数xの値を求めよ。ただし、$a<2$とする。

解説

$2x^2-3x-5>0$を因数分解して、

$$(x+1)(2x-5)>0$$

より、

$$x<-1,\ \frac{5}{2}<x \quad \cdots\cdots①$$

$x^2-(a+2)x+2a<0$を因数分解して、

$$(x-a)(x-2)<0$$

より、

$$a<x<2 \quad \cdots\cdots② \quad (\because a<2)$$

①と②を同時に満たす整数xがただ一つになるときは、次の場合である。

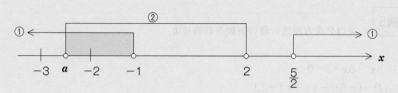

aの値が$-3 \leqq a < -2$にあるとき、整数xがただ一つになり、そのときのxは-2である。

なお、不等号に注意すること。「$-3 < a < -2$」ではなく、「$-3 \leqq a < -2$」である。

$a = -3$のとき、②は$-3 < x < 2$となり、①との共通部分は$-3 < x < -1$であるから、確かに整数xがただ一つ存在し、それは-2である。

2 判別式

2次方程式$ax^2 + bx + c = 0$の解$x = \dfrac{-b \pm \sqrt{b^2 - 4ac}}{2a}$のうち、$\sqrt{\ }$内部の部分を判別式($D = b^2 - 4ac$)という。

判別式

❶ $D > 0$のとき：異なる二つの実数解を持つ(x軸と2交点を持つ)

⇒ $x = \dfrac{-b \pm \sqrt{D}}{2a}$の2解が存在している

❷ $D = 0$のとき：重解を持つ(x軸と接する)

⇒ $x = \dfrac{-b \pm \sqrt{0}}{2a} = \dfrac{-b}{2a}$の1解のみ存在する

❸ $D < 0$のとき：実数解を持たない(x軸との交点を持たない)

⇒ Dがマイナス、つまり$\sqrt{\ }$の中身がマイナスになり、xの実数解は存在しない

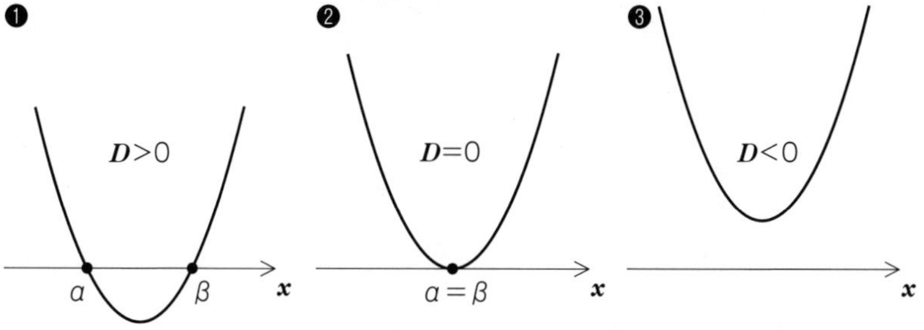

例5　次の２次方程式の解の個数を判別せよ。

(1)　$3x^2-5x+1=0$

$D=(-5)^2-4\times3\times1=13$

よって、Dは正なのでこの方程式は、異なる二つの実数解を持つ。

(2)　$9x^2-12x+4=0$

$D=(-12)^2-4\times9\times4=0$

よって、Dは０なのでこの方程式は、重解を持つ。

(3)　$2x^2+3x+4=0$

$D=3^2-4\times2\times4=-23$

よって、Dは負なのでこの方程式は、実数解を持たない。

3　直線と放物線の位置関係

関数どうしの共有点を求めるには、関数の式を連立させて解けばよい。

また、放物線の接線は、接線(直線)との共有点が一つだけのときになるので、放物線と接線を連立させてできる２次方程式は重解を持つ。よって$D=0$となる。

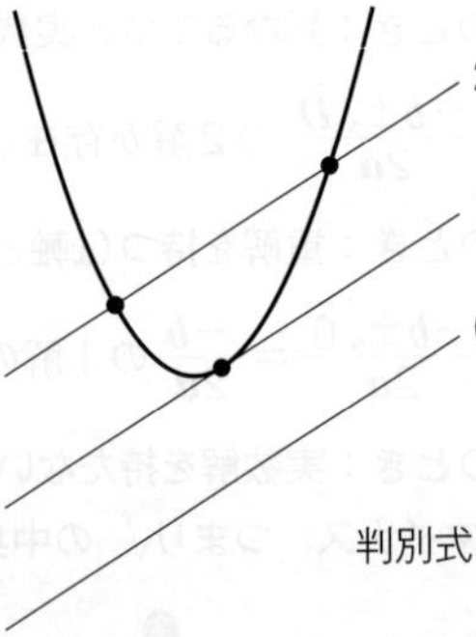

判別式：$D=b^2-4ac$

例題 1-13

右の図のような放物線$y=ax^2+bx+c$が、点(3, 0)でx軸に接している。次の値を正、0、負で答えよ。

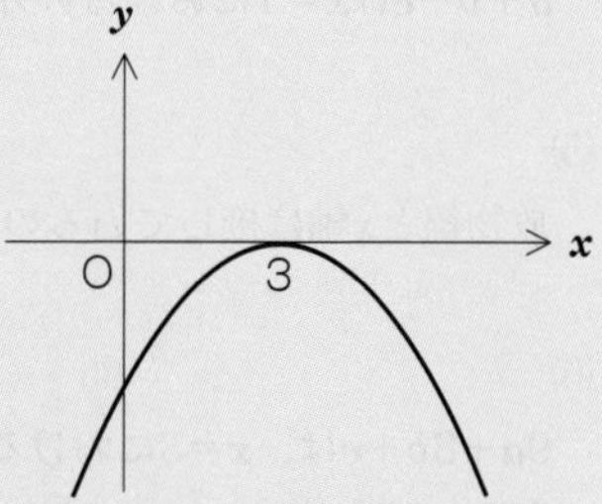

(1) a

(2) b

(3) c

(4) $a+b+c$

(5) b^2-4ac

(6) $9a+3b+c$

解説

(1)

放物線が上に凸であるから、$\underline{a<0}$

(2)

$$\begin{aligned} y&=ax^2+bx+c \\ &=a\left(x^2+\frac{b}{a}x\right)+c \\ &=a\left\{\left(x+\frac{b}{2a}\right)^2-\left(\frac{b}{2a}\right)^2\right\}+c \\ &=a\left(x+\frac{b}{2a}\right)^2-\frac{b^2-4ac}{4a} \end{aligned}$$

よって、軸の方程式は、$x=-\dfrac{b}{2a}$

問題の図より、軸は$x>0$の部分にあるから、$-\dfrac{b}{2a}>0$

(1)より$a<0$なので、$\underline{b>0}$

(3)

放物線とy軸との交点のy座標はcなので、問題の図より、$\underline{c<0}$

(4)

$a+b+c$は$x=1$におけるyの値である。問題の図より、$\underline{a+b+c<0}$

(5)

放物線とx軸は接しているので、判別式$D=0$となり、$\underline{b^2-4ac=0}$

(6)

$9a+3b+c$は、$x=3$におけるyの値である。

問題の図より、$\underline{9a+3b+c=0}$

4 解と係数の関係

$ax^2+bx+c=0$ $(a\neq0)$の二つの解をα, βとすると、これらを解とする２次方程式は$a(x-\alpha)(x-\beta)$とおける。よって、

$$ax^2+bx+c=a(x-\alpha)(x-\beta)$$

となり、右辺を展開すると次のようになる。

$$a(x-\alpha)(x-\beta)=ax^2-a(\alpha+\beta)x+a\alpha\beta$$

ここで係数を比較すると、

$$b=-a(\alpha+\beta)$$

$$c=a\alpha\beta$$

となるから、

$$\alpha+\beta=-\frac{b}{a}$$

$$\alpha\beta=\frac{c}{a}$$

となる。これを２次方程式の解と係数の関係という。

解と係数の関係

２次方程式$ax^2+bx+c=0$ $(a\neq0)$の二つの解をα, βとすると、

$$\alpha+\beta=-\frac{b}{a}$$

$$\alpha\beta=\frac{c}{a}$$

例6

２次方程式$x^2-9x+6=0$の二つの解をα，βとするとき、$\alpha^3+\beta^3$の値はいくらか。

解と係数の関係より、$\alpha+\beta=9$、$\alpha\beta=6$

$$\alpha^3+\beta^3=(\alpha+\beta)^3-3\alpha\beta(\alpha+\beta)=9^3-3\times6\times9=729-162=\underline{567}$$

例題 1-14

２次方程式$x^2-kx+9=0$が実数解を持つような実数kの値の範囲を求め、その実数解をα，βとすると、$(\alpha+1)^2+(\beta+1)^2$の最小値を求めよ。

解説

$x^2-kx+9=0$の判別式をDとする。実数解を持つための条件は、$D\geqq0$

よって、$k^2-36\geqq0$となり、因数分解して、$(k+6)(k-6)\geqq0$より、$k\leqq-6$または$k\geqq6$となる。

また、解と係数の関係より、$\alpha+\beta=k$、$\alpha\beta=9$である。

よって、

$$\begin{aligned}(\alpha+1)^2+(\beta+1)^2&=(\alpha^2+2\alpha+1)+(\beta^2+2\beta+1)\\&=(\alpha+\beta)^2-2\alpha\beta+2(\alpha+\beta)+2\\&=k^2-2\cdot9+2k+2\\&=k^2+2k-16\\&=(k+1)^2-17\end{aligned}$$

$k\leqq-6$または$k\geqq6$であるから、$k=-6$のとき、<u>最小値８</u>をとる。

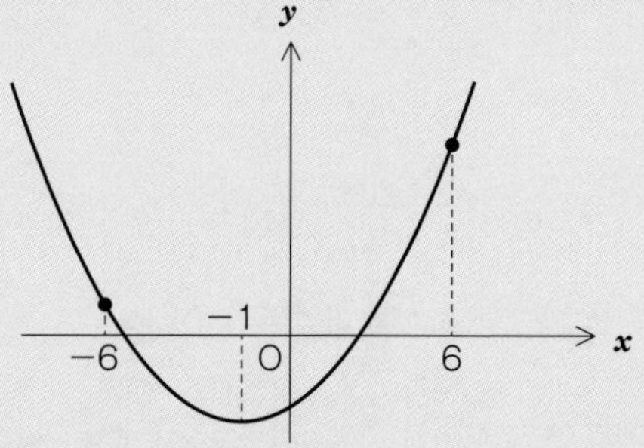

過去問 Exercise

問題1

次の不等式$2(x+6)>4x+2>x-1$の解について、最も妥当なのはどれか。

東京消防庁Ⅰ類2011

1. $x<-1$
2. $0<x<5$
3. $x>5$
4. $-1<x<5$
5. $x<-1$、$x>5$

解説

正解 4

不等式を二つに分けて表す。

$2(x+6)>4x+2$を展開して整理すると$-2x>-10$となり、

$x<5$ ……①

$4x+2>x-1$を整理すると$3x>-3$となり、

$x>-1$ ……②

①と②を両方同時に満たすようなxの範囲を求めれば、本問の連立不等式を満たすxの範囲を求められる。

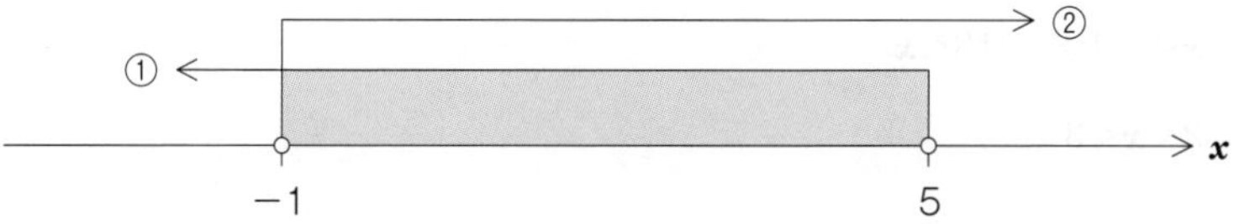

よって、求める範囲は、$-1<x<5$となる。

問題2　次の連立２次不等式が成立するxの範囲として、最も妥当なものはどれか。

警視庁Ⅰ類2006

$$x^2+x-6>0$$
$$x^2-2x-3<0$$

1. $-3<x<-1$
2. $x<-3$または$2<x$
3. $-1<x<2$
4. $x<-1$または$3<x$
5. $2<x<3$

解説

正解 5

それぞれの不等式を解くと以下のようになる。

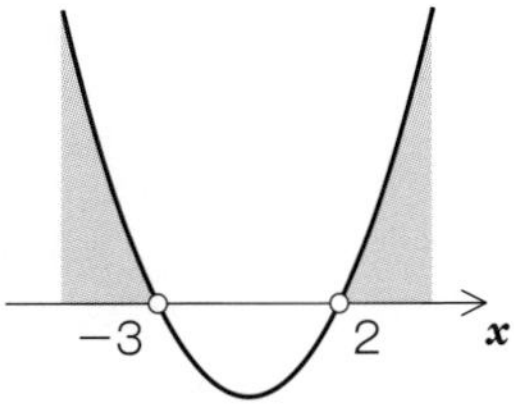

$x^2+x-6>0$

$(x+3)(x-2)>0$

$x<-3,\ 2<x$ ……①

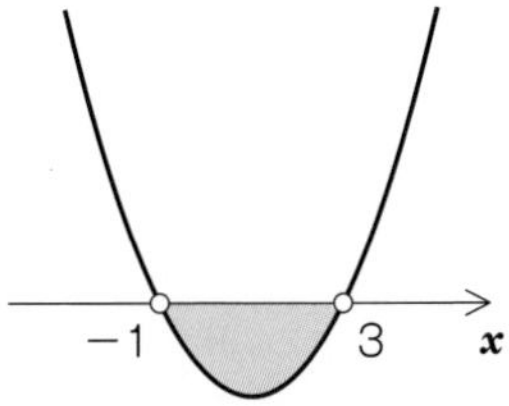

$x^2-2x-3<0$

$(x+1)(x-3)<0$

$-1<x<3$ ……②

①と②を両方同時に満たす x の範囲を求める。

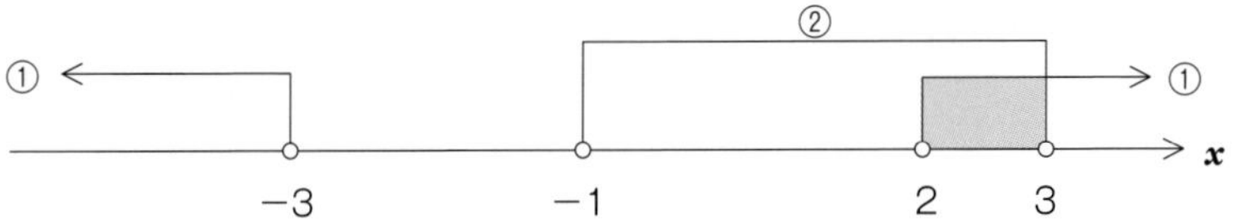

以上より、求める範囲は、$2<x<3$となる。

問題3

曲線$y=x^2+2x+a$が、直線$y=4x+4$に接するときのaの値として、最も妥当なのはどれか。

東京消防庁Ⅰ類2014

1. 1
2. 4
3. 5
4. 8
5. 10

解説

正解 3

二つの式 $\boldsymbol{y}=\boldsymbol{x}^2+2\boldsymbol{x}+\boldsymbol{a}$ と $\boldsymbol{y}=4\boldsymbol{x}+4$ を連立させると、$\boldsymbol{x}^2+2\boldsymbol{x}+\boldsymbol{a}=4\boldsymbol{x}+4$ より、

$\boldsymbol{x}^2-2\boldsymbol{x}+\boldsymbol{a}-4=0$　……①

互いに接するので、方程式①は重解を持つ。よって、判別式 $\boldsymbol{D}=0$ になる。

$\boldsymbol{D}=(-2)^2-4\times1\times(\boldsymbol{a}-4)=4-4\boldsymbol{a}+16=20-4\boldsymbol{a}=0$

よって、$\boldsymbol{a}=5$ である。

問題4

2次方程式$x^2-4x+k=0$が異なる二つの実数解を持つようなkの値の範囲として、最も妥当なのはどれか。

東京消防庁Ⅰ類2010

1. $k>2$
2. $2<k<3$
3. $k<4$
4. $2<k<6$
5. $k>8$、$k<0$

解説

正解 ③

$x^2-4x+k=0$の判別式をDとおくと、以下の式が成り立つ。

$D=(-4)^2-4\times1\times k=16-4k$

2次方程式が異なる二つの実数解を持つようなDの条件は、$D>0$であるので、

$D=16-4k>0$

よって、これを解いて$-4k>-16$より、$k<4$である。

問題5

２次方程式$x^2 - ax + ab = 0$の２つの解の比が1：2のとき、aとbの比はどれか。

警視庁Ⅰ類2010

1. 5：6
2. 6：5
3. 7：4
4. 8：3
5. 9：2

解説

正解 5

二つの解の比が1：2なので、それぞれの解を $\boldsymbol{k}$、$2\boldsymbol{k}(\boldsymbol{k}\neq 0)$ とおくことができる。

解と係数の関係より、

$$\boldsymbol{k}+2\boldsymbol{k}=-\frac{-\boldsymbol{a}}{1}=\boldsymbol{a}$$

$$3\boldsymbol{k}=\boldsymbol{a} \quad \cdots\cdots ①$$

$$\boldsymbol{k}\times 2\boldsymbol{k}=\frac{\boldsymbol{ab}}{1}=\boldsymbol{ab}$$

$$2\boldsymbol{k}^2=\boldsymbol{ab} \quad \cdots\cdots ②$$

①を②に代入すると $2\boldsymbol{k}^2=3\boldsymbol{k}\times\boldsymbol{b}$ となり、

$$\frac{2}{3}\boldsymbol{k}=\boldsymbol{b} \quad \cdots\cdots ③$$

①③より、$\boldsymbol{a}:\boldsymbol{b}=3\boldsymbol{k}:\frac{2}{3}\boldsymbol{k}=9:2$

6 円

円を方程式で表す方法を身につけ、不等式で領域を問う問題に対応できるようにしましょう。

1 円の方程式

円とは、**ある1点からの距離が等しい点の集合**のことなので、原点Oから距離rである点をすべて結ぶと円ができる。

原点から等しい距離に存在する座標を一般的に$(x,\ y)$とおくと、円の方程式が導かれる。このとき、原点Oは円の中心となる。

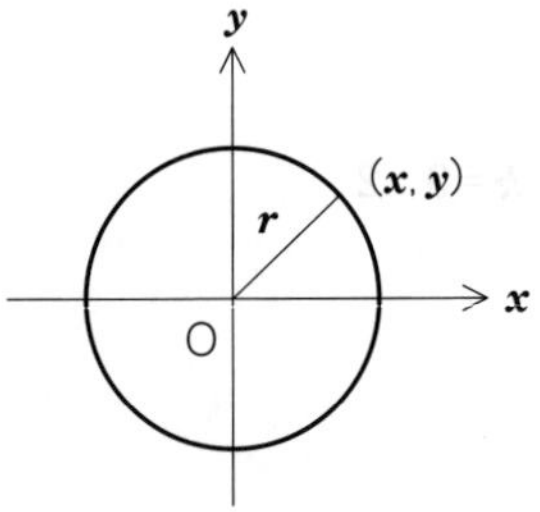

円の方程式

❶ 原点Oを中心とする半径rの円の方程式

$$x^2+y^2=r^2$$

❷ 点$(a,\ b)$を中心とする半径rの円の方程式

$$(x-a)^2+(y-b)^2=r^2$$

❷は、原点Oを中心とする円をx方向にa、y方向にbだけ平行移動したものである。

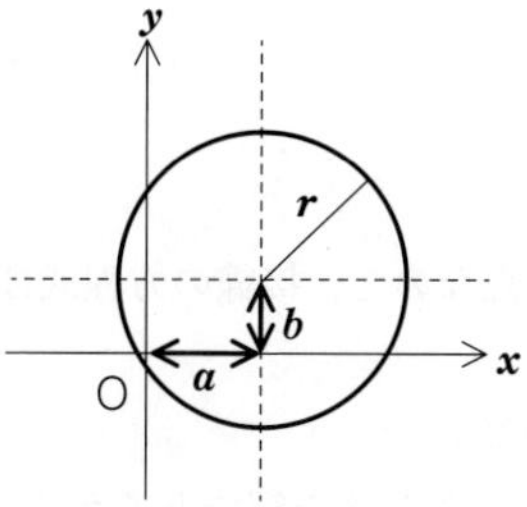

円の接線の方程式

❶　原点Oを中心とする円の円周上の点A（α, β）における接線の方程式

$$\alpha x+\beta y=r^2$$

❷　点(a, b)を中心とする円の円周上の点A（α, β）における接線の方程式

$$(\alpha-a)(x-a)+(\beta-b)(y-b)=r^2$$

例1

座標平面上で中心が$(1, 3)$、半径が$\sqrt{10}$である円の方程式を求めよ。また、この周上の点$(2, 6)$における接線の方程式を求めよ。

中心が$(1, 3)$、半径が3の円なので、$(x-1)^2+(y-3)^2=(\sqrt{10})^2$

よって、求める円の方程式は、$\underline{(x-1)^2+(y-3)^2=10}$

また、点$(2, 6)$における接線の方程式は、$(2-1)(x-1)+(6-3)(y-3)=10$

よって、

$x-1+3(y-3)=10 \iff \underline{x+3y-20=0}$

このように、円の接線の方程式の公式は、円周上の点(接点)が与えられているときのみ使用できる。

例題 1-15

円$x^2+y^2=100$に対して、(0, 10)と(−6, −8)で接する２本の接線の交点を求めよ。

解説

(0, 10)と(−6, −8)は接点なので、接線の方程式は、

$10y=100$　　……①

$-6x-8y=100$　　……②

となる。交点は①と②を連立したときの解であるから、①より、$y=10$であり、これを②に代入して、$x=-30$となる。

交点は(−30, 10)である。

2 2点間の距離

２点間の距離は三平方の定理を使って求める。

２点A $(x_1,\ y_1)$ とB $(x_2,\ y_2)$ の距離は以下の公式で求めることができる。

$$AB=\sqrt{(x_2-x_1)^2+(y_2-y_1)^2}$$

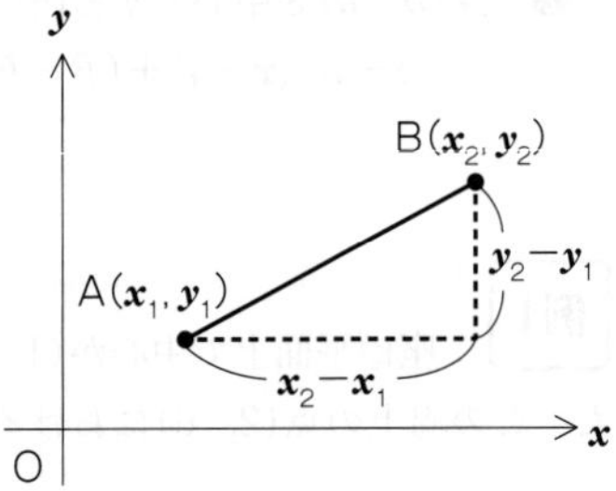

❸ 束の考え方

例えば $(x-2)^2+(y-3)^2=25$、$x^2+y^2-10x+2y+17=0$ で表される2個の円がある状況を考える。$(x-2)^2+(y-3)^2=25$ を展開すると、$x^2+y^2-4x-6y-12=0$ となる。円の式をそれぞれ①②とおく。

$x^2+y^2-4x-6y-12=0$ ……①

$x^2+y^2-10x+2y+17=0$ ……②

ここで、①−②によって x^2 と y^2 を消去する。

$(x^2+y^2-4x-6y-12)-(x^2+y^2-10x+2y+17)=0$

$x^2+y^2-4x-6y-12-x^2-y^2+10x-2y-17=0$

よって、$6x-8y-29=0$ となり、求める直線の方程式は、$6x-8y-29=0$ である。これが「**束**」の**考え方**である。また、2直線だけでなく、直線と円、円と円、放物線と放物線などどの組合せでも成り立つ。

例2

直線 l：$ax-y+2a-1=0$ と原点Oとの距離を d とする。このとき、d の最大値とそのときの a の値を求めよ。

$ax-y+2a-1=0$ は、$y+1=a(x+2)$ と式変形すると、a の値にかかわらずある定点Aを通ることがわかる。点Aの座標は、$y+1=0$、$x+2=0$ を連立して、$(x, y)=(-2, -1)$ である。

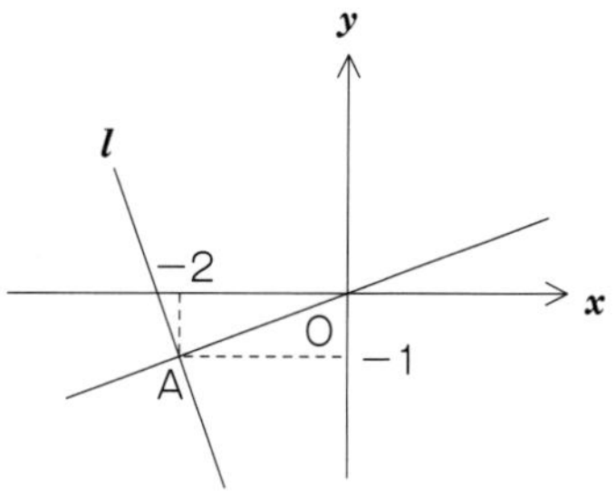

よって、d は直線 l と直線OAが直交するとき最大となるので、$d=\sqrt{(-2)^2+(-1)^2}=\underline{\sqrt{5}}$

a の値は直線OAの傾きが $\frac{1}{2}$ で、直線 l と直線OAは直交するので、$\underline{a=-2}$ である。

過去問 Exercise

問題1　円$x^2+y^2-4y=0$と$x-y=0$の直線について最も妥当なのはどれか。

東京消防庁Ⅰ類2009

1. この円と直線の共有点の座標のうちひとつは(0, 2)となる。
2. この円の半径は4である。
3. この円と直線の共有点はない。
4. この円の半径は2、共有点の座標は(0, 0)(2, 2)となる。
5. この円の中心の座標は(1, 1)である。

解説

正解 4

$x^2+y^2-4y=0$を変形すると以下のようになる。

$x^2+y^2-4y+4-4=0$

$x^2+(y-2)^2-4=0$

$x^2+(y-2)^2=2^2$

よって、中心が(0, 2)、半径が2の円だとわかる。

円と直線の共有点の座標は、

$$\begin{cases} x^2+y^2-4y=0 & \cdots\cdots ① \\ x-y=0 & \cdots\cdots ② \end{cases}$$

の連立方程式を解く。

②より、

$x=y$　……③

③を①に代入すると$x^2+x^2-4x=0$、整理すると$x^2-2x=0$となり、これを因数分解して、$x(x-2)=0$より、

$x=0,\ 2$

③より、$x=0$のとき$y=0$となり、$x=2$のとき$y=2$となる。

よって、共有点の座標は(0, 0)、(2, 2)となる。

以上より、$x^2+y^2-4y=0$は、中心が(0, 2)、半径が2の円で、直線$x-y=0$との共有点の座標は(0, 0)、(2, 2)だとわかる。

問題2

xy座標平面上において、円$x^2+y^2=9$に接する直線は、次のうちではどれか。

国家専門職2009

1. $y=-x+4$
2. $y=-x+3\sqrt{2}$
3. $y=-x+2\sqrt{5}$
4. $y=-x+\dfrac{9}{2}$
5. $y=-x+3\sqrt{3}$

解説

正解 ②

選択肢はすべて傾き＝−1の直線になっているので、求める接線の式を$y=-x+m$と置き、円の方程式$x^2+y^2=9$に代入すると、$x^2+(-x+m)^2=9$となる。これを展開してまとめると、

$$2x^2-2mx+m^2-9=0 \qquad \cdots\cdots①$$

円と直線が接するので共有点は一つである。つまり、①が重解を持つので、①の判別式をDとおくと、求める条件は$D=0$である。

$$D=(-2m)^2-4\times2\times(m^2-9)=4m^2-8m^2+72=-4m^2+72$$

となり、$-4m^2+72=0$となる。

よって、$m^2=18$より、$m=\pm3\sqrt{2}$となり、選択肢では$y=-x+3\sqrt{2}$となる。

★★★

7 初等幾何・三角比

数的処理においても役立てられる知識が多くある学習範囲です。難しくないうえに汎用性が高い知識・テクニックも登場しますので、これらの知識を習得することで得点の底上げを図りましょう。

1 三角形・円の基本性質

1 三角形の重心

中線は１点Ｇで交わる。この中線の交点Ｇを重心という。

重心は各中線を2：1に内分する。

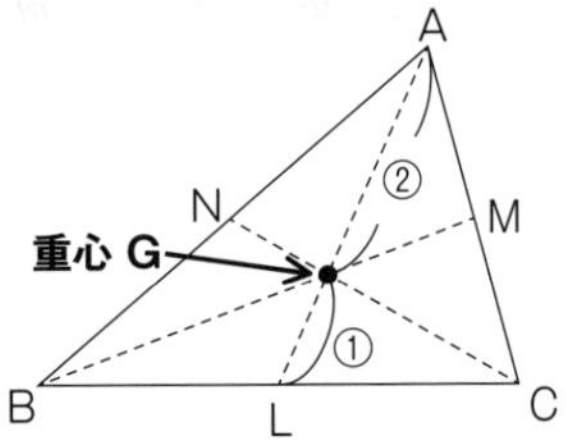

2 三角形の内心

三角形の三つの内角の二等分線は１点Ｉで交わる。この交点Ｉを内心という。右のように、△ABCに内接する円があるとき、**内心Ｉは内接円の中心**となる。

BC＝$\boldsymbol{a}$、CA＝$\boldsymbol{b}$、AB＝$\boldsymbol{c}$、△ABCの面積を$\boldsymbol{S}$、内接円の半径を$\boldsymbol{r}$とすれば、△ABC＝△IBC＋△ICA＋△IABであるから、$\boldsymbol{S}=\frac{1}{2}\boldsymbol{ar}+\frac{1}{2}\boldsymbol{br}+\frac{1}{2}\boldsymbol{cr}$となる。

ゆえに、$\boldsymbol{S}=\frac{1}{2}(\boldsymbol{a}+\boldsymbol{b}+\boldsymbol{c})\boldsymbol{r}$が成立する。

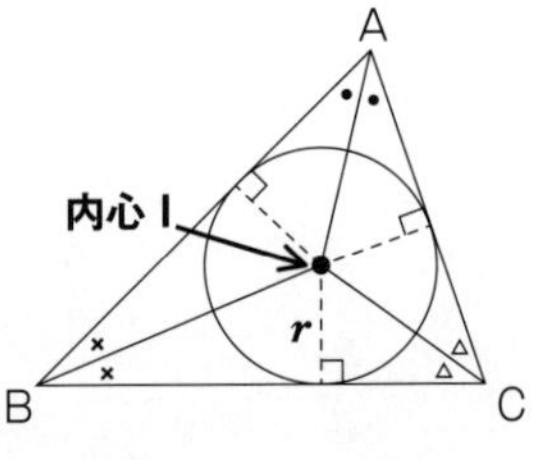

3 三角形の外心

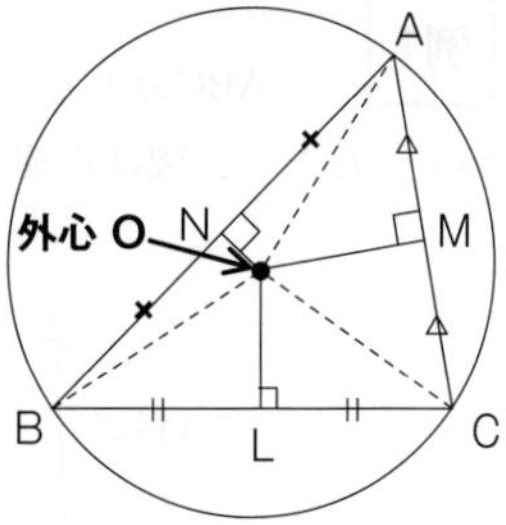

3辺の垂直二等分線は、1点Oで交わる。この交点Oを**外心**という。右のように、△ABCに外接する円があるとき、**外心Oは外接円の中心**となる。

なお、正三角形においては重心、内心、外心の三心が一致する。

4 円周角の定理

円周角：中心角＝1：2となる。その他、弧の長さが1：2のとき、円周角や中心角も1：2となる。

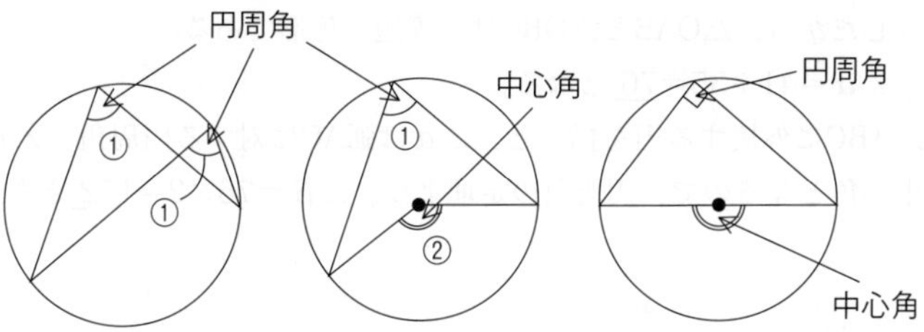

例1

△ABCの外心、内心をそれぞれO、Iとする。次の∠α、∠βの値を求めよ。ただし、図は正確ではない。

(1)

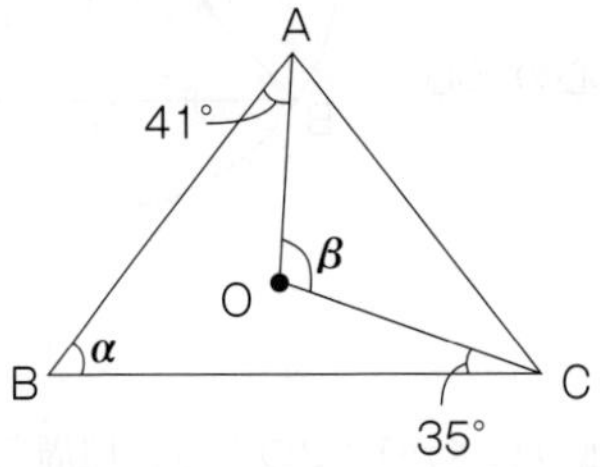

(2)

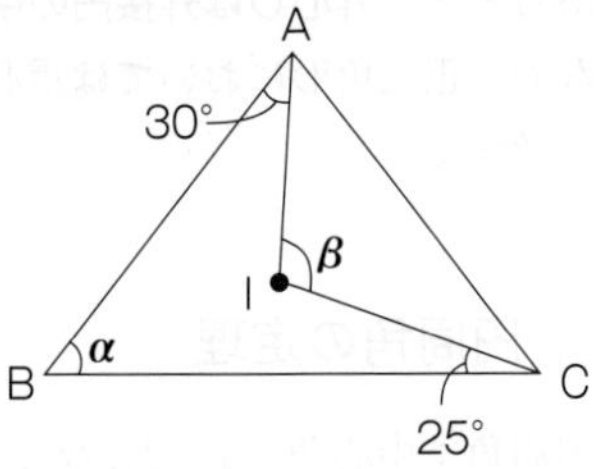

(1)

点Oは外心だから、△OABと△OBCは二等辺三角形である。

よって、∠α＝41＋35＝<u>76°</u>となる。

また、△ABCに外接する円を描くと、∠αは弧ACに対する円周角、∠βは弧ACに対する中心角となるので、円周角の定理より、∠β＝76×2＝<u>152°</u>となる。

(2)

点Ｉは内心だから、∠BAI＝∠CAI＝30°、∠BCI＝∠ACI＝25°

よって、∠β＝180－(30＋25)＝<u>125°</u>となる。

また、三角形の内角の和は180°なので、∠α＝180－(60＋50)＝<u>70°</u>となる。

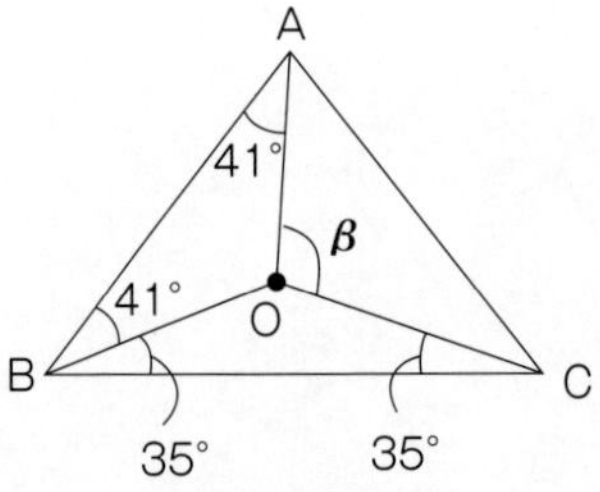

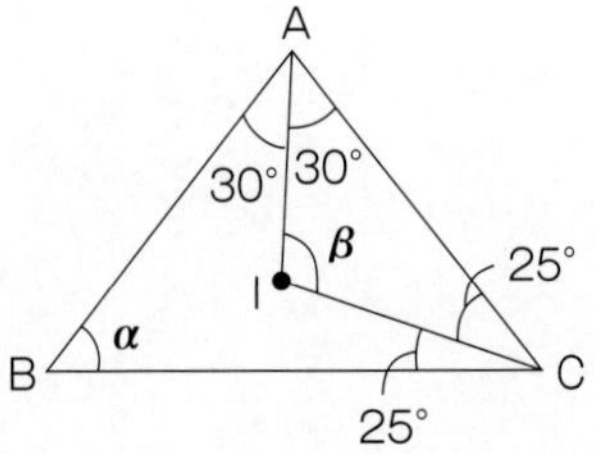

5 接弦定理

円Oの弦ABと、その端点Aにおける接線ATが作る∠BATは、その角の内部に含まれる弧ABに対する円周角∠ACBに等しい。

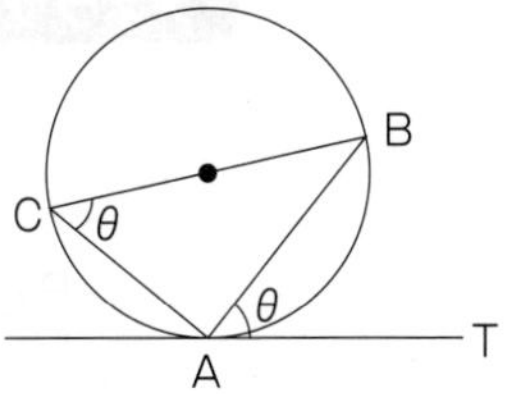

例2 次の∠θの値を求めよ。

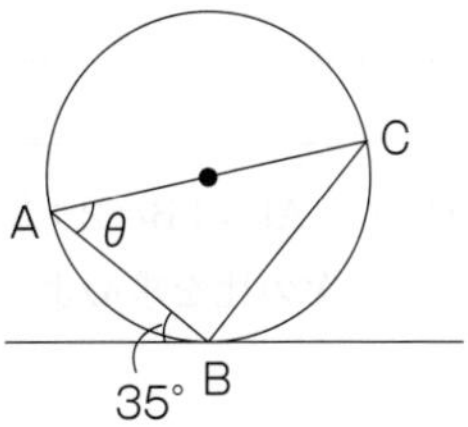

円周角の定理より、∠ABC＝90°
接弦定理より、∠ACB＝35°
よって、∠θ＝180－(90＋35)＝<u>55°</u>となる。

6 方べきの定理

点Pを通る平行でない2直線と円との交点をそれぞれA、BおよびC、Dとし、接点をTとする。それぞれ以下の等式が成り立つ。

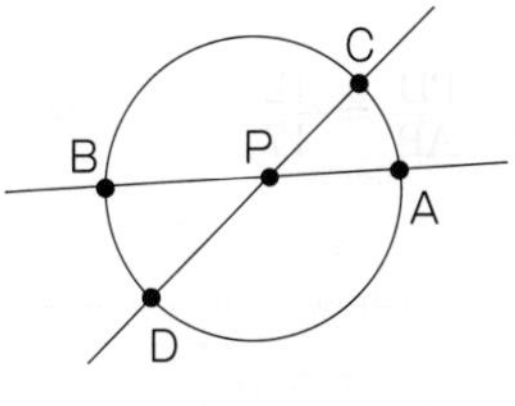

PA×PB＝PC×PD

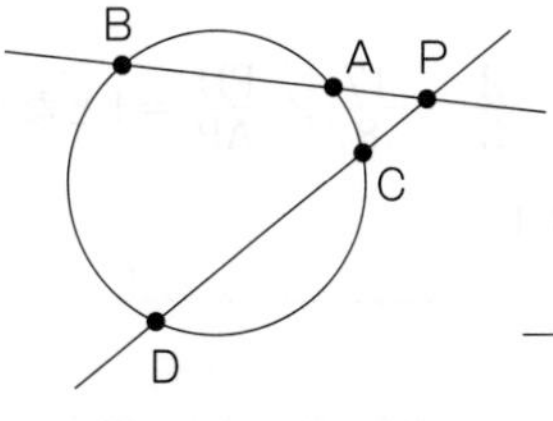

PA×PB＝PC×PD

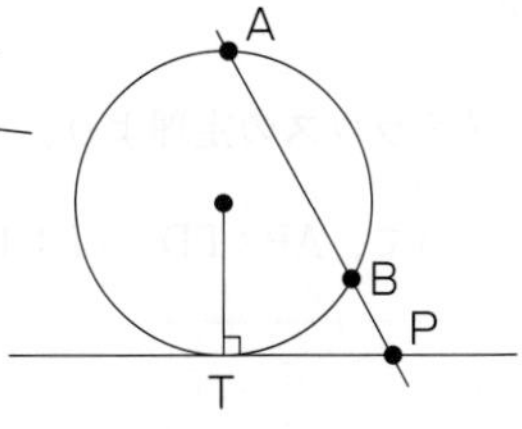

PA×PB＝PT^2

2 図形に関する定理·公式

1 チェバの定理・メネラウスの定理

チェバの定理

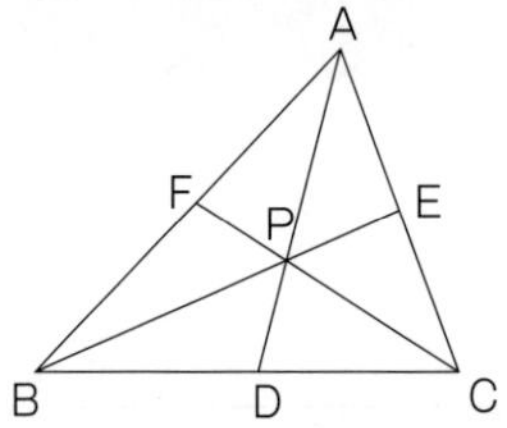

$$\frac{AF}{FB} \times \frac{BD}{DC} \times \frac{CE}{EA} = 1$$

メネラウスの定理

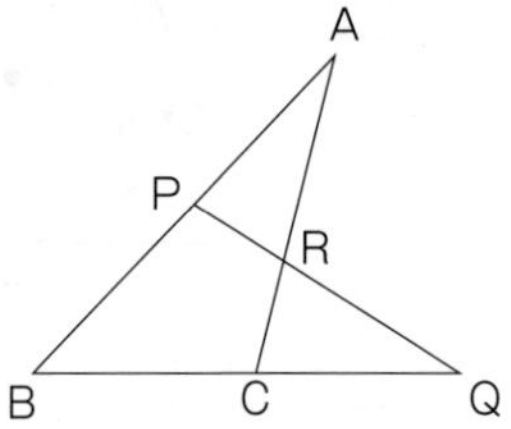

$$\frac{AP}{PB} \times \frac{BQ}{QC} \times \frac{CR}{RA} = 1$$

例3

右の図の△ABCについて、AF：FB＝2：3、AE：EC＝3：4である。このとき、次の比を求めよ。

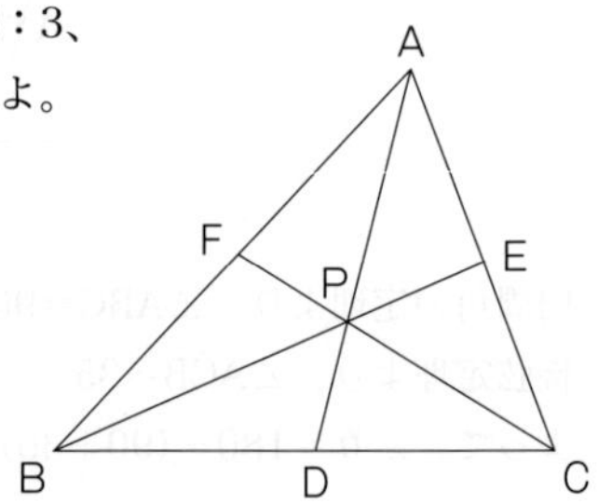

(1) BD：DC

(2) AP：PD

(1)

チェバの定理より、$\frac{2}{3} \times \frac{BD}{DC} \times \frac{4}{3} = 1$となり、$\frac{BD}{DC} = \frac{9}{8}$

よって、BD：DC＝<u>9：8</u>

(2)

メネラウスの定理より、$\frac{2}{3} \times \frac{17}{8} \times \frac{PD}{AP} = 1$となり、$\frac{PD}{AP} = \frac{12}{17}$

よって、AP：PD＝<u>17：12</u>

2 円に内接する四角形の性質

対角の和は180°となる。

$\angle \boldsymbol{x} + \angle \boldsymbol{y} = 180°$

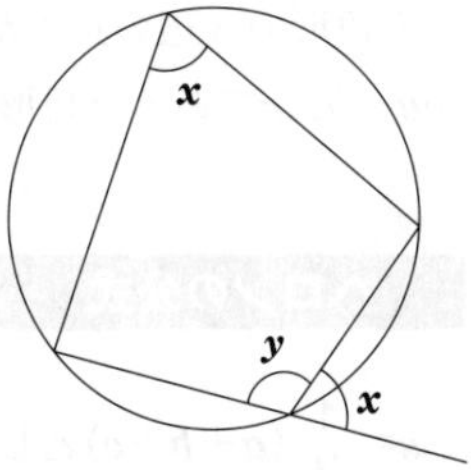

例4　右の図の$\angle \theta$の値を求めよ。

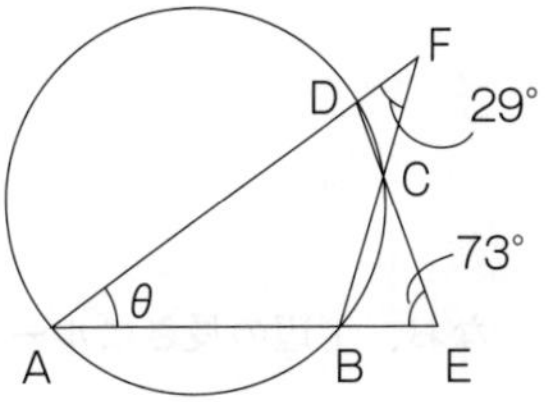

円に内接する四角形の性質より、$\angle BCE = \theta$となる。また、$\angle FAB + \angle AFB = \angle CBE$なので$\theta + 29 = \angle CBE$となる。

よって、$\theta + 29 + 73 + \theta = 180$より、$\theta = \underline{39°}$

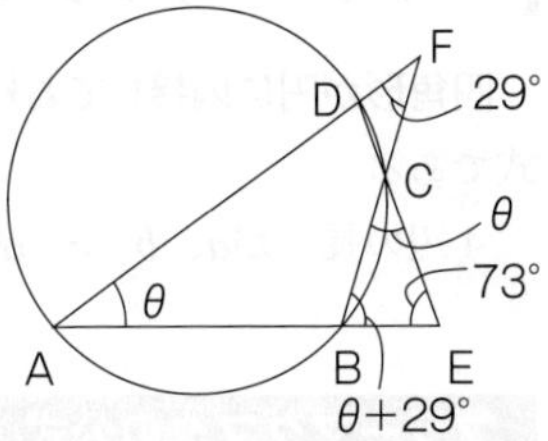

3 ヘロンの公式

三角形の３辺の長さがわかっているときの面積を求める公式である。３辺の長さがa、b、cである三角形の面積Sは、以下のようになる。

ヘロンの公式

$s=\frac{1}{2}(a+b+c)$として、$S=\sqrt{s(s-a)(s-b)(s-c)}$

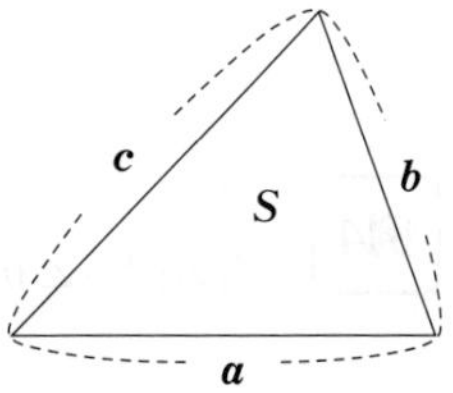

なお、１辺の長さにルートや分数があると、ヘロンの公式は計算しにくくなる。

4 ブラーマグプタの公式

四角形が円に内接しており、４辺の長さがわかっているときに面積を求められる公式である。

４辺の長さがa、b、c、dである四角形の面積Sは、以下のようになる。

ブラーマグプタの公式

$s=\frac{1}{2}(a+b+c+d)$として、

$S=\sqrt{(s-a)(s-b)(s-c)(s-d)}$

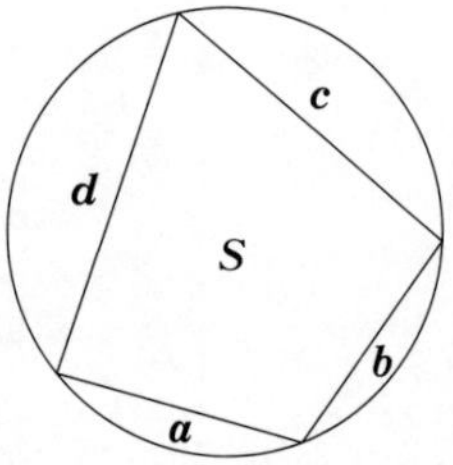

5 トレミーの定理

四角形が円に内接しているとき、以下の等式が成り立つ。

トレミーの定理

AB×CD＋BC×AD＝AC×BD

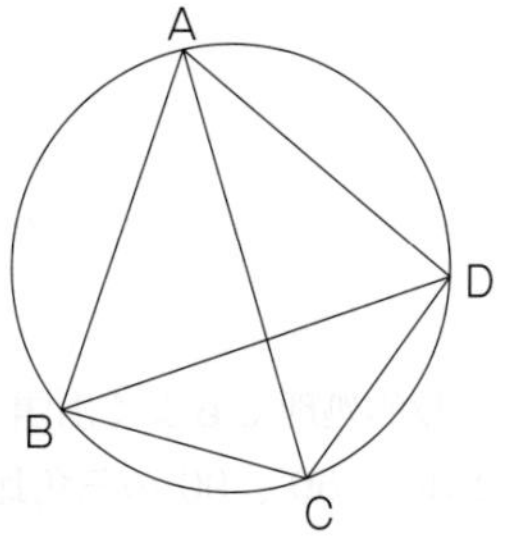

例5 次の面積を求めよ。

(1) AB＝5、BC＝6、CD＝7の三角形ABC
(2) AB＝3、BC＝4、CD＝5、DA＝6の円に内接する四角形ABCD

(1)

ヘロンの公式を用いる。

$s=\dfrac{5+6+7}{2}=9$として、$S=\sqrt{9(9-5)(9-6)(9-7)}=\sqrt{6^2\times6}=\underline{6\sqrt{6}}$

(2)

ブラーマグプタの公式を用いる。

$s=\dfrac{3+4+5+6}{2}=9$として、$S=\sqrt{(9-3)(9-4)(9-5)(9-6)}=\sqrt{6^2\times10}=\underline{6\sqrt{10}}$

3 三角比の値

まずは、正弦(sin)、余弦(cos)、正接(tan)の定義をしっかりと押さえること。三角比は角度θを用いて直角三角形の各辺を表したものである。下図において、

正弦：$\sin\theta = \dfrac{c}{a}$　余弦：$\cos\theta = \dfrac{b}{a}$　正接：$\tan\theta = \dfrac{c}{b}$

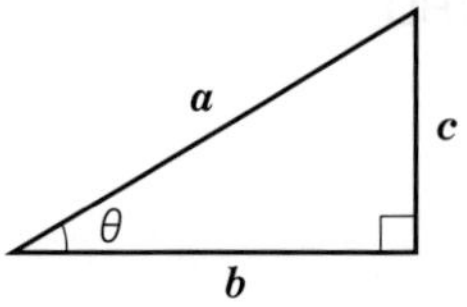

数的処理でもよく出題される次の三つの直角三角形を考えることにより、θの値が30°、60°、90°の三角比の値を求めることができる。

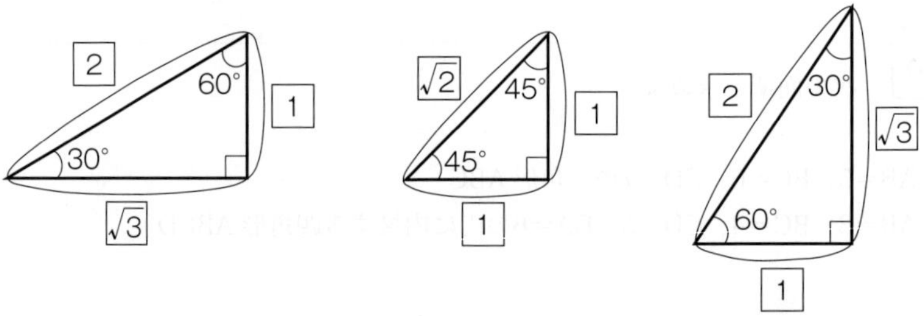

θ	30°	45°	60°
$\sin\theta$	$\frac{1}{2}$	$\frac{\sqrt{2}}{2}$	$\frac{\sqrt{3}}{2}$
$\cos\theta$	$\frac{\sqrt{3}}{2}$	$\frac{\sqrt{2}}{2}$	$\frac{1}{2}$
$\tan\theta$	$\frac{\sqrt{3}}{3}$	1	$\sqrt{3}$

ここで、θの値が0°や90°以上の場合を考えてみる。

三角比の定義は、底辺との角度がθで、長さが1の斜辺の水平方向の長さを$\cos\theta$とし、垂直方向の長さを$\sin\theta$としたものである。

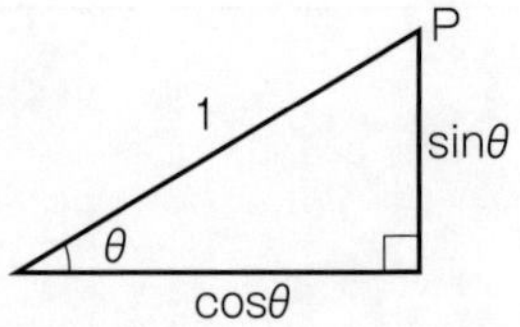

この直角三角形を以下のように座標平面上に設定する。すると、$\cos\theta$ はx座標の値、$\sin\theta$ はy座標の値を表していることがわかり、点Pは単位円(座標平面上の半径1の円)周上を動くことがわかる。

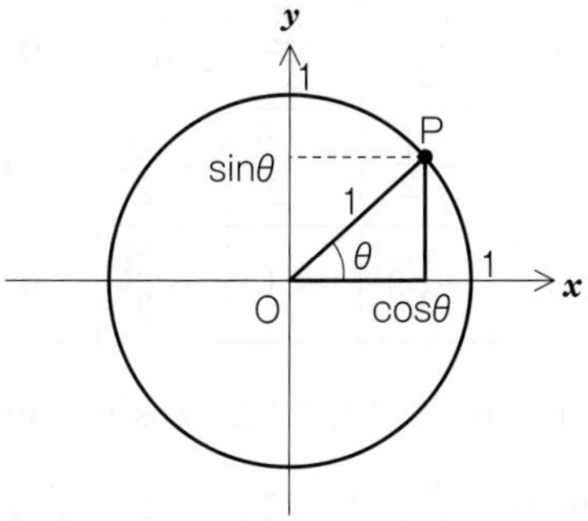

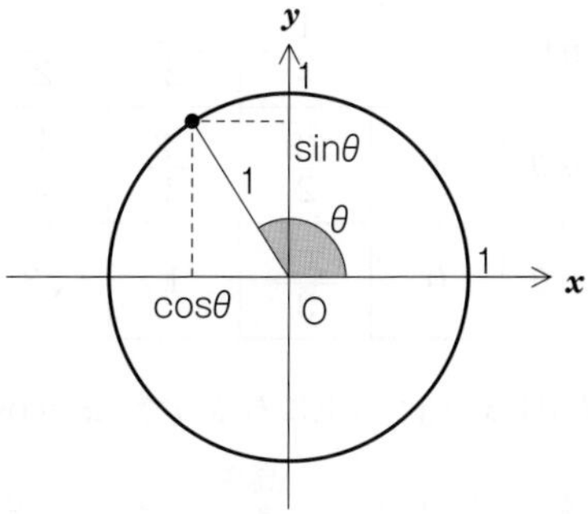

以上より、単位円周上の点として考えることで、θ の値が0°や90°以上の場合も求めることができる。

例えば、$\theta=120°$のとき、外角が60°であるので、$\theta=60°$の直角三角形を考える。

高さ(y座標)は等しく、底辺(x座標)は左右対称となっているので、

$$\sin 120°=\sin 60°=\frac{\sqrt{3}}{2}、\cos 120°=-\cos 60°=-\frac{1}{2}$$

と求めることができ、$\theta=0°$のときは、点(1, 0)であるので、

$$\cos 0°=1、\sin 0°=0$$

と求めることができる。

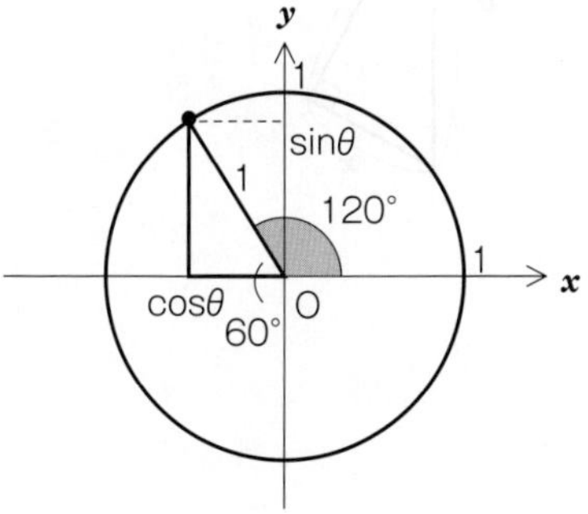

180－θの三角比

- $\sin(180-\theta)=\sin\theta$
- $\cos(180-\theta)=-\cos\theta$
- $\tan(180-\theta)=-\tan\theta$

このように、単位円を用いることにより、どの三角比の値も求めることができる。

$0° < \theta < 90°$は直角三角形で考え、それ以外の角度に関しては、外角を考え$0° < \theta < 90°$の直角三角形の値と±のみで求める。

θ	0°	30°	45°	60°	90°	120°	135°	150°	180°
$\sin\theta$	0	$\frac{1}{2}$	$\frac{\sqrt{2}}{2}$	$\frac{\sqrt{3}}{2}$	1	$\frac{\sqrt{3}}{2}$	$\frac{\sqrt{2}}{2}$	$\frac{1}{2}$	0
$\cos\theta$	1	$\frac{\sqrt{3}}{2}$	$\frac{\sqrt{2}}{2}$	$\frac{1}{2}$	0	$-\frac{1}{2}$	$-\frac{\sqrt{2}}{2}$	$-\frac{\sqrt{3}}{2}$	-1
$\tan\theta$	0	$\frac{\sqrt{3}}{3}$	1	$\sqrt{3}$	×	$-\sqrt{3}$	-1	$-\frac{\sqrt{3}}{3}$	0

点Pは$x^2+y^2=1$上にあるので、$x=\cos\theta$、$y=\sin\theta$を代入すると、$\cos^2\theta+\sin^2\theta=1$となり、$\tan\theta$は$\frac{\text{高さ}}{\text{底辺}}$であるので、$\tan\theta=\frac{\sin\theta}{\cos\theta}$となる。また、$\frac{\text{高さ}}{\text{底辺}}=\frac{y\text{の増加量}}{x\text{の増加量}}$と見れば、$\tan\theta$は傾きを表していることもわかる。上記の表で$\tan 90°$の値が×になっているのも、$\tan 90°=\frac{\sin 90°}{\cos 90°}=\frac{1}{0}$よりわかる。

例題 1-16

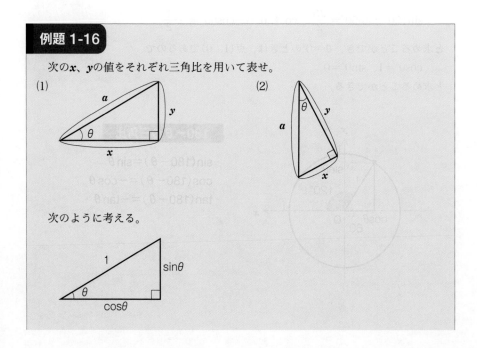

次のx、yの値をそれぞれ三角比を用いて表せ。

(1)

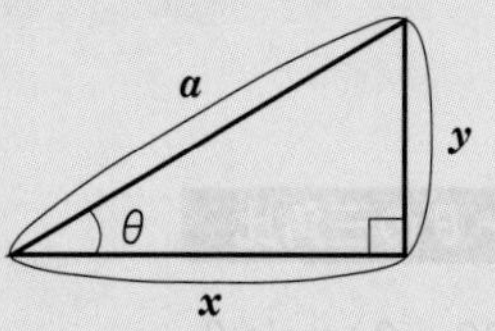

(2)

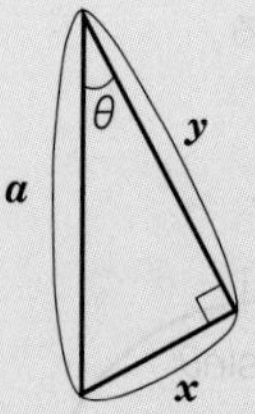

次のように考える。

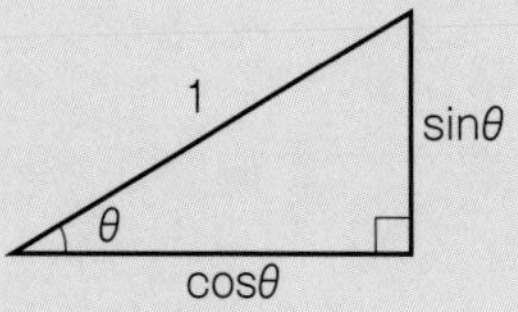

(1)

上図を参考にすると、$\boldsymbol{x}=\boldsymbol{a}\cos\theta$、$\boldsymbol{y}=\boldsymbol{a}\sin\theta$

(2)

(1)と同様に考えると、$\boldsymbol{x}=\boldsymbol{a}\sin\theta$、$\boldsymbol{y}=\boldsymbol{a}\cos\theta$

例題 1-17

次の値を求めよ。

(1) cos60°
(2) sin45°
(3) cos150°
(4) sin210°
(5) tan120°

(1)

$\cos60^\circ=\frac{1}{2}$

(2)

$\sin45^\circ=\frac{1}{\sqrt{2}}$

(3)

150°の外角である30°を考える。

cos150°は第２象限だから、$\boldsymbol{x}$座標(cos)はマイナスであり、$\cos30^\circ=\frac{\sqrt{3}}{2}$だから、

$\cos150^\circ=-\frac{\sqrt{3}}{2}$

(4)

sin210°＝sin(180°＋30°)は第３象限だから、$\boldsymbol{y}$座標(sin)はマイナスであり、

$\sin 30^\circ = \dfrac{1}{2}$ だから、$\sin 210^\circ = \underline{-\dfrac{1}{2}}$

(5)

$$\tan 120^\circ = \frac{\sin 120^\circ}{\cos 120^\circ} = \frac{\sin 60^\circ}{-\cos 60^\circ} = \underline{-\sqrt{3}}$$

または、120°は第２象限だから、傾き(tan)はマイナスであり、$\tan 60^\circ = \sqrt{3}$ だから、$\tan 120^\circ = \underline{-\sqrt{3}}$

4 その他の重要事項

1 正弦定理

正弦定理

△ABCの∠A、∠B、∠Cの対辺の長さを $\boldsymbol{a}$、$\boldsymbol{b}$、$\boldsymbol{c}$、その外接円の半径を $\boldsymbol{R}$ としたとき、次の式が成り立つ。

$$\frac{a}{\sin A} = \frac{b}{\sin B} = \frac{c}{\sin C} = 2R$$

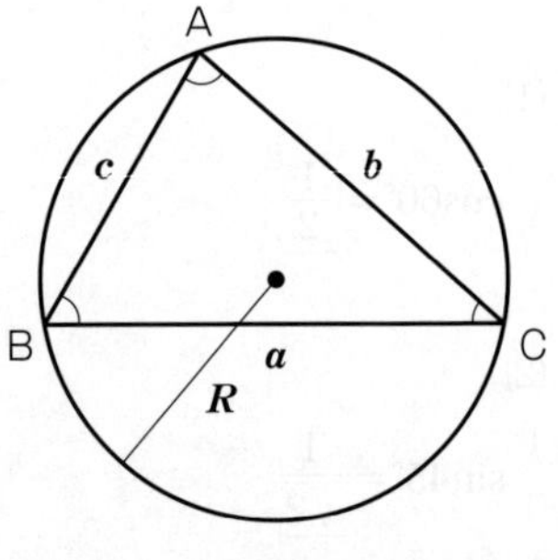

簡単ではあるが、証明を載せておく(鋭角三角形のみ示す)。

△ABCの外接円の中心は、各辺の垂直二等分線の交点であるから、

$$CD = \frac{1}{2}a、OD \perp CD$$

また、円周角の定理より、

$$\angle A = \frac{1}{2} \times \angle BOC = \angle COD$$

よって、$CD = R\sin\angle COD = R\sin A$ より $a = 2R$

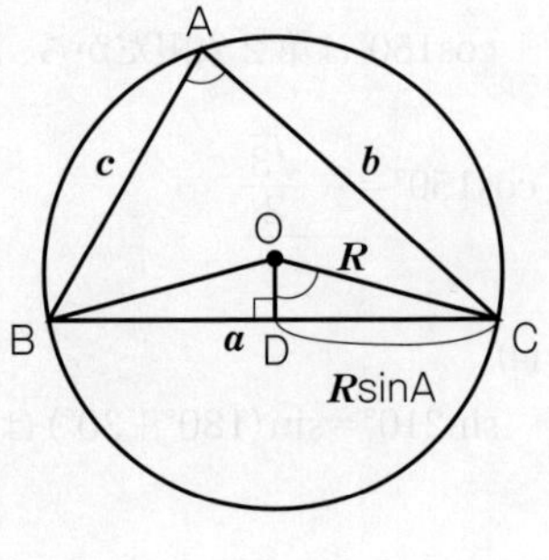

sinAとなり、$\dfrac{\boldsymbol{a}}{\sin A}=2\boldsymbol{R}$を得る。

同様に、$\dfrac{\boldsymbol{b}}{\sin B}=2\boldsymbol{R}$、$\dfrac{\boldsymbol{c}}{\sin C}=2\boldsymbol{R}$となるので、$\dfrac{\boldsymbol{a}}{\sin A}=\dfrac{\boldsymbol{b}}{\sin B}=\dfrac{\boldsymbol{c}}{\sin C}=2\boldsymbol{R}$となる。

2 余弦定理

余弦定理

△ABCの∠A、∠B、∠Cの対辺の長さを$\boldsymbol{a}$、$\boldsymbol{b}$、$\boldsymbol{c}$としたとき、次の式が成り立つ。

$$\boldsymbol{a}^2=\boldsymbol{b}^2+\boldsymbol{c}^2-2\boldsymbol{bc}\cos A$$

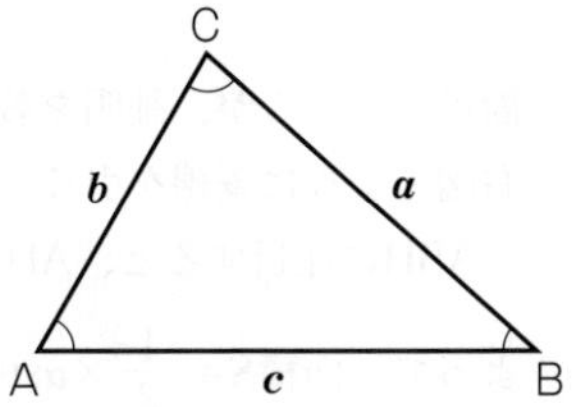

簡単ではあるが、証明を載せておく(鋭角三角形のみ示す)。

右のようにCから垂線を引き、その足をHとする。

△ACHに注目して、CH＝$\boldsymbol{b}\sin A$、AH＝$\boldsymbol{b}\cos A$、BH＝AB－AH＝$\boldsymbol{c}-\boldsymbol{b}\cos A$

△BCHに三平方の定理を用いると、

$$\begin{aligned}\boldsymbol{a}^2&=(\boldsymbol{b}\sin A)^2+(\boldsymbol{c}-\boldsymbol{b}\cos A)^2\\&=\boldsymbol{b}^2\sin^2 A+\boldsymbol{c}^2-2\boldsymbol{bc}\cos A+\boldsymbol{b}^2\cos^2 A\\&=\boldsymbol{b}^2(\sin^2 A+\cos^2 A)+\boldsymbol{c}^2-2\boldsymbol{bc}\cos A\\&=\boldsymbol{b}^2+\boldsymbol{c}^2-2\boldsymbol{bc}\cos A\end{aligned}$$

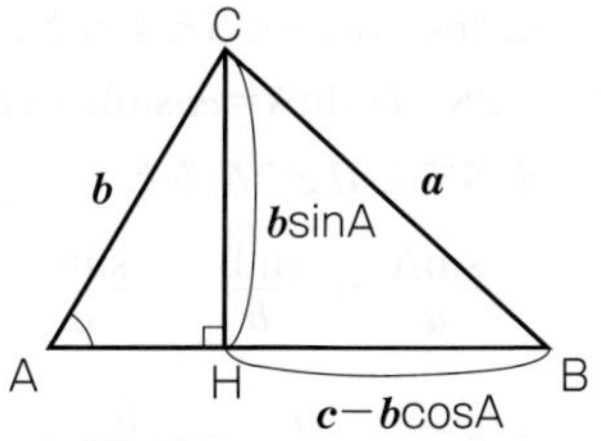

以上より、$\boldsymbol{a}^2=\boldsymbol{b}^2+\boldsymbol{c}^2-2\boldsymbol{bc}\cos A$となる。

3 三角形の面積公式

三角形の面積公式

三角形の面積をSとすると、正弦(sin)を用いて以下の式が成り立つ。

$$S=\frac{1}{2}ab\sin\theta$$

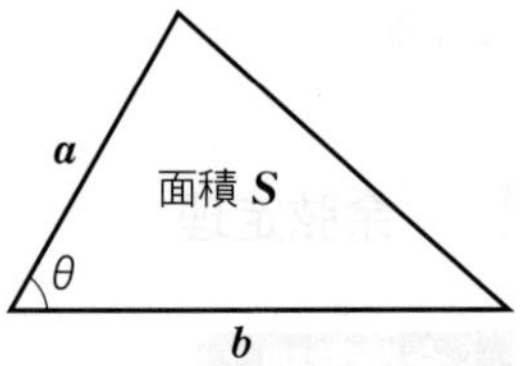

簡単ではあるが、証明を載せておく(鋭角三角形のみ示す)。

右図のように垂線を引く。

△ABHに注目すると、AH$=a\sin\theta$

よって、面積$S=\frac{1}{2}\times a\sin\theta\times b=\frac{1}{2}ab\sin\theta$

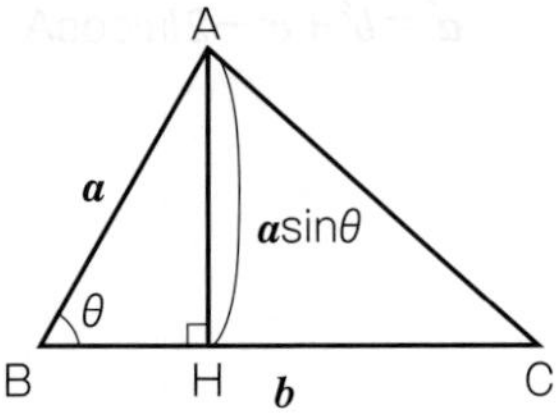

なお、この面積公式を用いて、正弦定理を示すことができる。

△ABCの面積をSとすると、

$2S=bc\sin A=ca\sin B=ab\sin C$

すべてをabcで割ると、

$$\frac{\sin A}{a}=\frac{\sin B}{b}=\frac{\sin C}{c}$$

よって、$\frac{a}{\sin A}=\frac{b}{\sin B}=\frac{c}{\sin C}$

過去問 Exercise

問題1　$\sin\theta = \frac{1}{3}$ $(0° \leqq \theta \leqq 90°)$のとき、$2\cos\theta + \tan\theta$はいくらか。

国家一般職2011

1. $\frac{5\sqrt{2}}{6}$
2. $\frac{7\sqrt{2}}{6}$
3. $\frac{11\sqrt{2}}{6}$
4. $\frac{17\sqrt{2}}{12}$
5. $\frac{19\sqrt{2}}{12}$

解説

正解 5

$\sin\theta = \dfrac{1}{3}$ より、直角三角形は右図のようになる。

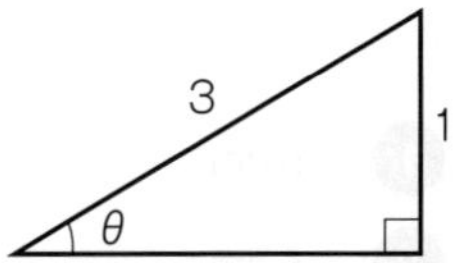

三平方の定理より、残りの辺を求めると $\sqrt{3^2-1^2}=2\sqrt{2}$ となるので、

$$\cos\theta = \frac{2\sqrt{2}}{3}$$

$$\tan\theta = \frac{1}{2\sqrt{2}} = \frac{\sqrt{2}}{4}$$

よって、

$$2\cos\theta + \tan\theta = 2\times\frac{2\sqrt{2}}{3} + \frac{\sqrt{2}}{4} = \frac{19\sqrt{2}}{12}$$

問題2 図の円に内接する三角形ABCの∠Aが45度で辺BCが$6\sqrt{2}$ cmであるとき、この円の半径は次のどれか。なお、図の角度や長さは必ずしも正確ではない。

東京消防庁Ⅰ類2008

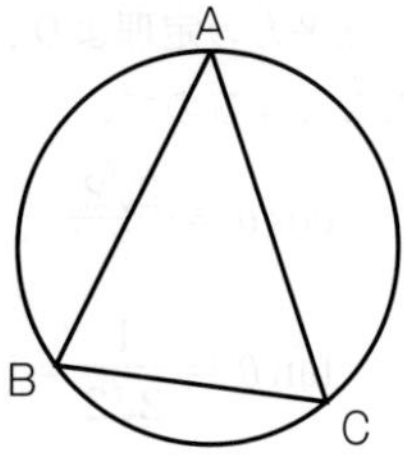

1. 5 cm
2. 6 cm
3. 7 cm
4. 8 cm
5. 9 cm

解説

正解 2

△ABC に外接する円の半径を $\boldsymbol{R}$ とすると、正弦定理より以下のように計算できる。

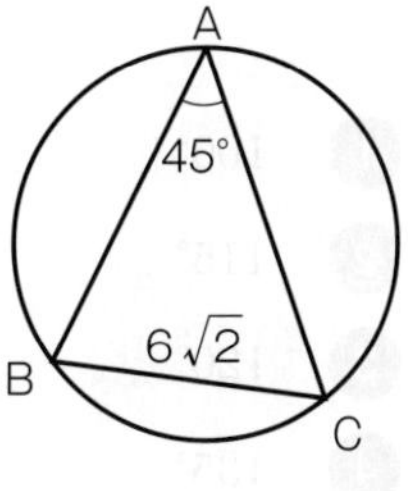

$$\frac{\boldsymbol{a}}{\sin A}=\frac{6\sqrt{2}}{\sin 45^\circ}=2\boldsymbol{R}$$

よって、

$$\boldsymbol{R}=6\sqrt{2}\times\frac{1}{\sin 45^\circ}\times\frac{1}{2}=6\sqrt{2}\times\frac{2}{\sqrt{2}}\times\frac{1}{2}=6$$

問題3

次の図のように、AB＝AD＝4、BC＝6、CD＝2、∠ABC＝60°の四角形ABCDがある。この四角形において、∠ADCの大きさとして、最も妥当なのはどれか。

東京消防庁Ⅰ類2010

1. 100°
2. 115°
3. 120°
4. 135°
5. 150°

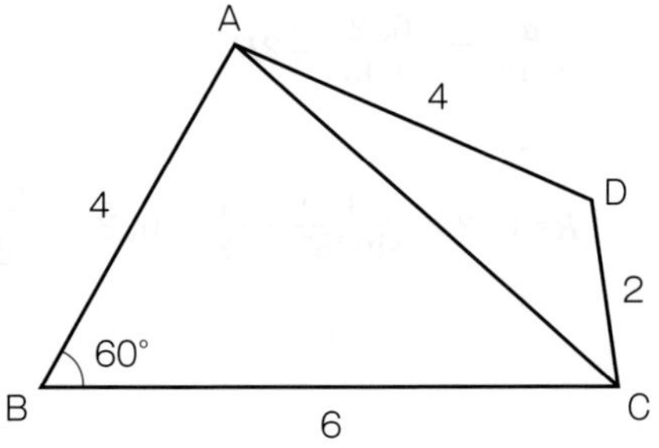

解説

正解 ③

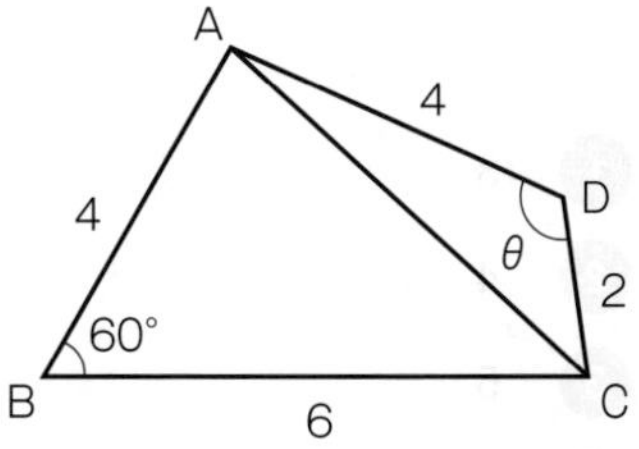

∠ADC＝θとおく。

△ABCに余弦定理を用いると、

$$AC^2 = AB^2 + BC^2 - 2AB \times BC \times \cos 60^\circ$$
$$= 4^2 + 6^2 - 2 \times 4 \times 6 \times \frac{1}{2}$$
$$= 16 + 36 - 24$$
$$= 28$$

よって、

$AC^2 = 28$ ……①

△ACDに余弦定理を用いると、

$$AC^2 = DA^2 + DC^2 - 2DA \times DC \times \cos\theta$$
$$= 4^2 + 2^2 - 2 \times 4 \times 2 \times \cos\theta$$
$$= 16 + 4 - 16\cos\theta$$
$$= 20 - 16\cos\theta$$

よって、

$AC^2 = 20 - 16\cos\theta$ ……②

①、②の式を連立させると以下のようになる。

$28 = 20 - 16\cos\theta$

$8 = -16\cos\theta$より、

$$\cos\theta = -\frac{1}{2}$$

$\theta = 120^\circ$

問題4 AB＝5、AC＝8、面積が$10\sqrt{3}$である三角形ABCがある。この三角形におけるBCの長さはいくつか。ただし、0°≦∠BAC＜90°とする。

東京消防庁Ⅰ類2006

1. 3
2. 4
3. 5
4. 6
5. 7

解説

正解 5

三角形の面積公式より、

$$\frac{1}{2}\times 5\times 8\times \sin A=10\sqrt{3}$$

$$\sin A=\frac{\sqrt{3}}{2}$$

よって、$0^\circ \leqq \angle A < 90^\circ$ より、$\angle A = 60^\circ$

余弦定理より、

$$BC^2=5^2+8^2-2\times 5\times 8\cos 60^\circ$$

$$BC^2=25+64-80\times \frac{1}{2}$$

$$BC^2=49$$

よって、$BC > 0$ より、$BC = 7$

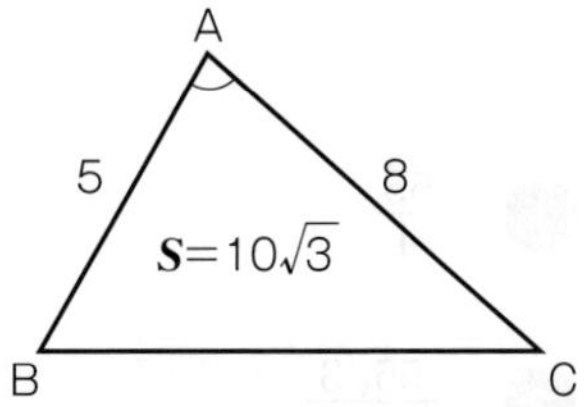

問題5

円に内接する四角形ABCDにおいて、AB＝8、BC＝5、CD＝5、∠ABC＝60°のとき、四角形ABCDの面積の値として、最も妥当なのはどれか。

東京消防庁Ⅰ類2016

1. $\dfrac{55}{4}$
2. $\dfrac{55\sqrt{3}}{4}$
3. $\dfrac{75\sqrt{3}}{4}$
4. $\dfrac{55\sqrt{3}}{2}$
5. $80\sqrt{3}$

解説

正解 2

円に内接する四角形の性質より、∠ADC＝120°である。

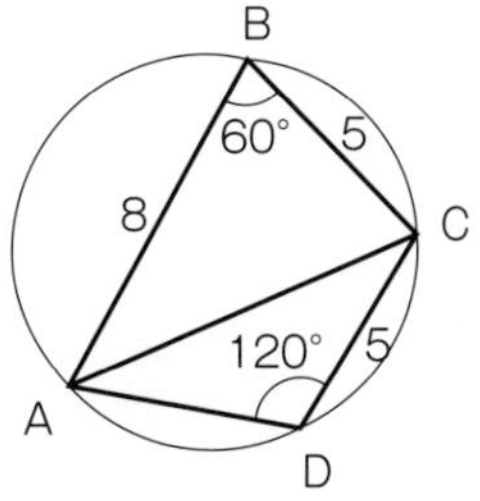

△ABCにおいて、余弦定理を用いると以下の式が成り立つ。

$$AC^2=AB^2+BC^2-2AB\times BC\times\cos 60°$$
$$=8^2+5^2-2\times8\times5\times\frac{1}{2}$$
$$=64+25-40$$
$$=49$$
$$AC=\pm7$$

AC＞0より、AC＝7と求められる。

次に、△ADCについて余弦定理を用いると以下の式が成り立つ。

$$AC^2=AD^2+CD^2-2AD\times CD\times\cos120°$$
$$7^2=AD^2+5^2-2\times AD\times5\times\left(-\frac{1}{2}\right)$$
$$7^2=AD^2+25+5AD$$
$$AD^2+5AD-24=0$$
$$(AD-3)(AD+8)=0$$
$$AD=3,\ -8$$

AD＞0より、AD＝3と求められる。

ここで、△ABCの面積S_1と△ADCの面積S_2を面積の公式を用いて求める。

$$S_1=\frac{1}{2}\times8\times5\times\sin60°=\frac{1}{2}\times8\times5\times\frac{\sqrt{3}}{2}=10\sqrt{3}$$

$$S_2=\frac{1}{2}\times3\times5\times\sin120°=\frac{1}{2}\times3\times5\times\frac{\sqrt{3}}{2}=\frac{15\sqrt{3}}{4}$$

$$S_1+S_2=10\sqrt{3}+\frac{15\sqrt{3}}{4}=\frac{40\sqrt{3}}{4}+\frac{15\sqrt{3}}{4}=\frac{55\sqrt{3}}{4}$$

なお、ブラーマグプタの公式を用いて面積を求めてもよいが、

$$s=\frac{8+5+5+3}{2}=\frac{21}{2}$$

となり、計算しにくい（計算は以下のようになる）。

$$S=\sqrt{\left(\frac{21}{2}-8\right)\left(\frac{21}{2}-5\right)\left(\frac{21}{2}-5\right)\left(\frac{21}{2}-3\right)}=\sqrt{\frac{5}{2}\times\frac{11}{2}\times\frac{11}{2}\times\frac{15}{2}}=\frac{55\sqrt{3}}{4}$$

第2章

物　理

物理では、計算問題を解くだけではなく、法則の定性的な理解も必要となります。最重要項目である力学分野に重点を置き、頻出の電気回路を含む電磁気学についても解説します。熱力学、波動、原子については重要点のみ触れておきます。

1 物体の運動

運動と力に関する単元をまとめて力学といいます。17世紀にニュートンによって体系立てられたこれらは特に古典力学と呼ばれ、非常に美しい式で記述されています。第１節では、まず力学のうち物体の運動について学習します。

1 物理量の表し方

1 単　位

物理学では、実験結果・観察結果を加速度、力、質量、エネルギー、電場などのような物理概念を使って理解・記述する。これらの概念を**物理量**と呼ぶ。したがって、物理学はいろいろな物理量の関係を探る学問で、これらの関係が**法則**である。

物理量を表すときは、これらの物理量を測る基準となる量の**単位**と比較して、その何倍であるかを表す。例えば、塔の高さは、長さの基準である１mの物指しの長さと比べて、50mや60mなどと表される。つまり物理量は「**数値×単位**」という形をとっている。

このように、物理学の問題を定量的に考えるときに理解しておかなければならないのが単位である。

2 国際単位系と基本単位

力と運動の物理学である力学に現れる物理量の単位は、長さ、質量、時間の単位を決めれば、この三つからすべて定まる。距離の単位として**メートル**[m]、質量の単位として**キログラム**[kg]、時間の単位として**秒**[s]をとり、これらを基本単位として他の物理量の単位を定めた単位系(単位の集まり)を**MKS単位系**という。この三つの基本単位に電流の単位の**アンペア**[A]を４番目の基本単位として加えた単位系を**MKSA単位系**という。

日本の計量法は**国際単位系**(略称SI)を基礎にしているので、本書では、原則として国際単位系を用いる。国際単位系はMKSA単位系を拡張した単位系で、メートル[m]、キログラム[kg]、秒[s]、アンペア[A]に加え、温度の単位のケルビン[K]、光度の単位のカンデラ[cd]、および物質量の単位のモル[mol]を加えた七つを**基本**

単位として構成されている。

3 組立単位

基本単位以外の物理量の単位は、定義や物理法則を使って、基本単位から組み立てられる。こうして組み立てられた単位を**組立単位**という。例えば、距離の単位はメートル[m]、時間の単位は秒[s]なので、

「速度」=「移動距離」÷「移動時間」の国際単位

⇒　距離の単位[m]を時間の単位[s]で割った[m/s]

「加速度」=「速度変化」÷「経過時間」の国際単位

⇒　速度の単位[m/s]を時間の単位[s]で割った[m/s^2]

である。「A/B」は「A÷B」を表す。「力」=「質量」×「加速度」なので、力の国際単位は質量の単位[kg]に加速度の単位[m/s^2]をかけた[$kg \cdot m/s^2$]である。力学の創始者ニュートンに敬意を払い、この[$kg \cdot m/s^2$]を[N](ニュートン)と呼ぶ。以下に力学で扱う主な文字や単位を示す。

文字	単位	表される数量	備考
$\boldsymbol{v}$	m/s	速度	各文字の右下に0を付けて、「$\boldsymbol{v}_0$」などと表されるものがあるが、これは**最初の状態**という意味である。
$\boldsymbol{t}$	時間・分・秒	時間	
$\boldsymbol{a}$	m/s^2	加速度	
$\boldsymbol{g}$	m/s^2	重力加速度(9.8[m/s^2])	
$\boldsymbol{x}$	m	$\boldsymbol{x}$方向の移動距離	
$\boldsymbol{y}$	m	$\boldsymbol{y}$方向の移動距離	

2 等加速度運動

1 速　度

1［s］あたりの座標$\boldsymbol{x}$［m］の変化を速度$\boldsymbol{v}$［m/s］と定義する。また、一定の速度でまっすぐ進む運動を等速直線運動（等速度運動）という。

図1は、右方向が正である$\boldsymbol{x}$軸上の原点（$\boldsymbol{x}$=0［m］）からスタート（$\boldsymbol{t}$=0［s］）した球の様子である。ここでは1［s］あたり座標は3［m］ずつ増すことになるので、速度の定義によると$\boldsymbol{v}$=3［m/s］となる。

図1

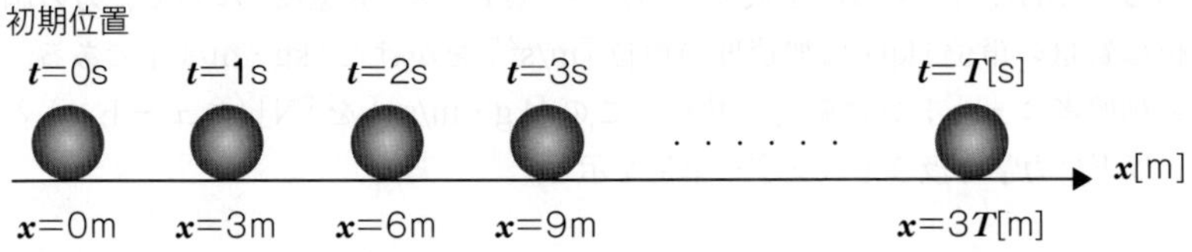

では、図2のような場合の速度$\boldsymbol{v}$はいくらになるだろうか。この場合は、座標は4ずつ減少（あるいは－4ずつ増加）しているので、$\boldsymbol{v}$=－4［m/s］となる。つまり、負の速度とは、逆進を表すことといえる。

図2

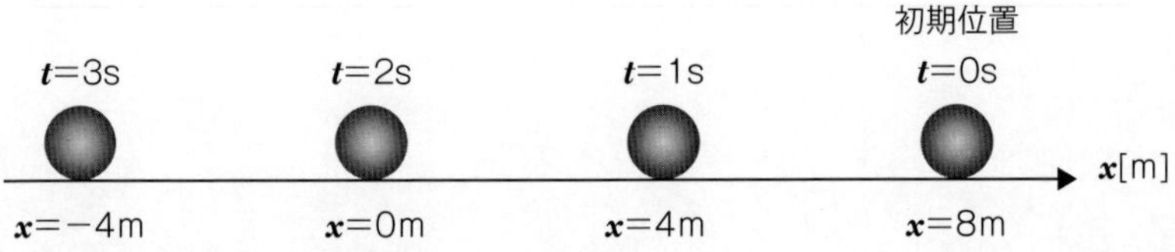

いま見てきたように、「速度」の値は正負によって向きが異なることがわかる。物理学においては「速さ」と「速度」を区別する。

「速さ」とは速度の大きさ（速度の絶対値）のことであり、大きさのみで方向を持たない量である。このようなものをスカラーという。一方「速度」とは、これに向きを加えた量である。このようなものをベクトルという。

2 加速度

物体の運動は、常に一定の速度で運動することはあまりなく、加速したり減速したりして速度が変化することが多い。このように、物体の速度が刻々と変化する運動を**加速度運動**という。また、一定の加速度で一直線上を移動する運動を**等加速度直線運動**(等加速度運動)という。

そこで、「1sあたりの速度$\boldsymbol{v}$[m/s]の変化」を**加速度**と定義し、速度の変化を捉えていくことにする。加速度は$\boldsymbol{a}$(acceleration)で表し、単位は[m/s^2]を用いる。速度と同様に、加速度にも向きと大きさがあり(ベクトル)、一直線上を運動する場合には、座標軸の向きを決めれば、正・負の符号によって、加速度の向きを表すことができる。

例えば図3では、最初に$\boldsymbol{v}=2$[m/s]の速度を持っていた球が、1[s]あたり2[m/s]ずつ速度を増加させていることがわかる。加速度の定義より、この場合の加速度は$\boldsymbol{a}=2$[m/s^2]となる。

図3

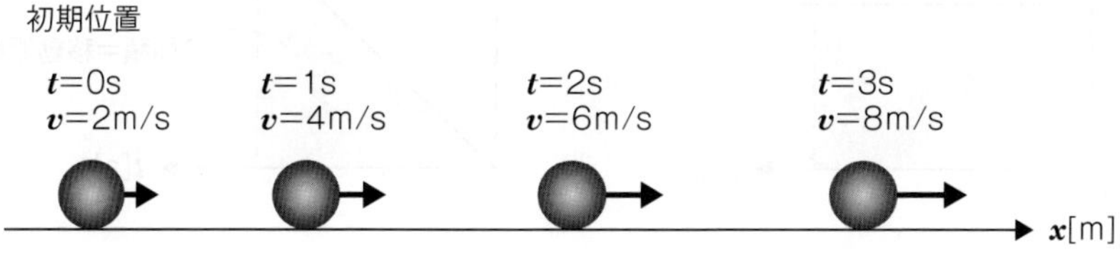

3 $v-t$ グラフ

速度vを縦軸、時間tを横軸にとったグラフを$v-t$グラフという。公務員試験の物理で登場する加速度は常に一定で変化しないので、$v-t$グラフは❷のように直線（１次関数）となり、$v-t$グラフの傾きが加速度を表すことになる。また、加速度が０の場合（等速度運動・等速直線運動）は、傾きが０のグラフなので、❶のグラフのように横軸と平行なグラフとなる。

そして、$v-t$グラフの直線と横軸との間にできる図形の面積は移動距離を表していることも非常に重要である。これは❶のグラフを見ると非常に理解しやすい。

つまり、（速さ）×（時間）＝（距離）が成り立っていたのは、加速度がなければ面積は長方形だったからである。

❶ 等速度運動

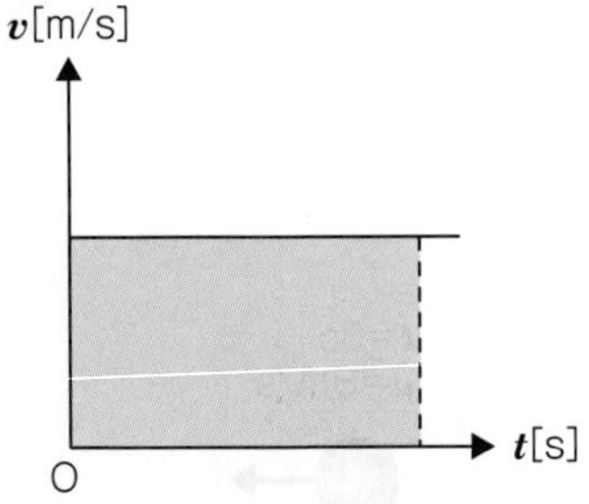

❷ 等加速度運動

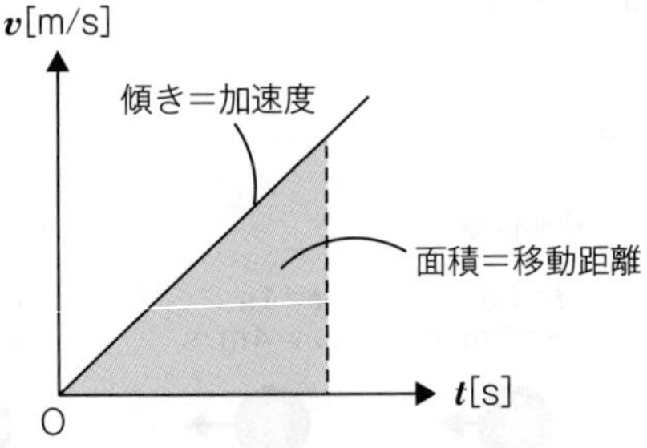

❸ 等加速度直線運動

例えば斜面を転がる小球は、一定の加速度で斜面上を移動する（等加速度直線運動）。

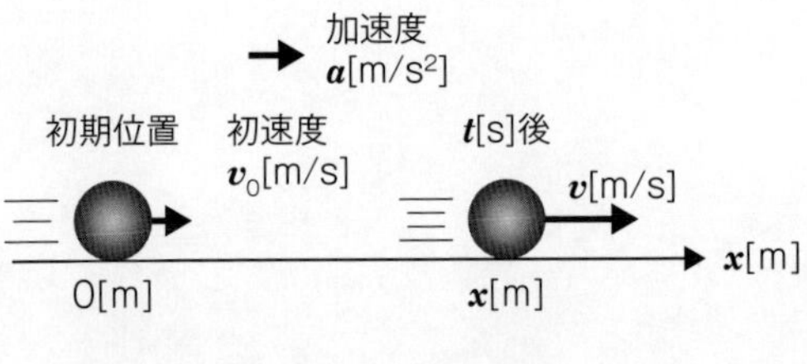

一定の加速度a、初速度v_0の物体の、t秒後の速度vおよび位置xは以下の三つの基本式としてまとめられる。

等加速度運動

❶ $v=v_0+at$　　t秒後の速度vを表す

❷ $x=v_0t+\frac{1}{2}at^2$　　t秒後の位置xを表す（$v-t$グラフの面積）

❸ $v^2-v_0{}^2=2ax$　　❶と❷からtを消去したもの

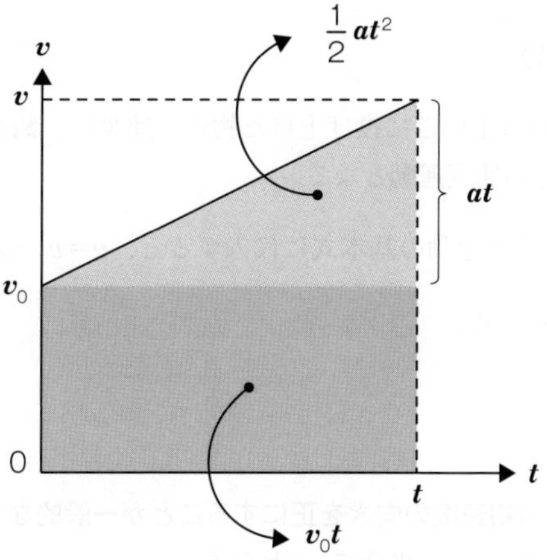

4 落体の運動

1 自由落下

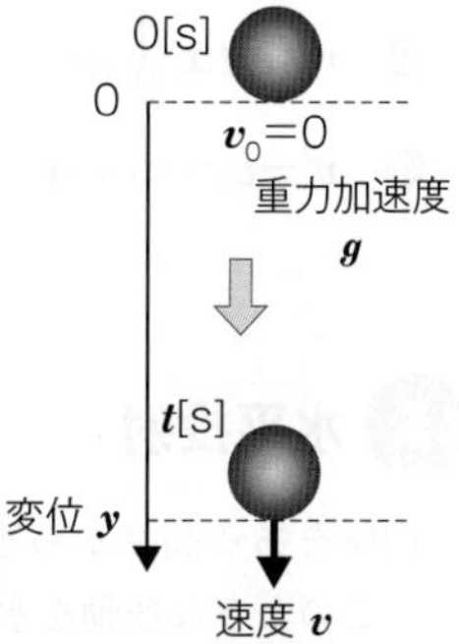

高さのある場所から物体を静かに放して落下させると、物体は次第に速さを増加しながら落下する。このような運動を**自由落下**という。

自由落下は等加速度運動であり、物体が落下するときの加速度を**重力加速度*g***という。測定結果より、地球上での重力加速度gの値はおおよそg=9.8[m/s^2]であることが知られている。

重力のはたらく方向を鉛直といい、右図のように鉛直下向きを正としてy軸をとり、物体を放した点を原点O、時刻t[s]での物体の速度をv[m/s]とすると、初速度がv_0=0[m/s]で加速度の大きさが一定値gであることから、これらを等加速度運動の基本式に代入すると$v=gt$、$y=\frac{1}{2}gt^2$、$v^2=2gy$が得られる。

2 鉛直投げ下ろし

初速度$\boldsymbol{v}_0$[m/s]で鉛直下向きに投げ下ろした物体の運動は、鉛直下向きを正とすると、加速度が$\boldsymbol{g}$の等加速度運動となる。

よって条件を等加速度運動の基本式に代入すると、$\boldsymbol{v}=\boldsymbol{v}_0+\boldsymbol{g}\boldsymbol{t}$、$\boldsymbol{y}=\boldsymbol{v}_0\boldsymbol{t}+\frac{1}{2}\boldsymbol{g}\boldsymbol{t}^2$、$\boldsymbol{v}^2-\boldsymbol{v}_0{}^2=2\boldsymbol{g}\boldsymbol{y}$が得られる。

3 鉛直投げ上げ

初速度$\boldsymbol{v}_0$[m/s]で鉛直上向きに投げ上げた物体の運動は、鉛直上向きを正とすると、加速度が$-\boldsymbol{g}$の等加速度運動となる。

よって条件を等加速度運動の基本式に代入すると、$\boldsymbol{v}=\boldsymbol{v}_0-\boldsymbol{g}\boldsymbol{t}$、$\boldsymbol{y}=\boldsymbol{v}_0\boldsymbol{t}-\frac{1}{2}\boldsymbol{g}\boldsymbol{t}^2$、$\boldsymbol{v}^2-\boldsymbol{v}_0{}^2=-2\boldsymbol{g}\boldsymbol{y}$が得られる。

落体の運動

重力加速度は物体の初速度の向きを正にすることが一般的なので、鉛直投げ下ろしの場合に$\boldsymbol{g}$、鉛直投げ上げの場合に$-\boldsymbol{g}$となる。

❶ $\boldsymbol{v}=\boldsymbol{v}_0\pm\boldsymbol{g}\boldsymbol{t}$

❷ $\boldsymbol{y}=\boldsymbol{v}_0\boldsymbol{t}\pm\frac{1}{2}\boldsymbol{g}\boldsymbol{t}^2$　　**変位は鉛直方向なので$\boldsymbol{y}$となる**

❸ $\boldsymbol{v}^2-\boldsymbol{v}_0{}^2=\pm2\boldsymbol{g}\boldsymbol{y}$

5 水平投射

物体をある高さから水平方向に投げると、物体は曲線を描きながら落下していく。このような運動を水平投射という。

水平投射された物体は、**水平方向には力を受けないので等速直線運動を行いながら、鉛直方向には重力だけを受けるので自由落下運動をしている。**

6 斜方投射

1 放物運動

物体が地面と、ある角度をもって投射(斜方投射)された場合、その物体は**放物線**といわれる曲線を描きながら運動する。これを**放物運動**という。

放物運動を水平方向と鉛直方向に分解してみると、**水平方向は等速直線運動、鉛直方向は鉛直投げ上げと同じ運動をしている**。そのため、水平方向と鉛直方向に分解して考えることができる。

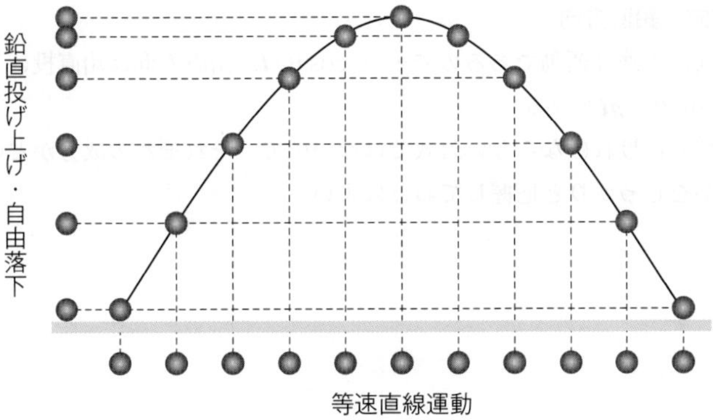

2 速度の分解

物体の運動を、鉛直方向と水平方向に分けるとき、三角比を使って計算することになる。そのため、数学で扱った三角比について確認しておこう。

① 三角比の定義

三角比は直角三角形の各辺の関係について、角度を用いて表したものである。

$$正弦：\sin\theta = \frac{a}{c} \quad 余弦：\cos\theta = \frac{b}{c} \quad 正接：\tan\theta = \frac{a}{b}$$

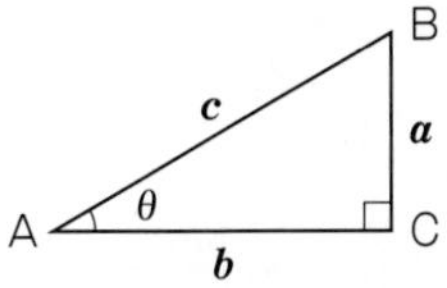

下図のように投射した物体の速度を$\boldsymbol{v}$、その水平成分を$\boldsymbol{v_x}$、鉛直成分を$\boldsymbol{v_y}$、投射角をθとすると、その関係は以下のようになる。

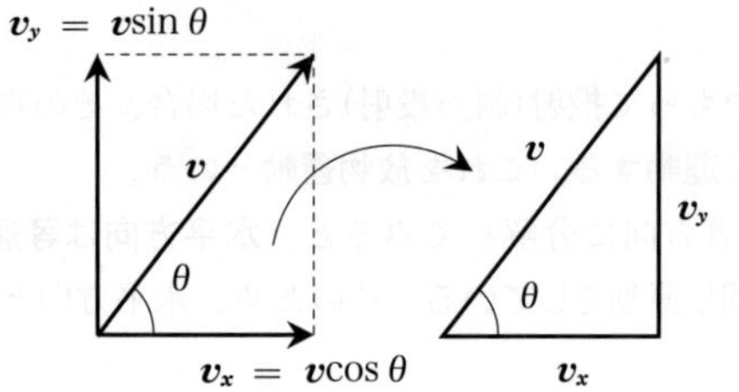

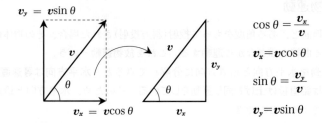

$$\cos\theta = \frac{v_x}{v}$$

$$v_x = v\cos\theta$$

$$\sin\theta = \frac{v_y}{v}$$

$$v_y = v\sin\theta$$

② 水平方向・鉛直方向

水平方向は等速度運動であるので$\boldsymbol{x}=\boldsymbol{v}_0\cos\theta\cdot\boldsymbol{t}$、鉛直方向は鉛直投げ上げになるので$\boldsymbol{y}=\boldsymbol{v}_0\sin\theta-\boldsymbol{gt}$となる。

特別に覚えなければならない公式ではないので、それぞれの成分がどのような運動であるかをしっかりと把握しておけばよい。

過去問 Exercise

問題1

ある自動車が停止状態から等加速度直線運動をしたところ、停止状態から4.00秒で50.0m進んだ。このとき、自動車の加速度はいくらか。

なお、停止状態からの等加速度直線運動における時刻$\boldsymbol{t}$と速度$\boldsymbol{v}$の関係を図の直線として表したとき、時刻$\boldsymbol{t}=\boldsymbol{t}_1$までに進んだ距離は網掛けされた三角形の面積で示される。

国家専門職2016

1. 2.50m/s^2
2. 5.00m/s^2
3. 6.25m/s^2
4. 12.5m/s^2
5. 25.0m/s^2

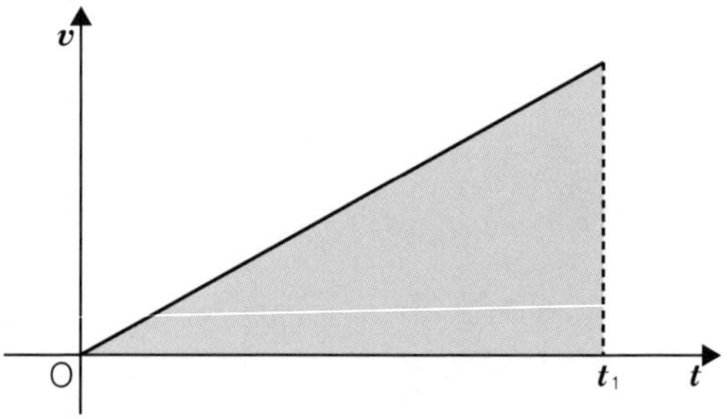

解説

正解 ❸

問題文に与えられた $\boldsymbol{v}-\boldsymbol{t}$ グラフについて、$\boldsymbol{t}_1=4.0$であり、網掛けされた三角形の面積は50であることがわかる。そこで、網掛けされた三角形の底辺を $\boldsymbol{t}_1$、高さを $\boldsymbol{v}_1$ [m/s] とおくと、

$$\frac{1}{2}\times 4\times \boldsymbol{v}_1=50$$

であることから、$\boldsymbol{v}_1=25$と求められる。以上を反映させた $\boldsymbol{v}-\boldsymbol{t}$ グラフは図のようになる。

求める加速度 $\boldsymbol{a}$ は直線の傾きであるので $\boldsymbol{a}=\dfrac{25}{4}=6.25[\mathrm{m/s^2}]$ と求められる。

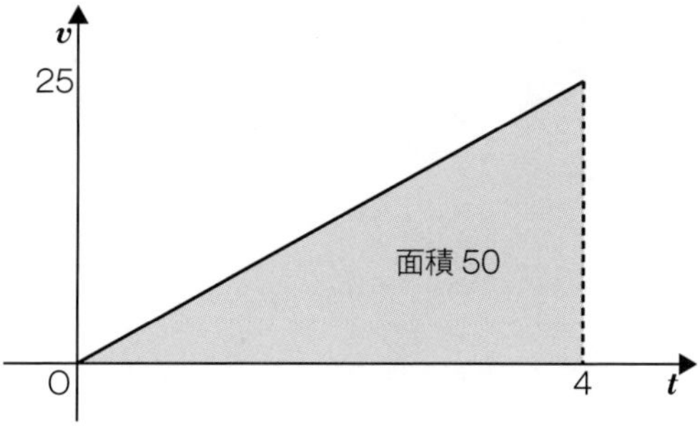

問題2

静止していた自動車が、静かに動き出し、一定の加速度で速さを増しながら一直線上を進んで、4.0[s]後に動き出した地点からの距離12.0[m]の位置を通過した。この瞬間の自動車の速さとして、最も妥当なのはどれか。

東京消防庁Ⅰ類2014

1. 5.0[m/s]
2. 6.0[m/s]
3. 7.0[m/s]
4. 8.0[m/s]
5. 9.0[m/s]

解説

正解 ②

$x=v_0t+\frac{1}{2}at^2$ より、

$$12=0\times4.0+x=\frac{1}{2}\times a\times4.0^2$$

よって、加速度 $a=1.5$[m/s^2] となる。これを $v=v_0+at$ に代入して、

$v=0+1.5\times4.0$

$=6.0$ [m/s]

問題3

地面からの高さが78.4mの位置から、初速度0で自由落下を始めた物体が地面に達するまでに要する時間として、妥当なのはどれか。ただし、重力加速度は$9.8m/s^2$とし、空気抵抗及び物体の大きさは無視する。

東京都Ⅰ類2010

1. 2.4秒
2. 4.0秒
3. 7.2秒
4. 12.0秒
5. 19.6秒

解説

正解 ②

物体の運動方向と重力加速度の向きは同じなので正として考える。重力加速度を $\boldsymbol{g}$ として計算すると以下のようになる。

$$y = v_0 t + \frac{1}{2} g t^2$$

$$78.4 = 0 \times t + \frac{1}{2} \times 9.8 \times t^2$$

$$t^2 = \frac{78.4 \times 2}{9.8}$$

$$t^2 = 16$$

$$t = \pm 4$$

$t > 0$ なので、

$$t = 4.0\ [\mathrm{s}]$$

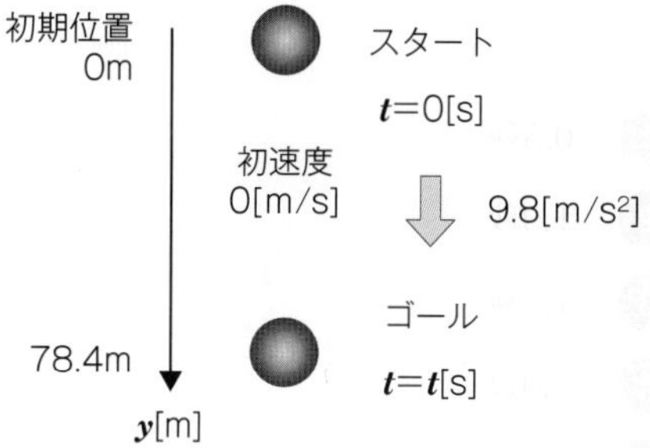

問題4

ビルの屋上から物体Aを自由落下させ、その1.0秒後に鉛直下向きに物体Bを初速度14.7m/sで投げ下ろした。物体Bを投げ下ろしてから、物体Bが物体Aに追いつくまでの時間はどれか。ただし、重力加速度を$9.8 m/s^2$とし、空気の抵抗は考えないものとする。

特別区Ⅰ類2016

1. 0.5秒
2. 1.0秒
3. 1.5秒
4. 2.0秒
5. 2.5秒

解説

正解 ②

自由落下および投げ下ろし運動はともに鉛直下方向に進行する運動であるので、鉛直下向きを正とする座標軸上で運動を考える。

物体Aを自由落下させたときの1秒後の移動距離は、等加速度運動の基本式 $\boldsymbol{y}=\frac{1}{2}\boldsymbol{g}\boldsymbol{t}^2$ より、

$$\frac{1}{2}\times 9.8\times 1^2=4.9\ [\mathrm{m}]$$

であり、また、加速度は9.8［m/s²］であることから、物体Aの1秒後の速度は $9.8\times 1=9.8$［m/s］である（図1）。

本問では、物体Bを投げ下ろしてから物体Aに追いつくまでの時間を問われているので、図2のように、物体Aの初期位置4.9［m］、初速度9.8［m/s］、物体Bの初期位置0［m］、初速度14.7［m/s］（加速度はともに重力加速度の9.8［m/s²］）である状況をスタートとして、時間を求めるとよい。

物体Bを投げ下ろしてから $\boldsymbol{t}$ 秒後に物体Bは物体Aに追いつくとすると、$\boldsymbol{t}$ 秒後における両物体の位置は等しいことになる。そこで、物体Aおよび物体Bの $\boldsymbol{t}$ 秒後の位置 $\boldsymbol{y}$ を求めると、それぞれ以下のように表される。

物体A　$\boldsymbol{y}=\frac{1}{2}\times 9.8\times \boldsymbol{t}^2+9.8\times \boldsymbol{t}+4.9=4.9\boldsymbol{t}^2+9.8\boldsymbol{t}+4.9$　……①

物体B　$\boldsymbol{y}=\frac{1}{2}\times 9.8\times \boldsymbol{t}^2+14.7\times \boldsymbol{t}=4.9\boldsymbol{t}^2+14.7\boldsymbol{t}$　……②

$\boldsymbol{t}$ 秒後の位置 $\boldsymbol{y}$ は等しいことから、①＝②となり、

$$4.9\boldsymbol{t}^2+9.8\boldsymbol{t}+4.9=4.9\boldsymbol{t}^2+14.7\boldsymbol{t}$$

これを解くと、$\boldsymbol{t}=1.0$ となる。

図1

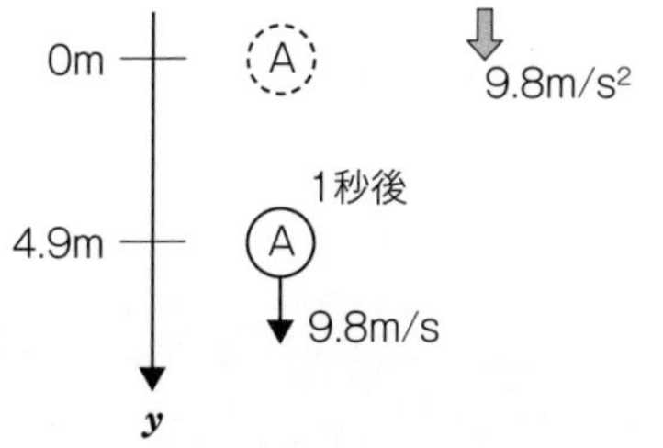

図2

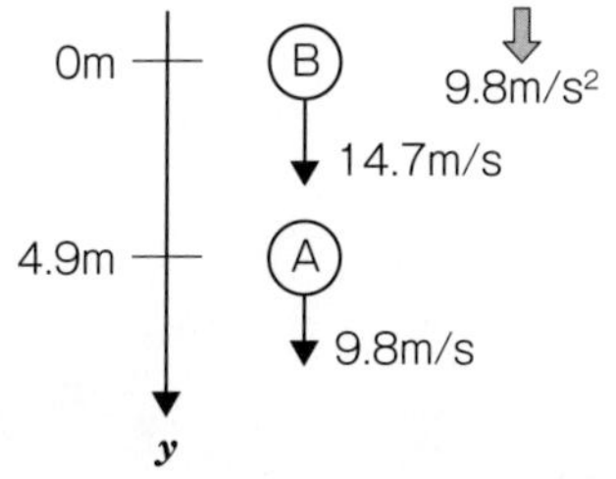

問題5

鉛直上向きに19.6[m/s]の速さで小球を投げ上げた。投げ上げた位置を原点とするとき小球が達する最高点の高さとして、最も妥当なのはどれか。ただし、重力加速度は9.8[m/s^2]とする。

東京消防庁Ⅰ類2018

1. 9.8[m]
2. 19.6[m]
3. 29.4[m]
4. 39.2[m]
5. 49.0[m]

解説

正解 ②

物体の運動方向と重力加速度の向きは逆なので、負として考える。最高点に達するとき、速度が0になるので、$\boldsymbol{v}=0$、重力加速度を$\boldsymbol{g}$として計算すると以下のようになる。

$\boldsymbol{v}=\boldsymbol{v}_0-\boldsymbol{g}\boldsymbol{t}$ より、

$$0=19.6-9.8\boldsymbol{t}$$

よって $\boldsymbol{t}=2$ となり、これを $\boldsymbol{y}=\boldsymbol{v}_0\boldsymbol{t}-\frac{1}{2}\boldsymbol{g}\boldsymbol{t}^2$ に代入して、

$$\boldsymbol{y}=19.6\times2-\frac{1}{2}\times9.8\times2^2$$

$$=19.6\,[\mathrm{m}]$$

第2章 物理

問題6

地面より78.4mの高さから、小球を速さ15m/sで水平に投げ出した。このとき、投げ出した点の真下の地面から、この小球の落下地点までの水平距離として、最も妥当なのはどれか。ただし、重力加速度は9.8m/s^{2}とする。

警視庁Ⅰ類2017

1. 40m
2. 45m
3. 50m
4. 55m
5. 60m

解説

正解 5

本問を図に示すと次のようになる。水平方向は一定の速さで推移する等速度運動であり、鉛直方向は重力加速度による等加速度運動である。

地上に到着するまでの時間を求め、次にその間の水平方向への移動距離を求める、という2段階で考えるとよい。

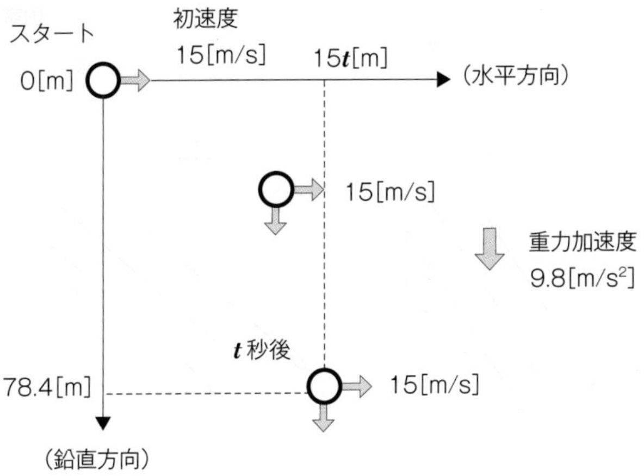

❶ 78.4m 落下にかかる時間を求める

鉛直下向きを基準として、自由落下を開始させた点から測って x=78.4［m］に到達したときの時間を t［s］とおく。自由落下なので、初速度は0である。

よって、等加速度運動の距離の公式より、$78.4=0+\frac{1}{2}\times9.8\times t^2$となるので、これを解くと、$t^2=16 \rightarrow \ t=4$［s］となる。

❷ 水平方向の移動距離を求める

水平方向は等速度運動であるので、(速さ)×(時間)＝(距離) で求めることが可能である。したがって、15×4=60［m］だけ水平方向に進んでいることがわかる。

問題7

雨が降る中を走行しているバスに乗っている者が、進行方向に向かって左の窓越しに雨滴を見ている。バスが速度V_1で走行しているときは、図Ⅰのように雨滴の向きが鉛直方向から30°傾いて見え、バスが速度V_2で走行しているときは、図Ⅱのように雨滴の向きが鉛直方向から45°傾いて見えた。V_1とV_2の関係として最も妥当なのはどれか。

ただし、雨滴は鉛直下向きに同じ速度で落下しているものとする。

国家専門職2019

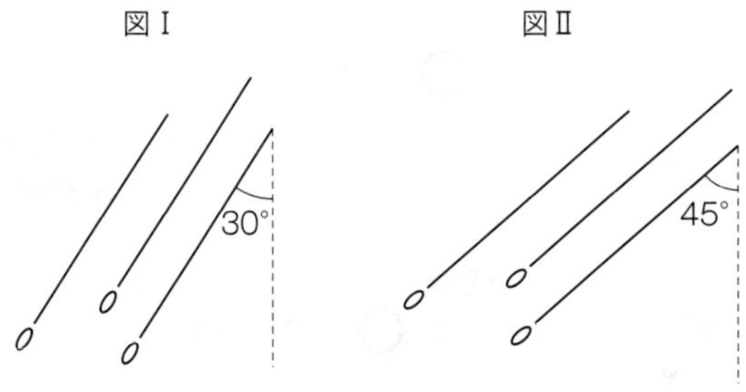

1. $V_2=\frac{\sqrt{2}}{2}V_1$
2. $V_2=\frac{\sqrt{3}}{2}V_1$
3. $V_2=\frac{\sqrt{6}}{2}V_1$
4. $V_2=\sqrt{2}V_1$
5. $V_2=\sqrt{3}V_1$

解説

正解 5

雨滴の速度を V とすると、縦が雨滴、横がバスの速度になるので、図のようになる。

よって図Ⅰより $V=\sqrt{3}\,V_1$、図Ⅱより $V=V_2$ なので、$V_2=\sqrt{3}\,V_1$ となる。

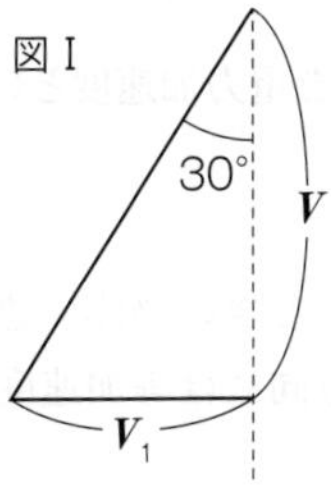

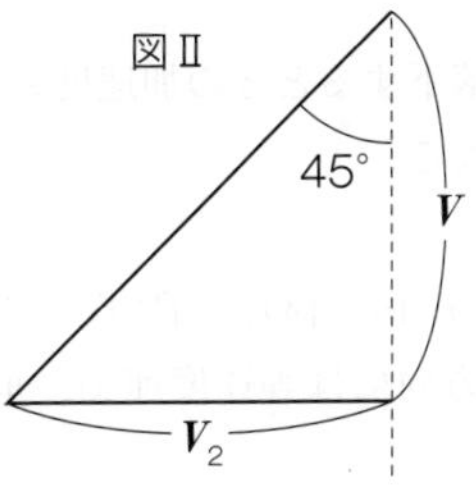

問題8

落体の運動に関する次のA～Eの記述のうち、妥当なもののみを全て挙げているものはどれか。

裁判所一般職2019

A　物体が重力だけを受け、初速度0で鉛直に落下する自由落下は、加速度が一定な等加速度直線運動であるが、物体を投げ下ろしたときの運動は加速度が変化する。

B　物体が自由落下するときの加速度のことを重力加速度といい、物体の質量が大きいほど大きくなる。

C　物体を水平方向や斜め方向に投げ出したときの物体の運動を放物運動といい、物体は、水平方向には等速度運動、垂直方向には等加速度直線運動をしている。

D　物体の質量が同じでも、形状によって受ける空気の抵抗が異なると落下の様子も異なるが、真空中では物体の質量や形状に関係なく同じように落下する。

E　物体をまっすぐ上に投げ上げたとき、その物体の加速度は、上昇中と下降中で向きや大きさが変化する。

1. A、B
2. A、C
3. B、E
4. C、D
5. D、E

解説

正解 ④

A ✕　自由落下も投げ下ろしも、加わる力は重力だけなので、加速度はどちらも変化しない。

B ✕　重力加速度は定数(一般に9.8 [m/s^2]が用いられる)であり、質量とは関係ない値である。

C ◯　正しい記述である。

D ◯　正しい記述である。

E ✕　加速度は、物体に加わる力のみによって決まる。よってこの場合、投げ上げられた物体がどのような運動をしていようが、またどのような場所にあろうが、加わる力は重力のみであるので、加速度は鉛直下向きに$\boldsymbol{g}$[m/s^2]である。

★★★

2 力

物体に力がはたらくと、その合力の向きに加速度が生じます。ここで学習する運動方程式は、力学の基本かつ最重要概念です。

❶ 力

力とは、物体の運動の状態を変化させたり(加速度を生じさせたり)、物体を変形させたりするものであり、その単位は[N](ニュートン)で表される。力は、接して及ぼされる接触力と、離れた物体から及ぼされる遠隔力の二つに大きく分けられ、具体的には以下のものがある。

力の種類

❶ 接触力　糸などから引かれる力である張力$\boldsymbol{T}$
面から押し返される垂直抗力$\boldsymbol{N}$
ばねやゴムから受ける弾性力$\boldsymbol{kx}$
粗い面で生じる摩擦力$\boldsymbol{F}$
浮力$\boldsymbol{\rho Vg}$

❷ 遠隔力　地球が質量$\boldsymbol{m}$ [kg]の物体を引く力$\boldsymbol{mg}$（重力場）
静電気力(電場)
磁力(磁場)

2 力の合成と分解

1 力の合成

一つの物体にいくつかの力が同時にはたらく場合、それらの力を合わせたはたらきをする一つの力を考えることができる。この力を**合力**（ごうりょく）といい、合力を求めることを**力の合成**という。

同一作用線上であれば、同じ向きなら和、逆向きなら差となる。また、異なる方向にはたらく２力の場合、その２力を一辺とする平行四辺形の対角線の矢印に一致する。これを**平行四辺形の法則**といい、数学でいう**ベクトルの和**と同じである。

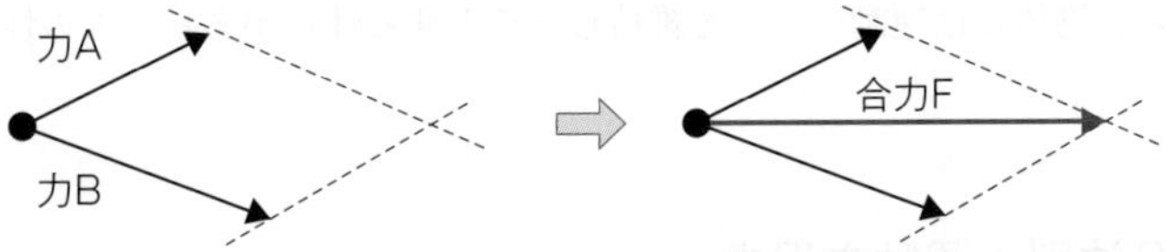

三つ以上についても、二つを一つに合成して、その合力と残りを合成するというようにまとめていけばよい。

2 力の分解

力の合成とは反対に、一つの力をいくつかの力に分けることもできる。これを**力の分解**といい、分けられたそれぞれの力を**分力**（ぶんりょく）という。

力の分解も、平行四辺形の法則を用いて任意の二つの方向に分解できる。

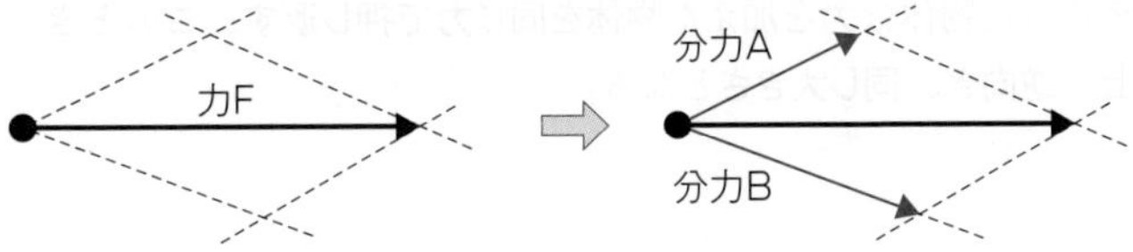

力の分解は、互いに垂直な二つの方向に分解することが多く、直角三角形に三角比を用いて分けることが一般的だが、中学校内容の初等幾何で解けるものも多く、出題されやすい。

3 ニュートンの運動の3法則

ニュートンは1687年に著書『自然哲学の数学的諸原理(プリンキピア)』で運動の3法則について発表した。これをもとにニュートン力学は古典物理学として現在も体系立てられている。

1 第1法則：慣性の法則

物体に外部から力がはたらかないとき、または、いくつかの力がはたらいていてもそれらの力がつり合っているとき、**静止している物体は静止を続け、運動している物体は等速直線運動を続ける。**

すなわち、物体には運動の状態を維持しようとする性質があり、この性質を慣性という。

2 第2法則：運動方程式

物体に生じる加速度$\boldsymbol{a}$[m/s^2]は、物体に加えた力$\boldsymbol{F}$[N]に比例し、物体の質量$\boldsymbol{m}$[kg]に反比例する。これを、比例定数が1となるように簡潔にすると以下のような式になる。この式を運動方程式という。

$$\boldsymbol{ma}=\boldsymbol{F}$$

また、質量1[kg]の物体に1[m/s^2]の加速度を生じさせる力の大きさを1[N]と定義する。そのため、重力$\boldsymbol{W}$[N]は$\boldsymbol{mg}$で表される。

3 第3法則：作用・反作用の法則

力が加えられた物体は**力を加えた物体を同じ力で押し返す**。このときの力は、**同一作用線上、逆向き、同じ大きさとなる。**

4 さまざまな力

1 重　力

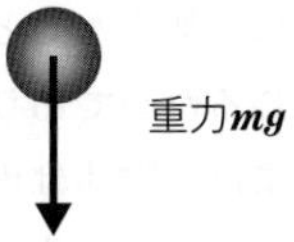

地球上にあるすべての物体には、鉛直下向き(地球の中心の向き)に重力がはたらいている。この重力の大きさを重さといい、質量m[kg]にはたらく重力の大きさW[N]は、mg[N]であることがわかっている。つまり1kgの物体にはたらく重力はg=9.8[m/s^2]とすると、9.8[N]である。

重力の大きさ$W=mg$

2 張　力

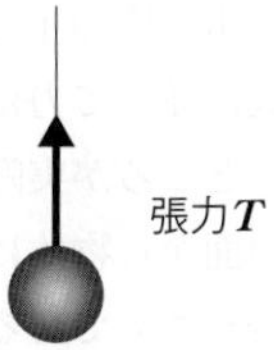

糸に物を吊るすと、糸はたるまずに張る。このときに上に引っ張ろうとする力が張力Tである。

3 弾性力

引き伸ばされたり、押し縮められたりしたつる巻きばねは、もとの自然の長さ(自然長)に戻ろうとして、つながれた物体に力を及ぼす。このように、力が加わって変形した物体が、もとの状態へ戻ろうとして他の物体に及ぼす力を弾性力という。

弾性力の大きさF[N]は、伸びや縮みの長さx[m]に比例する。これをフックの法則といい、

$$F=kx$$

と表される。比例定数kは、ばねによって定まる定数でばね定数といい、単位は[N/m](ニュートン毎メートル)である。

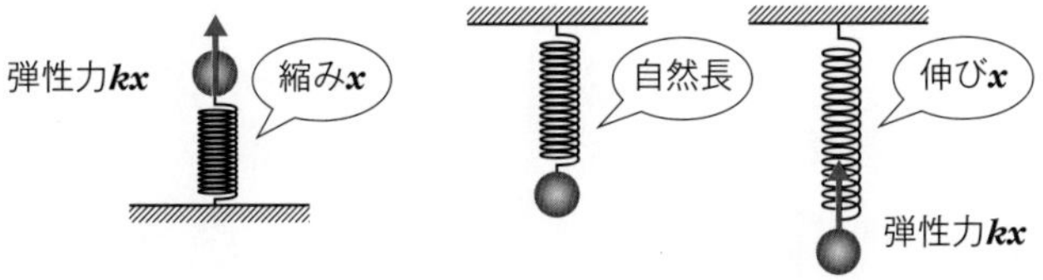

ばねは縮んでいる
⇒伸びる方向に弾性力発生

ばねは伸びている
⇒縮む方向に弾性力発生

4 摩擦力

物体を水平方向に引っ張っても物体はすぐには動かない。これは、加えた力と逆向きに力が生じるためであり、この力が**摩擦力*F***である。

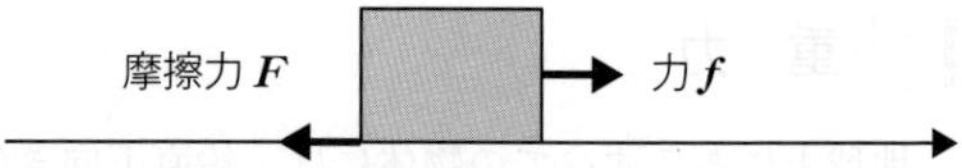

また、物体は重力と質量によって面を押しており、面はこれを押し返すことで力のつり合いが生じている。この、面が物体を押し返す力を**垂直抗力*N***という。物体が面を押す力には重力が関係しているため、物体が重いほど垂直抗力も大きくなる。

① 静止摩擦力

粗い床の上に置いた物体に、水平方向に大きさ$\boldsymbol{f}$[N]の力を加えると、運動方程式に従って力に比例した加速度が生じ、次第に速度を増すはずである。

ところが実際には、力がある大きさより小さいと物体は動き出さない。これは床の面から物体に、加えた力と同じ大きさで逆向きの力がはたらき、加えた力とつり合うためである。このような力を**静止摩擦力**という。よって、このときの静止摩擦力の大きさ$\boldsymbol{F}$[N]は、$\boldsymbol{f}=\boldsymbol{F}$と表される。

② 最大摩擦力

静止摩擦力の大きさには限界があり、物体に加える力の大きさ$\boldsymbol{f}$[N]がこの限界を超えると物体は動き出す。この限界の摩擦力を**最大摩擦力**という。最大摩擦力の大きさ$\boldsymbol{F}_0$[N]は、垂直抗力の大きさ$\boldsymbol{N}$[N]に比例し、次のように表される。

$$\boldsymbol{F}_0=\mu\boldsymbol{N}$$

比例定数μ（ミュー）を**静止摩擦係数**といい、物体の動き出しにくさを表す。

③ 動摩擦力

物体が動き出した後も、物体と面との間には、物体の運動を妨げる向きに動摩擦力がはたらく。動摩擦力の大きさ$\boldsymbol{F}'$[N]は、垂直抗力の大きさ$\boldsymbol{N}$[N]に比例し、次のように表される。

$$\boldsymbol{F}' = \mu' \boldsymbol{N}$$

比例定数μ'を動摩擦係数という。

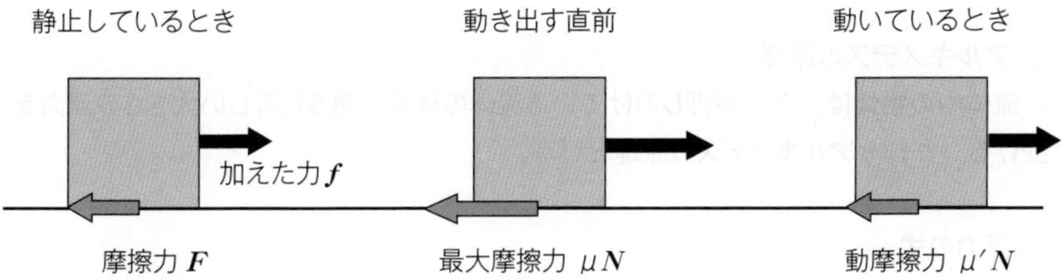

④ 摩擦力の大きさ

静止摩擦係数μや動摩擦係数μ'は、接する２物体の材質や面の状態によって決まり、接する面積にはよらないとしてよい。また一般には、$\mu > \mu'$の関係があり、静止している物体を動き出させるために必要な力のほうが、物体を動かし続けるために必要な力より大きく、下のようなグラフとなる。

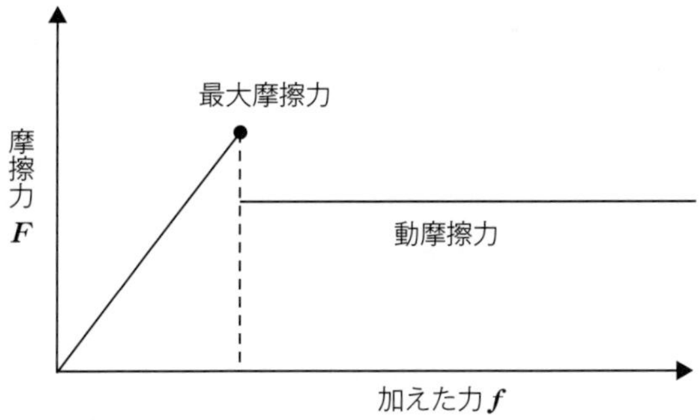

5 浮　力

液体と気体を合わせて**流体**という。流体中にある物体は、流体から押し上げられる力を受ける。このような力を**浮力**という。

物体が流体中にあるときは、物体の上面より下面のほうが深いところにあるため、流体が物体の上面を下向きに押す力よりも、物体の下面を上向きに押す力のほうが大きい。このため、浮力が生じる。

① アルキメデスの原理

流体中の物体は、それが押しのけている流体の体積の重さに等しい大きさの浮力を受ける。これをアルキメデスの原理という。

② 浮力の式

密度$\boldsymbol{\rho}$ [kg/m^3]の流体中にある体積$\boldsymbol{V}$[m^3]の物体には、重力と反対向きに$\boldsymbol{\rho V g}$ [N]の浮力がはたらく。

$$\boldsymbol{F} = \boldsymbol{\rho V g}$$

物体の沈んでいる部分の体積、沈める液体の密度(比重)のみが浮力$\boldsymbol{F}$の大きさを決める。沈んでいる体積が同じであれば、形や材質などは関係しない。

5 斜面上の物体の運動

滑らかな斜面上に置かれた物体の運動を考えるときは、物体に加わる力を、斜面に対して平行な方向と垂直な方向に分解する。

具体的に、斜面上にあり、ひもで固定されている物体に加わる力について考えてみる。

斜面上の物体に加わる力の分解

❶ 物体が動き出しそうな方向を定め、その方向を向いていない力の矢印を特定する

❷ 分解したい矢印を対角線とし、動き出す方向と、その垂直方向を辺として含む長方形を作る

❸ 図形の性質を使って、長方形の辺の長さを斜辺の長さと三角比で表現する

下図の直角三角形において三角比を使うことにより、重力$\boldsymbol{mg}$および角度θを使って求める辺の長さを三角比で表すことができる。

重力の斜面に平行な分力を$\boldsymbol{W_x}$、重力の斜面に垂直な分力を$\boldsymbol{W_y}$おくと、三角比の関係より以下の式が成立する。

$$\sin\theta = \frac{\boldsymbol{W_x}}{\boldsymbol{mg}}$$

$$\boldsymbol{W_x} = \boldsymbol{mg}\sin\theta$$

$$\cos\theta = \frac{\boldsymbol{W_y}}{\boldsymbol{mg}}$$

$$\boldsymbol{W_y} = \boldsymbol{mg}\cos\theta$$

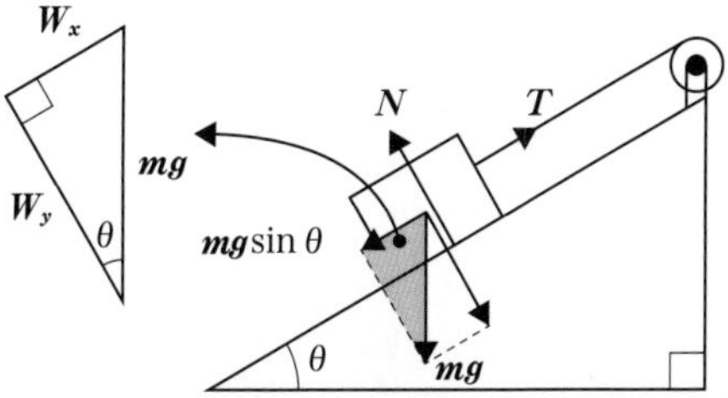

以上より、斜面下向きを正の方向にとると、(正の方向の力の合計)＝(負の方向の力の合計)の式より以下の式が成り立つ。

$$\boldsymbol{mg}\sin\theta = \boldsymbol{T}$$

同様に、下向きを正の方向にとると、(正の方向の力の合計)＝(負の方向の力の合計)の式より以下の式が成り立つ。

$$\boldsymbol{mg}\cos\theta = \boldsymbol{N}$$

過去問 Exercise

問題1 下の図のように、物体に３本のひもをつなぎ、ばねはかりで水平面内の３方向に引き、静止させた。ひもA、B、Cから物体にはたらく力の大きさをそれぞれ$\boldsymbol{F}_A$、$\boldsymbol{F}_B$、$\boldsymbol{F}_C$とするとき、これらの比として、正しいのはどれか。

東京都Ⅰ類2020

$\boldsymbol{F}_A : \boldsymbol{F}_B : \boldsymbol{F}_C$

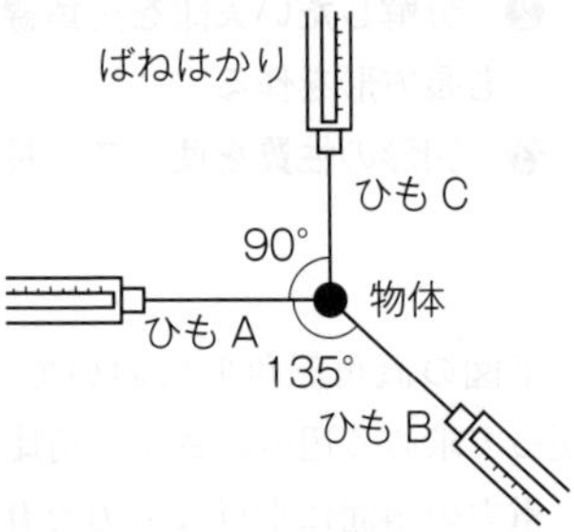

1. $1 : 1 : 1$
2. $1 : \sqrt{2} : 1$
3. $1 : \sqrt{2} : 2$
4. $1 : 2 : 1$
5. $\sqrt{2} : 1 : \sqrt{2}$

解説

正解 ②

$\boldsymbol{F}_A$ と $\boldsymbol{F}_C$ の合力が $\boldsymbol{F}_B$ とつり合っていると考えると、図よりこれらは一直線上にあるので、$\boldsymbol{F}_A$ と $\boldsymbol{F}_C$ の合力はひもAとひもCに対してちょうど45°である。合力は平行四辺形の対角線であるので、ここに正方形ができることになる。

よって $\boldsymbol{F}_A$ と $\boldsymbol{F}_C$ の力は等しいので、これを1とすると、$\boldsymbol{F}_A$ と $\boldsymbol{F}_C$ の合力は $\sqrt{2}$ となるので、これが $\boldsymbol{F}_B$ と等しいことがわかる。

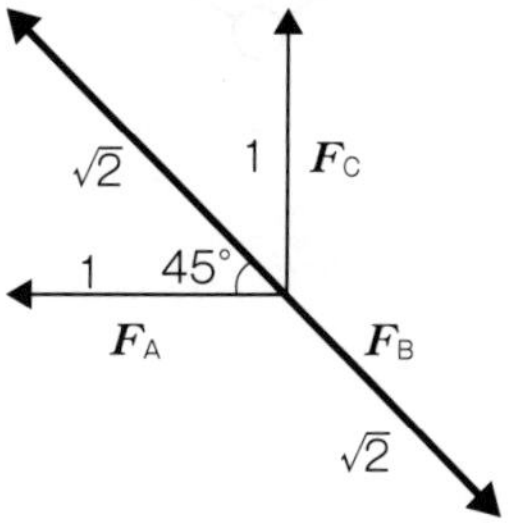

よって、$\boldsymbol{F}_A : \boldsymbol{F}_B : \boldsymbol{F}_C = 1 : \sqrt{2} : 1$ となる。

問題2

次の図のように、天井から２本の糸でつるされたおもりが静止している。おもりにはたらく重力の大きさが２Nであるとき、糸Aの張力T_Aの大きさはどれか。ただし、糸の重さは考えないものとする。

特別区Ⅰ類2019

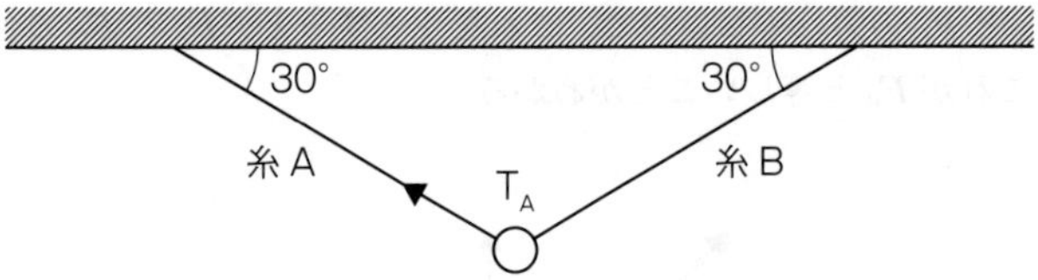

1. $1\,\mathrm{N}$
2. $\dfrac{2}{\sqrt{3}}\,\mathrm{N}$
3. $\sqrt{3}\,\mathrm{N}$
4. $2\,\mathrm{N}$
5. $4\,\mathrm{N}$

解説

正解 ④

糸Bにかかる張力をT_Bとし、T_AとT_Bの合力を$\boldsymbol{F}$とする。すると、対称性より$T_A=T_B$であるから、T_AとT_Bを隣り合う2辺とする平行四辺形は下図AOBCのようになる。

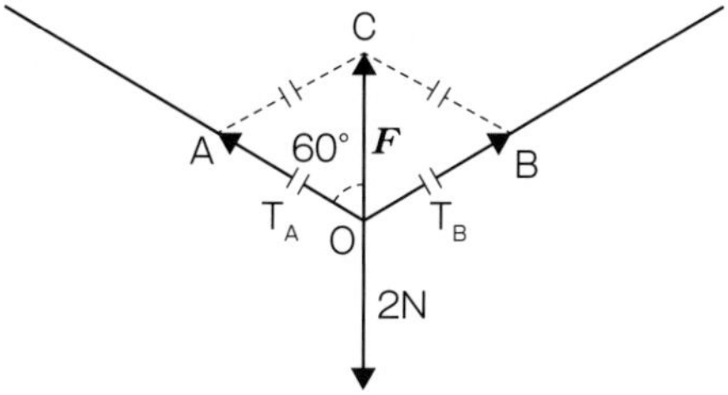

この図において、△OCAは正三角形であるから、$T_A=\boldsymbol{F}$となる。

また、おもりにはたらく力のつり合いを考えると$\boldsymbol{F}=2$［N］であるから$T_A=2$［N］が成り立つ。

問題3

質量10kgの台車が滑らかな水平面上に静止している。この台車に、水平方向に20Nの力を4.0秒間加えたときの速さはいくらか。ただし、空気抵抗は無視できるものとする。

国家一般職2011

1. 0.12m/s
2. 2.0m/s
3. 4.0m/s
4. 8.0m/s
5. 16m/s

解説

正解 ④

運動方程式 $\boldsymbol{F}=\boldsymbol{ma}$ より、$20=10\times\boldsymbol{a}$ となる。よって、$\boldsymbol{a}=2$ [m/s^2] となる。つまり、静止した台車は2 [m/s^2] で加速するので、4 秒後の速度は $\boldsymbol{v}=\boldsymbol{v}_0+\boldsymbol{at}$ より、$0+2\times4=8$ [m/s] となる。

問題4

図のように、水平な床面上に質量mとMの二つの物体を置き、これらを糸でつないで水平方向に引っ張ったところ、二つの物体はともに加速度aで動いた。このときの糸X及び糸Yの張力の組合せとして最も妥当なのはどれか。

ただし、糸の質量及び二つの物体と床面との間に生じる摩擦力は無視できるものとする。

国家専門職2009

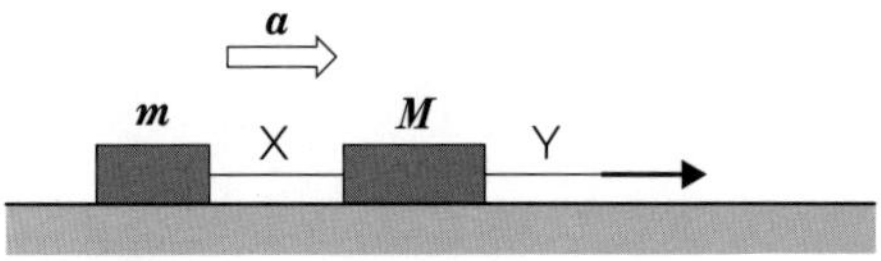

	糸Xの張力	糸Yの張力
1	ma	Ma
2	ma	$(M+m)a$
3	Ma	$(M+m)a$
4	$(M-m)a$	Ma
5	$(M-m)a$	$(M+m)a$

解説

正解 2

糸Xおよび糸Yの張力をそれぞれ T_X、T_Y とする。運動方程式 $F = ma$ より質量 m の物体にはたらく力について運動方程式を立てると、

$T_X = ma$ ……①

質量 M の物体にはたらく力について運動方程式を立てると、

$T_Y - T_X = Ma$ ……②

②に①を代入して整理すると、

$$T_Y = Ma + T_X = Ma + ma = (M+m)a$$

となる。

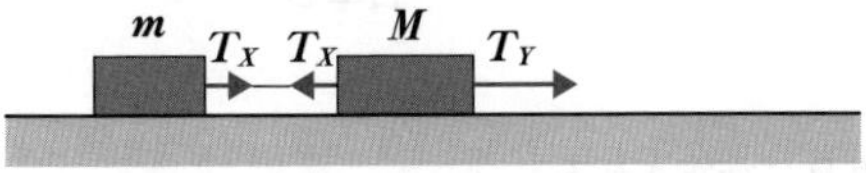

問題5

下の図は、同じ質量で、同じばねを取り付けた台車A、台車Bを準備し、【実験1】、【実験2】を行ったものである。このときの台車Aと台車Bのばねの縮んだ長さに関する以下の記述について、正しいものの組合せとして、最も妥当なのはどれか。なお、台車Bは静止しているものとする。

東京消防庁Ⅰ類2019

【実験 1】
おもりをのせた台車 A を、台車 B に衝突させる。

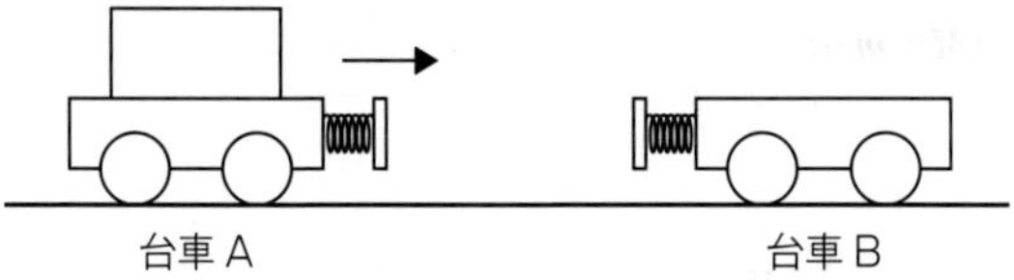

【実験 2】
台車 A を、おもりをのせた台車 B に衝突させる。

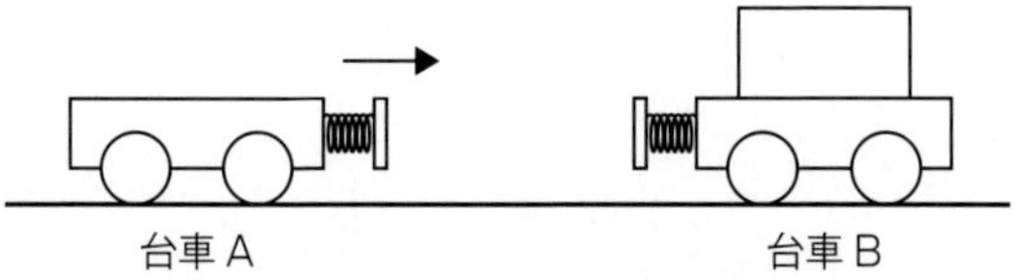

	【実験１】	【実験２】
1	台車Aのばねの縮んだ長さの方が大きい	台車Aのばねの縮んだ長さの方が大きい
2	台車Aのばねの縮んだ長さの方が大きい	台車Bのばねの縮んだ長さの方が大きい
3	台車Bのばねの縮んだ長さの方が大きい	台車Aのばねの縮んだ長さの方が大きい
4	台車Bのばねの縮んだ長さの方が大きい	台車Bのばねの縮んだ長さの方が大きい
5	どちらのばねも縮んだ長さは等しい	どちらのばねも縮んだ長さは等しい

解説

正解 5

作用・反作用の法則より、加わった力は等しくなる。

問題6

つる巻きバネを手で引いて30cm伸ばしたところ、手はバネから4.0Nの大きさの力を受けた。このつる巻きバネのばね定数の近似値(N/m)として、最も妥当なのはどれか。

東京消防庁Ⅰ類2016

1. 1.2
2. 7.5
3. 13
4. 120
5. 180

解説

正解 3

問題で与えられている数値から $F=kx$ より以下のように計算できる。

$$F=kx$$

$$4.0=k\times 0.3$$

$$k=\frac{4.0}{0.3}=13.33\cdots\fallingdotseq 13\ [\mathrm{N/m}]$$

問題7

ある自動車が、水平な路面上を14m/sの速さで走っているとき、急ブレーキをかけてから停止するまでに要する距離はどれか。ただし、重力加速度を$9.8\mathrm{m/s^2}$、タイヤと路面との間の動摩擦係数を0.25とし、自動車の運動エネルギーはすべて摩擦のエネルギーに変換されたものとする。

特別区Ⅰ類2006

1. 10m
2. 20m
3. 30m
4. 40m
5. 50m

解説

正解 ④

自動車の質量を $\boldsymbol{m}$、加速度を $\boldsymbol{a}$、重力加速度を $\boldsymbol{g}$、動摩擦係数を μ' とすると、自動車が受ける力は摩擦力に等しいので、$\boldsymbol{F}=\boldsymbol{ma}$ より加速度 $\boldsymbol{a}$ は次のように計算できる。

$$\boldsymbol{ma}=-\mu'\boldsymbol{mg}$$

$$\boldsymbol{a}=-\mu'\boldsymbol{g}$$

$$\boldsymbol{a}=-0.25\times9.8$$

次に、停止するまでの距離を $\boldsymbol{x}$ として $\boldsymbol{v}^2-\boldsymbol{v}_0{}^2=2\boldsymbol{ax}$ より次のようになる。

$$\boldsymbol{v}^2-\boldsymbol{v}_0{}^2=2\boldsymbol{ax}$$

$$0^2-14^2=2\times(-0.25\times9.8)\times\boldsymbol{x}$$

$$196=4.9\boldsymbol{x}$$

$$\boldsymbol{x}=40\ [\mathrm{m}]$$

問題8

粗い水平面に置かれている物体を、水平方向に引くと力が最大摩擦力F_0を超えたところで、物体がすべりだす。物体がすべっているときは、引く力とは関係なく一定の動摩擦力F'がはたらく。物体に働く重力をNとする。次のア～カの記述のうち、正しいもののみをすべて選んだ組合せとして、最も妥当なのはどれか。

東京消防庁Ⅰ類2015

ア 静止摩擦力は、常に一定である。

イ 静止摩擦力は、物体が動き出すまで水平方向に引く力が増えるとともに増加する。

ウ 一般に、動摩擦力F'は最大摩擦力F_0より大きい。

エ 一般に、動摩擦力F'は最大摩擦力F_0より小さい。

オ $\frac{N}{F_0}$を静止摩擦係数という。

カ $\frac{F_0}{N}$を静止摩擦係数という。

1. **ア、ウ、オ**
2. **ア、ウ、カ**
3. **ア、エ、カ**
4. **イ、エ、オ**
5. **イ、エ、カ**

解説

正解 5

❶ **ア**、**イ**について

物体を引いたとき、物体が静止していれば、物体を引く力と静止摩擦力は等しい。よって、引く力が異なると静止摩擦力は異なる。よって、**ア**は妥当でない。また、静止摩擦力は、物体が動き出す直前が最も大きい。よって、**イ**が妥当である。

❷ **ウ**、**エ**について

一般的に、動摩擦力と最大摩擦力では、動摩擦力のほうが小さい。よって、**ウ**は妥当でなく、**エ**が妥当である。

❸ **オ**、**カ**について

「静止している物体の摩擦力＝静止摩擦係数×垂直抗力」で求めることができる。ここで、水平面に置かれた物体にはたらく垂直抗力は一般的に重力と等しいので、「静止している物体の摩擦力＝静止摩擦係数×重力」とも表すことができる。この式を変形すると、「$\text{静止摩擦係数}=\dfrac{\text{静止している物体の摩擦力}}{\text{重力}}$」で表すことができ、物体が動き始めるときは、「静止している物体の摩擦力＝最大摩擦力」なので、「$\text{静止摩擦係数}=\dfrac{\text{最大摩擦力}}{\text{重力}}$」で表すことができる。よって、**オ**は妥当でなく、**カ**が妥当である。

問題9

物体を液体中に入れると、物体は重力だけではなく、液体からの浮力を受けるようになる。浮力に関する記述として最も妥当なのはどれか。

国家専門職2012

---

1 浮力は、物体の体積及び形状によって決まり、同じ材質で同じ体積であれば、表面積が大きいほど浮力が大きくなり、球形のものの浮力が最も小さくなる。

2 浮力は水深に比例して大きくなり、浅いところでは比較的弱い浮力しか働かなくても、深いところでは強い浮力が働く。物体を深海まで沈めるためには、大きな重量が必要である。

3 浮力は液体の密度に比例する。同じ物体を水の中に完全に沈めたときと、比重1.2の食塩水の中に完全に沈めたときでは、食塩水の方が1.2倍の浮力が働く。

4 鉄及びアルミニウムで同じ体積の球をつくり、それらを水の中に完全に沈めたとき、密度の小さいアルミニウムの方に大きな浮力が働く。

5 図のように水槽を台ばかりに乗せ、水槽の中に木でできた球を入れたところ、球は浮いた。同じ条件で、ひもでつるした同じ体積の鉄の球を沈めていくとき、台ばかりの目盛が木の球の場合と同じになるのは、鉄の球の全体が沈んだときである。

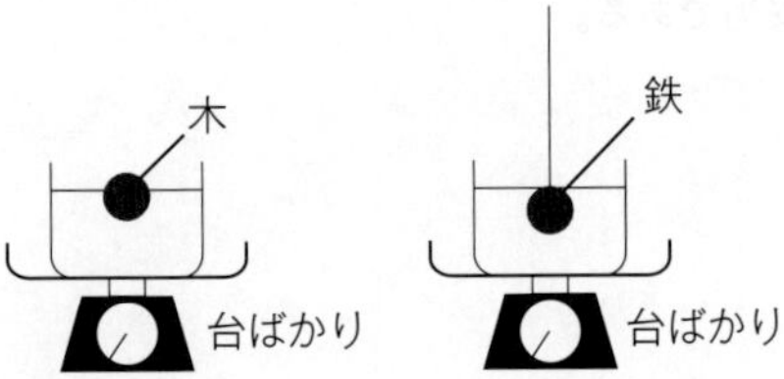

解説

正解 3

物体の液体から受ける浮力 F は、周囲の液体の密度 ρ と物体が液体に浸かっている部分の体積 V に比例して、$F=\rho Vg$ で表される。ただし、g は重力加速度である。これをもとに、各選択肢を検討していく。

❶ × 浮力は物体の体積には依存するが、形状には依存しない。したがって、表面積の大きさにも関係しない。

❷ × 上に述べたように、浮力は深さには依存せず、液体の密度と物体が液体に浸かっている部分の体積にのみ依存する。

❸ ○ 上にも述べたように、浮力は液体の密度に比例する。比重1.2の食塩水では、水に対し密度が1.2倍になるため、食塩水の浮力が水の浮力の1.2倍になる。

❹ × 浮力は周囲の液体の密度に比例するので、液体の密度が同一であれば、物体自身の密度には依存しない。

❺ × 木の球と鉄の球の体積は同じであることから、この体積を V とする。木の球が浮いたということは、一部が水面から出ており、木の球が浸かっている部分の体積は V より小さい。したがって、木の球にはたらく浮力は ρVg より小さい。一方、鉄の球の全体を沈めると、球全体が浸かるので、浮力は ρVg となる。台ばかりには水槽と液体の重さだけでなく、浮力の反作用がはたらく。したがって、台ばかりの目盛は、木の球を入れたときのほうが、鉄の球を入れたときより小さい値を指す。

問題10

図のように、密度ρ[kg/m³]、底面積S[m²]、高さh[m]の円柱が取り付けられた同じ軽いばねが二つ天井に取り付けられている。一方を液体に$\frac{3}{4}h$[m]だけ浸したところ、どちらのばねも静止し、液体に浸した方のばねの伸びは、もう一方の伸びの$\frac{1}{2}$倍であった。このとき、この液体の密度として最も妥当なのはどれか。ただし、重力加速度の大きさは一定である。

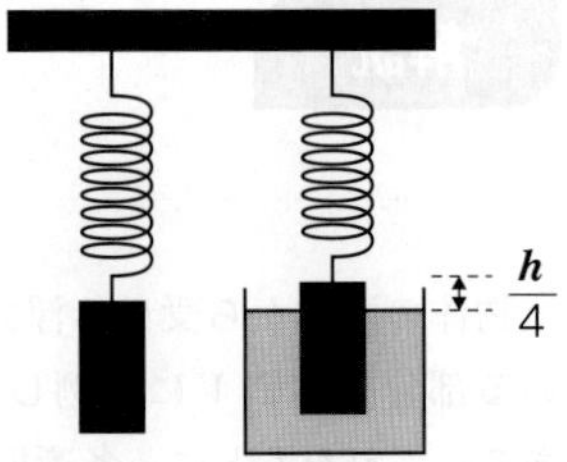

国家一般職2014

1. $\frac{3}{8}\rho$ [kg/m³]
2. $\frac{2}{3}\rho$ [kg/m³]
3. $\frac{3}{4}\rho$ [kg/m³]
4. $\frac{4}{3}\rho$ [kg/m³]
5. $\frac{3}{2}\rho$ [kg/m³]

解説

正解 ②

円柱を液体に浸していない状態のときのつり合いを考える。円柱の質量を m とすると、質量＝密度×体積、つまり質量＝密度×底面積×高さなので、$m=\rho Sh$ となる。ここで重力加速度を g とすると、重力は $W=mg$ より、$W=\rho Shg$ となる。また、ばね定数を k、ばねの伸びを x とすると、つり合いは $F=kx$ より次のように表すことができる。

$$\rho Shg=kx \quad \cdots\cdots①$$

次に、円柱を液体に浸した状態のつり合いを考える。液体の密度を ρ_0 とすると、円柱についてのつり合いは次のように表すことができる。

$$\rho_0\times S\times \frac{3}{4}h\times g=k\times \frac{1}{2}\times x$$

より、

$$\frac{3}{2}\rho_0 Shg=kx \quad \cdots\cdots②$$

①、②を連立させ、ρ_0 について解くと次のようになる。

$$\frac{3}{2}\rho_0 Shg=\rho Shg$$

$$\rho_0=\frac{2}{3}\rho \ [\mathrm{kg/m^3}]$$

★★★

3 仕事とエネルギー

物理の世界でいう仕事とは「物体を動かすこと」であり、エネルギーは「仕事をする能力」です。これらは保存され移り変わる中で、さまざまな役割を果たしています。

❶ 仕　事

1 力と仕事

日常で使う「仕事」という言葉の意味とは異なり、物理では、物体に力を加えて、その力の向きに動いたとき、力は**仕事をした**という。物体に一定の力F[N]を加えて、力の向きにx[m]動いたとき、力がした仕事W[J]は、以下の式で表される。

$$W=Fx$$

仕事の単位には、[J](ジュール)を用いる。1[N]の力を物体に加えて、力の向きに1[m]動かすとき、その力は1[J]の仕事をする。すなわち、1[J]＝1[N·m]である。

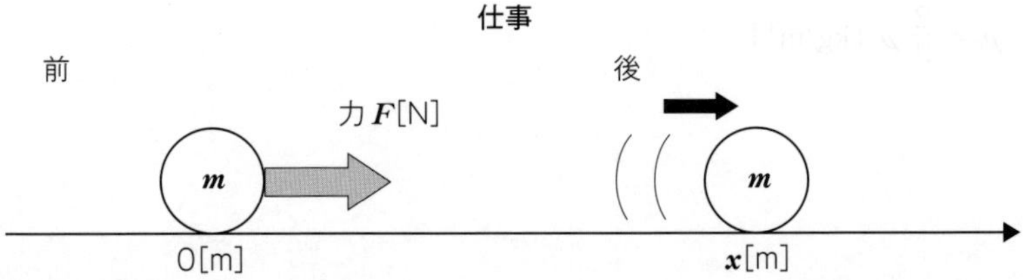

2 仕事の原理

滑らかな斜面や、軽い動滑車などの道具を使えば、重い物体でも小さな力で動かすことができる。しかし、動かす距離は長くなるので、結果的に仕事の大きさは変わらない。これを**仕事の原理**という。

3 仕事率

同じ仕事をしても、それにかかる時間によって仕事の能率は異なる。仕事の能率は、1[s]あたりの仕事で表し、これを仕事率という。時間t[s]の間に仕事W[J]をするときの仕事率P[W]は、以下の式で表される。

$$P=\frac{W}{t}$$

仕事率の単位は[W](ワット)を用いる。1[s]間に1[J]の仕事をするとき、仕事率は1[W]である。すなわち、1[W]＝1[J/s]である。[W]は、消費電力の単位と同じである。

2 エネルギー

物体が仕事をする能力のことを**エネルギー**といい、ある物体がほかの物体に対して仕事をする能力を持つとき、その物体は**エネルギーを持っている**という。

エネルギーには、光エネルギー、熱エネルギー、化学エネルギー、電気エネルギー、核エネルギー、運動エネルギー、位置エネルギーなどさまざまなものがある。

エネルギーの大きさは、物体がする仕事で求めることができるので、エネルギーの単位には、仕事と同じ[J]を用いる。

1 運動エネルギー

① 運動エネルギー

運動している物体は、ほかの物体に対して仕事をすることができる。このことから、運動している物体はエネルギーを持っているといえる。このようなエネルギーを運動エネルギーという。

質量m[kg]の物体が速さv[m/s]で運動している場合の運動エネルギーK[J]は、以下の式で表される。運動している物体は、静止するまでに、持っている運動エネルギー分の仕事を他の物体にすることができる。

$$K=\frac{1}{2}mv^2$$

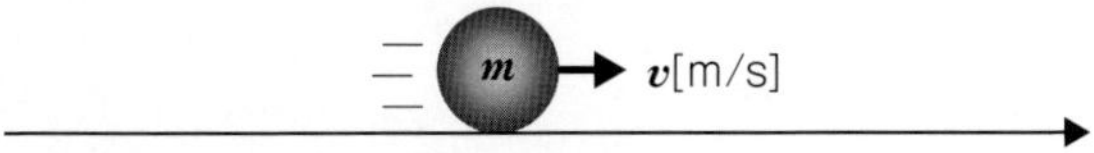

② 仕事と運動エネルギーの関係

速度v_0[m/s]で運動している物体に、仕事W[J]をしたとき、物体の速度がv[m/s]になった。このとき、物体がされた仕事と物体の運動エネルギーには以下の関係がある。

仕事と運動エネルギーの関係

前・中・後の状態について、以下の関係式が成立する。

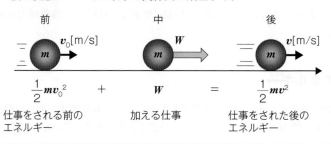

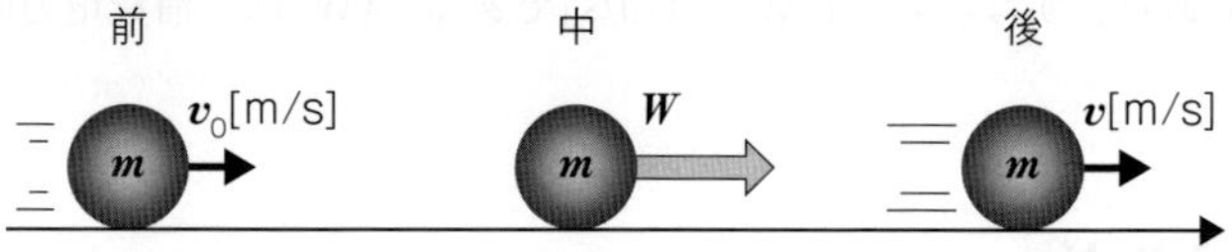

$$\frac{1}{2}mv_0^2 + W = \frac{1}{2}mv^2$$

仕事をされる前のエネルギー　　加える仕事　　仕事をされた後のエネルギー

上記のように物体は、された仕事Wだけ運動エネルギーが増加する。

2 重力による位置エネルギー

高い位置にある物体は重力によって落下すると、ほかの物体に対して仕事をすることができる。このことから、重力がはたらいている状況で高い位置にある物体はエネルギーを持っていると考えられる。このようなエネルギーを重力による位置エネルギーという。

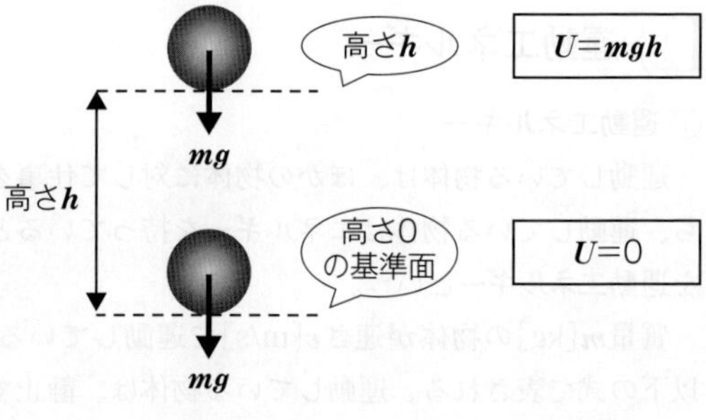

質量m[kg]の物体が高さh[m]の位置にある場合の重力による位置エネルギーU[J]は、以下の式で表される。ただし、重力加速度をg[m/s^2]とする。

$U=mgh$

❸ 力学的エネルギー保存の法則

位置エネルギーUと運動エネルギーKの和を力学的エネルギーといい、ある物体が持つ力学的エネルギーは、非保存力(摩擦や空気抵抗など)を考えなければ、常に一定となる。これを力学的エネルギー保存の法則(力学的エネルギー保存則)という。

$U+K=$一定

これは、エネルギーは形が移り変わっても、その総和は変化しないことを意味している。

自由落下の位置エネルギーと運動エネルギーの関係を考える。

自由落下の位置エネルギーと運動エネルギーの関係

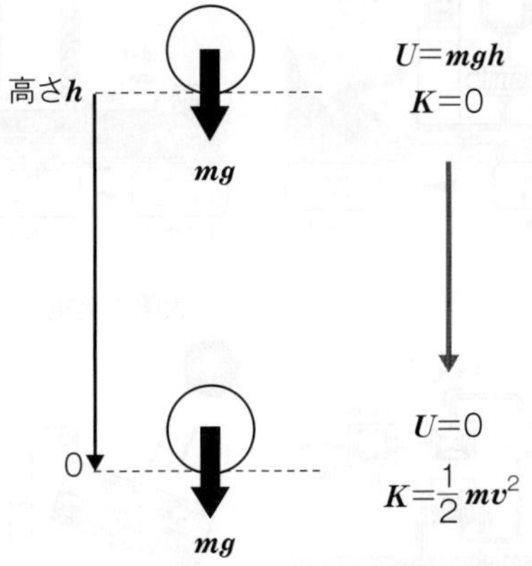

$U+K=$一定、つまり和が一定なので、これらをまとめると以下のようになる。

$$mgh = \frac{1}{2}mv^2$$

高さhの点　　高さ0の基準点

また、ここで重要なポイントは、この式の両辺はmが約分できることにある。つまり、速度は位置によってのみ決まり、質量は関係ない、ということがいえる。

❹ さまざまなエネルギー

エネルギーにはさまざまな形態があり、私たちは必要に応じてエネルギーを変換して利用している。

あるエネルギーから、別のエネルギーへの変換効率は、100%でないこともある。その場合でも、関係するすべてのエネルギーへの変換も考慮すれば、変換の前後でエネルギーの量は変化しない。これを**エネルギー保存の法則**という。

発電におけるエネルギーの移り変わり

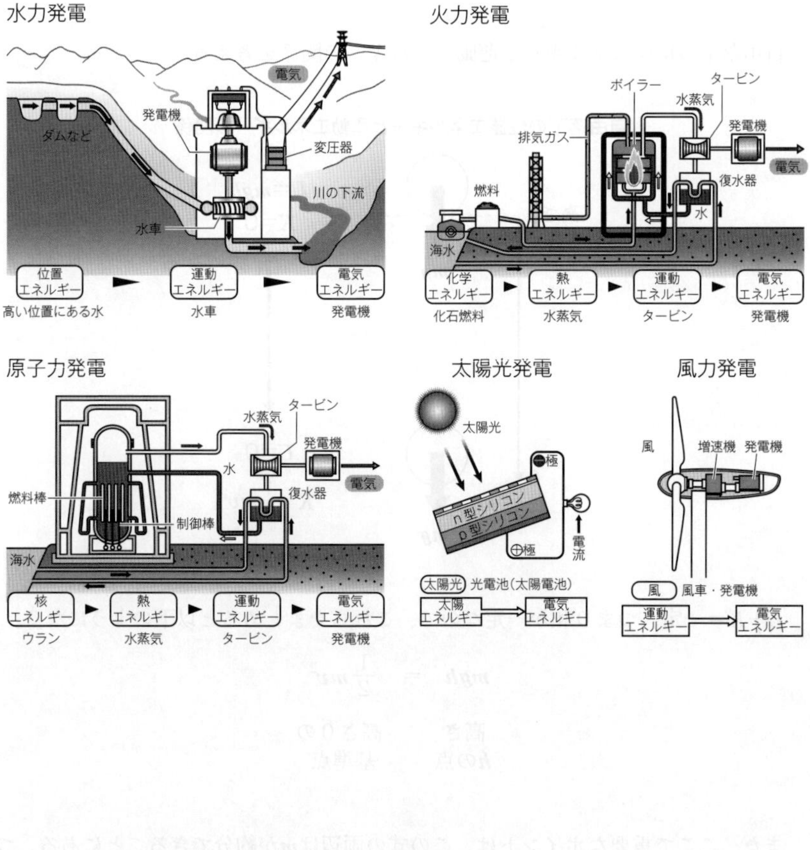

5 運動量

1 運動量

同じ物体なら速く運動しているほど、運動に勢いがあるといえる。一方、同じ速さでも、質量の大きい物体ほど、運動の勢いが大きいと感じられる。

このように、物体の運動の勢いを表すには、速さだけでなく質量も合わせて考える必要がある。そこで、運動量という量を定義する。質量m[kg]の物体が速度$\vec{v}$[m/s]で運動しているとき、物体の運動量$\vec{p}$は以下のように与えられる。

運動量

$$\vec{p}=m\vec{v}$$

運動量：質量m[kg]×速度v[m/s]

※ 文字の上の矢印は、量に向きがあることを表している。

運動量の単位は[kg·m/s](**キログラムメートル毎秒**)を用いる。運動量は、速度と同じく向きを持つベクトルである。

2 力積

運動の法則からわかるように、物体に生じる加速度は、物体に加える力に比例する。力が大きいほど、速度変化が大きいということである。しかし、速度の変化は力だけでなく、力がはたらく時間にも関係がある。

力のベクトル$\vec{F}$[N]と、力がはたらいた時間の長さΔt[s]の積$\vec{F}\Delta t$を力積(りきせき)という。力積の単位は[N·s](**ニュートン秒**)が用いられる。力積も、速度と同じく向きを持つベクトルである。

3 運動量保存の法則

下図のように、直線上を運動する質量$\boldsymbol{m}_{\mathrm{A}}$、$\boldsymbol{m}_{\mathrm{B}}$[kg]の二つの小球A、Bが衝突する場合の運動について考える。二つの小球A、Bが右向きを正とした同じ直線上をそれぞれ速度$\boldsymbol{v}_{\mathrm{A}}$、$\boldsymbol{v}_{\mathrm{B}}$[m/s]で運動していて衝突し、それぞれの速度が$\boldsymbol{v}_{\mathrm{A}}'$、$\boldsymbol{v}_{\mathrm{B}}'$[m/s]になった場合の運動量の変化は次のようになる。

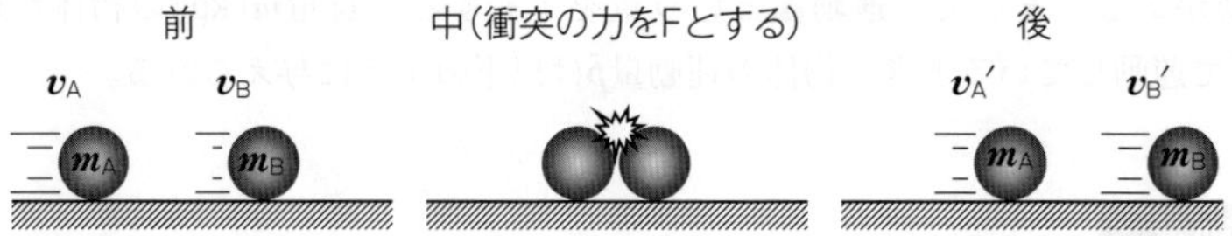

二つの小球A、Bが衝突するとき、互いに受ける力は、作用・反作用の法則から、大きさが等しく、向きが逆である。衝突時間が$\boldsymbol{\Delta t}$のとき、二つの小球のそれぞれの運動量と力積の関係は以下のようになる。

物体$\boldsymbol{m}_{\mathrm{A}}$の運動量と力積の関係：$\boldsymbol{m}_{\mathrm{A}}\boldsymbol{v}_{\mathrm{A}}-\boldsymbol{F\Delta t}$($\boldsymbol{m}_{\mathrm{A}}$が失ったエネルギー)$=\boldsymbol{m}_{\mathrm{A}}\boldsymbol{v}_{\mathrm{A}}'$ ……①

物体$\boldsymbol{m}_{\mathrm{B}}$の運動量と力積の関係：$\boldsymbol{m}_{\mathrm{B}}\boldsymbol{v}_{\mathrm{B}}+\boldsymbol{F\Delta t}$($\boldsymbol{m}_{\mathrm{B}}$が得たエネルギー)　$=\boldsymbol{m}_{\mathrm{B}}\boldsymbol{v}_{\mathrm{B}}'$ ……②

①＋②より、以下の式が得られる。

$$\boldsymbol{m}_{\mathrm{A}}\boldsymbol{v}_{\mathrm{A}}+\boldsymbol{m}_{\mathrm{B}}\boldsymbol{v}_{\mathrm{B}}=\boldsymbol{m}_{\mathrm{A}}\boldsymbol{v}_{\mathrm{A}}'+\boldsymbol{m}_{\mathrm{B}}\boldsymbol{v}_{\mathrm{B}}'$$

以上より、衝突前後の運動量の総和は等しくなる。これを**運動量保存の法則**という。

4 反発係数（はね返り係数）

① 反発係数

物体をある高さから落としたときのはね返り方は、落とす物体や落とした床面の性質によって異なる。このとき、床に衝突する速さ$\boldsymbol{v}$と床からはね返る速さ$\boldsymbol{v}'$の比$\boldsymbol{e}$を反発係数（**はね返り係数**）という。

動かない床や壁に物体が垂直に当たり、はね返る場合において、床や壁に衝突する速度を$\vec{\boldsymbol{v}}$、はね返る速度を$\vec{\boldsymbol{v}'}$とすると、

$$\boldsymbol{e}=\frac{|\vec{\boldsymbol{v}'}|}{|\vec{\boldsymbol{v}}|}=-\frac{\boldsymbol{v}'}{\boldsymbol{v}}$$

と書ける。$\boldsymbol{e}$は衝突し合う物体の材質や形状で決まる定数とみなしてよい。反発係数は$0\leqq \boldsymbol{e}\leqq 1$の範囲をとる。

② 衝突の種類による反発係数の値

衝突には、弾性衝突（完全弾性衝突）、非弾性衝突、完全非弾性衝突の３種類があり、物体どうしでは、片方が静止している衝突や両方が動いている衝突があるので、それぞれの場合で反発係数がどのようになるかを確認しておく。

衝突の種類による反発係数の値

❶ 完全弾性衝突（弾性衝突）（e=1）
はね返っても速さは同じである。

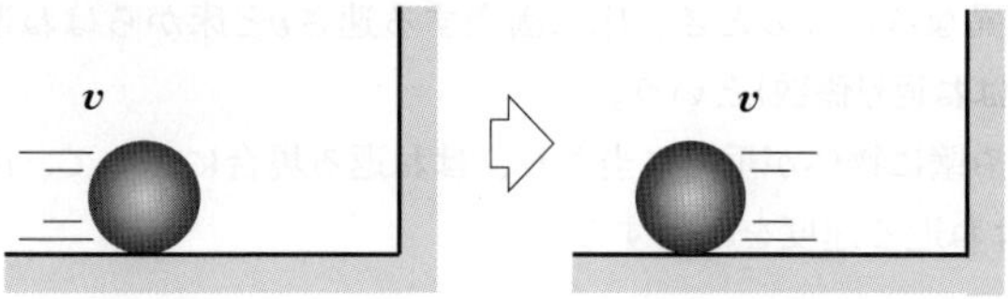

❷ 非弾性衝突（0＜ e ＜1）
はね返ったら速さはe倍になる。

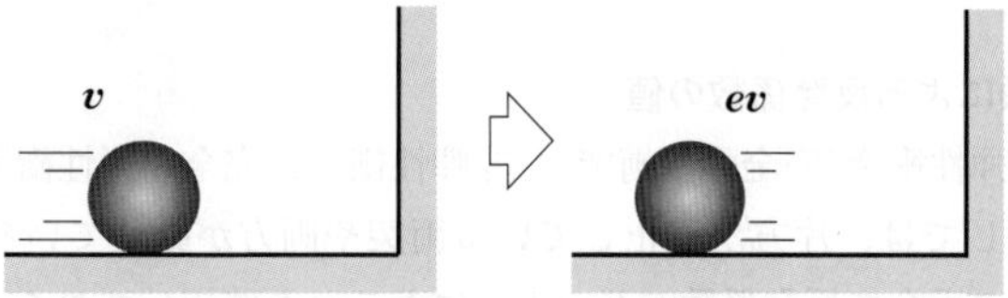

❸ 完全非弾性衝突（e=0）
はね返らず止まってしまう。

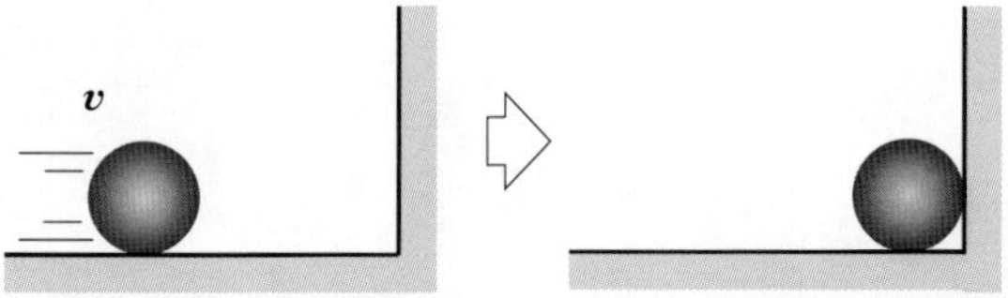

❹ ２物体の衝突

❹の図のように、運動している物体どうしが衝突する場合、反発係数は以下の式で表される。衝突前の値は正になるが、衝突後は負になるのでマイナスの符号をつけて正の値になるようにする。衝突前、衝突後のそれぞれの速さの差の絶対値をとっても同じである。

$$e=-\frac{v_A'-v_B'}{v_A-v_B}$$

また、高さh_0から自由落下した小球が床ではね返り、高さh_1まではね返る場合を考える。小球と床との衝突直前の速さをv_0、衝突直後の速さをv_1とすると、力学的エネルギー保存の法則より、

$$\frac{1}{2}mv_0^2=mgh_0、\frac{1}{2}mv_1^2=mgh_1$$

であり、後者を前者で除して整理すると、以下の式を得られる。

$$\frac{v_1^2}{v_0^2}=\frac{h_1}{h_0}$$

反発係数の定義より、

$$e=-\frac{v_1}{v_0}$$

であるから、

$$e^2=\frac{v_1^2}{v_0^2}=\frac{h_1}{h_0}$$

$$e=\sqrt{\frac{h_1}{h_0}}$$

となることがわかる。このように、**物体を自由落下させた高さ**との相関で反発係数を求めることもできる。

過去問 Exercise

問題1 クレーンが、質量60kgの荷物を垂直に10秒間で5m持ち上げたとき、重力に対してクレーンがした仕事および仕事率の組合せとして、正しいのはどれか。ただし、重力加速度は9.8m/s^{2}とする。

東京都Ⅰ類2012

	仕事	仕事率
1	2,940J	294W
2	2,940J	588W
3	3,000J	300W
4	5,880J	294W
5	5,880J	588W

解説

正解 1

まずは図を描き、力の大きさと動かした距離を確認する。

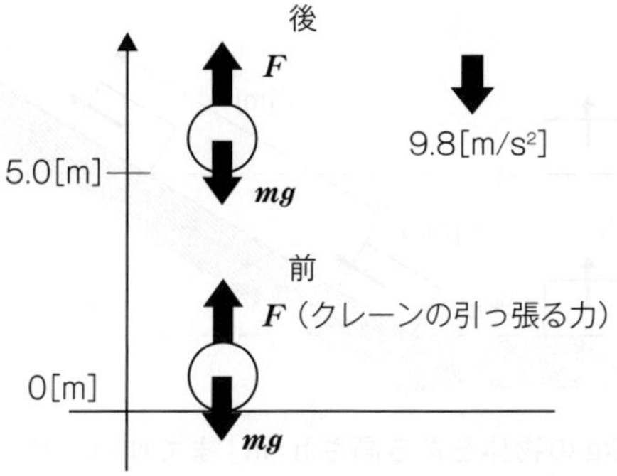

荷物の重さを m [kg] とおくと、荷物を引き上げるために必要な力は、力のつり合いより $F=mg$ である。

よって、仕事は以下のように求められる。

$W=F\times 5=(60\times 9.8)\times 5=2940$ [J]

また、仕事率は $\dfrac{2940\,[\mathrm{J}]}{10\,[\mathrm{s}]}=294$ [W] である。

問題2

次は、物体に加える力がする仕事に関する記述であるが、A、B、Cに当てはまるものの組合せとして最も妥当なのはどれか。ただし、重力加速度の大きさを10m/s^{2}とする。

国家一般職2016

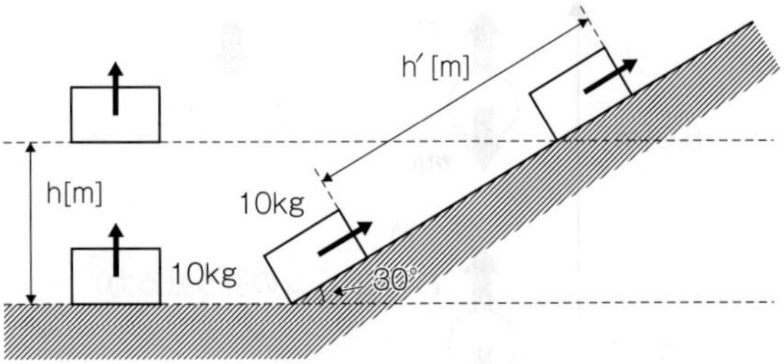

「図のように、10kgの物体をある高さh［m］までゆっくりと引き上げることを考える。傾斜角30°の滑らかな斜面に沿って物体を引き上げる場合、物体を真上に引き上げる場合に比べて、必要な力を小さくすることができるが、物体を引き上げる距離は増加する。

このとき、物体を真上に引き上げたときの仕事W及び斜面に沿って引き上げたときの仕事W′は、それぞれ次のように表すことができ、W＝W′となる。

W＝［ A ］［N］×h［m］

W′＝［ B ］［N］×h′［m］

また、図の斜面の傾斜角を60°とすると、斜面に沿って物体を引き上げるのに必要な力は、［ C ］［N］となる。

このように斜面を用いることで、必要な力の大きさを変化させることができるが、仕事は変化しない。」

	A	B	C
1	100	50	$50\sqrt{2}$
2	100	50	$50\sqrt{3}$
3	100	$50\sqrt{2}$	$50\sqrt{3}$
4	200	100	$100\sqrt{3}$
5	200	$100\sqrt{2}$	$100\sqrt{3}$

解説　　正解 ②

A：100

質量10［kg］の物体には、鉛直下方向に10［kg］×10［m/s^2］＝100［N］の重力がかかっているので、鉛直上方向にh［m］だけこの物体を移動させるのに必要な仕事Wは100［N］×h［m］である。

B：50

傾斜角θである斜面上にある物体にかかる力は、下図のように、重力を斜面に平行な成分と斜面に垂直な成分に分解することにより考える。質量10［kg］の物体の場合、斜面下方向に$100\sin\theta$の力がかかるので、$\theta=30°$のとき、$\sin 30°=\frac{1}{2}$であるので、斜面下方向にかかる力は$100\times\frac{1}{2}=50$［N］である。したがって、斜面上方向にh′だけこの物体を移動させるのに必要な仕事W′は50［N］×h′［m］である。

C：$50\sqrt{3}$

$\theta=60°$のとき、$\sin 60°=\frac{\sqrt{3}}{2}$であるので、斜面下方向にかかる力は、**B**と同様に考えて、$100\times\frac{\sqrt{3}}{2}=50\sqrt{3}$［N］である。

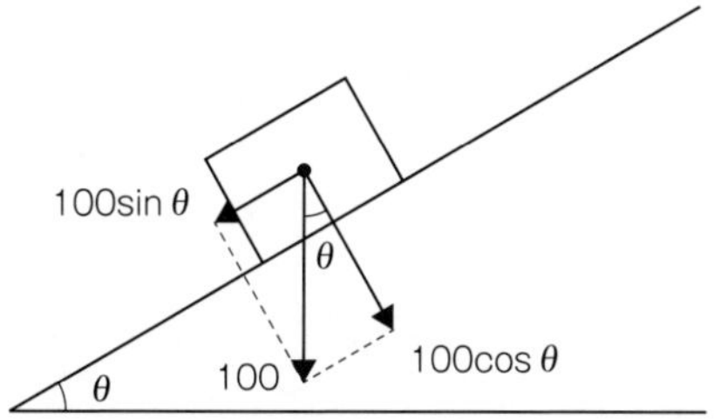

問題3

重さ2.5kgの球が等速で転がるとき、運動エネルギーが180Jであれば、その速度はどれか。

警視庁Ⅰ類2008

1. 10m/s
2. 12m/s
3. 14m/s
4. 16m/s
5. 18m/s

解説

正解 2

速度 $\boldsymbol{v}$ [m/s]、質量 $\boldsymbol{m}$ [kg] である物体の運動エネルギー $\boldsymbol{K}$ [J] は、

$$\boldsymbol{K} = \frac{1}{2}\boldsymbol{m}\boldsymbol{v}^2$$

で表される。よって、求める速度を $\boldsymbol{v}$ [m/s] とすると、以下の式が成り立つ。

$$180 = \frac{1}{2} \times 2.5 \times \boldsymbol{v}^2$$

$$\boldsymbol{v}^2 = 144$$

$$\boldsymbol{v} = 12 \text{ [m/s]}$$

問題4

図A ～ Dに示すように、質量$\boldsymbol{m}$又は2$\boldsymbol{m}$の小球を高さH又は2Hの位置から初速0で自由落下させたとき、小球が床に到達したときのそれぞれの速さ$\boldsymbol{v}_{\mathrm{A}}$ ～ $\boldsymbol{v}_{\mathrm{D}}$の大小関係を示したものとして最も妥当なのはどれか。

国家専門職2017

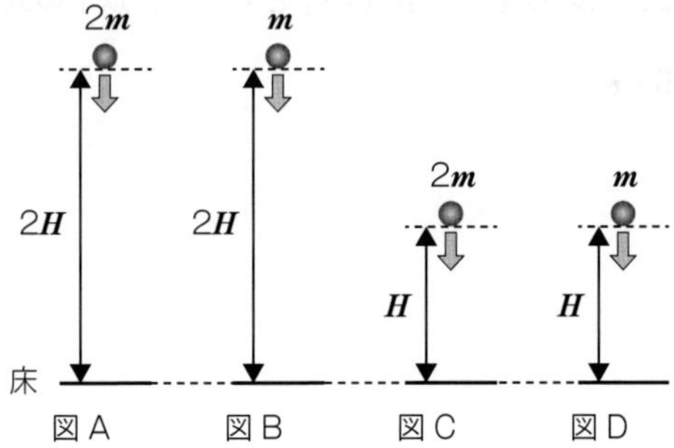

1. $\boldsymbol{v}_{\mathrm{A}}=\boldsymbol{v}_{\mathrm{B}}>\boldsymbol{v}_{\mathrm{C}}=\boldsymbol{v}_{\mathrm{D}}$
2. $\boldsymbol{v}_{\mathrm{A}}=\boldsymbol{v}_{\mathrm{C}}>\boldsymbol{v}_{\mathrm{B}}=\boldsymbol{v}_{\mathrm{D}}$
3. $\boldsymbol{v}_{\mathrm{A}}>\boldsymbol{v}_{\mathrm{B}}=\boldsymbol{v}_{\mathrm{C}}>\boldsymbol{v}_{\mathrm{D}}$
4. $\boldsymbol{v}_{\mathrm{A}}>\boldsymbol{v}_{\mathrm{B}}>\boldsymbol{v}_{\mathrm{C}}>\boldsymbol{v}_{\mathrm{D}}$
5. $\boldsymbol{v}_{\mathrm{A}}>\boldsymbol{v}_{\mathrm{C}}>\boldsymbol{v}_{\mathrm{B}}>\boldsymbol{v}_{\mathrm{D}}$

解説

正解 ❶

一般に、地面からの高さ $\boldsymbol{h}$ の地点から初速0で質量 $\boldsymbol{m}$ の物体を落下させたとき、その物体が地面に達するときの速度 $\boldsymbol{v}$ は、力学的エネルギー保存の法則より以下のように表される。

$$\frac{1}{2}mv^2=mgh \text{（ただし、} g \text{ は重力加速度である）}$$

$$v=\sqrt{2gh} \quad \cdots\cdots (*)$$

（＊）の式より、落下地点における速度は、$\boldsymbol{g}$ は定数なので地面からの高さによってのみ決まり、物体の質量は影響しないことがわかる。本問における高さは図A＝図B＞図C＝図Dであることから、速度についても $v_A=v_B>v_C=v_D$ となることがわかる。

※　もっと単純に「自由落下に質量は関係ない」と考えてもよいだろう。

問題5

滑らかな水平面上を速さ14.0m/sで進んできた質量6.0kgの物体が、水平面と滑らかにつながっている斜面をすべり上がったとき、水平面からの高さが6.4mの地点でのこの物体の速さとして、妥当なのはどれか。ただし、重力加速度を9.8m/s^{2}とし、物体と水平面及び斜面との摩擦や空気の抵抗は考えないものとする。

特別区Ⅰ類2014

1. 8.4m/s
2. 9.1m/s
3. 9.8m/s
4. 10.5m/s
5. 11.2m/s

解説　　　　　　　　　　　　　　　正解 ❶

初速度を v_0、滑り上がった高さを h、そのときの物体の速さを v として考える。

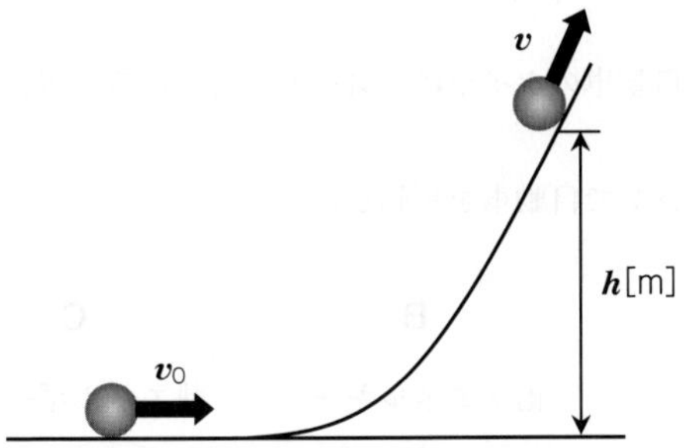

最初に物体が持っていた運動エネルギー $K_1=\frac{1}{2}mv_0{}^2$ が運動エネルギー $K_2=\frac{1}{2}mv^2$ と位置エネルギー $U=mgh$ に変換されたと考える。よって、前後の状況について力学的エネルギー保存の法則から以下の式が立ち、これを解くと v を求めることができる。

$$\frac{1}{2}mv_0{}^2=\frac{1}{2}mv^2+mgh$$

$$v=\sqrt{v_0{}^2-2gh}$$

ここで、得られた式に具体的な数値を代入すると、

$$\sqrt{196-125.44}=\sqrt{70.56}=8.4\ [\mathrm{m/s}]$$

となる。

問題6　次のＡ～Ｃの記述とそれに関係するエネルギーとの組合せとして最も適当なのはどれか。

裁判所一般職2009

A　乾電池に導線をつなぎ豆電球を接続して点灯させた。

B　空気ポンプで自転車のタイヤに空気を入れたところ、ポンプが熱くなった。

C　ガソリンエンジンで自動車を駆動した。

	A	B	C
1	電気エネルギー	化学エネルギー	熱エネルギー
2	化学エネルギー	力学的エネルギー	化学エネルギー
3	化学エネルギー	熱エネルギー	核エネルギー
4	光エネルギー	電気エネルギー	熱エネルギー
5	力学的エネルギー	熱エネルギー	力学的エネルギー

解説

正解 2

A：化学エネルギー、電気エネルギー、光エネルギー

乾電池は化学エネルギーが電気エネルギーに変わり、電気が発生する。また、豆電球は電気エネルギーが光エネルギーに変わることにより、点灯する。

B：力学的エネルギー、熱エネルギー

空気ポンプは内部のシリンダーが、力学的エネルギーによって動くことにより空気を圧縮して、空気を送る。このとき、一部のエネルギーが熱エネルギーに変わりポンプが熱くなる。

C：化学エネルギー、力学的エネルギー

自動車はガソリンの化学エネルギーをエンジンのシリンダー内で爆発させ、力学的エネルギーに変えて、シリンダーのピストンが動き、自動車が駆動する。

問題7

連結装置のついた質量2kgの台車Aがレール上に置かれ静止している。質量1kgの台車Bを0.6m/sの速度でレール上を走らせたところ、台車Aに衝突し、連結した。連結後の台車の速度として正しいものは次のうちどれか。

ただし、台車とレールの接触面にはたらく摩擦力は無視することとする。

裁判所一般職2004

1. 0.1m/s
2. 0.2m/s
3. 0.3m/s
4. 0.4m/s
5. 0.6m/s

解説

正解 ②

運動量保存の法則 $m_A v_A + m_B v_B = m_A v_A' + m_B v_B'$ より、衝突前の運動量の和は、$2 \times 0 + 1 \times 0.6$であり、衝突後の速度を v とすると、衝突後の運動量は$3 \times v$ である。よって、

$$2 \times 0 + 1 \times 0.6 = 3 \times v$$

より、$v = 0.2$ [m/s] となる。

問題8

1.6mの高さから水平な床にボールを自由落下させたところ繰り返しはね上がった。ボールが２度目にはね上がった高さが10cmであったとき、ボールと床とのはね返り係数はどれか。ただし、空気の抵抗は考えないものとする。

特別区Ⅰ類2009

1. 0.16
2. 0.25
3. 0.32
4. 0.50
5. 0.64

解説

正解 ④

ボールを床に落とした高さを $h_0$cm とし、床からはね上がったボールを高さ $h_1$cm とすると、反発係数（はね返り係数）e は、

$$e=\sqrt{\frac{h_1}{h_0}} \quad \cdots\cdots ①$$

と表すことができる。

❶　1回目にはね上がったときについて

ボールを床に高さ160cm から落とし、床から高さ $h_1$cm まではね上がったとすると、①より、

$$e^2=\frac{h_1}{160} \quad \cdots\cdots ②$$

となる。

❷　2回目にはね上がったときについて

先ほど、床から高さ $h_1$cm まではね上がったボールが、再び床に落下した後、高さ10cm まではね上がったので、①より、

$$e^2=\frac{10}{h_1} \quad \cdots\cdots ③$$

となる。

よって、②、③より、$\frac{h_1}{160}=\frac{10}{h_1}$ となり、

$$h_1=40\ [\mathrm{cm}] \quad \cdots\cdots ④$$

となるので、④を③に代入すると、$e^2=\frac{1}{4}$ より $e=0.5$ となる。

問題9 滑らかで水平な直線上で、右向きに速さ5.0m/sで進む質量2.0kgの小球Aと、左向きに速さ3.0m/sで進む質量3.0kgの小球Bが正面衝突した。AとBの間の反発係数（はねかえり係数）が0.50であるとき、衝突後のAの速度はおよそいくらか。

ただし、速度は右向きを正とする。

なお、AとBの間の反発係数eは二つの物体の衝突前後の相対速度の比であり、A、Bの衝突前の速度をそれぞれv_A、v_B、衝突後の速度をそれぞれv_A'、v_B'とすると、次のように表される。

$$e=-\frac{v_A'-v_B'}{v_A-v_B}$$

国家一般職2021

1. −2.2m/s
2. −1.4m/s
3. −0.6m/s
4. +0.2m/s
5. +1.0m/s

解説

正解 ①

右向きを正とすると、運動量保存の法則 $\boldsymbol{m}_A\boldsymbol{v}_A+\boldsymbol{m}_B\boldsymbol{v}_B=\boldsymbol{m}_A\boldsymbol{v}_A'+\boldsymbol{m}_B\boldsymbol{v}_B'$ より、

$$2.0\times5.0+3.0\times(-3.0)=2.0\times\boldsymbol{v}_A'+3.0\times\boldsymbol{v}_B'$$

$$1=2\boldsymbol{v}_A'+3\boldsymbol{v}_B' \quad \cdots\cdots①$$

また、反発係数 $\boldsymbol{e}$ は与えられた式より、

$$0.50=-\frac{\boldsymbol{v}_A'-\boldsymbol{v}_B'}{5.0-(-3.0)}$$

$$\boldsymbol{v}_A'-\boldsymbol{v}_B'=-4 \quad \cdots\cdots②$$

よって、①と②を連立すると $\boldsymbol{v}_A'=-2.2$ [m/s] となる。

★★★

4 熱力学

最も身近なエネルギーの形態である「熱」という現象の本質や、熱とエネルギーの関係について見ていきましょう。

1 熱と温度

1 熱運動

物質を構成している原子や分子などは、常に激しく乱雑な運動をしている。この運動を**熱運動**という。

2 温　度

物質が熱いとか冷たいといったことを定量的に表すために、温度を用いる。物質を構成している原子や分子の熱運動は、温度が高いほど激しくなる。したがって温度とは、熱運動の激しさを表す尺度ということもできる。

私たちが日常で使用しているのは**セルシウス温度（セ氏温度）**という尺度で、単位は[℃]を用いる。1気圧のもとで、氷が融けて水になる温度を0℃、水が沸騰して水蒸気になる温度を100℃としている。

物理では、セ氏温度に代わって**絶対温度**という尺度を使うことが多い。絶対温度は[K]（**ケルビン**）という単位を用いる。−273℃では熱運動が起こらないので、これ以下の温度は存在しない。よって、−273℃を0Kとし、この温度を**絶対零度**という。絶対温度とセ氏温度の目盛間隔は等しいので、絶対温度$\boldsymbol{T}$[K]とセ氏温度$\boldsymbol{t}$[℃]の関係は次のように表される。

温度の定義

❶ セルシウス温度（セ氏温度）：[℃]を用いた温度の表記方法
❷ 絶対温度（ケルビン温度）：$\boldsymbol{T}$ [K]＝$\boldsymbol{t}$ [℃]＋273

3 熱　量

外部から物質へ移動した熱運動のエネルギーを熱といい、その量を熱量という。熱はエネルギーの移動であるから、熱量の単位にも[J](ジュール)を用いる。

4 熱平衡

高温の物体Aと低温の物体Bを接触させると、物体Aは冷やされ、物体Bは温められる。このとき、高温の物体Aの熱運動のエネルギーの一部が低温の物体Bに移動する。

次の図のように、物体Aと物体Bを接触させてしばらくすると、物体Aと物体Bの温度が等しくなるところで、AからBへの熱の移動が止まる。この、温度が等しくなった状態を熱平衡という。熱平衡状態では、物体を構成している原子や分子は依然として激しく運動しているが、私たちが日ごろ感じているような巨視的な状態では何の変化も見られない。

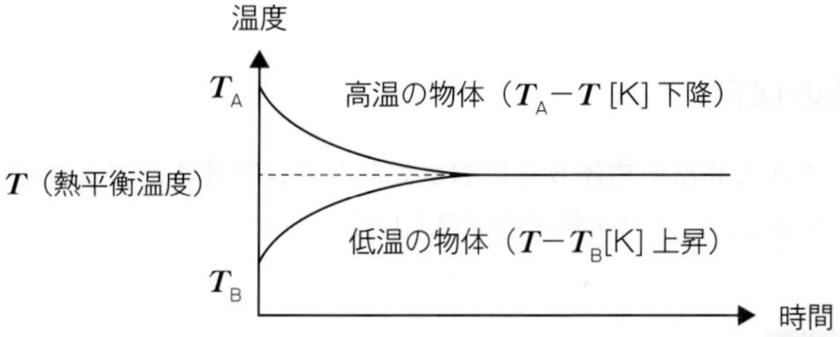

2 熱量の保存

1 熱容量と比熱

ある物体の温度を1K上昇させるのに必要な熱量をその物体の熱容量という。熱容量の単位には[J/K](ジュール毎ケルビン)が用いられる。物体の熱容量をC[J/K]とすると、温度をΔT[K]だけ変化させるときに必要な熱量Q[J]は、

$$Q=C\Delta T$$

となる。また、物体を構成する物質の1[g]あたりの熱容量を、その物質の比熱(比熱容量)という。比熱の単位には[J/(g·K)](ジュール毎グラム毎ケルビン)が用いられる。

比熱c[J/(g·K)]の物質で構成された質量m[g]の物体の温度をΔT[K]だけ変化させるときに必要な熱量Q[J]は、

$$Q=mc\Delta T=C\Delta T$$

と表せる。この式より、熱容量C[J/K]と比熱c[J/(g·K)]の間には、$C=mc$という関係がわかる。

2 熱量の保存

低温の物体Aと高温の物体Bを接触させたとき、物体Aが得た熱量と物体Bが失った熱量は等しい。これを熱量の保存という。

熱量の保存

高温の物体と低温の物体を混ぜ合わせて、両物体は平衡温度T[K]になるとする。

- 低温の物体：比熱c_1[J/(g·K)]、T_1[K]、質量m_1[g]
- 高温の物体：比熱c_2[J/(g·K)]、T_2[K]、質量m_2[g]

このとき、低温の物体と高温の物体の間に以下の熱量保存の関係が成立する。

$$m_1\times c_1\times(T-T_1) = m_2\times c_2\times(T_2-T)$$

低温の物体が得た熱　＝　高温の物体が失った熱

③ 熱力学の法則

1 熱力学第1法則

① 内部エネルギー

物質を構成している原子や分子は、熱運動による運動エネルギーのほかに原子間や分子間の力による位置エネルギーを持っている。これらのエネルギーの総和を**内部エネルギー**という。

② 気体の内部エネルギーと熱

温度とは、熱運動の激しさを表す尺度であるから、物質の温度は内部エネルギーと関連している。内部エネルギーの概念を使うと、「物質を熱すると温度が上がる」という私たちがよく知っている身近な事実は次のように考えることができる。

物質が熱を吸収する(熱せられる)と、外部からエネルギーを得て熱運動が活発になり、内部エネルギーが増加する(温度が上がる)。逆に、物質が熱を放出すると、内部エネルギーが減少する(温度が下がる)。

③ 気体の内部エネルギーと仕事

気体の内部エネルギーは、気体に外部から仕事をすることによって増加させることができる。言い換えると、気体がされた仕事は、原子、分子の熱運動のエネルギーなどに変わり、その物体の内部エネルギーとして蓄えられる。

④ 熱力学第1法則

気体の温度を上げるには、熱を与えてもよいし、気体に仕事をしてもよい。気体が外部から吸収した熱量をQ[J]、外部からされた仕事をW[J]とすると、気体が吸収した熱量とされた仕事の和は、気体の内部エネルギーの変化ΔU[J]と等しくなる。

$$\Delta U = Q + W$$

この関係を**熱力学第1法則**という。

2 熱力学第２法則

① 熱機関

蒸気機関やガソリンエンジンのように、熱の形でエネルギーを供給して仕事を取り出す装置を熱機関という。熱機関は、高温の熱源から熱エネルギー$\boldsymbol{Q_1}$[J]を得て仕事$\boldsymbol{W}$[J]をし、残りの熱エネルギー、つまり$\boldsymbol{Q_2}(=\boldsymbol{Q_1}-\boldsymbol{W})$[J]を低温の熱源へ放出する。

② 熱機関の効率

熱機関の効率(熱効率)$\boldsymbol{e}$は、高温の熱源から吸収した熱をどれだけ仕事に変えることができるかを表す量であり、１サイクルの間に高温の熱源から吸収した熱量を$\boldsymbol{Q_1}$[J]、低温の熱源に排出した熱量を$\boldsymbol{Q_2}$[J]とし、実際に外にした仕事を$\boldsymbol{W}$[J]として、次式で表される。

$$\boldsymbol{e}=\frac{\boldsymbol{W}}{\boldsymbol{Q_1}}=\frac{\boldsymbol{Q_1}-\boldsymbol{Q_2}}{\boldsymbol{Q_1}}$$

低温の物質へ放出する熱量$\boldsymbol{Q_2}$を０にすることはできないことがわかっている。つまり、熱効率$\boldsymbol{e}$は決して１にはならず、常に１より小さくなる。

③ 熱力学第２法則

上記の熱効率の式について考えてみると、$\boldsymbol{e}<1$ということは、いかなる熱機関においても１サイクルで放出する熱量$\boldsymbol{Q_2}$[J]($\boldsymbol{Q_2}>0$)が必ず存在することを示している。つまり、$\boldsymbol{Q_2}=0$ J であるような熱機関は存在しないということである。このように、熱に関係した現象には、エネルギー収支だけではなく、変化の方向性についても制約があることがわかる。では、この方向性について考えてみる。

高いところから落としたボールのように、逆をたどれない変化のことを不可逆変化という。温度が異なる物質間では、熱の移動は不可逆変化である。

ほかの何の変化も残さずに熱が移動するときは、熱は必ず高温の物体から低温の物体へ移動する。これを熱力学第2法則といい、ほかにもさまざまな表現があるが、どれも熱現象に方向性があることを主張している。

熱力学の法則

❶ 第１法則： $\boldsymbol{\Delta U}=\boldsymbol{Q}+\boldsymbol{W}$

❷ 第２法則： 熱は高温から低温に移動し、これは不可逆変化である

過去問 Exercise

問題1 　質量40[g]、比熱1.2[J/(g·K)]の物体の温度を15 [℃]から35[℃]に上昇させるのに必要な熱量として、最も妥当なのはどれか。

東京消防庁Ⅰ類2014

1. 0.8×10^2[J]
2. 1.2×10^2[J]
3. 6.6×10^2[J]
4. 9.6×10^2[J]
5. 1.7×10^2[J]

解説

正解 4

質量40g、比熱1.2［J/(g·K)］の物体の温度を35－15＝20［℃］、つまり20［K］上げるのに必要な熱量 $\boldsymbol{Q}$ は、

$$Q=40\times1.2\times20=960[\mathrm{J}]=9.6\times10^2[\mathrm{J}]$$

である。

問題2 45℃の水220gに、100℃に熱した鉄球210gを入れたときの全体の温度として、最も妥当なのはどれか。ただし、水と鉄の比熱をそれぞれ4.2 J/(g·K)、0.44 J/(g·K)とし、熱の移動は水と鉄の間のみとする。

警視庁Ⅰ類2018

1. 50℃
2. 55℃
3. 60℃
4. 65℃
5. 75℃

解説

正解 ①

水が得た熱量と鉄球が失った熱量が等しいので、この熱量を t とすると、熱量の保存により、以下の式が成り立つ。

$$220\times4.2\times(t-45)=210\times0.44\times(100-t)$$

これを解いて $t=50$ [℃] となる。

問題3

質量が等しい液体A、固体B、固体Cがあり、固体Bの比熱は固体Cの比熱の2倍である。18.0℃の液体Aの中に40.0℃の固体Bを入れてしばらくすると、液体A及び固体Bの温度は20.0℃で一定になった。

いま、18.0℃の液体Aの中に81.0℃の固体Cを入れてしばらくすると温度は一定になった。このときの液体A及び固体Cの温度はいくらか。

ただし、熱の移動は液体と固体の間だけで起こるものとする。また、比熱とは、単位質量(1gや1kgなど)の物質の温度を1K上昇させるのに必要な熱量をいう。

国家一般職2015

1. 20.0℃
2. 21.0℃
3. 23.7℃
4. 26.1℃
5. 28.5℃

解説

正解 ②

液体A、固体Cの比熱を $\boldsymbol{x}$［J/(g·K)］、$\boldsymbol{y}$［J/(g·K)］とする。このとき、固体Bの比熱は固体Cの２倍なので、$2\boldsymbol{y}$［J/(g·K)］と表せる。これら三つの質量は等しいので、質量を $\boldsymbol{m}$［g］とする。

18.0［℃］の液体A中に40.0［℃］の固体Bを入れてしばらくすると温度20.0［℃］で一定になったので、熱量の保存により、

$$\boldsymbol{m}\times\boldsymbol{x}\times(20-18)=\boldsymbol{m}\times 2\boldsymbol{y}\times(40-20)$$

となり、

$$\boldsymbol{x}=20\boldsymbol{y} \quad \cdots\cdots ①$$

が成り立つ。

18.0［℃］の液体A中に81.0［℃］の固体Cを入れてしばらくすると温度は一定になったので、この温度を $\boldsymbol{T}$［℃］とすれば、熱量の保存により、

$$\boldsymbol{mx}(\boldsymbol{T}-18)=\boldsymbol{my}(81-\boldsymbol{T}) \quad \cdots\cdots ②$$

が成り立つ。①を②に代入して整理すれば、

$$20(\boldsymbol{T}-18)=81-\boldsymbol{T} \quad \cdots\cdots ③$$

を得る。③を解けば、$21\boldsymbol{T}=441$ より、$\boldsymbol{T}=21$［℃］となる。

問題4

次は、気体の状態変化に関する記述であるが、A～Dに当てはまるものの組合せとして最も妥当なのはどれか。

国家一般職2020

空気をピストンの付いたシリンダーに入れ、勢いよくピストンを引くと、容器の内部が白く曇ることがある。

この現象は、熱力学第1法則によって説明することができる。まず、気体内部のエネルギーの変化 ΔU は、気体に加えられた熱量 Q と外部から気体に加えられた仕事 W の［A］である。この現象では、勢いよくピストンを引いたことでシリンダー内部の空気が膨張した。短時間の出来事であり、熱の出入りがほとんどなく、［B］とみなせるため、Q は0である。また、空気は膨張することで外部に仕事をしたので、W は［C］となる。すると、ΔU も［C］となり、シリンダー内部の空気の温度が［D］した。このため、シリンダー内部の空気中の水蒸気が水滴に変わり、シリンダー内が白く曇ったのである。

	A	B	C	D
1	和	等温変化	負	上昇
2	和	断熱変化	負	下降
3	差	等温変化	正	下降
4	差	断熱変化	正	上昇
5	差	断熱変化	負	上昇

解説

正解 ②

熱力学第１法則は、気体に加えられた熱量を Q [J]、内部エネルギーの変化を ΔU [J]、気体が外部にした仕事を w [J] とすると、$Q = \Delta U + w$ で表される。本問の場合、仕事 W を「加えられた仕事」と表現しているので、$w = -W$ となる。よって $\Delta U = Q + W$ となり、熱量 Q と仕事 W の和 (A) となる。

熱の出入りがない変化を断熱変化 (B) といい、W は「加えられた仕事」なので、これが外部に仕事をした場合は負 (C) となる。よって温度は下降 (D) する。

なお、水蒸気（気体）が水滴（液体）になったという記述より、温度が下がったことを判断することも可能である。

★★★

5 波 動

水面に現れるものだけでなく、音や光も、目に見えない電磁波（携帯電話の電波や電子レンジのマイクロ波）もみな波動です。ここでは特に音と光について見ていきましょう。

1 波

1 波の成り立ち

池にボールを投げ入れると、投げ入れた場所を中心に波が発生して周囲に広がる。池に浮かぶ葉は波が通過するとその場で小さく揺れるが、流されていくことはない。このことから、水面の波は水の流れではなく、水面の振動が周囲に伝わっているだけであることがわかる。

振動が次々と伝わっていく現象を**波動**または**波**という。また、波が発生した場所を**波源**（はげん）、その振動を伝える物質を**媒質**という。上記の例では、ボールが水を揺らした点が波源で、水が媒質である。

2 波の伝わり方

つる巻きばねの端を上下に振動させると、ばねの変形が次々と伝わって波ができる。このとき、ばねの各点が振動する方向は波の進む向きに対して垂直である。このような波を**横波**という。横波の伝わる媒質は分子間の距離が短い固体の物体で、分子間の距離が比較的長い液体や気体中には生じない。弦の振動や光（特殊な例である。詳細は後述）、地震のＳ波は横波の例である。

次に、つる巻きばねの端を左右に振動させると、ばねが伸びて隙間の大きい**疎**の部分と、ばねが縮んで隙間の小さい**密**の部分が交互に伝わっていく。このとき、ばねの各点が振動する方向は、波の進む向きと平行である。このような波を**縦波**または**疎密波**という。縦波は、分子間距離の長い物質でも伝わることができるため、固体、液体、気体のどのような物質中でも生じる。音波や地震のＰ波は縦波の例である。

3 波の表し方

横波では、ばねの振動している各点をつないだ曲線を波形(はけい)といい、各点での振動の中心から測った媒質の位置をその時刻での変位という。変位は正の値と負の値を繰り返す。

変位の最も高いところを山、最も低いところを谷という。隣り合う山と山(谷と谷)の間隔を波長(はちょう)という。山の高さ(谷の深さ)が振幅(しんぷく)である。

2 媒質の振動と波

1 振動を表す量

波が伝わるとき、媒質の1点に注目すると、ある時間をかけて周期的な運動をしていることがわかる。媒質が1回振動する時間を波の**周期**という。

また、1秒あたりに波源や媒質が繰り返す振動の回数を**振動数** f といい、単位には[Hz](ヘルツ)を用いる。振動数は周期の逆数に等しいから、周期が T[s]の波の振動数を f [Hz]とすると、次のように表すことができる。

$$f=\frac{1}{T}$$

$$T=\frac{1}{f}$$

波の特徴として、1周期 T[s]の間に1波長分の距離 λ(ラムダ)[m]進む、ということが挙げられる。したがって、波の速さ v[m/s]は、次のように表すことができる。

$$v=\frac{\lambda}{T}=f\lambda$$

波の基本式

❶ $v=f\lambda$

❷ $f=\frac{1}{T}$

2 波形を表すグラフと振動を表すグラフ

ある時刻で波が実際にどのような形をしているのかを、振動方向の変位y、進行方向の変位xで表したものを**y―xグラフ**といい、ある1点での波の振動の時間的変化を振動方向の変位y、時間tで表したものを**y―tグラフ**という。

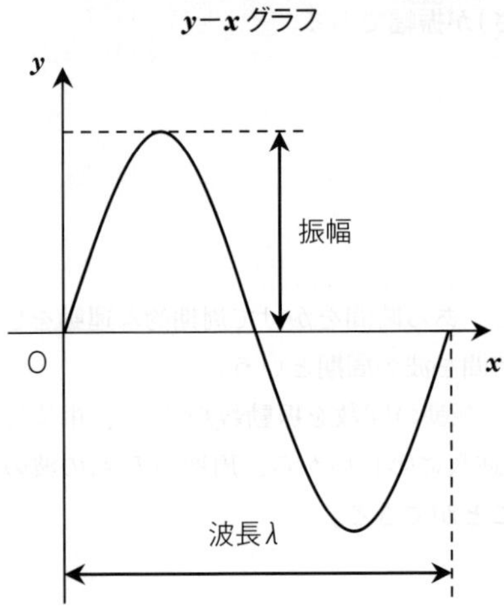

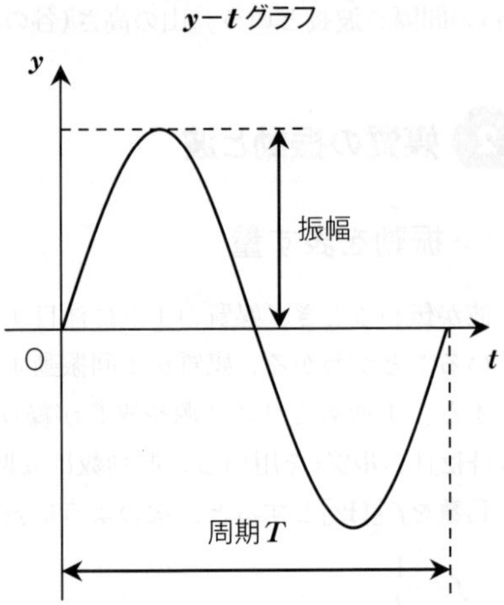

3 位　相

媒質は、周期的な振動を繰り返している。媒質がどのような振動状態であるのかを**位相**という。振動状態が同じ場合を**同位相**、振動状態が逆の場合を**逆位相**という。

③ 波の性質

1 波の独立性

一つの媒質中を複数の波が重なって伝わるとき、それぞれの波は**互いに影響を受けることなく進む**。このような性質を**波の独立性**という。

2 波の重ね合わせの原理

二つの波が重ね合わさったときに現れる波の形は、それぞれの波の**変位を足し合わせたものとなる**(山と山がぶつかれば高い山ができ、山と谷がぶつかれば相殺される)。この作用を**波の重ね合わせの原理**といい、重ね合わせによってできた波を**合成波**という。

複数の波を重ね合わせると、場所によって強め合ったり弱め合ったりする。これを**干渉**という。

3 定常波

振幅と波長の等しい二つの波が、一直線上を互いに逆向きに進んで重なると、右にも左にも進まないように見える波ができる。これを**定常波**(ていじょうは)(**定在波**)という。

これに対して、時間とともに左右に進んでいくように見える波を**進行波**という。

定常波について媒質の1点1点に着目すると、媒質が大きく振動するところと、ほとんど振動しないところがある。最も振動が大きいところを**腹**(はら)、全く振動しないところを**節**(ふし)という。となり合う腹と腹(または節と節)の間隔は、もとの進行波の波長の$\frac{1}{2}$である。

定常波

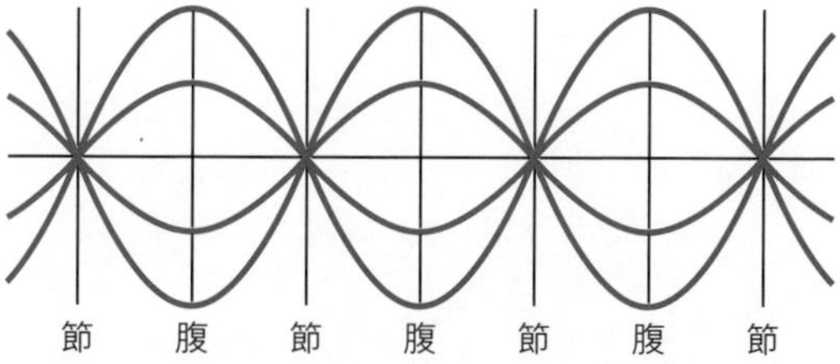

4 自由端反射と固定端反射

ウェーブマシンの左端からパルス波(極めて短い波)を送ると、その波は右端で反射して戻ってくる。波源である左端から発生して右端に進んでいく波(最初に送った波)を**入射波**、右端で反射して入射波と逆向きに進む波(戻ってくる波)を**反射波**という。その様子は、右端を自由に動ける状態(**自由端**(たん))にしたときと、固定して動けない状態(**固定端**)にしたときで異なる。

自由端の場合は、入射波が山ならば反射波も山になる。一方、固定端の場合は、入射波が山ならば反射波は谷になる。

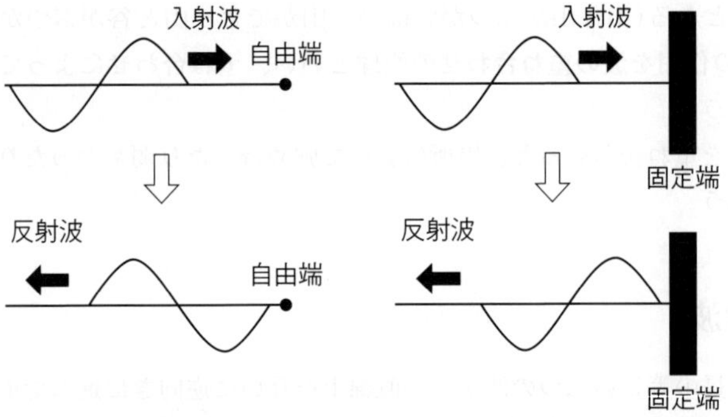

5 ホイヘンスの原理

ホイヘンスは、波は波面上の各点から球面に広がると考え、これを**素元波**(そげんは)と名づけた。ある時刻の波面から出た素元波に共通する面(包絡面)が新しい時刻の波面になる。これを**ホイヘンスの原理**といい、波のさまざまな現象を説明できる。

4 音　波

1 音　波

音は音波という波動であり、振動して音を発するものを**音源**(**発音体**)という。

2 音の伝わり方

音波は、**空気中の分子を媒質として伝わる縦波**(**疎密波**)である。何らかの音源から発せられた音の波動は、空気の分子を伝わり、我々の鼓膜を揺らして音として認識されている。よって、媒質が存在しない真空中では、音波は伝わらない。

3 音の速さ

音の速さ(**音速**)は媒質によって決まり、振動数や振幅によらない。一般に、気体では音速は小さく、気体→液体→固体の順に大きくなる。

乾燥した空気中での音速V[m/s]は温度t[℃]のとき、次のように表される。

$$V=331.5+0.6t$$

例えば、15℃の空気中では音速は約340 m/sである。また、気体の種類が変われば音速も変わる。例えば密度の大きい二酸化炭素中での音速は小さく、小さいヘリウム中での音速は大きい。

音波の性質

❶ 音波と温度の関係

温度t[℃]における空気中の音速V[m/s]は以下の式で表される。

$$V=331.5+0.6t$$

❷ 音波と媒質の関係

・媒質の密度が小さい(軽くなる)ほど速く伝わる
(ヘリウム＞暖かい空気＞寒い空気)

・媒質が固くなるほど速く伝わる　(固体＞液体＞気体)

4 音の３要素

音の特徴は、音の大きさ、音の高さ、音色で表すことができる。これらを音の3要素という。音の大きさは**振幅**、音の高さは**振動数**、音色は**波形**で決まる。

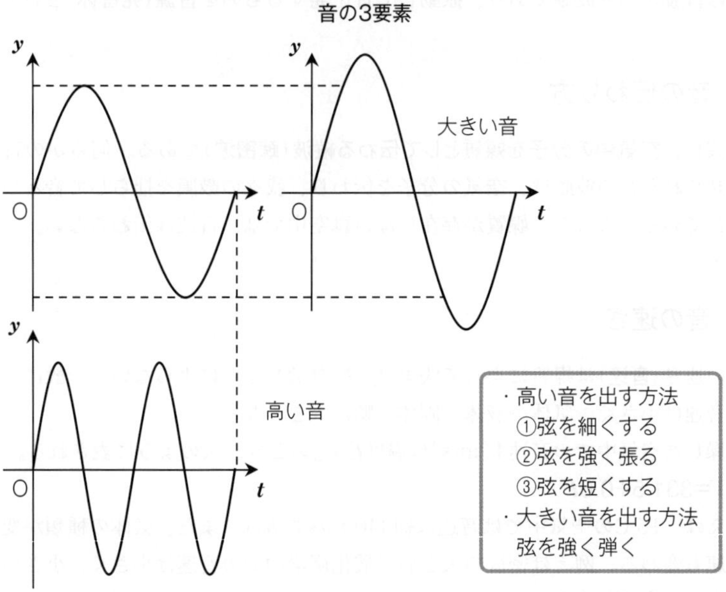
音の3要素
y
O
t
大きい音
高い音
・高い音を出す方法
①弦を細くする
②弦を強く張る
③弦を短くする
・大きい音を出す方法
弦を強く弾く

5 ドップラー効果

サイレンを鳴らした救急車が自分の前を通過するとき、近づくときにはサイレンの音は高く聞こえ、遠ざかるときには低く聞こえる。このように、波源や観測者が運動していると、観測される波の振動数が変化する現象を**ドップラー効果**という。

観測者が聞く音の振動数をf_O[Hz]、音源の振動数をf_S[Hz]、音速をV[m/s]、観測者の速度をv_O[m/s]、音源の速度をv_S[m/s]とすると、以下の式が成り立つ。

ドップラー効果の基本式

$$f_O=\frac{V-v_O}{V-v_S}f_S$$

※　音源から観測者に向かう向きを正とする。

ここでは音波に定位して説明したが、ドップラー効果はすべての波に共通する現象である。空気中での減衰が音波より少ないマイクロ波や、赤外線などの電磁波のドップラー効果は、自動車のスピード違反の取締りやスピードガンなど、さまざまなところで利用されている。

5 光 波

1 光の波動性

物質と波の性質を同時に持ち、[nm](ナノメートル)単位(10^{-9} m)もしくはそれ以下と極めて小さいものを量子という。

光は**粒子性と波動性を持った量子**であるが、光を波動として考えたとき、これを**光波**という。光波は**横波で真空中も伝わる波動**であるとみなすことができる。

一般的な波動現象は何らかの媒質を伝わっていくものだったが、光波は**電磁波**であるので、電界と磁界の変化によって真空中でも伝わっていく。また、真空中であれば電磁波の速さは一定(光速に等しい)である。

2 光の波長と色

私たちの眼が光を受けると、その振動数(あるいは波長)の違いを色の違いとして認識する。私たちの眼に見える光を**可視光線**といい、その波長は、最も長い赤い光が770nm(7.7×10^{-7}m)程度で、そこから橙、黄、緑、青、藍と波長が短くなり、最も短い紫の光が380nm(3.8×10^{-7}m)程度である。私たちの眼に見えない**赤外線**の波長は可視光線よりも長く、**紫外線**の波長は可視光線よりも短い。

光を含む電磁波の種類を波長によって整理したのが次の図である。

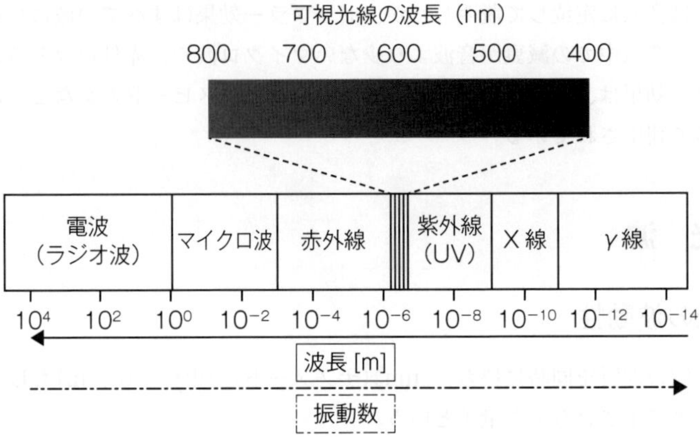

また、電磁波は、波長によって特徴のある性質を示し、次のようにさまざまな用途に使われている。

電磁波の用途

	電磁波	波長 [m]	主な用途
電	超長波VLF	$10^4 \sim 10^5$	船舶、航空機の通信
波	長波LF	$10^3 \sim 10^4$	
	中波MF	$10^2 \sim 10^3$	AMラジオ
	短波HF	$10 \sim 10^2$	海外放送
	超短波VHF	$1 \sim 10$	FMラジオ、非接触型ICカード
	極超短波UHF	$10^{-1} \sim 1$	地デジTV
	センチ波SHF	$10^{-2} \sim 10^{-1}$	ハイビジョン、衛星放送
	ミリ波EHF	$10^{-3} \sim 10^{-2}$	気象レーダー
	サブミリ波THF	$10^{-4} \sim 10^{-3}$	
光	赤外線		赤外線リモコン
	可視光線	$10^{-9} \sim 10^{-3}$	
	紫外線		殺菌灯
X線		$10^{-12} \sim 10^{-9}$	医療検査
γ線		$\sim 10^{-12}$	

3 光の速さ

17世紀初めにガリレイは、光の速さが有限であると考え光速の測定を試みたが、あまりにも速すぎたために成功しなかった。地上での実験で最初に光速を測定したのはフィゾーの実験である。1849年、フィゾーは高速回転する歯車と鏡を用いて、地上で初めて光の速さを測定する実験を行った。現在では、真空中の光の速さ$\boldsymbol{c}$は最も基本的な物理定数の一つとして、

$$\boldsymbol{c}=2.99792458\times10^{8}[\mathrm{m/s}]\fallingdotseq3.0\times10^{8}[\mathrm{m/s}]$$

と定義されている。

光の速さは、空気中では真空中とほぼ同じだが、水中やガラスの中では遅くなる。一般に、真空中に比べて物質中を進む光の速さは遅くなる。また、物質中では、光の波長によっても速さはわずかに異なる。

4 光の反射

面に垂直な軸を法線というが、光が鏡に当たったときに、入射光と法線のなす角を入射角、反射光と法線のなす角を反射角といい、入射角と反射角は等しくなる。これを反射の法則という。

鏡の前に物体を置いた場合、物体から出た光は鏡で反射し、観測者の目に入ってくる。

5 光の屈折

空気中から水中へと光が進む場合や水中から空気中へ光が進む場合、光が水面に垂直に入射するとそのまま進む。

これに対して斜めに入射する場合には、空気と水の境界面で折れ曲がる。これを屈折といい、屈折光と境界面の法線がなす角を屈折角という。屈折は異なる媒質を進むときに光の速度が変化するために起こる現象である。

光が屈折率の大きい媒質から小さい媒質へと進むとき、入射角がある角度より大きいときには、屈折光が存在せず、すべて反射光になる。これを全反射といい、このときの入射角を臨界角という。全反射を利用したものに**光ファイバー**がある。

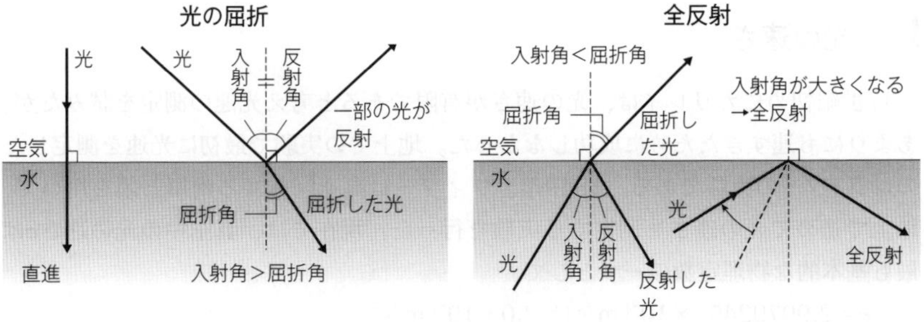

媒質1、媒質2を伝わる光の速さをそれぞれv_1[m/s]、v_2[m/s]、波長をλ_1[m]、λ_2[m]とすれば、入射光・屈折光が境界面の法線となす角(入射角i、屈折角r)の間には次の**屈折の法則**が成り立つ。

$$n_{12}=\frac{\sin i}{\sin r}=\frac{v_1}{v_2}=\frac{\lambda_1}{\lambda_2}$$

$$n_{12}=\frac{1}{n_{21}}$$

6 光の分散

白色光をプリズムに当てると、いろいろな色に分かれる。これは、同じ物質中を進む光でも、波長(つまり色)によって速さがわずかに異なり、異なる角度に屈折するためである。これを**光の分散**という。波長ごとに分かれた光の色の模様を光の**スペクトル**という。

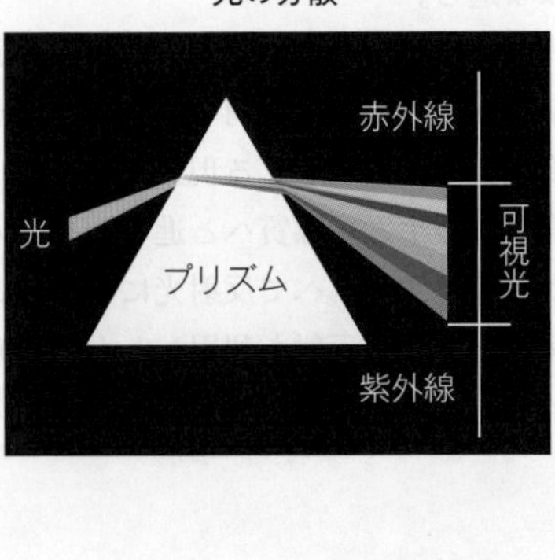

白色光のスペクトルのように、赤から紫まで連続しているスペクトルを**連続スペクトル**という。連続スペクトルは一般に、高温の固体や液体から出る光に見られ、物体の温度が比較的低いときは波長の長い光が、高いときは短い光が強くなる。

これに対して、ナトリウムランプや水銀灯の光は、スペクトルのところどころに線が見られる。これを**線スペクトル**という。線スペクトルには、明るい線の**輝線**と暗い線の**暗線**(**吸収線**)がある。

太陽光のスペクトルの中には多くの暗線があり、これを**フラウンホーファー線**という。これによって太陽や地球の大気を構成する元素の種類を調べることができる。

7 光の回折と干渉

波を隙間や遮蔽物に通すと、隙間や端から回り込み、裏側まで波が広がる現象が観測できる。これを**回折**(かいせつ)という。ヤングは、細いスリットから光を出し回折させたあと、この光をさらに二つに分け干渉させると縞模様(**干渉縞**)ができることを発見した。これを**ヤングの実験**という。

図にあるように、光の干渉が起こると光どうしが強め合った部分が明るく、弱め合った部分が暗く、縞模様のようになって現れる。日常的に見かけるものとしては、水たまりに広がった油膜やシャボン玉が虹色に色づいて見える、という現象を挙げられる。これは**薄膜の表面で反射した光と、薄膜の裏側で反射した光が干渉する**ためである。

光の干渉

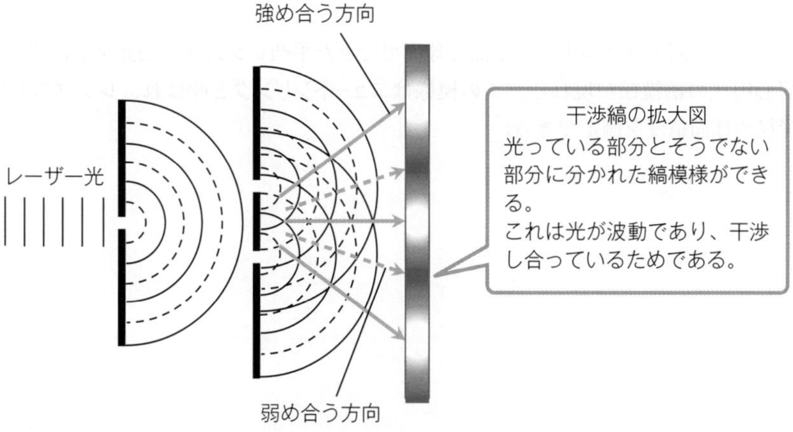
強め合う方向
レーザー光
弱め合う方向
干渉縞の拡大図
光っている部分とそうでない部分に分かれた縞模様ができる。
これは光が波動であり、干渉し合っているためである。

8 偏　光

太陽や白熱電球の光は、さまざまな方向に振動する光の集まり(自然光という)である。このような光が特定の方向に振動する光のみを通過させる板である偏光板を通過すると、振動が一方向にそろう。このような光を偏光(へんこう)という。

偏光は光が横波であるために起こる現象である。

9 光の散乱

光が、その波長と同じ程度の大きさ、あるいはそれよりも小さな粒子に当たると、その粒子を中心とする球面波が生じ、四方に広がる。この現象を**散乱**という。太陽光は、大気中の窒素や酸素などの分子によって散乱されるが、赤い光は波長が長いため散乱されにくく、青い光は波長が短いため散乱されやすい。

晴れた日の昼間の空が青く、朝日や夕日が赤く見えるのは、太陽光の散乱によるものである。

10 光に見られるさまざまな現象

板ガラスなどの片面に1 cm当たり数百本以上の細い溝を等間隔で平行に刻んだものを**回折格子**という。回折格子に光を当てると、溝の部分は乱反射が起こり光を通さないが、溝と溝の間の透明な部分は光を通しスリットの役割をする。この間隔を**格子定数**といい、強め合った明線から光の波長を計算することができる。CDの記録面が色づいて見えるのは、この面が回折格子と同じ役割をして、回折光が干渉するためである。

また、平面ガラスの上に、平面と球面でできた平凸レンズを、凸面を下に置くと同心円状の縞模様が現れる。この模様は**ニュートンリング**と呼ばれ、レンズの球面半径や球面精度を測定できる。

6 レンズ

1 レンズを通る光線の進み方

眼鏡やカメラ、望遠鏡、顕微鏡など、私たちは身の周りでさまざまにレンズを利用している。レンズには中心部が周辺部よりも厚い**凸レンズ**と、周辺部よりも薄い**凹レンズ**の２種類がある。

また、レンズの中心を通りレンズの面に垂直な軸を**光軸**という。凸レンズに光を当てた場合、光軸を通る光は直進する。これに対して、光軸と平行な光は凸レンズを通って屈折した後、ある１点に集まるように進む。この点を**焦点**といい、凸レンズの左右にある。焦点を通った光は凸レンズで屈折した後、光軸と平行に進む。

レンズの中心から焦点までの距離を**焦点距離**という。

焦点と焦点距離

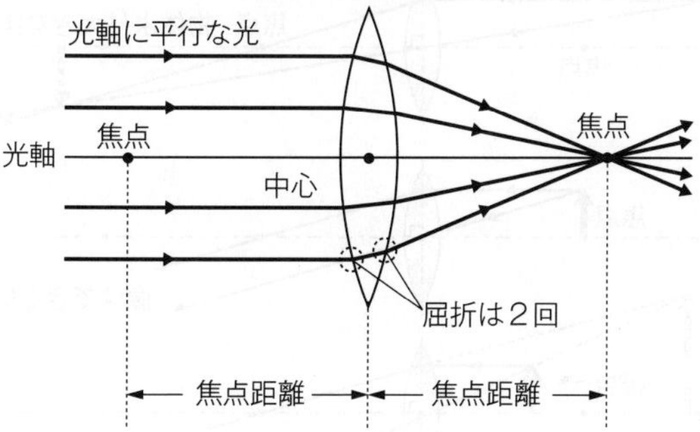

2 凸レンズの像

凸レンズの焦点の外側に物体を置いた場合、凸レンズの反対側に像ができる。これは、実際に光が集まってできた像で、**倒立実像**（とうりつじつぞう）という。倒立実像は物体を**上下左右逆にした像**である。下図において、スクリーンに映すことができるものが(a) ～(c)で、焦点上に物体を置いた場合、(d)のように像はできない。

焦点距離の２倍の位置に物体を置いた場合、凸レンズの反対側の**焦点距離の2倍の位置に、物体と同じ大きさ**の倒立実像ができる(b)。焦点距離の２倍の位置よりもレンズから離すと物体より小さな実像ができ(a)、近づけると物体より大きな実像ができる(c)。

一方、凸レンズと焦点の間に物体を置いた場合、物体と同じ側に拡大された像ができる。これは実際に光が集まってできていない像で**正立虚像**（せいりつきょぞう）といい、スクリーンに映すことはできない(e)。正立虚像は物体と**同じ向きの像**である。

レンズの像

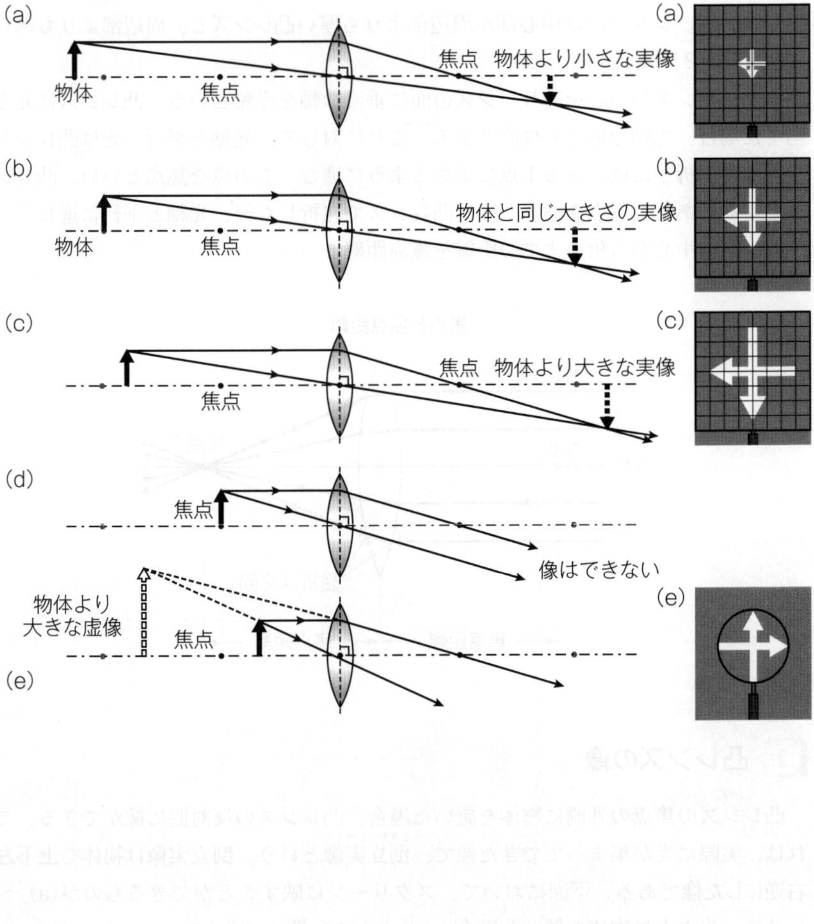

3 レンズの公式

次の図のように、凸レンズから物体までの距離をa、凸レンズから倒立実像までの距離をbとすると、色を付けた二つの三角形は相似なので、像の大きさは物体の$\frac{b}{a}$倍になる。これを倍率という。

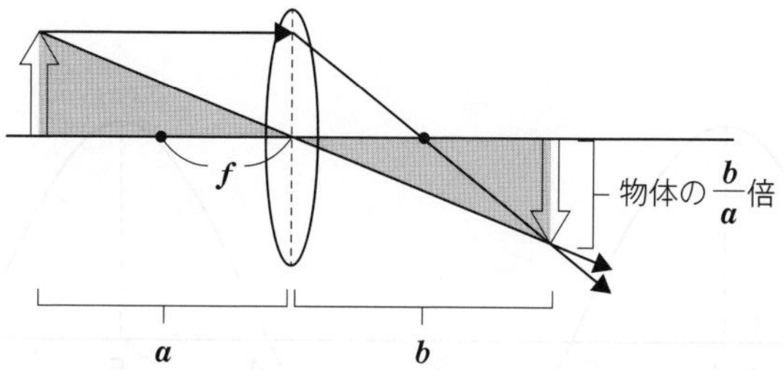

凸レンズから物体までの距離をa、凸レンズから像までの距離をb、焦点距離をfとすると、以下の式が成り立ち、これを**レンズの公式**という。なお、虚像について考える場合、bを$-b$とする。

レンズの公式

❶ $\frac{1}{a}+\frac{1}{b}=\frac{1}{f}$

❷ 倍率$=\frac{b}{a}$

過去問 Exercise

問題1

下の図は、秒速24［cm］でx軸の正の向きに進む正弦波を表している。この波の振動数として、最も妥当なのはどれか。

東京消防庁Ⅰ類2018

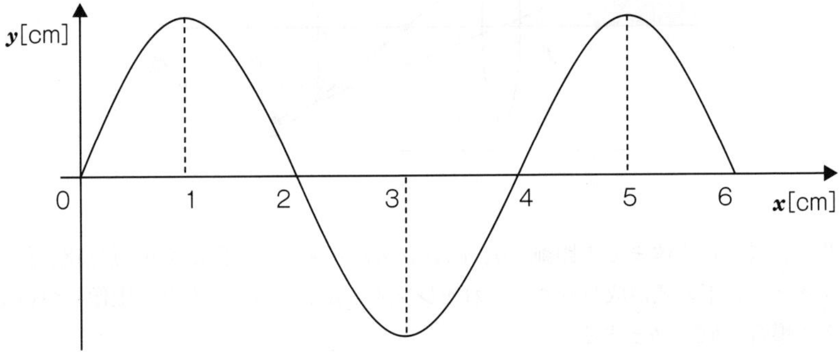

1. 4[Hz]
2. 6[Hz]
3. 8[Hz]
4. 10[Hz]
5. 12[Hz]

解説

正解 ②

波の速度 $\boldsymbol{v}$ [cm/s]、振動数 $\boldsymbol{f}$ [Hz]、波長 λ [cm] について、波の基本式より以下のように成り立つ。

$$v=f\lambda$$

$v=24$ [cm/s]、グラフより $\lambda=4$ [cm] なので、

$$24=4f$$

$$\therefore f=6 \text{ [Hz]}$$

問題2

音に関する次の記述中のA～Eの空欄に入る語句の組合せとして最も妥当なものはどれか。

裁判所一般職2018

音の高さは、音波の（ A ）によって決まり、音の強さは（ B ）によって、音色は（ C ）によって決まる。高い音の（ A ）は、低い音よりも（ D ）。

また、一般に音速は（ E ）の順に大きい。

	A	B	C	D	E
1	振動数	振幅	波形	大きい	固体中＞液体中＞気体中
2	振動数	波形	振幅	小さい	気体中＞液体中＞固体中
3	振幅	振動数	波形	大きい	液体中＞気体中＞固体中
4	振幅	振動数	波形	小さい	固体中＞液体中＞気体中
5	波形	振動数	振幅	大きい	気体中＞液体中＞固体中

解説

正解 1

音の高さ、音の強さ、音色の「音の３要素」は、それぞれ以下の要素で決まる。

・音の高さ：音波の振動数（**A**）
・音の強さ：音波の振幅（**B**）
・音色　　：音波の波形（**C**）

高い音の振動数は低い音よりも大きい（**D**）。
また、一般に音速は、固体中＞液体中＞気体中（**E**）の順に大きい。

問題3

次の図A～Dのように、ある振動数fの音を出している音源と観測者が、それぞれV_S、V_Oの速度で同一直線上を矢印の方向に動いている。今、音源と観測者の距離がLとなったとき、観測者が聞こえる音の振動数が同じとなるものの組合せとして、妥当なのはどれか。ただし、空気中の音速は340m/sとし、音源と観測者との間に障害物はないものとする。

特別区Ⅰ類2013

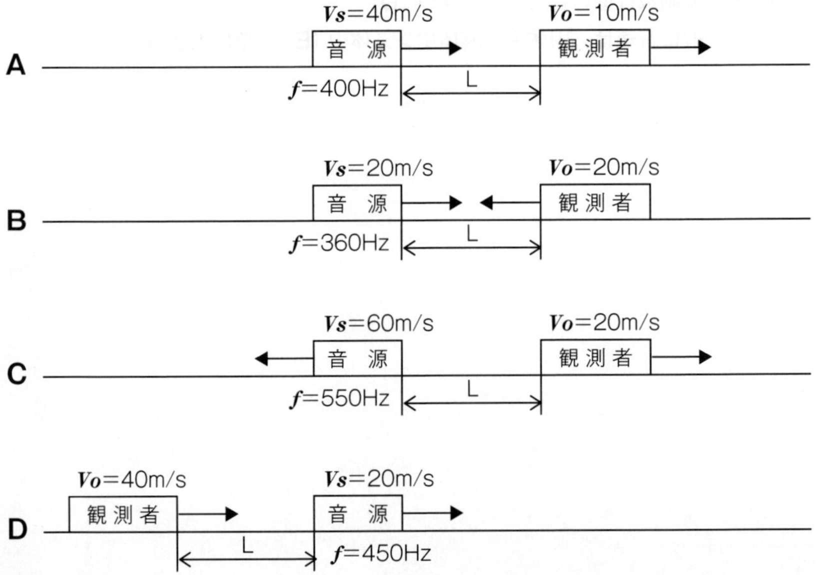

1. A　B
2. A　C
3. A　D
4. B　C
5. B　D

解説

正解 2

それぞれの振動数を f_A、f_B、f_C、f_D、右向きを正とすると $f_O=\frac{340-V_O}{340-V_S}f$ より、観測者の聞く振動数はそれぞれ以下のとおりとなる。

A：440［Hz］

$$f_A=\frac{340-10}{340-40}\times400=\frac{330}{300}\times400=440\ [\mathrm{Hz}]$$

B：405［Hz］

$$f_B=\frac{340+20}{340-20}\times360=\frac{360}{320}\times360=\frac{9}{8}\times360=405\ [\mathrm{Hz}]$$

C：440［Hz］

$$f_C=\frac{340-20}{340+60}\times550=\frac{320}{400}\times550=\frac{4}{5}\times550=440\ [\mathrm{Hz}]$$

D：475［Hz］

$$f_D=\frac{340+40}{340+20}\times450=\frac{380}{360}\times450=\frac{19}{18}\times450=475\ [\mathrm{Hz}]$$

問題4

電磁波に関する記述として、妥当なのはどれか。

東京都Ⅰ類2017

1 電磁波は、波長又は周波数によって分類されており、AMラジオ放送に利用される電磁波には、マイクロ波がある。

2 真空中における電磁波の速さは、周波数によって異なり、周波数が高いほど速い。

3 可視光線の波長は、中波の波長や短波の波長よりも長く、X線の波長よりも短い。

4 紫外線は、波長がγ線よりも長く、殺菌作用があるので殺菌灯に利用されている。

5 赤外線は、X線と比べて物質を透過しやすく、大気中の二酸化炭素に吸収されない。

解説

正解 4

1 ✕　AMラジオに利用される電磁波は電波(中波)である。なおマイクロ波は、テレビ放送や無線LAN、さらにレーダーや電子レンジなどに利用されている。

2 ✕　真空中における電磁波の速さは光速$\boldsymbol{c}=3.0\times10^8$ [m/s]で一定である。

3 ✕　本肢で与えられている電磁波の波長は、長いものから中波、短波、可視光線、X線の順である。

4 ○　正しい記述である。

5 ✕　赤外線はX線に比べ物質透過能力は低い。また、二酸化炭素は赤外線の吸収率が非常に高く、温室効果ガスとも呼ばれている。

問題5

光の性質に関する記述として最も妥当なのはどれか。

国家一般職2019

1 光は、いかなる媒質中も等しい速度で進む性質がある。そのため、定数である光の速さを用いて、時間の単位である秒が決められており、1秒は、光がおよそ30万キロメートルを進むためにかかる時間と定義されている。

2 太陽光における可視光が大気中を進む場合、酸素や窒素などの分子によって散乱され、この現象は波長の短い光ほど強く起こる。このため、青色の光は散乱されやすく、大気層を長く透過すると、赤色の光が多く残ることから、夕日は赤く見える。

3 太陽光などの自然光は、様々な方向に振動する横波の集まりである。偏光板は特定の振動方向の光だけを増幅する働きをもっているため、カメラのレンズに偏光板を付けて撮影すると、水面やガラスに映った像を鮮明に撮影することができる。

4 光は波の性質をもつため、隙間や障害物の背後に回り込む回折という現象を起こす。シャボン玉が自然光によって色づくのは、シャボン玉の表面で反射した光と、回折によってシャボン玉の背後に回り込んだ光が干渉するためである。

5 光は、絶対屈折率が1より小さい媒質中では、屈折という現象により進行方向を徐々に変化させながら進む。通信網に使われている光ファイバーは、絶対屈折率が1より小さいため、光は光ファイバー中を屈折しながら進む。そのため、曲がった経路に沿って光を送ることができる。

解説

正解 ②

---

❶ ✕　光は媒質によって速度が異なり、このため屈折も起こる。また、時間の基本単位「秒」は、セシウム133原子の放射周期を基準として定義されている。

❷ ◯　正しい記述である。

❸ ✕　偏光板は、一定の振動方向の光しか通さないことから、光の振動する向きを揃えることができる。特定の光を増幅しているわけではない。このため、カメラのレンズに偏光板を付けて撮影すると、水面やガラスに反射した反射光を遮ることができ、水面ではなく水中や、ガラスに映った像ではなくガラスの奥を撮影することができる。

❹ ✕　シャボン玉が自然光によって色づくのは光の回折による作用ではなく、シャボン玉の膜の厚さが異なることで、膜の表面と裏側とで別々に反射する光が強め合ったり、弱め合ったりすること(干渉)が原因である。

❺ ✕　光は、絶対屈折率が1よりも大きい媒質中で屈折をする。また、光ファイバーの中の光は屈折しながら進むのではなく、屈折率の大きいガラスなどを中心で用いることにより、全反射を利用して光を伝えている。

問題6

音や光に関する記述として最も妥当なのはどれか。

国家専門職2018

1 走行する救急車のサイレンの音は、救急車が近づいてくるときに低く、遠ざかっていくときに高く聞こえる。これは、クーロンの法則によると、音源が近づくところでは、波長が長く、振動数が小さくなり、その結果、音源の出す音よりも低く聞こえるためである。

2 ヤングの実験によって、音が波動であることと、温度の異なる空気の境界ではその両側で音速が異なるために、音波は回折することが示された。このような音波の回折のため、夜間には聞こえない音が、地表付近の空気の温度が上昇する昼間には聞こえることがある。

3 凸レンズに光軸と平行な光線を当てると、凸レンズの後方の光軸上の1点に光が集まる。この点を凸レンズの焦点という。逆に、焦点から出る光は、凸レンズを通過後、光軸に平行に進む。凸レンズによる実像は向きが物体と逆向きになり、また、凸レンズによる虚像は向きが物体と同じ向きである。

4 光は、波長によって持っている力学的エネルギーが異なるため、真空状態の空間で白熱電球などから白色光を出すと、スペクトルという虹のような一連の色に分かれる現象が見られ、これを光の干渉という。太陽光の連続スペクトルの中には、γ線という多くの暗線が見られる。

5 地上における光の速さは、2枚の偏光板を回転させることで測定することができ、この結果から、ホイヘンスの原理によって真空中における光の速さが導き出される。一方、音の速さは、鏡と歯車を用いたフィゾーの実験で測定することができる。

解説

正解 3

1 × クーロンの法則ではなくドップラー効果に関する記述である。なおクーロンの法則とは、二つの点電荷の間にはたらく静電気力(クーロン力)は、それぞれの点電荷の電気量の大きさの積に比例し、点電荷の距離の２乗に反比例するというものである。

2 × ヤングの実験は音ではなく光の干渉実験であり、この実験により光の波動性が示された。

3 ○ 正しい記述である。

4 × 光の干渉ではなく光の分散に関する記述である。また太陽光スペクトルの暗線は、太陽の上層に存在する元素や地球の大気中の微粒子によって吸収されたスペクトルであり、フラウンホーファー線と呼ばれる。

5 × 地上における光の速さは、鏡と歯車を用いたフィゾーの実験で測定することができる。音の速さについては、音が２点間を伝わる時間を測定し、距離と時間から音速を求めることができる。

問題7 ある物体が、焦点距離12cmの凸レンズから光軸上で18cmの距離にあるとき、この物体の実像ができる凸レンズからの光軸上の距離はどれか。

特別区Ⅰ類2009

1. 18cm
2. 24cm
3. 30cm
4. 36cm
5. 42cm

解説

正解 4

レンズの公式 $\frac{1}{\boldsymbol{a}}+\frac{1}{\boldsymbol{b}}=\frac{1}{\boldsymbol{f}}$ にそれぞれの値を代入すると、

$$\frac{1}{18}+\frac{1}{\boldsymbol{b}}=\frac{1}{12}$$

となる。これを解くと、$\boldsymbol{b}=36$ [cm] となる。

問題8

波の性質に関する記述として、最も妥当なのはどれか。

東京消防庁Ⅰ類2020

1　波源や観測者が動くことによって、観測される波の周波数が変化する現象をドップラー効果と言う。この現象は、音に対してのみ生じる。

2　光はさまざまな方向に振動しているが、特定の方向のみに振動することが有る。この現象を偏光と言う。同様の現象が、音に対しても生じる。

3　光の屈折率は振動数、すなわち色によって異なる。この性質により、プリズムなどに光が入ると、光の色が分離するが、この現象を屈折と言う。

4　光が大気中の塵などと衝突して、大きく進行方向を変化させる現象を散乱と言う。空が青く見えるのは、波長の短い光が大気の塵によって空全体に散乱されることによる。

5　音波は縦波で常温の空気での音速は約341m/sである。温度の変化により、音速は変化する。水中での音速は空気中のそれに比べて音速は小さくなる。

解説

正解 ④

---

❶ × ドップラー効果は音以外でも生じる。例えば野球などのスピードガンは、ドップラー効果を利用したものである。

❷ × 光は横波であり、これを偏光板などによって特定方向に振動するものだけ取り出したものを偏光という。また音は縦波なので、このような現象は観測できない。

❸ × 屈折は、媒質ごとに波の速度が異なるために、その境界面で折れ曲がる現象である。また、プリズムなどによって色が分離する現象を分散といい、色は振動数によって決まるが、振動数(色)ごとにその屈折率が異なるために起こる現象である。

❹ ○ 正しい記述である。

❺ × 水は空気に比べて密度が大きいため、水中では空気中よりも音は速く伝わる。水中での音速は1500m/sほどである。

★★★

6 電気と磁気

摩擦による静電気は古くから知られていましたが実用化は遅く、200年の歴史すらありません。生活にとって必要不可欠な電気と磁気の性質について学習しましょう。

1 静電気

1 静電気

① **静電気**

物体が電気を帯びることを**帯電**という。また、このとき生じた電気は、物体にとどまって移動しないので、**静電気**といわれる。物体や電子、原子核などが持つ電気を**電荷**(でんか)といい、その量を**電気量**という。電気量の単位には[C](**クーロン**)が用いられる。

電気には正(+)と負(−)の２種類があり、同種の電気どうしは斥力(反発する力)を、異種の電気どうしは引力を及ぼし合う。これを**静電気力**(**クーロン力**)という。

② **帯電のしくみ**

原子内の陽子の数と、原子核の周りの電子の数は普通等しいため、原子全体としては電気的に中性であり、原子によって構成される物体も電気的に中性である。しかし、物体中の電子に過不足が生じると、正・負のバランスが崩れ、物体は電気を帯びる。

二つの物体をこすり合わせると、一方の物体から他方の物体へと一部の電子が移動し、電子が不足した物体は正に、電子が過剰になった物体は負に帯電する。

③ **クーロンの法則**

大きさが無視できるほど小さな帯電体を**点電荷**(てんでんか)という。点電荷どうしが及ぼし合う力は、電気量が大きいほど大きく、点電荷どうしが離れるほど小さくなる。クーロンはその関係を測定した。その結果、二つの点電荷どうしが及ぼし合う静電気力$\boldsymbol{F}$[N]は、二つの点電荷の電気量$\boldsymbol{q}$[C]と$\boldsymbol{Q}$[C]の積に比例し、距離$\boldsymbol{r}$[m]の２乗に反比例することを発見した。

これを**クーロンの法則**といい、比例定数を$\boldsymbol{k}$として、次のように表すことができる。

クーロンの法則

Q[C]とq[C]の荷電粒子がr[m]離れているときにはたらくクーロン力F[N]は、距離の２乗に反比例する以下の式で表される(kはクーロンの法則の比例定数という)。

$$F=k\frac{Q\times q}{r^2}\left(=k\frac{q_1\times q_2}{r^2}\right)$$

2 電　場

① 電　場

点電荷を置いたときに、静電気力が発生する空間のことを**電場**(でんば)(または**電界**)という。

ある点に、q (>0)[C]の試験電荷(仮に置く電荷)を置くとき、それが受ける静電気力$\vec{F}$の向きをその点の電場の向き、１Cあたりに受ける静電気力の大きさをその点の電場の強さと定める。電場は向きと強さを持つ量であり、**電場ベクトル**ともいう。これを$\vec{E}$とすれば、

$$\vec{E}=\frac{\vec{F}}{q}$$

の関係がある。電場の単位は[N/C](**ニュートン毎クーロン**)を用いる。

② 電場中の点電荷が受ける力

電場$\vec{E}$の空間中に置かれた点電荷が受ける静電気の大きさは、点電荷の電気量に比例する。強さ$\vec{E}$[N/C]の電場中に置かれたq[C]の点電荷が受ける静電気力$\vec{F}$[N]は、次のように表される。

$$\vec{F}=q\vec{E}$$

③ 点電荷が作る電場

正の点電荷の周りには点電荷から遠ざかる向き、負の点電荷の周りには点電荷に近づく向きに電場が生じる。

Q[C]の点電荷からr[m]離れた点にq[C]の試験電荷を置くと、試験電荷が受け

る静電気力は、クーロンの法則より$\boldsymbol{F}=\dfrac{\boldsymbol{Q}\times\boldsymbol{q}}{\boldsymbol{r}^2}$、電場の強さは試験電荷が＋1Cあたりに受ける力の大きさであるから、この点の電場の強さは$\boldsymbol{E}=\dfrac{\boldsymbol{F}}{\boldsymbol{q}}$より代入して、$\boldsymbol{E}=\boldsymbol{k}\dfrac{\boldsymbol{Q}}{\boldsymbol{r}^2}$となる。

電場（電界）の式

❶ $\vec{F}=q\vec{E}$

❷ $E=k\dfrac{Q}{r^2}$

3 電　位

① 一様な電場中の荷電粒子の運動

重力のみを受ける物体は、運動の法則に従い加速度が一定の等加速度運動をする。同様に、一定の静電気力のみを受ける荷電粒子（電荷を持つ粒子）も、等加速度運動をする。

重力を受ける物体については、重力による位置エネルギーを定義することができた。同様に静電気力を受ける荷電粒子についても、**静電気力による位置エネルギー**を定義することができる。

② 静電気力による位置エネルギー

一様な電場の中で、移動する電荷に対して静電気力がする仕事も、重力がする仕事と同じく経路によらず、電荷のはじめの位置と終わりの位置だけで決まる。このことから、電荷が基準の位置までに移動する間に静電気力がする仕事によって、静電気力による位置エネルギーを定義することができる。

③ 電位の定義

＋1Cが持つ静電気力による位置エネルギーのことを**電位**$\boldsymbol{V}$という。単位は[J/C]であるが、[V]（ボルト）を用いる。電位$\boldsymbol{V}$[V]は、電荷$\boldsymbol{q}$[C]が持つ静電気力による位置エネルギー$\boldsymbol{U}$[J]を用いて以下のように表すことができる。

$$V=\frac{U}{q}$$

$$U=qV$$

電場の中の2点間における電位の差を**電位差**または**電圧**という。電位差がV[V]の2点間を高電位側から低電位側に電荷q[C]を移動させるとき、静電気力がする仕事W[J]は以下のように表すことができる。

$$W=qV$$

また、電荷を移動させる経路を変えても、静電気力がする仕事は変わらない。

2 電流と電気抵抗

1 電　流

金属原子は一般に、電子を手放しやすい性質を持っており、金属の内部では、各金属原子からいくつかの電子が離れ、自由に動き回っている。このような電子を**自由電子**という。

金属の導線に電池をつなぐと、負(−)の電荷を持つ自由電子は電池の正(+)極へ向かう力を受け、導線内を移動する。この自由電子の移動が、導線を流れる電流の正体である。

電流とは電気の流れであり、電気を運ぶ粒子があれば、導線以外の場所でも電流は流れる。

① 電流の大きさと向き

電流の大きさは、ある断面を**1秒間に通過する電気量**で定める。単位には[A](アンペア)を用い、ある断面を時間t[s]の間にq[C]の電気量が通過するとき、その断面を流れる電流I[A]は次式で表される。

$$I=\frac{q}{t}$$

よって、1秒間に1Cの電気量が断面を通過する電流が1Aである。また電流の向きは、正の電気が移動する向きと定める。

電池に導線をつなぐと、電流は正(+)極から負(−)極へ向かって流れる。一方、導線内の自由電子は電池の負(−)極から正(+)極へ向かって流れる。つまり、**電流の向きと自由電子の流れる向きは逆**となる。

電　流

導体の断面を1sあたりに通過する電気量[C]の大きさで定義される。

$$\boldsymbol{I}[\mathrm{A}]=\frac{\boldsymbol{q}}{\boldsymbol{t}}\,[\mathrm{C/s}]$$

② 電　圧

電源である電池は、一定の電圧を保つはたらきを持つ。このような電源のはたらきを起電力といい、電圧と同じく単位には[V]を用いる。

2 直流回路

① 直流回路と交流回路

電気回路は電流の流れる向きによって直流回路と交流回路に分類される。**直流回路**は電流の流れる向きが一方向に決まっている回路であり，電流は**正極から負極**へと流れる。**交流回路**は電流の流れる向きが変化する回路である。公務員試験において出題があるのは一般的に直流回路である。

② オームの法則

導線に加える電圧Vを変化させて、流れる電流Iを測定する実験をすると、導線の温度が一定であれば、電圧に比例した電流が流れることがわかる。これを**オームの法則**といい、次のように表される。

$$V=RI$$

比例定数であるRを**抵抗**または**電気抵抗**といい、電流の流れにくさを表したものである。抵抗の値が大きいほど流れる電流は小さくなる。単位には[Ω](**オーム**)を用いる。1Vの電圧を加えたときに1Aの電流が流れる導線の抵抗が1Ωである。

③ 抵抗の接続

電気回路には、直列回路と並列回路があるが、両者は電圧、電流、抵抗の関係が異なる。また、二つ以上の抵抗を一つの抵抗とみなしたときの抵抗を**合成抵抗**という。

次の図のように、枝分かれなく一列につながれた回路を**直列回路**という。

直列回路

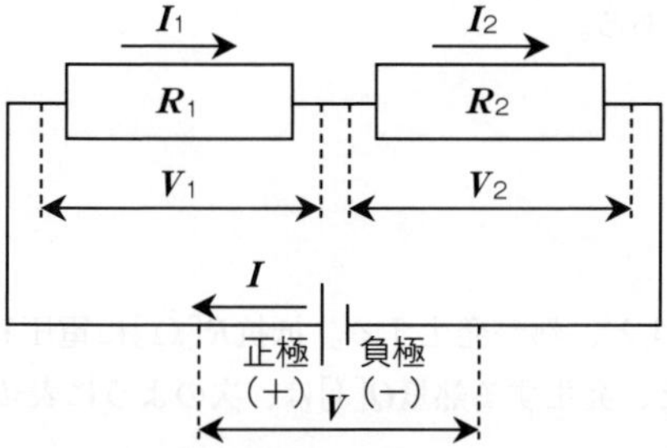

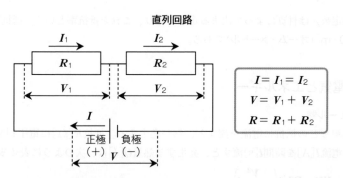

$$I = I_1 = I_2$$
$$V = V_1 + V_2$$
$$R = R_1 + R_2$$

・電流はどの抵抗でも等しい
・抵抗での電位差の和が回路全体の電圧と等しい

また、図のように、途中に枝分かれのある回路を**並列回路**という。

並列回路

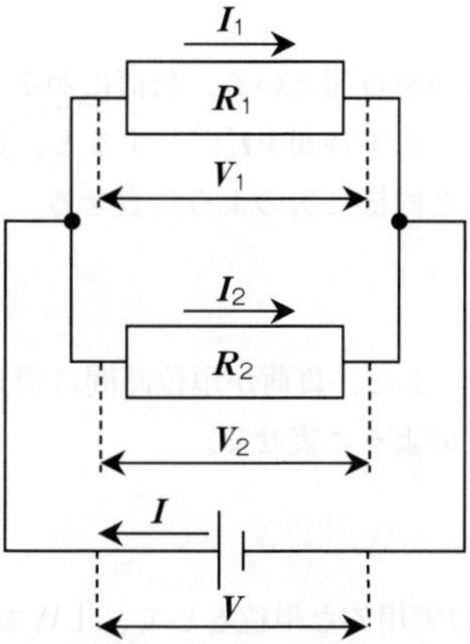

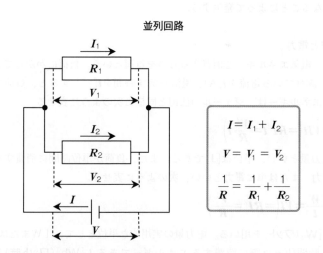

$$I = I_1 + I_2$$
$$V = V_1 = V_2$$
$$\frac{1}{R} = \frac{1}{R_1} + \frac{1}{R_2}$$

・各抵抗に流れる電流の和が回路全体の電流に等しい
・各抵抗での電位差は等しい

④ 抵抗率

物質の電気抵抗は、材質や形状によって異なる値を持つ。同じ材質で作られた場合の電気抵抗$\boldsymbol{R}$[Ω]は、物質の長さ$\boldsymbol{l}$[m]に比例し、断面積$\boldsymbol{S}$[m^2]に反比例する。この関係は、次のように表される。

$$R=\rho\frac{l}{S}$$

比例定数ρは材質によって決まる定数であり、これを**抵抗率**という。抵抗率の単位は[Ω・m](オーム・メートル)である。

3 電気とエネルギー

① ジュール熱

電熱線などの抵抗に電流を流すと、熱が発生する。抵抗$\boldsymbol{R}$[Ω]に電圧$\boldsymbol{V}$[V]を加えて、電流$\boldsymbol{I}$[A]を時間$\boldsymbol{t}$[s]流すと、発生する熱量$\boldsymbol{Q}$[J]は、次のように表せる。

$$Q=VIt=RI^2t\left(=\frac{V^2}{R}t\right)$$

この関係は、1840年にジュールが見出したもので、**ジュールの法則**という。また、抵抗で発生する熱を**ジュール熱**という。

ジュール熱は移動する自由電子が導体中の陽イオンに衝突し、陽イオンの熱運動が激しくなることによって発生する。

② 電力量と電力

一般に、電気エネルギーを消費するものを負荷という。負荷にかかっている電圧を$\boldsymbol{V}$[V]、流れている電流を$\boldsymbol{I}$[A]、電流を流す時間を$\boldsymbol{t}$[s]とすると、負荷で消費される電気エネルギーは、ジュールの法則と同様に次のように表せる。

$$W=VIt\left(=RI^2t=\frac{V^2}{R}t\right)$$

$\boldsymbol{W}$は**電力量**といい、単位は[J]である。また、負荷が単位時間に消費する電力量を**消費電力**、または単に**電力**といい、次のように表せる。

$$P=\frac{W}{t}=VI\left(=RI^2=\frac{V^2}{R}\right)$$

単位は[W](ワット)を用いる。電力量の実用的な単位として、1 Wまたは1 kWの電力を1時間使った際に消費するエネルギーである1[Wh](ワット時)($=3.6\times10^3$J)や1[kWh](キロワット時)($=3.6\times10^6$J)を使うこともある。

電力に関する式

❶ ジュールの法則・電力量

$$Q=W=VIt=RI^2t\left(=\frac{V^2}{R}t\right)$$

❷ 消費電力（電力）

$$P=\frac{W}{t}=VI\left(=RI^2=\frac{V^2}{R}\right)$$

※ 等式の後半はオームの法則$V=RI$から導けるので、覚える必要はない。

4 内部抵抗と電流計・電圧計

① 内部抵抗による電圧降下

電池の両極側に現れる電圧を**端子電圧**という。また、電池から電流が流れていないときの端子電圧を電池の**起電力**という。

電池から電流が流れているとき、端子電圧は起電力より小さくなる。これは電池内部にある抵抗（これを**内部抵抗**という）によって、電池内部で電圧降下が生じるためである。起電力E[V]、内部抵抗r[Ω]の電池から電流I[A]を取り出すときに現れる端子電圧V [V]は次式で与えられる。

$$V=E-rI$$

② 電流計

回路のある部分に流れる電流を測定するには、測定したい部分に電流計を**直列**に接続する。このとき電流計には内部抵抗があるため、回路を流れる電流が電流計を接続する前に比べて小さくなる。このため電流計の内部抵抗は小さいほどよい。

電流計で測定できる範囲を広げるには、電流計と**並列**に小さな値の抵抗を接続し、測定したい部分の電流の一部だけが電流計に流れるようにすればよい。このようなはたらきをする抵抗を分流計という。例えば、右図のような全体の抵抗が1Ωの電流計を考える。このとき、10mAの電流計で100mAを測りたいとすると、分流器に残りの電流を流せばよいので、抵抗が9：1になるような分流器を組めばよいことがわかる。

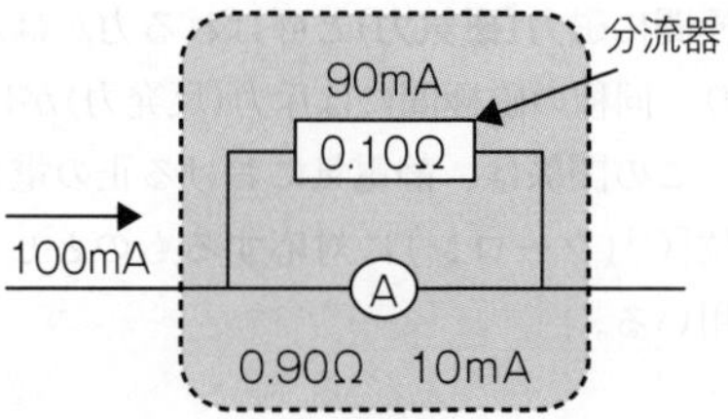

③ 電圧計

回路のある部分の電圧を測定するためには、電圧計を用いる。電圧計の構造は、**電流計と直列に抵抗を接続したものである**。電流計の針の振れは流れる電流に比例し、電流はオームの法則によって電圧計の両端の電圧に比例するので、針の振れから電圧を知ることができる。

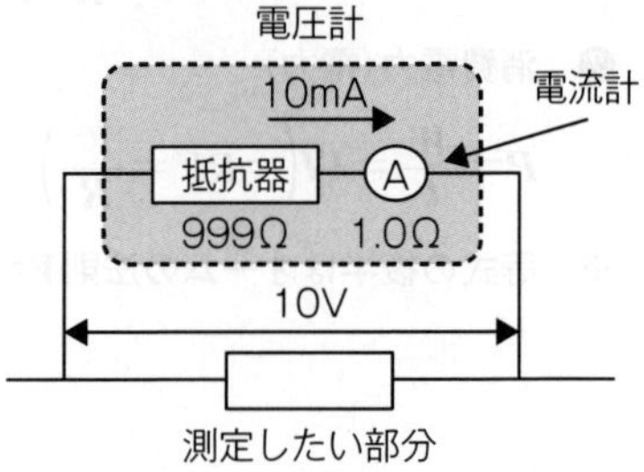

電圧を測定するには、測定したい部分に電圧計を**並列**に接続する。このとき、電圧計を含めた合成抵抗が小さくなるため、測定したい部分にかかる電圧が、電圧計を接続する前に比べて小さくなる。このような影響を少なくするためには、電圧計の内部抵抗は大きいほどよい。

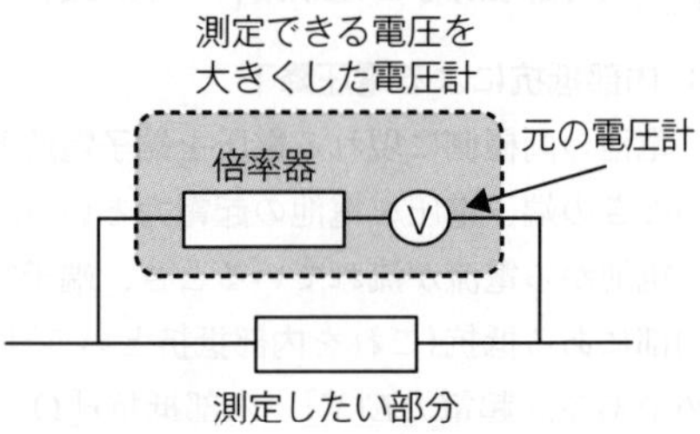

例えば右図のような内部抵抗が1.0Ωで10mAまで測定できる電流計を用いて10Vまで計測できる電圧計を考える。オームの法則より10mAで10Vなので10÷0.01＝1000Ωとなるので、電圧計の直列回路の合成抵抗が1000Ω、つまり抵抗器は999Ωあればよいとわかる。

電圧計で測定できる範囲を広げるには、電圧計と直列に、さらに別の抵抗を接続し、測定したい部分にかかる電圧の一部だけが電圧計にかかるようにすればよい。このようなはたらきをする抵抗を**倍率器**という。

3 電流と磁界

1 磁　界

磁石は、互いに引きつけ合ったり反発し合ったりするが、これは磁石の両端の磁極間に磁力(**磁気力**)と呼ばれる力がはたらくためである。磁極にはN極とS極があり、同種の磁極間には斥力(反発力)がはたらき、異種の磁極間には引力がはたらく。

この関係は、静電気における正の電荷と負の電荷の関係に似ており、電気量の単位[C](クーロン)に対応するものとして、磁気量の単位には[Wb](ウェーバー)を用いる。

① 磁　界

静電気力の場合と同様に、磁極によって周りの空間の磁気が変化し、その変化した空間からほかの磁極が力を受けると考えることができる。その力を磁力といい、磁力を及ぼす空間を磁界(**磁場**)という。

磁界はN極が1[Wb]当たりに受ける力と定義され、$\boldsymbol{H}$[N/Wb]と表される。

② 磁力線

磁界の様子を表すために、磁界の向きを視覚的に表したものを磁力線という。磁力線は磁石のN極から出てS極に入り、交差したり、枝分かれしたりすることはない。また、磁界の強さは磁力線の密度で表せる。

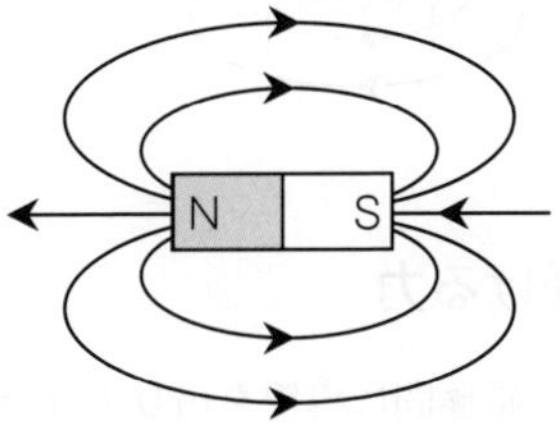

2 電流が作る磁界

① 直線電流が作る磁界

十分に長い導線を流れる直線電流の周りには、同心円上の磁界ができる。その向きは、右ねじが進む向きを電流の向きに合わせたときに、ねじを回す向きとなり、これを右ねじの法則という。

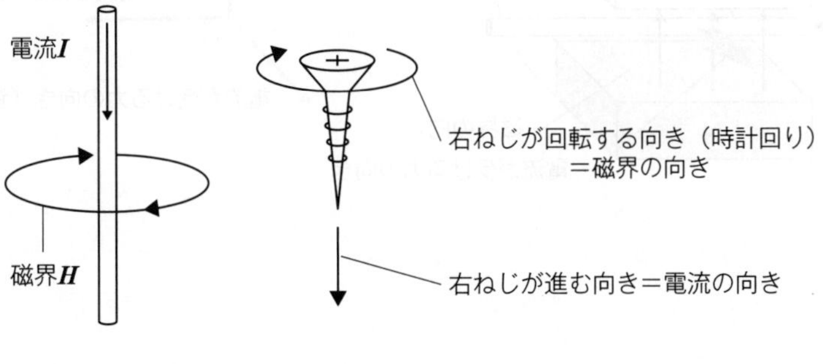

② ソレノイドに流れる電流が作る磁界

導線を円筒状に巻いたコイルをソレノイドという。ソレノイドに電流を流したときに生じる磁界は、下図(左)のように多数の円形電流が作る磁界の重ね合わせと考えればよい。ソレノイドの外部に生じる磁界は、下図(右)のように棒磁石が作る磁界に似ている。

十分に長いソレノイドの内部の磁界は、両端付近を除けば、ソレノイドの軸に平行で、強さは場所によらず一定となる。

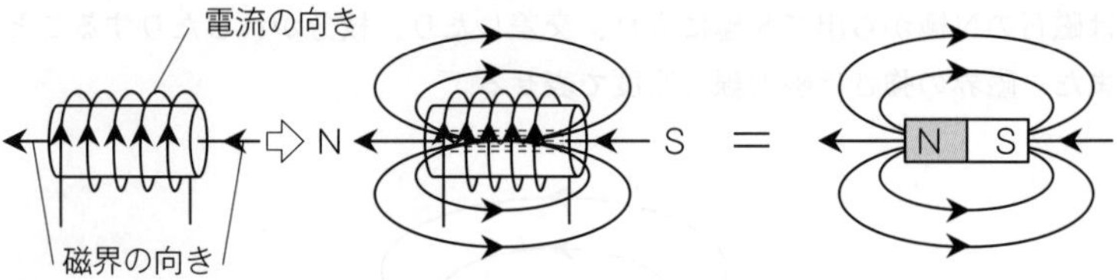

3 電流が磁界から受ける力

下図(左)のように、磁石の磁極間に導線を吊り下げ電流を流すと、導線は力を受ける。この力の向きは、電流や磁界の向きと垂直であり、下図(右)のように、左手の中指を電流の向き、人差し指を磁界の向きに合わせると、親指が力の向きを表す。これをフレミング左手の法則という。

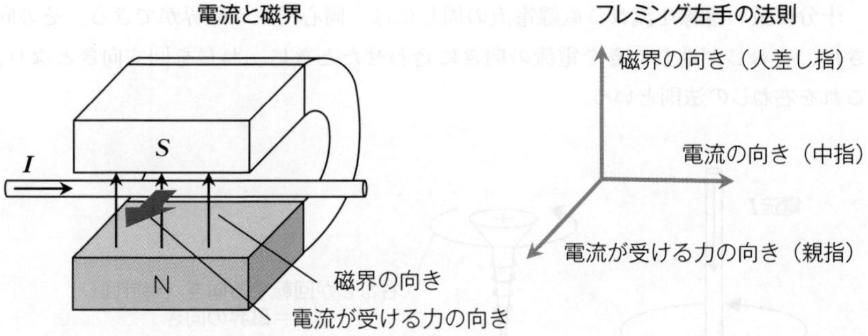

4 電磁誘導の法則

① 電磁誘導現象

磁石をコイルに近づけたり遠ざけたりすると、コイルに電流が流れる。また、磁石を止めておいてコイルを動かしてもコイルに電流が流れる。

このように、コイルを貫く磁束(磁力線の本数)が変化すると、コイルには起電力が発生する。この現象を**電磁誘導**といい、電磁誘導によって生じる起電力を**誘導起電力**、また、その起電力によって流れる電流を**誘導電流**という。

② 誘導起電力の向き

コイルに流れる誘導電流の向きを、誘導起電力の向きと定義する。コイルに発生する誘導起電力の向きは、磁石を近づけたときと遠ざけたときで反対になる。また、出し入れする磁極がN極かS極かでも反対になる。いずれの場合も、コイルを流れる誘導電流が作る磁界は、コイルを貫く磁束の変化を妨げる向きとなっている。

一般に、誘導起電力は、コイルを貫く磁束の変化を妨げる向きに生じる。これを**レンツの法則**という。

③ 誘導起電力の大きさ

コイルに生じる誘導起電力の大きさは、磁石を速く動かすほど大きくなる。一般に、誘導起電力の大きさは、コイルを貫く磁束の1sあたりの変化に比例する。これを**ファラデーの電磁誘導の法則**(**ファラデーの法則**)という。

また、N回巻きのコイルの場合、1巻き当たりに生じる誘導起電力が、直列につながれた電池のように足し合わされる。

N回巻きのコイルを貫く磁束Φ(ファイ)[Wb]がΔt[s]の間に$\Delta\Phi$[Wb]だけ変化するとき、コイルに生じる誘導起電力の大きさは次のように表される。

$$V = -N\frac{\Delta\Phi}{\Delta t}$$

右辺の負の符号は、誘導起電力が磁束の変化を妨げる向きに生じること(レンツの法則)を示している。

電磁誘導の法則

❶　レンツの法則

コイル内部の磁力線の本数が変化するとき、その変化を妨げる向きに電流が流れる。

❷ ファラデーの法則

誘導起電力Vの大きさは1秒あたりの磁束の変化Φの大きさと、コイルの巻き数Nに比例する。

$$V=-N\frac{\Delta\Phi}{\Delta t}$$

④ 電磁誘導の具体的操作

(ア) N極を近づける

N極が近づくことによる変化を打ち消す(N極に反発しようとするので、N極が発生する)ようにコイル右側にN極を作る。

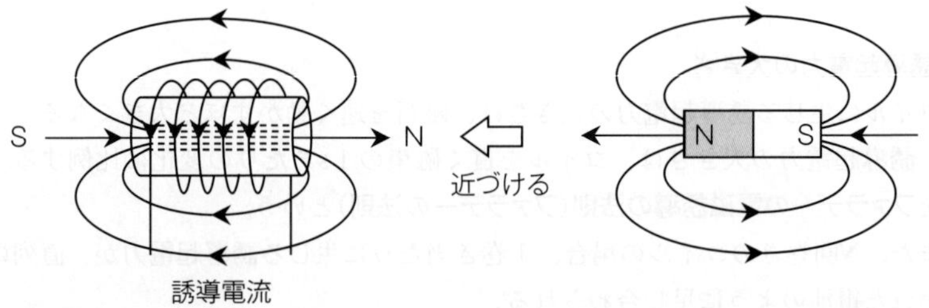

(イ) N極を遠ざける

N極が離れることによる変化を打ち消す(N極を引きつけようとするので、S極が発生する)ように、コイル右側にS極を作る。

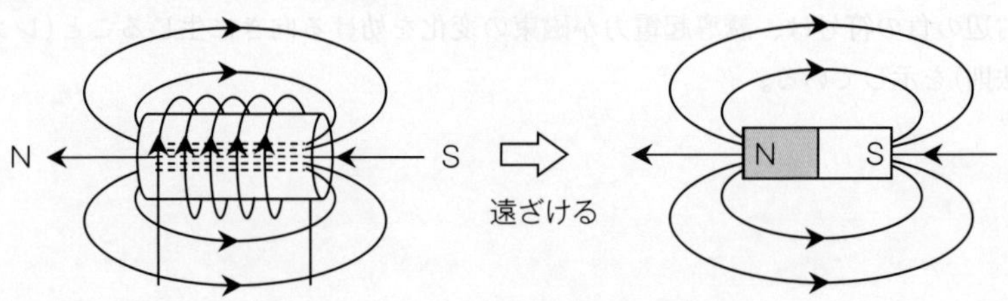

(ウ) S極を近づける

S極が近づくことによる変化を打ち消す(S極に反発しようとするので、S極が発生する)ように、コイル右側にS極を作る。

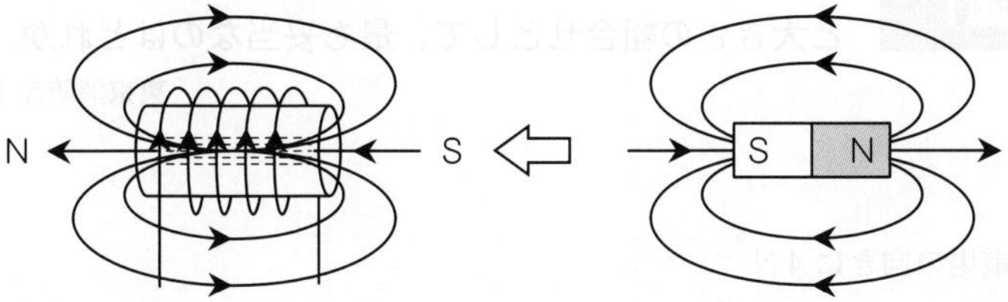

(エ) S極を遠ざける

S極が離れることによる変化を打ち消す(S極を引きつけようとするので、N極が発生する)ように、コイル右側にN極を作る。

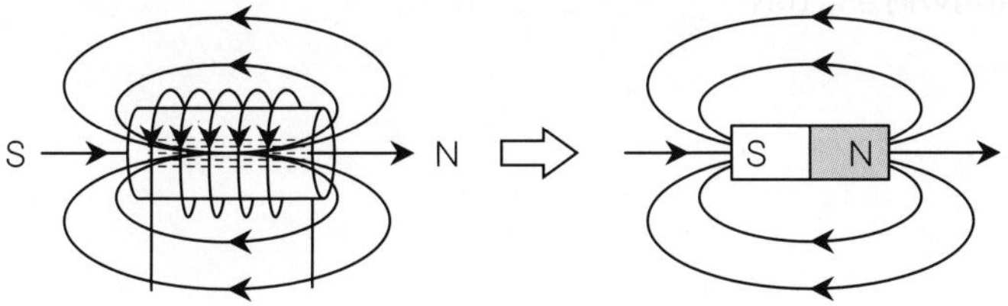

過去問 Exercise

問題1　強さ8N/Cの電場にある－2Cの電荷が受ける力の向きと大きさの組合せとして、最も妥当なのはどれか。

東京消防庁Ⅰ類2013

1. 電場の向きに４N
2. 電場と反対の向きに0.25N
3. 電場と反対の向きに16N
4. 電場と垂直の向きに0.25N
5. 電場の向きに16N

解説

正解 3

力の大きさは$F = -2 \times 8 = -16$ [N] となる。よって電場の向きと反対向きに16 [N] となる。

問題2

導線に4.0［A］の電流を2.0秒間流したとき、導線内を通過した電子の個数として、最も妥当なのはどれか。ただし、電子1個のもつ電気量の大きさ（電気素量）を1.6×10^{-19}［C］とする。

東京消防庁Ⅰ類2016

1. 1.5×10^{18}
2. 2.5×10^{18}
3. 5.0×10^{18}
4. 2.5×10^{19}
5. 5.0×10^{19}

解説

正解 5

$I=\dfrac{q}{t}$ より、

$$4.0=\frac{q}{2} \quad \Leftrightarrow \quad q=8.0\,[\mathrm{C}]$$

である。

電子１個が1.6×10^{-19}［C］の電気量を持つため、8.0［C］の電気量を持つ電子の個数を n 個とすると、

1 個：1.6×10^{-19}［C］$=n$ 個：8.0［C］

$1.6\times10^{-19}\times n=1\times8.0$

$$n=\frac{8.0}{1.6\times10^{-19}}=5.0\times10^{19}\,[個]$$

問題3

次の図のような直流回路において、各抵抗の抵抗値は R_1=30Ω、R_2=20Ω、R_3=20Ωで、R_1に流れる電流が1.4Aであるとき、R_3を流れる電流はどれか。ただし、電源の内部抵抗は考えないものとする。

特別区Ⅰ類2011

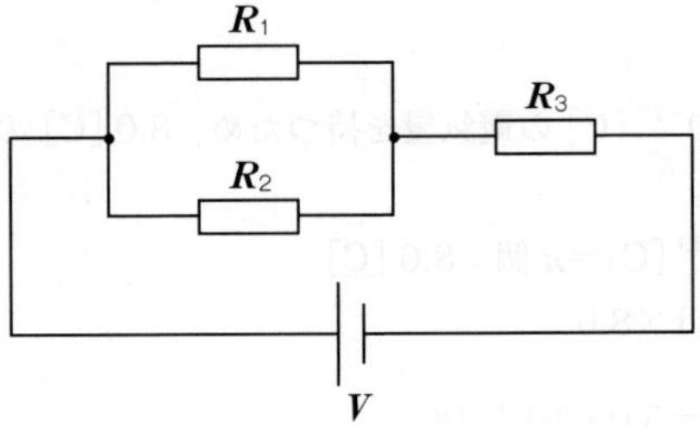

1. 3.1A
2. 3.2A
3. 3.3A
4. 3.4A
5. 3.5A

解説

正解 5

以下に図示するように考える。

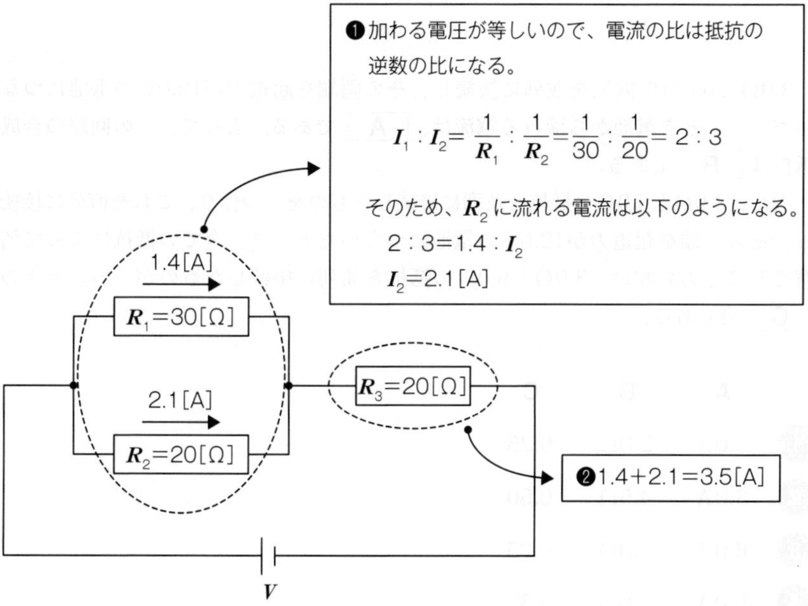

❶加わる電圧が等しいので、電流の比は抵抗の逆数の比になる。
$I_1 : I_2 = \frac{1}{R_1} : \frac{1}{R_2} = \frac{1}{30} : \frac{1}{20} = 2 : 3$
そのため、R_2 に流れる電流は以下のようになる。
$2 : 3 = 1.4 : I_2$
$I_2 = 2.1$[A]
1.4[A]
R_1=30[Ω]
2.1[A]
R_2=20[Ω]
R_3=20[Ω]
❷1.4+2.1=3.5[A]
V

[別　解]

R_1のかかる電圧をV_1とすると、$V=RI$より、

$V_1 = 30 \times 1.4 = 42$[V]

R_1とR_2は並列接続であるため、電位差(電圧)は等しい。R_2の流れる電流をI_2とすると、$V=RI$より、

$42 = 20 \times I_2$

$I_2 = 2.1$[A]

R_3を流れる電流はR_1を流れる電流とR_2を流れる電流の和に等しいので、

$I = 1.4 + 2.1 = 3.5$[A]

問題4

次の文は電池と抵抗から構成される回路に関する記述であるが、A、B、Cに当てはまるものの組合せとして最も妥当なのはどれか。ただし、電池の内部抵抗は無視できるものとする。

国家一般職2013

3.0Ωと6.0Ωの抵抗を並列に接続し、その両端を起電力が12.0V の電池につないだ。このとき電池から流れる電流は、 A である。よって、この回路の合成抵抗は B である。

次に、3.0Ωと6.0Ωの抵抗を並列に接続したものを二つ作り、これを直列に接続し、その両端を起電力が12.0V の電池につないだときに、全ての抵抗によって消費される電力の和は、3.0Ωと6.0Ωの抵抗を並列に接続したものが一つのときの C 倍である。

	A	B	C
1	3.0A	2.0Ω	0.25
2	3.0A	4.5Ω	0.50
3	6.0A	2.0Ω	0.25
4	6.0A	2.0Ω	0.50
5	6.0A	4.5Ω	0.25

解説

正解 4

以下に図示するように考える。

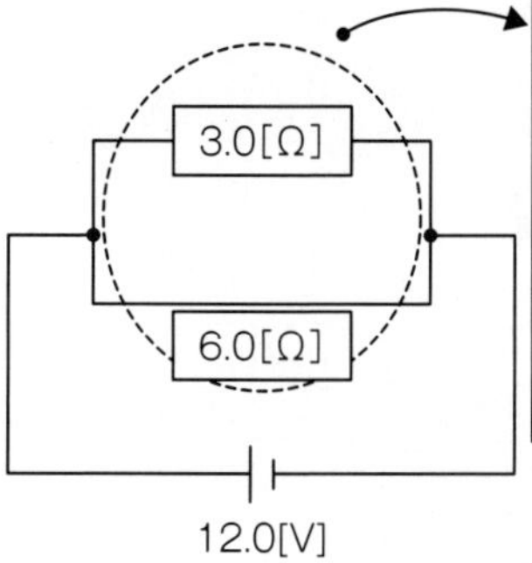

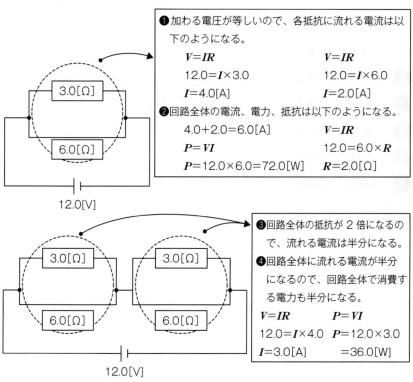

❶加わる電圧が等しいので、各抵抗に流れる電流は以下のようになる。

$V=IR$　　　$V=IR$

$12.0=I\times3.0$　　　$12.0=I\times6.0$

$I=4.0$[A]　　　$I=2.0$[A]

❷回路全体の電流、電力、抵抗は以下のようになる。

$4.0+2.0=6.0$[A]　　　$V=IR$

$P=VI$　　　$12.0=6.0\times R$

$P=12.0\times6.0=72.0$[W]　　　$R=2.0$[Ω]

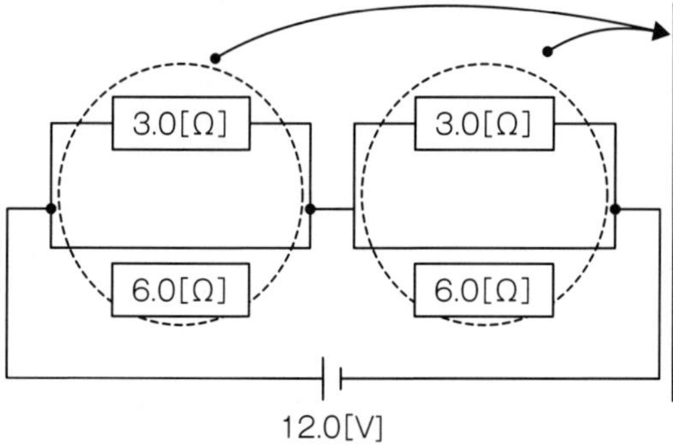

❸回路全体の抵抗が 2 倍になるので、流れる電流は半分になる。

❹回路全体に流れる電流が半分になるので、回路全体で消費する電力も半分になる。

$V=IR$　　　$P=VI$

$12.0=I\times4.0$　　　$P=12.0\times3.0$

$I=3.0$[A]　　　$=36.0$[W]

よって、**A**：6.0A、**B**：2.0Ω、**C**：0.50となる。

問題5 起電力が3.0V、内部抵抗が0.50Ωの電池に可変抵抗器を接続したところ、電流が1.2A流れた。このときの電池の端子電圧V［V］と可変抵抗器の抵抗値R［Ω］の組合せはどれか。

特別区Ⅰ類2020

	V	R
1	3.6V	3.0Ω
2	3.6V	2.0Ω
3	2.4V	3.0Ω
4	2.4V	2.0Ω
5	0.60V	3.0Ω

解説

正解 4

$\boldsymbol{V=E-rI}$ より、

$V=3.0-0.50\times1.2$

$=2.4$ [V]

である。また、起電力2.4 [V] に対して電流が1.2 [A] 流れているので、可変抵抗器の抵抗は2.4 [V]÷1.2 [A] =2 [Ω] となる。

問題6　内部抵抗r_a［Ω］の電流計がある。今、この電流計の測定範囲をn倍に広げるとき、電流計と並列に接続する分流器の抵抗値R_Aはどれか。

特別区Ⅰ類2013

1. $\dfrac{r_a}{n-1}$［Ω］
2. $\dfrac{n-1}{r_a}$［Ω］
3. $\dfrac{1-n}{r_a}$［Ω］
4. $(n-1)r_a$［Ω］
5. $(1-n)r_a$［Ω］

解説

正解 ①

n倍の電流を測るためには、電流計に流れる電流をI［A］とすると、全体がnI［A］となるので、分流器側に$(n-1)I$［A］の電流が流れるような仕組みにすればよい。電流計内部は並列回路なので、両者の電圧が等しいから、オームの法則より$R_A \times (n-1)I = r_a \times I$となり、これを解いて$R_A = \dfrac{r_a}{n-1}$［Ω］となる。

問題7 内部抵抗r_V［Ω］の電圧計がある。今、この電圧計の測定範囲をn倍に広げるとき、電圧計と直列に接続する倍率器の抵抗R_V［Ω］はどれか。

特別区Ⅰ類2017

1. $(n+1)r_V$［Ω］
2. $(1-n)r_V$［Ω］
3. $(n-1)r_V$［Ω］
4. $(n+1){r_V}^2$［Ω］
5. $(n-1){r_V}^2$［Ω］

解説

正解 3

$\boldsymbol{n}$ 倍の電圧を測るためには、電圧計にかかる電圧を $\boldsymbol{V}$[V] とすると、全体が $\boldsymbol{nV}$[V] となるので、倍率器側に $(\boldsymbol{n}-1)\boldsymbol{V}$[V] の電圧がかかる仕組みにすればよい（直列回路においては、電圧と抵抗は同じ比になる）。

倍率器を付けた電圧計内部は直列回路なので、両者の電流が等しいから、オームの法則より、$\dfrac{(\boldsymbol{n}-1)\boldsymbol{V}}{\boldsymbol{R}_{\mathrm{V}}}=\dfrac{\boldsymbol{V}}{\boldsymbol{r}_{\mathrm{V}}}$ となり、これを解いて $\boldsymbol{R}_{\mathrm{V}}=(\boldsymbol{n}-1)\boldsymbol{r}_{\mathrm{V}}$[Ω] となる。

問題8

磁界に関する記述として、妥当なのはどれか。

東京都Ⅰ類2015

❶　空間の各点の磁界の向きを連ねた線を磁力線といい、磁石の周りでは、S極から出てN極に入る。

❷　コイルに電流を流した際、コイルの中心の磁界の向きは、左手の親指を立て、電流の向きに、残りの指でコイルを握った時の親指の向きである。

❸　コイルを貫く磁界の強さが変化するとき、コイルに電圧が生じ電流が流れる現象を、超伝導という。

❹　磁力線の間隔が狭い場所では磁界が弱く、磁力線の間隔が広い場所では磁界が強い。

❺　直線の導線に電流を流すと、導線に垂直な平面内で電流を中心に同心円状の磁界ができる。

解説

正解 ❺

❶ ✕　磁力線の向きは、磁石の周りではN極から出てS極に入る。

❷ ✕　コイルに電流を流した際、コイルの中心の磁界の向きは、右手の親指を立て、電流の向きに、残りの指でコイルを握ったときの親指の向きである。

❸ ✕　コイルを貫く磁界の強さが変化するとき、コイルに電圧が生じ電流が流れる現象を、電磁誘導という。

❹ ✕　磁力線の間隔が狭い場所では磁界が強く、磁力線の間隔が広い場所では磁界が弱い。

❺ ○　正しい記述である。

問題9

200回巻きのコイルを貫く磁束が、0.75秒間に1.8×10^{-3}Wbだけ変化したとき、コイルの両端に生じる誘導起電力の大きさはどれか。

特別区Ⅰ類2019

1. 0.15V
2. 0.27V
3. 0.36V
4. 0.48V
5. 0.54V

解説

正解 ④

コイルの両端に生じる誘導起電力は、ファラデーの電磁誘導の法則により、次のように表される。

$$V = -N\frac{\Delta\phi}{\Delta t}$$

ここで、Nはコイルの巻き数、$\Delta\phi$は磁束の増分、Δtは時間変化である。なお、マイナスは、磁束の変化を打ち消す向きに誘導起電力が発生するという意味である。

これより、誘導起電力の大きさは、逆向きなのでマイナスを打ち消して、次のように計算できる。

$$200\times\frac{1.8\times10^{-3}}{0.75}=\frac{0.36}{0.75}=\frac{36}{75}=\frac{12}{25}=0.48\,[\mathrm{V}]$$

問題10

次は、磁気に関する記述であるが、A～Dに当てはまるものの組合せとして最も妥当なのはどれか。

国家一般職2017

磁極にはＮ極とＳ極があり、同種の極の間には斥力、異種の極の間には引力が働き、磁気力が及ぶ空間には磁場が生じる。磁場の向きに沿って引いた線である磁力線は、**A** 極から出て **B** 極に入る。

また、電流は周囲に磁場を作り、十分に長い導線を流れる直線電流が作る磁場の向きは、右ねじの進む向きを電流の向きに合わせたときの右ねじの回る向きになる。

以上の性質及びレンツの法則を用いて、次の現象を考えることができる。

図Ⅰのように、水平面にコイルを置き、コイルに対して垂直に上方向から棒磁石のＮ極を近づけた。このときコイルには **C** の向きに電流が流れる。これは、コイルを貫く磁束の変化を妨げる向きの磁場を作るような電流が流れるためである。また、図Ⅱのように、図Ⅰと同じコイルに対して垂直に上方向へ棒磁石のＳ極を遠ざけたときは、**D** の向きに電流が流れる。

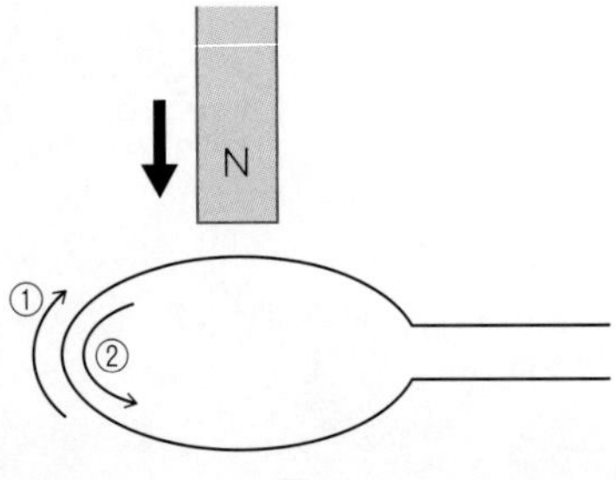

図Ⅰ

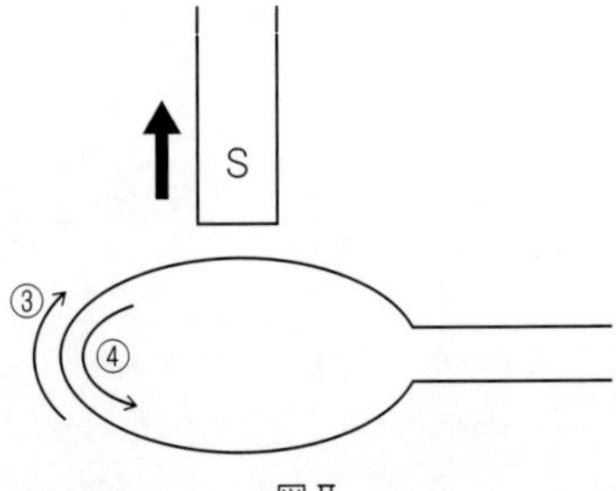

図Ⅱ

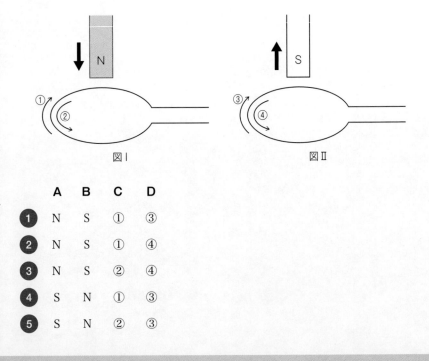

	A	B	C	D
1	N	S	①	③
2	N	S	①	④
3	N	S	②	④
4	S	N	①	③
5	S	N	②	③

解説

正解 ③

磁石から出る磁力線は、N（**A**）極から出てS（**B**）極に入る。

コイルに上方向から下向きにN極を近づけると、コイルの内部には下向きの磁束が増加する。これに対して、コイルには誘導起電力が生じて上向きの磁場を作ることにより、下向きの磁束の増加を妨げようとする。生じる電流および磁場の方向は右ねじの法則により決まり、電流は②（**C**）の方向に流れる。

コイルに上方向で上向きにS極を遠ざけると、コイルの内部では上向きの磁束が減少する。これに対して、コイルには誘導起電力が生じて上向きの磁場を作ることにより、上向きの磁束の減少を妨げようとする。生じる電流および磁場の方向は右ねじの法則により決まり、電流は④（**D**）の方向に流れる。

★★★

7 原　子

物質を決める最小の粒子である原子（最小の粒はさらに細かい素粒子）。その性質の多くは化学で扱われますが、ここでは特に物理学として扱うものに絞って見ていきます。

1 原子の構造

物質を構成する**原子**は、中心に**原子核**と、その周りを取り巻く負の電気を持つ**電子**から構成され、原子核は正の電気を持つ**陽子**と電気を持たない**中性子**からなる。原子核を構成する**陽子と中性子**を（物理では特に）**核子**（かくし）という。陽子と中性子は**核力**という強い力で結合している。

電子はマイナスの電荷を持つ。陽子の数と電子の数は等しいため、全体として電気的に中性になっている。**原子核に含まれる陽子の数**を**原子番号**といい、**陽子の数と中性子の数の和**を**質量数**という。**電子1個の持つ電気量**を**電気素量**（$e = -1.6 \times 10^{-19}$[C]）といい、**電気量の最小単位**である。

2 放射線と原子核の崩壊

1 放射線

ウランやラジウムのような原子核は不安定であり、自然に**放射線**を出してほかの原子核に変わる。これを原子核の**放射性崩壊**という。

このように、自然に放射線を出す性質を**放射能**といい、放射能を持つ原子核を**放射性原子核**という。天然の放射性原子核から放出される放射線にはα線、β線、γ線の三つがある。放射線によって物質を透過する能力である**透過力**、原子をイオン化する**電離作用**などが異なる。

主な放射線

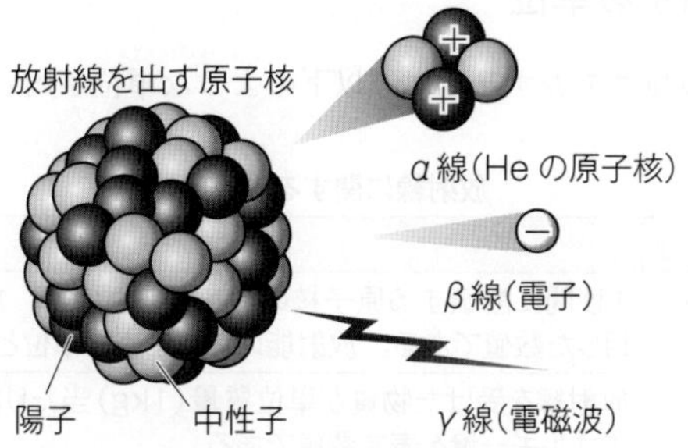

① α　線

α粒子と呼ばれる**ヘリウム原子核**の流れであり、正(+2*e*)の電荷を持つ。透過力は最も弱いが、電離作用は最も強い。

α線を放出する放射性崩壊を**α崩壊**という。α崩壊後は原子核の質量数は4減り、原子番号は2減る。

② β　線

高速で運動する**電子**の流れであり、負(−*e*)の電荷を持つ。透過力はα線よりは強いが、電離作用はα線より弱い。

β線を放出する放射性崩壊を**β崩壊**という。なお、このβ線は原子核から放出される電子であって、原子核の周りに存在する電子ではない。β崩壊によって、原子核を構成する中性子は、陽子と電子と反電子ニュートリノに崩壊する。このため、β崩壊では、原子核の質量数は変わらないが、原子番号は1だけ増す。

③ γ　線

波長が非常に短い**電磁波**である。電荷を持たないので、磁界中で曲がらない。透過力は最も強いが、電離作用は最も弱い。

γ線を放出する反応を**γ崩壊**という。γ崩壊では原子番号も質量数も変わらない。

種類	実体	電荷	透過力	崩壊後の質量数	崩壊後の原子番号
α線	ヘリウムHeの原子核	+2	弱	−4	−2
β線	電子e^-	−1	中	0	+1
γ線	電磁波	なし	強	0	0

2 放射線に関する単位

放射能や放射線の強さを表すときに、以下のような単位が用いられる。

放射線に関する単位

用　語	単位記号	意　味
放射能	ベクレル Bq	1秒間に崩壊する原子核の数を表すもので、放射線を出す側に着目した数値である。放射能の強さを表す単位として使用される。
吸収線量	グレイ Gy	放射線を受けた物質が単位質量(1kg)当たりに吸収する放射線のエネルギー量を表す数値である。
等価線量（線量当量）	シーベルト Sv	放射線が人体の各臓器・組織にどれだけの影響を与えるかを表すもので、放射線を受ける側に着目した数値である。被ばくの指標として使用される。
実効線量	Sv	人体の各臓器・組織が受けた等価線量から計算された数値を足し合わせた数値である。全身にどれだけの影響があるのかの指標として使用される。

3 半減期

放射性原子核は、放射線を出してほかの原子核に変わる。それに伴って、放射性原子核の数は時間とともにだんだん少なくなっていく。残っている放射性原子核の数が、もとの半分になる時間を、放射性原子核の半減期という。

半減期は、原子核の種類によって決まっており、同じ元素でも、同位体によって半減期は異なる。なお、このような放射線を出す同位体を放射性同位体という。

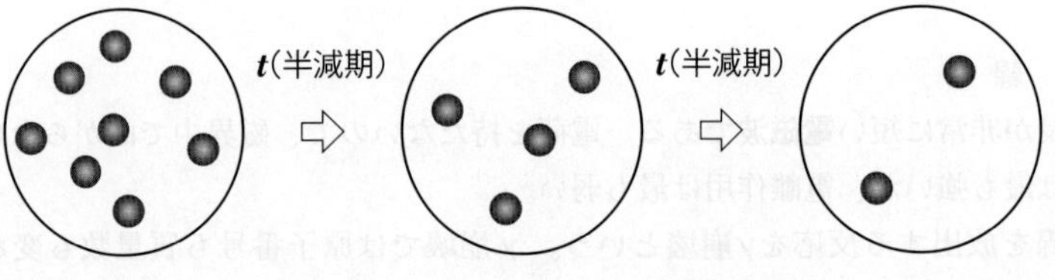

時間tだけ経過したときに崩壊せずに残っている原子核の数Nは、はじめの原子核の数をN_0、半減期をTとすると次のように表すことができる。

$$N=N_0\times\left(\frac{1}{2}\right)^{\frac{T}{t}}$$

過去問 Exercise

問題1 放射線に関する記述として、妥当なのはどれか。

東京都Ⅰ類2019

1 放射性崩壊をする原子核を放射性原子核といい、放射性崩壊によって放出される放射線にはα線、β線及びγ線などがある。

2 α線は非常に波長の短い電磁波で、磁場内で力を受けず直進し、厚さ数cmの鉛板でなければ、これをさえぎることはできない。

3 β線の放出は、原子核から陽子２個と中性子２個が${}^{4}_{2}$Heとなって出ていく現象で、原子核は質量数が４、原子番号が２だけ小さい原子核に変わる。

4 半減期とは、放射性元素が崩壊して原子核が消滅し、もとの放射性元素の半分の質量になるまでにかかる時間をいう。

5 物質に吸収されるときに放射線が物質に与えるエネルギーを吸収線量といい、シーベルト(記号Sv)という単位が用いられる。

解説

正解 ❶

---

❶ ○　正しい記述である。

❷ ×　これはγ線についての説明である。

❸ ×　これはα線についての説明である。なお、厳密にいうとα粒子はヘリウムの原子核である。

❹ ×　半減期とは、もとの原子(放射性物質)が別の種類の原子核に変わり、半分になるまでの期間である。原子核が消滅するわけではない。

❺ ×　これはグレイ(記号Gy)の説明である。シーベルトは人体が受ける影響の大きさを表す単位である。ほかに、放射能の強さを表すベクレル(記号Bq)という単位もある。

問題2

原子核や放射線に関する記述として最も妥当なのはどれか。

国家一般職2018

❶ 原子核は、原子番号と等しい個数で正の電荷を持つ陽子と、陽子と等しい個数で電荷を持たない中性子から成っている。陽子と中性子の個数の和が等しい原子核を持つ原子どうしを同位体といい、物理的性質は大きく異なっている。

❷ 放射性崩壊とは、放射性原子核が放射線を放出して他の原子核に変わる現象をいう。放射性崩壊によって、元の放射性原子核の数が半分になるまでの時間を半減期といい、半減期は放射性原子核の種類によって決まっている。

❸ 放射性物質が放出する放射線のうち、α線は陽子1個と中性子1個から成る水素原子核の流れであり、β線は波長の短い電磁波である。α線は、β線と比べてエネルギーが高く、物質に対する透過力も強い。

❹ 核分裂反応では、1個の原子核が質量数半分の原子核2個に分裂する。太陽の中心部では、ヘリウム原子核1個が水素原子核2個に分裂する核分裂反応が行われ、莫大なエネルギーが放出されている。

❺ X線は放射線の一種であり、エネルギーの高い電子の流れである。赤外線よりも波長が長く、γ線よりも透過力が強いため、物質の内部を調べることができ、医療診断や機械内部の検査などに用いられている。

解説

正解 ②

---

❶ × 陽子の数は原子番号と等しいが、中性子の個数は必ずしも陽子の個数と等しくはない。また、同位体とは、陽子数は等しいが中性子の個数が異なる原子どうしのことである。

❷ ○ 放射性崩壊および半減期に関する正しい記述である。

❸ × α線は陽子２個と中性子２個からなるヘリウム原子核の流れであり、β線は電子の流れである。エネルギーおよび透過力はα線よりもβ線のほうが強い。

❹ × 核分裂反応とは、不安定核が分裂してより軽い元素を二つ以上作る反応のことを指す。また、太陽の中心部では水素原子核からヘリウム原子核が生じる核融合反応が行われ、莫大なエネルギーが産生されている。

❺ × X線は放射線の一種であり、エネルギーの高い電磁波である。X線は紫外線よりも短いので、当然赤外線よりも波長が短く、γ線よりも透過力が弱い。

第3章

化学

化学とは、物質の性質を探求する分野です。物質の基本要素は原子であり、原子は電子と原子核から構成されています。物質の性質で重要なはたらきをするのは電子です。原子の性質、化学反応、化合物などの重要事項について学習していきます。

★★★

1 物質の構成

地球上のあらゆる物質はすべて原子という粒子から構成されています。これらの構造や分類、さらには結合について見ていきましょう。

1 物質の構成

1 元素、原子、分子

① 元　素

物質を構成する基本的な成分を元素という。100種類以上の元素が存在し、**元素記号**を用いて表す。性質ごとに**周期表**にまとめられている。

例　水素H、ヘリウムHe、炭素C、窒素N、酸素O、ネオンNe、ナトリウムNa、塩素Cl、金Auなど

② 原　子

物質を構成する基本的な粒子を原子という。原子がそのままの状態で物質を作っていることはほとんどなく、結合していることが多い。

③ 分　子

いくつかの原子が結合して作られた粒子を分子という。物質の化学的性質を決める最小の単位である。

例　水H_2O、二酸化炭素CO_2など

2 物質の分類

物質は、1種類の物質のみで構成される純物質と、2種類以上の物質で構成される混合物に分けられる。

- 物質
  - 純物質
    - 単体…１種類の元素から構成される物質
      例　水素H_2、酸素O_2、炭素C、硫黄S、鉄Feなど
    - 化合物…２種類以上の元素からなる物質
      例　水H_2O、二酸化炭素CO_2、塩化ナトリウムNaCl、ショ糖$C_{12}H_{22}O_{11}$など
  - 混合物…２種類以上の純物質が混合しているもの
    例　空気、海水、石油、アンモニア水、砂糖水、塩酸[1]（H_2O＋HCl）など

純物質はすべて一つの化学式で表現できるが、混合物は純物質が複数混ぜられているので一つの化学式では表現できない。

3 物質の状態変化

純物質は、それぞれ物質ごとに一定の値の融点や沸点、密度などを持っている。この融点や沸点を超えて物質の状態が変化することを**状態変化**という。

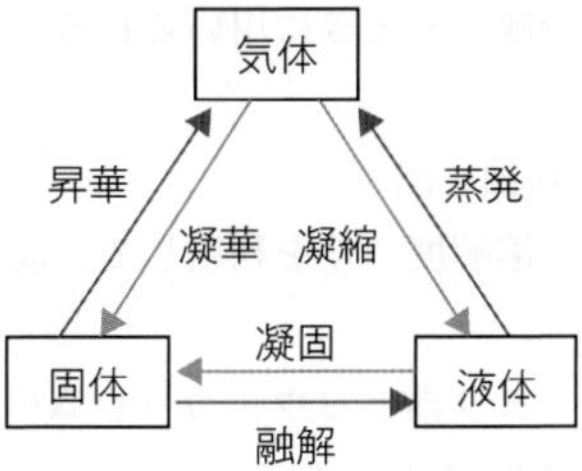

気体が液体に変化することを**凝縮**といい、液体が気体に変化することを**蒸発**という。

液体が固体に変化することを**凝固**といい、固体が液体に変化することを**融解**という。

気体が固体に変化することを**凝華**といい、固体が気体に変化することを**昇華**という。

気体、液体、固体という物質の三つの状態を**物質の三態**という。

4 物質の分離・精製法

混合物にさまざまな操作を加えることによって、その中に混ざっている純物質を別々に取り出すことができる。これを**分離**といい、より純粋な物質を得る操作を精製という。

混合物の分離は一般に、各純物質の沸点や融点、水への溶解度の違いなどを用いて行われる。

1　塩化水素HClという気体が水に溶けたものが塩酸で、便宜上同じくHClと表記している。

① ろ　過

固体と液体の混合物から、ろ紙を用いて物質を分離する操作をろ過という。

② 再結晶

少量の不純物を含む物質を溶媒(主に水)に溶かし、温度などによる溶解度の違いを利用して純物質のみを結晶として析出させる操作を再結晶という。

硝酸カリウムに硫酸銅(Ⅱ)五水和物が含まれているとき、これらを温水に溶かして冷却すると、硝酸カリウムのみが先に結晶として析出する。

③ 蒸留と分留

固体が溶けた溶液や、液体どうしの混合物を加熱沸騰させ、その蒸気を冷却して沸点の低い成分を分離する方法を蒸留という。特に沸点の異なる２種類以上の液体を含む混合物の蒸留を分留(分別蒸留)という。

蒸留は食塩水やアルコール、分留は原油や液体空気(窒素や酸素に分ける)などを分離するときに用いられる。

④ 抽　出

溶解度の差を利用して、混合物から特定の物質のみを溶かし出す操作を抽出という。

ヨウ素とヨウ化カリウムの分離にヘキサンを用いる(ヨウ素のみがヘキサンに溶ける)などがある。

⑤ 昇華法

固体混合物の中に昇華性のある物質が含まれるとき、加熱や減圧などによってその物質のみを気体にし、再び固体に戻すことで分離することができる。これを昇華法という。ヨウ素などの分離に用いられる。

⑥ クロマトグラフィー

種々の成分を含む混合物を、適当な溶媒とともにろ紙などの中を移動させると、各成分が少しずつ分離していく。これはろ紙などに吸着する力が成分によって異なることで、移動速度に違いが生じるためである。

このような現象を利用して、物質を分離する操作をクロマトグラフィーという。

5 化学式

① 化学式

物質を元素の組成がわかるように表現したものを**化学式**といい、さまざまな形式が存在する。表にあるように、同じ物質が式の形式によって異なる表現になりうることがわかる。

主な化学式

種　類	説　明	具体例
分子式	分子に含まれる元素の種類と数を表した式	酢酸$C_2H_4O_2$
組成式(そせい)	分子を構成する原子数を最も簡単な整数比で表した式	酢酸CH_2O
構造式	元素とその結合を価標という線でつないで表した式	酢酸 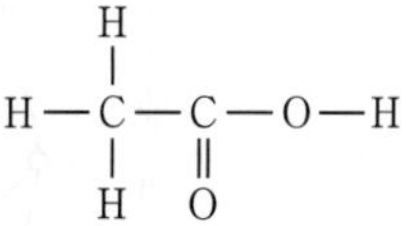
示性式(しせい)	有機化合物に含まれる官能基部分を明示した式	酢酸CH_3COOH
イオン式	イオンを表す化学式	酢酸イオンCH_3COO^-

② 暗記必須の化学式

以下に化学の学習を円滑に進めていくために必要な記憶事項を示す。下記のものが公務員試験で出題される化学式の多くを占めるので、まずは基本的な知識として押さえておこう(大半は中学学習内容である)。

暗記必須の化学式

H_2 ：水素	O_2 ：酸素	O_3 ：オゾン
N_2 ：窒素	F_2 ：フッ素	Cl_2 ：塩素
H_2O ：水	CO ：一酸化炭素	CO_2 ：二酸化炭素
NO ：一酸化窒素	NO_2 ：二酸化窒素	
$NaCl$ ：塩化ナトリウム	$NaOH$ ：水酸化ナトリウム	
$NaHCO_3$ ：炭酸水素ナトリウム	Na_2CO_3 ：炭酸ナトリウム	
KOH ：水酸化カリウム	$Ca(OH)_2$ ：水酸化カルシウム	$BaSO_4$ ：硫酸バリウム
HCl ：塩化水素	H_2SO_4 ：硫酸	HNO_3 ：硝酸
CH_3COOH ：酢酸	NH_3 ：アンモニア	
CH_4 ：メタン	C_2H_6 ：エタン	C_3H_8 ：プロパン
CH_3OH ：メタノール	C_2H_5OH ：エタノール	

2 原子の構成

1 原子の構造

① 原子の構造

原子の中心に**原子核**、その周囲に**電子**があり、原子核と電子の間には**静電気的な引力**がはたらいている。原子核は**陽子**と**中性子**から構成されている。

原子の大きさは約10^{-10}mであり、原子核の大きさは10^{-14}～10^{-15}mと非常に小さい。また、**原子中の陽子の数と電子の数は等しい。**

原子の構造

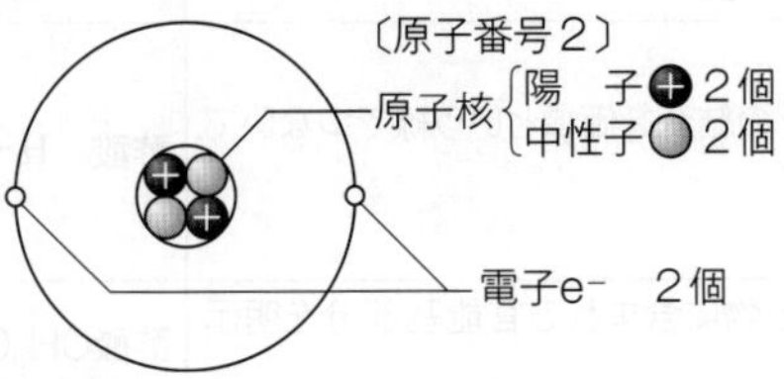

② 粒子の電荷と質量

陽子は**正の電荷**を帯びており、中性子は**電荷を帯びていない**ため、原子核は全体として正の電荷を帯びている。一方、電子は**負の電荷**を帯びており、陽子１個が持つ電荷と電子１個が持つ電荷は符号が逆でその大きさが等しいため、**原子全体では電気的に中性**となる。

また、陽子と中性子の質量はほぼ等しく、電子は陽子や中性子の1,840分の１の質量しかないため、電子の質量としては無視できる。このため、原子の質量は原子核の質量に等しいとみなすことができ、この**陽子と中性子の合計**を**質量数**という。

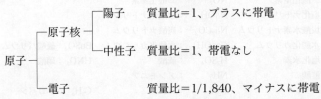

原子の構成要素

原子
- 原子核
  - 陽子　質量比＝1、プラスに帯電
  - 中性子　質量比＝1、帯電なし
- 電子　質量比＝1/1,840、マイナスに帯電質量数も含めた表記方法は、例えば、原子番号2で質量数4であるヘリウムは以下のように表される。

元素記号と陽子・中性子の表し方

③ 原子番号

原子核中の陽子の数は元素によってすべて異なり、この陽子の数を**原子番号**という。

2 同位体（アイソトープ）

陽子数が同じである同一の元素にもかかわらず、質量数の異なる原子どうしを**同位体**(アイソトープ)という。同位体は、**陽子数が等しく中性子数の異なる原子**である。また、**化学的性質はほぼ同じ**である。

例　水素$^{1}_{1}H$、重水素$^{2}_{1}H$、三重水素(トリチウム) $^{3}_{1}H$

自然に存在するほとんど(99.9885％)の水素は$^{1}_{1}H$であり、同位体はごく微量である。また、トリチウム$^{3}_{1}H$は**放射性同位体**[2]（**ラジオアイソトープ**）といい、放射線を出す性質を持つ。この微量放射線は生物学実験のDNA量の測定に用いられている。

3 同素体

同じ元素からなる単体であるが、結合の仕方により互いに性質の異なるものを**同素体**という。同素体を持つ元素として硫黄S、炭素C、酸素O、リンPの四つ(SCOP)が重要である。なお、同素体どうしは相互に変化が可能である。酸素O_2とオゾンO_3のような物質どうしを「互いに同素体である」という。

2　同位体には安定したものと不安定なものが存在し、不安定なものは時間とともに崩壊してほかの原子に変化していくが、このときに放射線を出すものを放射性同位体（ラジオアイソトープ）という。原子番号83（ビスマス）以上の元素は、放射性同位体しか存在しないことから、放射性元素と呼ばれている。放射性同位体は一定の割合で減少していくので、半分の数に減少するまでの期間が決まっている。この期間を半減期といい、化石の年代測定などに用いられている。これ以外にも、癌の治療などに用いられることもある。

① 硫黄S

単斜硫黄、斜方硫黄、ゴム状硫黄などが硫黄の同素体である。

単斜硫黄
（黄色）

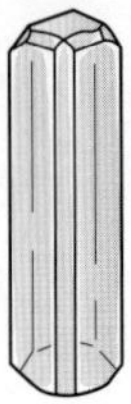

斜方硫黄
（黄色）

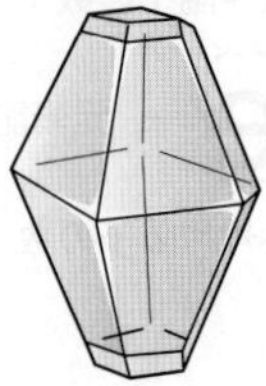

ゴム状硫黄
（暗褐色）

② 炭素C

ダイヤモンド、黒鉛、フラーレン、カーボンナノチューブなどが炭素の同素体である。

ダイヤモンド

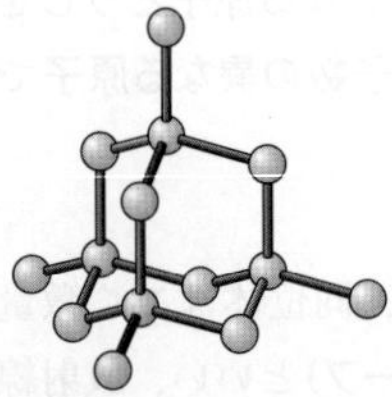

黒鉛

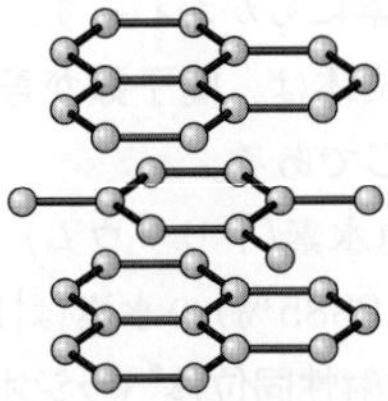

フラーレン

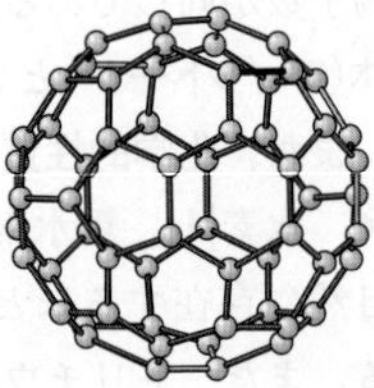

③ 酸素O

酸素O_2、オゾンO_3などが酸素の同素体である。

④ リンP

赤リン、白リン(黄リン)などがリンの同素体である。

白リン[3]は常温の空気中でも酸化され青白い炎を上げるので、水中に保存する。

3 黄リンは同素体とされていたが、実際は不純物を含む白リンである（本試験の出題では黄リンは同素体として扱われているので、その際には注意すること）。

3 電子配置

1 電子殻と電子配置

電子は、原子核を中心に決まった軌道上に存在しており、この軌道を**電子殻**（でんしかく）という。電子殻は内側からK殻(n=1)、L殻(n=2)、M殻(n=3)、N殻(n=4) …と名前が付けられており、その中に入ることができる電子の最大数は、**$2n^2$**で求めることができる。そのため、K殻には2個(2×1^2)、L殻には8個(2×2^2)、M殻には18個(2×3^2)、N殻には32個(2×4^2) …の電子が入ることができる。

内側の電子殻にある電子ほど原子核に強く引き付けられ、エネルギーの低い安定した状態となる。このため、電子は最も内側にあるK殻から順に外側の電子殻へと配置される。

このような電子の入り方を**電子配置**といい、水素HからアルゴンArまでは、この原則に従って配置される。

電子殻

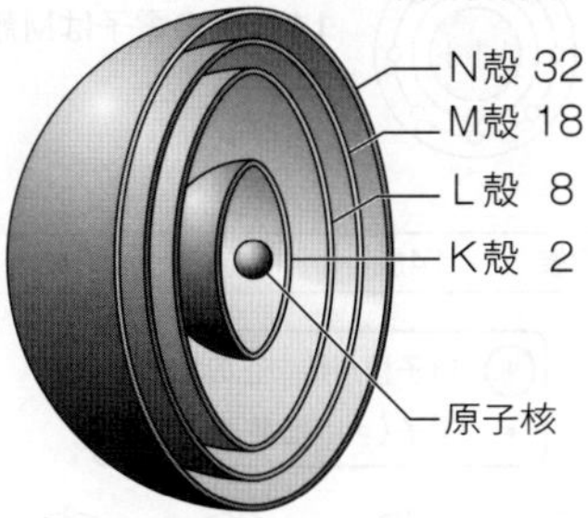

電子殻と最大収容数

電子殻名	K殻	L殻	M殻	N殻
最大収容数	$2\times1^2=2$	$2\times2^2=8$	$2\times3^2=18$	$2\times4^2=32$

2 最外殻電子と安定

最も外側の電子殻にある電子のことを**最外殻電子**(≒価電子[4])といい、**最外殻電子の数が同じ元素は性質が似ている**。また、貴ガス(He、Ne、Arなど)のように電子殻に入ることができる電子の数と実際に入っている電子の数が等しい(または8個の)状態を閉殻といい、**電子配置が最も安定している状態**[5]である。L殻の最大収容数は8個、M殻は18個だが、8個でひとまず閉殻となる。

電子配置

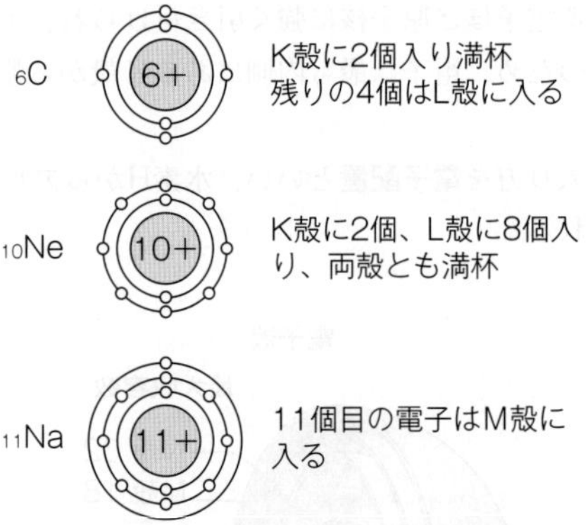

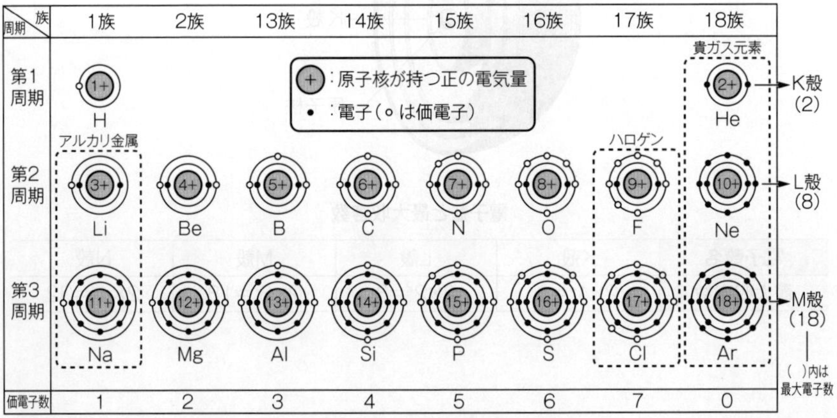

---

4 結合などに関わる最外殻電子を特に価電子という。貴ガスは安定性の高い原子の集まりであるため、価電子は0としている。

5 ここでの安定とは「化学反応を起こしにくい状態」のことをいう。

4 元素の周期律

1 元素の周期律

元素を原子番号順(陽子数順)に並べていくと、似た性質を持つ元素が周期的に現れる。この規則性を元素の**周期律**という。周期律は以下のような周期表にまとめられるが、これは1869年にロシアの化学者**メンデレーエフ**によって原型が作られたものである。

元素の周期表

族／周期	1	2	3	4	5	6	7	8	9	10	11	12	13	14	15	16	17	18	族／周期
1	$_{1}$H 水素			原子番号 元素記号 元素名			典型非金属元素 典型金属元素 遷移金属元素											$_{2}$He ヘリウム	1
2	$_{3}$Li リチウム	$_{4}$Be ベリリウム											$_{5}$B ホウ素	$_{6}$C 炭素	$_{7}$N 窒素	$_{8}$O 酸素	$_{9}$F フッ素	$_{10}$Ne ネオン	2
3	$_{11}$Na ナトリウム	$_{12}$Mg マグネシウム											$_{13}$Al アルミニウム	$_{14}$Si ケイ素	$_{15}$P リン	$_{16}$S 硫黄	$_{17}$Cl 塩素	$_{18}$Ar アルゴン	3
4	$_{19}$K カリウム	$_{20}$Ca カルシウム	$_{21}$Sc スカンジウム	$_{22}$Ti チタン	$_{23}$V バナジウム	$_{24}$Cr クロム	$_{25}$Mn マンガン	$_{26}$Fe 鉄	$_{27}$Co コバルト	$_{28}$Ni ニッケル	$_{29}$Cu 銅	$_{30}$Zn 亜鉛	$_{31}$Ga ガリウム	$_{32}$Ge ゲルマニウム	$_{33}$As ヒ素	$_{34}$Se セレン	$_{35}$Br 臭素	$_{36}$Kr クリプトン	4
5	$_{37}$Rb ルビジウム	$_{38}$Sr ストロンチウム	$_{39}$Y イットリウム	$_{40}$Zr ジルコニウム	$_{41}$Nb ニオブ	$_{42}$Mo モリブデン	$_{43}$Tc テクネチウム	$_{44}$Ru ルテニウム	$_{45}$Rh ロジウム	$_{46}$Pd パラジウム	$_{47}$Ag 銀	$_{48}$Cd カドミウム	$_{49}$In インジウム	$_{50}$Sn スズ	$_{51}$Sb アンチモン	$_{52}$Te テルル	$_{53}$I ヨウ素	$_{54}$Xe キセノン	5
6	$_{55}$Cs セシウム	$_{56}$Ba バリウム	57~71 ランタノイド	$_{72}$Hf ハフニウム	$_{73}$Ta タンタル	$_{74}$W タングステン	$_{75}$Re レニウム	$_{76}$Os オスミウム	$_{77}$Ir イリジウム	$_{78}$Pt 白金	$_{79}$Au 金	$_{80}$Hg 水銀	$_{81}$Tl タリウム	$_{82}$Pb 鉛	$_{83}$Bi ビスマス	$_{84}$Po ポロニウム	$_{85}$At アスタチン	$_{86}$Rn ラドン	6
7	$_{87}$Fr フランシウム	$_{88}$Ra ラジウム	89~103 アクチノイド	注：アルカリ金属はHを除く1族の元素															7
族の一般名	アルカリ金属	アルカリ土類金属															ハロゲン	貴ガス	族の一般名
価電子の数	1	2	(遷移元素では原子の最外電子殻電子の数は1または2が多い)									2	3	4	5	6	7	0	価電子の数

2 周期表の族と周期

周期表の縦の列を**族**といい、原子番号の小さいほうのグループから順に、1族、2族、3族、…、18族という。同じ族に属する元素を**同族元素**という。

一方、周期表の横の行を**周期**といい、原子番号の小さいほうのグループから順に、第1周期、第2周期、…、第7周期がある。

3 典型元素と遷移元素

周期表の１、２、13～18族の元素を**典型元素**という。典型元素においては、原子の価電子数が周期的に変化し、価電子数が等しい同族元素どうしの化学的性質はよく似ている。

一方、３～12族の元素を**遷移元素**という。遷移元素では周期表で隣り合う元素どうしの化学的性質が似ていることが多い。

4 金属元素と非金属元素

単体が金属光沢を持ち、熱電気伝導性が高い元素を**金属元素**という。金属元素は全元素の８割を占めている。周期表においては左下から中央付近にかけて位置し、遷移元素はすべて金属元素である。一般に金属元素は陽性を持ち、周期表の左下ほどそれは強い。

一方、水素と周期表の右上にある典型元素は**非金属元素**である。一般に、18族を除く非金属元素は陰性を持ち、周期表では右上ほど強く、フッ素が最大である。

5 同族元素

一つの同族元素全体、あるいはその一部の元素群において、性質が特徴的であったりよく似ていたりするものには、特別な名称がついている。

① アルカリ金属

水素Hを除く１族元素(リチウムLi、ナトリウムNa、カリウムK、ルビジウムRb、セシウムScなど)を**アルカリ金属**という。これらは価電子を１個持つため１価の陽イオンになりやすい。

② アルカリ土類金属

２族元素(ベリリウムBe、マグネシウムMg、カルシウムCa、ストロンチウムSr、バリウムBaなど)を**アルカリ土類金属**という。これらは価電子を２個持つため２価の陽イオンになりやすい。

③ ハロゲン

17族元素(フッ素F、塩素Cl、臭素Br、ヨウ素Iなど)を**ハロゲン**という。これらは価電子を７個持つため１価の陰イオンになりやすい。単体は**2原子分子**である。

④ 貴ガス

18族元素(ヘリウムHe、ネオンNe、アルゴンAr、クリプトンKr、キセノンXeなど)を貴ガス(希ガス)という。価電子数が0で安定な電子配置を持つ。単体は**単原子分子**であり、常温で無色の気体である。

同族元素の名称と性質

族	名称	性質
1族の元素 (Hを除く)	アルカリ金属	**1価の陽イオン**になりやすい 水酸化物は**塩基性**
2族の元素	アルカリ土類金属	**2価の陽イオン**になりやすい 水酸化物は**塩基性**
17族の元素	ハロゲン	**1価の陰イオン**になりやすい 単体は**2原子分子**で存在し有色
18族の元素	貴ガス	安定した**単原子分子**で存在 いずれも気体

6 単体の常温・常圧での状態

各元素の単体における状態は覚えておくと便利である。なお化学では、常温とは25℃、常圧とは1.0×10^5Paを指すことが多い。

常温・常圧で単体が液体の元素	臭素Br_2と水銀Hg
常温・常圧で単体が気体の元素	水素H_2、窒素N_2、酸素O_2、オゾンO_3、フッ素F_2、塩素Cl_2およびすべての貴ガス
常温・常圧で単体が固体の元素	上記以外の単体

5 イオン

1 イオン

原子は、電子を受け取ったり、放出したりすることで＋や－の電荷を持つことがあるが、このような**電荷を持っている粒子をイオン**という。水などに溶かしたとき、イオンに分かれる物質を**電解質**といい、イオンに分かれることを**電離**という。電解質に対して、イオンに分かれない物質を**非電解質**という。

例　電 解 質：塩化ナトリウム、塩化水素、水酸化ナトリウムなど

非電解質：グルコース、ショ糖、エタノールなど

また、イオンには陽イオンと陰イオンがある。

陽イオン：原子が電子(－の電荷)を放出することで、＋の電荷を帯びたイオン

陰イオン：原子が電子(－の電荷)を受け取ることで、－の電荷を帯びたイオン

原子が電離して**電荷を帯びたイオンになること**を**帯電**という。電子の電気的な性質を理解するために、帯電のメカニズムを理解しよう。

帯　電

❶　電気的に中性の状態　　：陽子の数＝電子の数

❷　電気的にプラスの状態　：陽子の数＞電子の数

❸　電気的にマイナスの状態：陽子の数＜電子の数

2 イオンの構造

原子は、K殻以外は**最外殻電子が8個の場合が最も安定した**(化学反応を起こしにくい)**状態**なので、そのように変化しようとする。これをオクテット則という。

価電子の数が0個に近い1～3個のものは、電子を失うことによって最外殻の電子が8個になるように変化する。この場合、－の電荷を持つ電子を失うことから、全体として＋の電荷を持つ陽イオンになる。このような性質を**陽性**という。

これに対して、価電子の数が6個や7個のものは、電子を受け取ることによって最外殻の電子が8個になるように変化する。この場合、－の電荷を持つ電子を受け取ることから、全体として－の電荷を持つ陰イオンになる。このような性質を**陰性**という。

イオンの構造

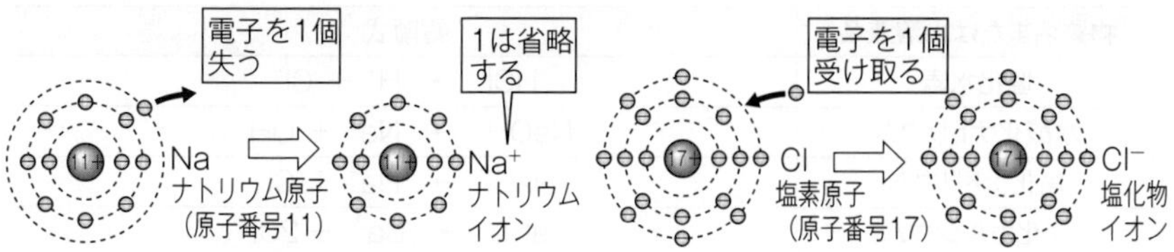

3 イオンを表す化学式・電離を表す式

イオンを表す化学式(イオン式)は、イオンが帯びている電荷や価電子の個数を右上の記号で示したものである。右上の＋、－の前に置かれた数を価数といい、1は省略されるので＋や－だけなら1価、数字が2なら2価、3なら3価という。

イオンを表す化学式の例を以下に挙げる。

主なイオン式

イオンの名称	イオン式	イオンの名称	イオン式
水素イオン	H^+	ナトリウムイオン	Na^+
カリウムイオン	K^+	銀イオン	Ag^+
マグネシウムイオン	Mg^{2+}	アンモニウムイオン	NH_4^+
バリウムイオン	Ba^{2+}	亜鉛イオン	Zn^{2+}
カルシウムイオン	Ca^{2+}	銅イオン	Cu^{2+}
アルミニウムイオン	Al^{3+}	塩化物イオン	Cl^-
水酸化物イオン	OH^-	硝酸イオン	NO_3^-
酢酸イオン	CH_3COO^-	硫酸イオン	SO_4^{2-}
炭酸水素イオン	HCO_3^-	炭酸イオン	CO_3^{2-}
硫化水素イオン	HS^-	硫化物イオン	S^{2-}

また、**電離を表す式**(電離式)は、物質が陽イオンと陰イオンに分かれる様子を示したものである。電離を表す式の例を以下に挙げる。

主な電離式

物質名または水溶液名	電離式
塩化水素	$HCl \rightarrow H^+ + Cl^-$
水酸化ナトリウム	$NaOH \rightarrow Na^+ + OH^-$
塩化ナトリウム	$NaCl \rightarrow Na^+ + Cl^-$
塩化カルシウム	$CaCl_2 \rightarrow Ca^{2+} + 2Cl^-$
塩化銅	$CuCl_2 \rightarrow Cu^{2+} + 2Cl^-$
硫酸	$H_2SO_4 \rightarrow 2H^+ + SO_4^{2-}$
硫酸ナトリウム	$Na_2SO_4 \rightarrow 2Na^+ + SO_4^{2-}$
水酸化バリウム	$Ba(OH)_2 \rightarrow Ba^{2+} + 2OH^-$
水酸化カルシウム	$Ca(OH)_2 \rightarrow Ca^{2+} + 2OH^-$
水酸化カリウム	$KOH \rightarrow K^+ + OH^-$
水酸化アルミニウム	$Al(OH)_3 \rightarrow Al^{3+} + 3OH^-$
酢酸	$CH_3COOH \rightarrow H^+ + CH_3COO^-$
硝酸	$HNO_3 \rightarrow H^+ + NO_3^-$
アンモニア水	$NH_3 + H_2O \rightarrow NH_4^+ + OH^-$
二酸化炭素（炭酸水）	$CO_2 + H_2O \rightarrow 2H^+ + CO_3^{2-}$
硫化水素	$H_2S \rightarrow H^+ + HS^- \rightarrow 2H^+ + S^{2-}$
水	$H_2O \rightleftarrows H^+ + OH^-$

4 イオン生成のエネルギー

① イオン化エネルギー

ある原子を1価の陽イオンにするために必要なエネルギーをイオン化エネルギーといい、イオン化エネルギーの値が小さいほど、陽イオンにするために必要なエネルギーが小さく（つまり**電子を放出しやすい**）、陽イオンになりやすい。**周期表の右上のほうが大きく（Heが最大）、左下のほうが小さい。**

② 電子親和力

1価の陰イオンになるときに原子が放出するエネルギーを**電子親和力**といい、電子親和力が大きいほど、陰イオンにするために必要なエネルギーが小さく（つまり**電子を受け取りやすい**）、陰イオンになりやすい。通常、**周期表の右上のほうが大きく、左下のほうが小さい**が、例外も多い。特に貴ガスは閉殻構造で安定しているため陰イオンになりにくく、非常に小さい（負の値をとる）。

周期表とイオンの関係

H							He
Li	Be	B	C	N	O	F	Ne
Na	Mg	Al	Si	P	S	Cl	Ar
K	Ca						

電子が1個余分　電子が2個余分　例 Caなら2個電子を失ってCa^{2+}となる

電子があと2個で閉殻　電子があと1個で閉殻　例 Sなら2個電子を得てS^{2-}となる

イオン化エネルギーと電子親和力

	金　属	非金属	貴ガス
イオン化エネルギー	小さい	大きい	非常に大きい
電子親和力	小さい	大きい	非常に小さい

5 原子とイオンの大きさ

原子やイオンの大きさは、主に原子核の正電荷の大きさと電子配置によって決まり、以下のような傾向がある。

原子・イオンの大きさ

❶ 同じ族では原子番号が大きい(周期表の下)ほど、原子は大きい
❷ 同じ周期では貴ガスを除き原子番号が大きい(周期表の右)ほど小さい
❸ 原子が陽イオンになると小さくなり、陰イオンになると大きくなる
❹ 同じ族のイオンでは、原子番号が大きいほどイオンも大きい
❺ 同じ電子配置のイオンでは、原子番号が大きいほど原子核の正電荷が大きくなり、電子がより引き付けられるため、イオンは小さい

6 化学結合

1 化学結合

物質は、原子が複数集まることによって分子や結晶を作ったり、イオンどうしが結合することで集合体を作ったりする。また、分子どうしも結合して集合体を作る。このような結合を**化学結合**という。化学結合のうち、原子どうしの結合を**共有結合**、**金属結合**、イオンどうしの結合を**イオン結合**、分子間の結合を**分子間力**という。一般的に結合の強さは次のようになる。

共有結合＞イオン結合＞金属結合＞分子間力（水素結合など）

2 共有結合

① 共有結合

非金属どうしが分子を作るとき、それぞれの原子が価電子を出して**互いにそれを共有**し、同周期の貴ガス原子と同じ電子配置になることが多い。このような結合を共有結合という。

第２、第３周期の原子では、最外殻電子が１～４個のときには電子殻中の電子は単独で存在し、最外殻電子が５個以上になると**２個で１組の対**を作るようになる。これを**電子対**（つい）といい、最外殻には最大で４個の電子対が存在できる。**対を作っていない電子**を**不対電子**（ふつい）といい、これらをモデル化したものを**電子式**という。

原子が共有結合で結びつくときは、互いの不対電子を出し合ってできる電子対を共有する。このとき、**原子間で共有された電子対を共有電子対**、**共有されない電子対を非共有電子対**という。

共有電子対が１組の場合を**単結合**、２組、３組の場合をそれぞれ**二重結合**、**三重結合**という。

共有結合

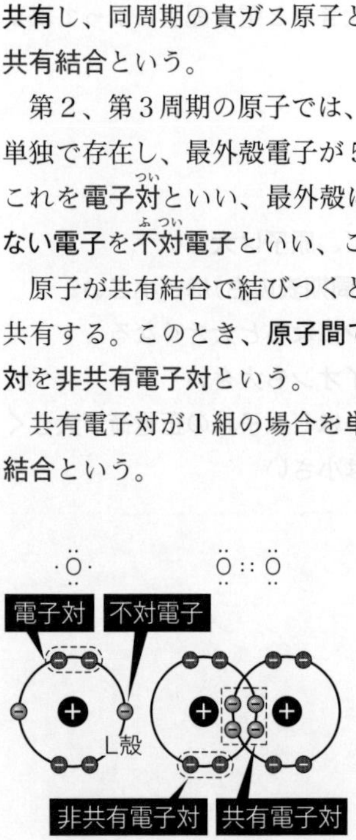

	単結合	二重結合	三重結合
電子式	H:H	:Ö::Ö:	:N⋮⋮N:
構造式	H−H	O=O	N≡N

１対の共有電子対を１本の線で表したもの

② 配位結合・錯イオン

共有結合では、結合する電子どうしがそれぞれ不対電子を出し合い、共有電子対を作って結合するが、**結合する原子の片方からだけ非共有電子対が出され、それを両方の原子が互いに共有してできる結合**もある。これを**配位結合**という。配位結合は共有結合の一種であり、オキソニウムイオンH_3O^+やアンモニウムイオンNH_4^+がその代表例である。結合したものと他の共有結合しているものとの間に**違いはない**。

金属元素の陽イオンに非共有電子対を持ついくつかの分子や陰イオンが配位結合したイオンを**錯**(さく)**イオン**という。アンモニアNH_3のように、非共有電子対を持ち金属イオンに配位結合する分子やイオンを**配位子**という。

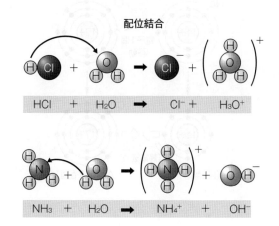

配位結合

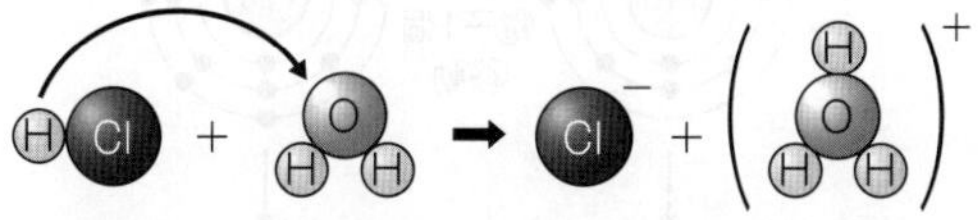

$HCl + H_2O \rightarrow Cl^- + H_3O^+$

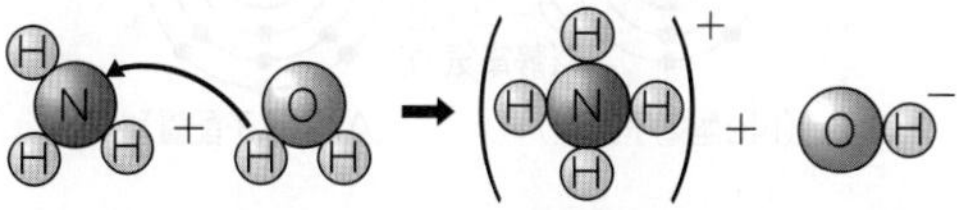

$NH_3 + H_2O \rightarrow NH_4^+ + OH^-$

3 イオン結合

陽イオンと陰イオンの静電気的な引力(クーロン力)による結びつきを**イオン結合**という。一般に陽性の強い元素(金属元素)と、陰性の強い元素(非金属元素)からなる化合物はイオン結合である。

イオンからなる物質は、陽イオンによる正電荷と陰イオンによる負電荷の総和が0で電気的に中性であり、「陽イオンの価数×陽イオンの数＝陰イオンの価数×陰イオンの数」が成り立っている。

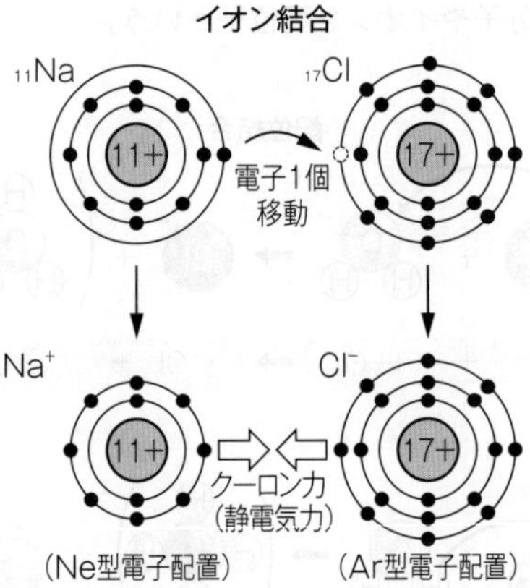

4 金属結合

① 金属結合

金属元素は共有電子対を引き付ける力(電気陰性度)が小さいため、自らの電子を常に引き付けておくことができず、一部の電子が**電子殻から離れてしまう**。このような電子を自由電子という。**－の電荷を持つ自由電子と＋の電荷を持つ金属イオン**(電子が離れてしまうため陽イオンになる)**が静電気力**(クーロン力)**によって引き合い結合**する。これを**金属結合**という。金属結合は同じ金属元素どうしの結合である。

金属結合

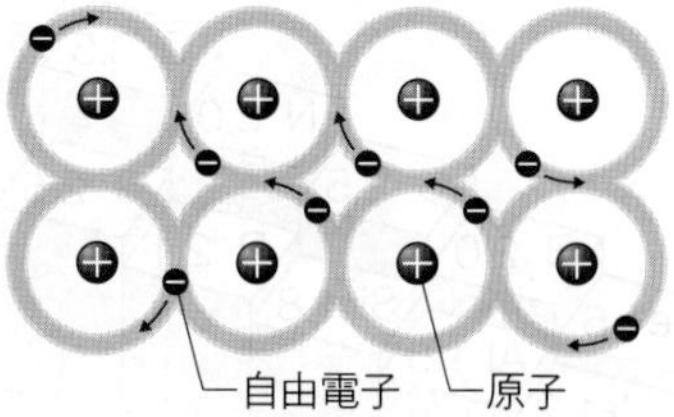

原子間の結合

結合名	構成元素	物質例
共有結合	非金属元素どうし	H_2、HCl、NH_3など(分子式で表記)
イオン結合	金属元素と非金属元素	NaCl、$CaCl_2$など(組成式で表記)
金属結合	金属元素どうし	Na、Ca、Feなど(組成式で表記)

② 金属の性質

金属は磨くと光る。これを**金属光沢**といい、これは自由電子と光の相互作用によるものである。また金属は、熱や電気をよく通す。これも自由電子があるからである。金属は**叩くと薄く広がり**(展性)、**引っ張ると伸びる**(延性)性質がある。これも自由電子によるものである。金属がイオンになる場合、必ず陽イオンである。

5 電気陰性度と分子の極性

① 電気陰性度

異なる種類の原子が結合するとき、各原子の陽子数や電子配置が異なるため、**それぞれの原子が価電子を引き寄せる強さに違いが生じる**。この強さを数値化したものを電気陰性度という。周期表の貴ガスを除く部分の**右上ほど強く**(陰イオンになりやすい原子は電子を得ようとする)、フッ素Fが最大である。

電気陰性度

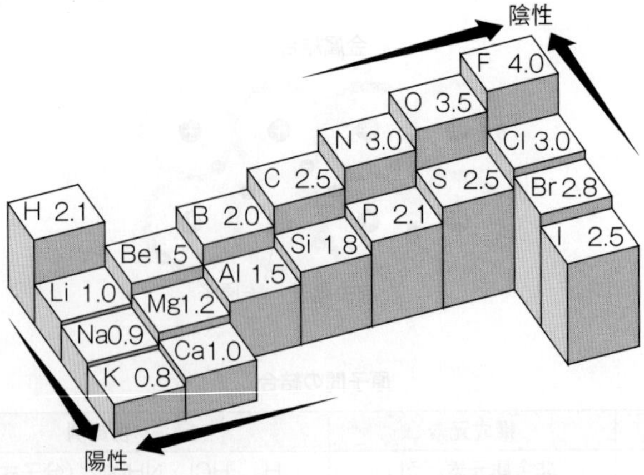

電気陰性度の性質

電気陰性度とは、共有結合している原子どうしが分子内の共有電子対を引きつける力のことである。また、以下の3点の性質については特に覚えておくこと。

① 特に電気陰性度の大きい原子
　フッ素F＞酸素O＞塩素Cl＞窒素N＞水素H
② 貴ガスは結合しないので電気陰性度は考えない
③ 周期表右上に向かって値が大きくなっていく(水素Hも大きい)

② 結合の極性

例えば塩化水素H－Clの共有結合を考える。図より電気陰性度は水素よりも塩素のほうが強いので、共有電子対は塩素側に引き寄せられる。結果として水素はいくらかプラス($\delta +$)を帯び、塩素はいくらかマイナス($\delta -$)を帯びる。

このように共有結合している原子間に生じる**電荷の偏り**を極性という。電気陰性度が異なる原子間においては必ず極性が生じる。

極性

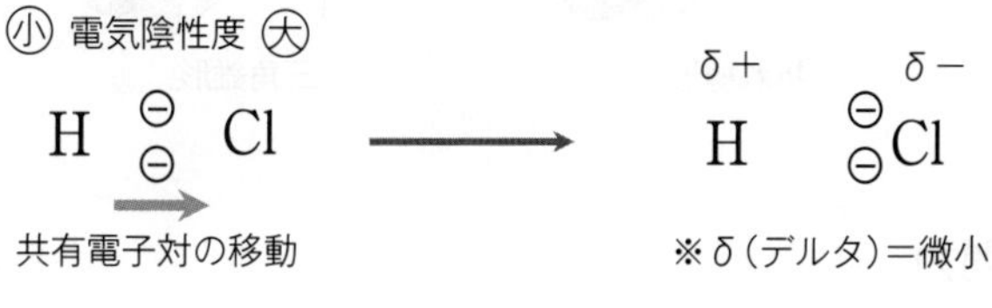

③ 分子の極性

２原子分子の場合、同じ原子どうしであれば**結合に極性がない**。このような分子を無極性分子という。一方、塩化水素のような、**極性を持つもの**を極性分子という。

多原子分子では、分子の形が極性に大きく関係する。例えば直線型の二酸化炭素分子O＝C＝Oでは、それぞれのC＝Oでは極性があるが、正反対を向いているために打ち消し合って分子全体では無極性となる。同様に、メタン分子のような正四面体形でも無極性分子となる。

塩化水素分子

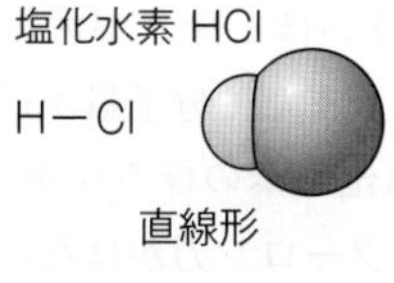

メタン分子

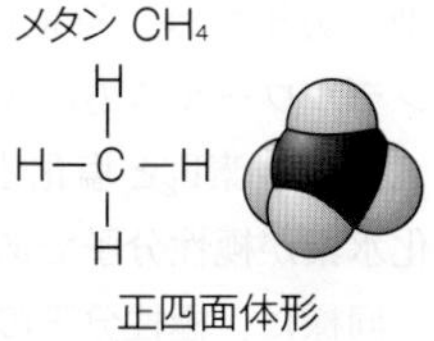

一方、折れ線形の水分子では、二つのO－H結合の極性は、それらが一直線上にないため分子全体では打ち消されず、極性分子となる。同様に三角錐形のアンモニア分子なども極性分子である。

水分子・アンモニア分子

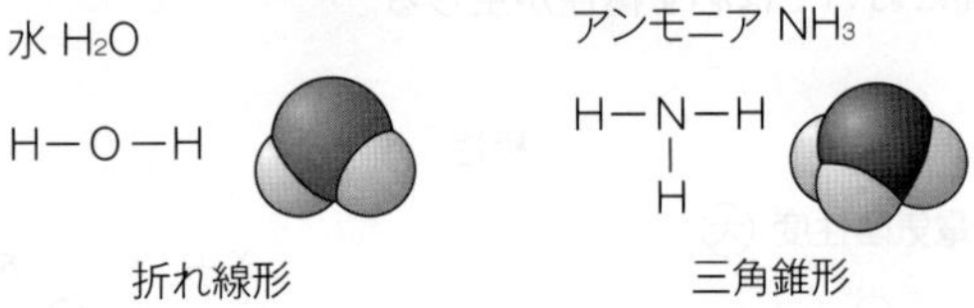

6 分子間力

① 分子間力

分子からなる物質は、常温常圧(25℃、1.0×10^5Pa)で、例えば水素H_2や二酸化炭素CO_2は気体、水H_2OやエタノールC_2H_5OHは液体である。これは分子間にイオン結合や共有結合よりはるかに弱い力しかはたらかないためである。この、**分子間にはたらく弱い力を分子間力**という。

② ファンデルワールス力

常温常圧で気体として存在する水素や二酸化炭素も、低温や高圧にすれば液体や固体となる。これは、どのような分子の間にも弱い力ははたらくためで、これを**ファンデルワールス力**という。

構造が似た分子では、質量(後述する分子量)が大きいほど分子が大きくなるため、ファンデルワールス力が大きく、沸点が高くなる。また、分子量が近い物質どうし、例えばフッ素F_2と塩化水素HClを比べると、塩化水素のほうが沸点が高い。これは塩化水素が極性分子であるため、分子間に弱いクーロン力がはたらくのが原因である。同様に、**極性分子のほうが無極性分子よりも沸点が高い**。

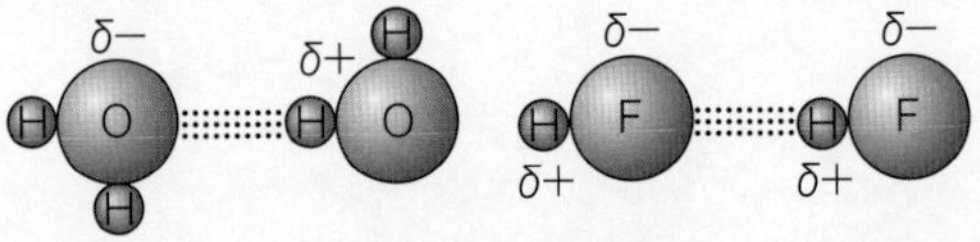

③ 水素結合

アンモニアNH_3、水H_2O、フッ化水素HFは、似たような分子量の物質に比べて沸点が異常に高い。これは、電気陰性度の特に大きい原子(窒素N、酸素O、フッ素F)が電子を強く引き寄せて負に帯電し、一方の水素原子が正に帯電して分子の極性が大きくなったからである。

このように、電気陰性度が特に大きいF、O、N原子間に**H原子が仲立ちする形で生じる結合**を**水素結合**という。

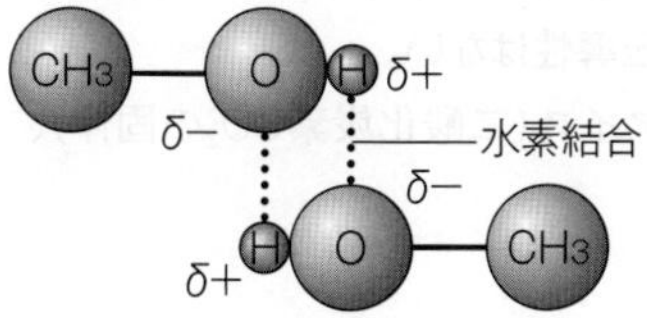

7 化学結晶

化学結合によって、原子、分子、イオンなどが**周期的な配列で結合した固体**のことを**結晶**という。結晶には共有結合結晶、イオン結晶、金属結晶、分子結晶がある。

① 共有結合結晶(共有結晶)

共有結合によってできた結晶を**共有結合結晶**という。結合が**非常に強く**、**融点が高い**。基本的に**電気伝導性はない**が、**黒鉛は例外的に電気伝導性がある**。

例　ダイヤモンド・黒鉛C、ケイ素Si、二酸化ケイ素SiO_2、炭化ケイ素SiCなど

② イオン結晶

イオン結合によってできた結晶を**イオン結晶**という。結合は**比較的強く**、**融点が高い**。イオン結晶は**硬くてもろく**、**電気伝導性はない**が、水に溶かした場合(**溶解**)や加熱して溶かした場合(**融解**)には**電気伝導性**がある。

例　塩化ナトリウムNaCl、塩化マグネシウム$MgCl_2$など

③ 金属結晶

金属結合によってできた結晶を金属結晶という。結合の強さはさまざまで、融点の幅も広い。**延性**(叩くと薄く広がる性質)や**展性**(引っ張ると細く伸びる性質)、**電気伝導性がある。**

例　鉄Fe、アルミニウムAl、マグネシウムMgなど

④ 分子結晶

分子間力によってできた結晶を分子結晶という。結合は**非常に弱く、融点や昇華点は低い。**基本的に**電気伝導性はない。**

例　ヨウ素I_2、ドライアイス(二酸化炭素CO_2の固体)、氷(水H_2Oの固体)、ナフタレンなど[6]

⑤ アモルファス

構成粒子が規則性を持たずに配列している固体をアモルファス(**非晶体**)という。ガラスはその代表例である。

8 水和物

分子またはイオンに水分子が結合した化合物を水和物といい、分子またはイオンが水和物を形成する作用を水和という。硫酸銅(Ⅱ)五水和物$CuSo_4 \cdot 5H_2O$、塩化マグネシウム六水和物$MgCl_2 \cdot 6H_2O$などが水和物の例として挙げられる。

6　ヨウ素、ドライアイス、ナフタレンなどは、固体から気体（気体から固体）に直接状態変化する昇華性を有する。

過去問 Exercise

問題1 （　）の中の物質を、混合物、化合物、単体に分類した組合せとして、最も妥当なのはどれか。

東京消防庁Ⅰ類2012

（海水　水　アルゴン　空気　金　二酸化炭素）

	混合物	化合物	単体
1	海水、空気	水、二酸化炭素	アルゴン、金
2	海水、水	アルゴン、二酸化炭素	空気、金
3	アルゴン、二酸化炭素	海水、水、空気	金
4	空気、二酸化炭素	海水、金	水、アルゴン
5	水、アルゴン	空気、金	海水、二酸化炭素

解説

正解 1

海水は、水と塩化ナトリウム、塩化マグネシウム、硫酸ナトリウムなどの混合物である。また、水は、水素原子と酸素原子の化合物である。次に、アルゴンはアルゴン原子のみからできている単体である。空気は、主に窒素と酸素の混合物である。金は、金原子のみからできた単体である。二酸化炭素は、炭素原子と酸素原子の化合物である。

よって、混合物：海水、空気、化合物：水、二酸化炭素、単体：アルゴン、金である。

問題2

分離に関する記述として、最も妥当なのはどれか。

東京消防庁Ⅰ類2020

❶ ろ過は、温度による溶解度の違いを利用して不純物を取り除く方法で、硫酸銅が少量混ざった硝酸カリウムを温水に溶かし、冷却するとより純粋な硝酸カリウムを得ることができる。

❷ 抽出は、液体に目的とする物質を溶かしだして分離する方法で、身近な例では、コーヒー豆からコーヒーの成分をお湯に溶かすというものがある。

❸ 再結晶は、液体同士が混ざっているときに、沸点の違いを利用して分ける方法で、沸点が異なることを利用して、ガソリンや灯油を分離することができる。

❹ 昇華は、吸着と溶解の差を利用して分離する方法で、ヨウ素と塩化ナトリウムの混合物からヨウ素を取り出すときに使える。

❺ 蒸留は、固体から直接気体に状態変化することであり、ドライアイスが気体に変化することをいう。

解説

正解 ❷

❶ × これはろ過ではなく再結晶に関する記述である。

❷ ○ 正しい記述である。

❸ × これは再結晶ではなく蒸留(分留)に関する記述である。

❹ × これは昇華ではなく抽出に関する記述である。

❺ × これは蒸留ではなく昇華に関する記述である。

問題3

物質の構成に関する記述として、妥当なのはどれか。

東京都Ⅰ類2018

1　1種類の元素からできている純物質を単体といい、水素、酸素及びアルミニウムがその例である。

2　2種類以上の元素がある一定の割合で結びついてできた純物質を混合物といい、水、塩化ナトリウム及びメタンがその例である。

3　2種類以上の物質が混じり合ったものを化合物といい、空気、海水及び牛乳がその例である。

4　同じ元素からできている単体で、性質の異なる物質を互いに同位体であるといい、ダイヤモンド、フラーレンは炭素の同位体である。

5　原子番号が等しく、質量数が異なる原子を互いに同素体であるといい、重水素、三重水素は水素の同素体である。

解説

正解 ❶

---

❶ ◯　正しい記述である。

❷ ✕　２種類以上の元素が、ある一定の割合で結びついてできた純物質を化合物という。なお、挙げられている水、塩化ナトリウム、メタンは化合物の例である。

❸ ✕　２種類以上の物質が混じり合ったものは混合物という。なお、挙げられている空気、海水、牛乳は混合物の例である。

❹ ✕　同じ元素からできている単体で、性質の異なる物質は互いに同素体という。なお、挙げられているダイヤモンド、フラーレンは炭素の同素体の例である。

❺ ✕　原子番号が等しく、質量数が異なる原子は互いに同位体という。なお、挙げられている重水素、三重水素は水素の同位体の例である。

問題4

原子の構造に関する記述として、妥当なのはどれか。

特別区Ⅰ類2012

1 原子に含まれる電子の数と中性子の数は常に等しいので、原子は全体として電気的に中性である。

2 原子核に含まれる陽子の数が等しく、中性子の数が異なる原子どうしを、互いに同素体であるという。

3 原子番号は、原子核に含まれる中性子の数と常に等しい。

4 原子核に近い内側からn番目の電子殻に入ることができる電子の数は、$2\times n^2$で表される。

5 原子に含まれる陽子の数と電子の数との和を、その原子の質量数という。

解説

正解 ❹

---

❶ × 原子は、全体として電気的に中性である。これは、原子に含まれる電子の数と陽子の数が等しいからである。

❷ × 原子核に含まれる陽子の数が等しく、中性子の数が異なる原子どうしは、同位体である。

❸ × 原子番号は、原子核に含まれる陽子の数、または電子の数と等しい。

❹ ○ 電子核は、原子核に近い内側からK殻、L殻、M殻、N殻…といわれる。また、原子核に近い内側からn番目の電子核に入ることができる電子の最大数は、$2n^2$で表すことができる。

❺ × 原子に含まれる陽子の数と中性子の数の和を、質量数という。

問題5 イオン化エネルギーと電子親和力に関する記述として、最も妥当なのはどれか。

東京消防庁Ⅰ類2016

1. アルカリ金属の原子はイオン化エネルギーが大きい。
2. 希ガス原子はイオン化エネルギーが小さい。
3. イオン化エネルギーが大きいと陽イオンになりやすい。
4. 電子親和力が大きいと陰イオンになりやすい。
5. ハロゲンの原子は電子親和力が小さい。

解説

正解 ❹

イオン化エネルギーとは原子から電子を1個受け取って1価の陽イオンにするのに必要なエネルギーのことで、電子親和力とは原子が電子を1個受け取って1価の陰イオンとなる際に放出するエネルギーのことである。

❶ ×　アルカリ金属の原子は1価の陽イオンになりやすいので、イオン化エネルギーは小さい。

❷ ×　貴ガス(希ガス)原子は極めて安定的な原子であるため、イオン化エネルギーは非常に大きい。

❸ ×　陽イオンになりやすい原子は、イオン化エネルギーが小さい。

❹ ○　電子親和力が大きい原子は陰イオンになりやすい。

❺ ×　ハロゲンの原子は1価の陰イオンになりやすいので、電子親和力は大きい。

問題6

原子の構造とイオンに関する記述として最も妥当なものはどれか。

裁判所一般職2020

1 原子は、中心にある原子核を構成する正の電荷をもつ陽子と、原子核のまわりにある負の電荷をもつ電子の数が等しく、全体として電気的に中性である。

2 原子が電子をやり取りして電気を帯びるとイオンになるが、電子を失ったときは陰イオンに、電子を受け取ったときは陽イオンになる。

3 イオンが生成するとき、一般に価電子が１個～３個の原子は陰イオンに、価電子が６個～７個の原子は陽イオンになりやすい。

4 イオンからなる物質は、粒子間にはたらくイオン結合が強いため一般に融点が高く、また、固体の結晶のままでも電気を導く。

5 電子親和力とは、原子が陽イオンになるのに必要なエネルギーのことをいい、電子親和力の大きい原子ほど陽イオンになりやすい。

解説

正解 ❶

---

❶ ○　正しい記述である。

❷ ×　電子は負の電荷を持つので、失うとプラスに偏り陽イオン、受け取るとマイナスに偏り陰イオンとなる。

❸ ×　最外殻電子数が8個のときの価電子は0とし、これをオクテットという。原子はオクテットのときが最も安定しているので、価電子が1～3個のときは失って陽イオン、6～7個のときは受け取って陰イオンになりやすい。

❹ ×　イオン結合はクーロン力という静電気的な引力で結びついており、その強さが融点に影響する。また、一般に結晶のままでは電気伝導性はなく、水に溶けて電離すると電気伝導性を持つ。

❺ ×　電子親和力は、原子が最外殻電子殻に電子1個を受け取り、1価の陰イオンになるときに放出するエネルギーのことである。またこれは、一般に周期表の右上ほど大きく、左下ほど小さいので、大きいものほど陰イオンになりやすいといえる。

問題7

化学結合に関する記述として、妥当なのはどれか。

特別区Ⅰ類2014

1 電気陰性度の大きい原子が隣接分子の水素原子と引き合うような、水素原子を仲立ちとした分子間の結合を水素結合という。

2 ２個の原子の間で、それぞれの原子が価電子を出して引き合うような、互いの静電気的な力(クーロン力)による結合を共有結合という。

3 陽イオンと陰イオンとの間に働く力をファンデルワールス力といい、この力による結合をイオン結合という。

4 金属の原子が集合した金属の単体において、隣り合う２個の原子の間で共有される価電子による結合を金属結合という。

5 電荷の片寄りがある極性分子の分子間に働く、無極性分子より強い静電気的な引力による結合を配位結合という。

解説

正解 ❶

❶ ○　正しい記述である。

❷ ×　原子の間で、それぞれの原子が価電子を何個かずつ出し合って、互いの電子を共有してできる結びつきを共有結合という。

❸ ×　陽イオンと陰イオンの間にはたらく力はクーロン力という静電気的な引力である。この力による結合をイオン結合という。

❹ ×　金属の原子が集合した金属の単体において、各原子の自由電子は、結晶中のすべての原子に共有され、自由に結晶中を動き回ることができる。このような、自由電子による結合を金属結合という。

❺ ×　電荷の偏りがある極性分子の分子間にはたらく、無極性分子より強い静電気的な引力による結合を水素結合という。

問題8

結晶の種類と性質に関する記述として、妥当なのはどれか。

特別区Ⅰ類2019

1　構成粒子が規則正しく配列した構造をもつ固体を結晶といい、金属結晶、イオン結晶、共有結合の結晶、分子結晶、アモルファスに大別される。

2　金属結晶は、多数の金属元素の原子が金属結合で結びついており、自由電子が電気や熱を伝えるため、電気伝導性や熱伝導性が大きい。

3　共有結合の結晶は、多数の金属元素の原子が共有結合によって強く結びついているため、一般にきわめて硬く、融点が非常に高い。

4　イオン結晶は、一般に融点が高くて硬いが、強い力を加えると結晶の特定な面に沿って割れやすい性質があり、これを展性という。

5　分子結晶は、多数の分子が分子間力によって結びついた結晶であり、一般に融点が低く、軟らかく、電気伝導性があり、昇華しやすいものが多い。

解説

正解 ❷

---

❶ × アモルファスとは、結晶構造を持たない物質の状態のことをいう。ガラスやゴムがその例である。

❷ ○ 正しい記述である。

❸ × 共有結合による結晶で代表的なものは、ダイヤモンド(炭素)や二酸化ケイ素などの、非金属の原子が数多く結びついたもので、金属元素ではない。

❹ × 展性とは、物質が圧力や打撃によって破壊されることなく、薄く広げられる性質のことである。金、銀、アルミニウムなどの柔らかい金属がこの性質に富んでいる。特定の面に沿って割れやすい性質は「へき開性」という。

❺ × 分子は電気的に中性なので、分子結晶は一般に電気伝導性を持たない。

問題9　化学結合や結晶に関する記述として最も妥当なのはどれか。

国家一般職2017

❶　イオン結合とは、陽イオンと陰イオンが静電気力によって結び付いた結合のことをいう。イオン結合によってできているイオン結晶は、一般に、硬いが、外部からの力にはもろく、また、結晶状態では電気を導かないが、水溶液にすると電気を導く。

❷　共有結合とは、2個の原子の間で電子を共有してできる結合のことをいう。窒素分子は窒素原子が二重結合した物質で電子を4個共有している。また、非金属の原子が多数、次々に共有結合した構造の結晶を共有結晶といい、例としてはドライアイスが挙げられる。

❸　それぞれの原子が結合している原子の陽子を引き付けようとする強さには差があり、この強さの程度のことを電気陰性度と呼ぶ。電気陰性度の差によりそれぞれの結合に極性が生じたとしても、分子としては極性がないものも存在し、例としてはアンモニアが挙げられる。

❹　分子結晶とは、共有結合より強い結合によって分子が規則正しく配列している結晶のことをいう。分子結晶は、一般に、電気伝導性が大きく、水に溶けやすい。例としては塩化ナトリウムが挙げられる。

❺　金属結合とは、金属原子から放出された陽子と電子が自由に動き回り、金属原子どうしを結び付ける結合のことをいう。金属結晶は多数の金属原子が金属結合により規則正しく配列してできており、熱伝導性、電気伝導性が大きく、潮解性があるなどの特徴を持つ。

解説

正解 ❶

❶ ○ 正しい記述である。

❷ × 共有結合に関する記述は妥当であるが、窒素分子N_2は窒素原子Nが三重結合した物質であるため、電子を6個共有している。共有結合によりできる結晶を共有結晶(共有結合の結晶)と呼ぶことは妥当であるが、具体例として挙げられているドライアイスは共有結晶ではなく分子結晶である。

❸ × 電気陰性度とは、分子内において共有電子対を引き付けようとする強さの程度のことである。電気陰性度により原子間で極性が生じたときの、分子としての極性については一般に以下のように考えられる。

・正の電荷の重心と負の電荷の重心が一致していれば分子としては極性が生じない
・正の電荷の重心と負の電荷の重心が一致していない場合は極性分子となる

よって、アンモニアNH_3は正の電荷と負の電荷の重心が一致していないため、極性分子となる。

❹ × 分子結晶とは、分子間力により分子どうしが弱く結合して規則正しく配列することによりできる結晶であり、分子間力は共有結合よりも強い結合であるということはない。なお、具体例として挙げられている塩化ナトリウムは分子結晶ではなくイオン結晶である。

❺ × 金属結合とは、金属原子を構成する陽子が規則的に並ぶことで電子の軌道が共有され、自由に動き回ることができるようになった自由電子による結合である。つまり、陽子が自由に動き回るということはない。また、潮解性は金属結晶とは無関係である。

★★★

2 物質量と化学反応式

原子にはそれぞれ質量があり、物質の反応には一定の法則があります。ここではこれらの量的な関係とその法則について見ていきます。

1 原子量・分子量・式量

1 原子量・分子量・式量

原子1個の質量は10^{-24}～10^{-22}gと非常に小さい。そこで、種々の原子の質量は「質量数12の炭素原子^{12}Cの質量を12」とし、これを基準とする相対的な質量で表している。質量数は陽子数と中性子数の和であるので、各原子の相対質量はそれぞれの原子の質量数とほぼ同じである。

ところが、元素には同位体が存在するものが多く、その存在比は自然界ではほぼ一定である。そこで、同位体が存在する元素の相対質量は各同位体の相対質量と存在比から求めることとなる。このようにして求めた値を原子量という。原子量は相対的な値なので単位はない。

分子の相対質量を分子量という。分子量は、分子を構成する元素の原子量の総和である。また、イオンやイオン結晶、金属、共有結合結晶など、イオンを表す化学式や組成式で示される物質においては、式に含まれる元素の原子量の総和を式量という。

分子量と式量

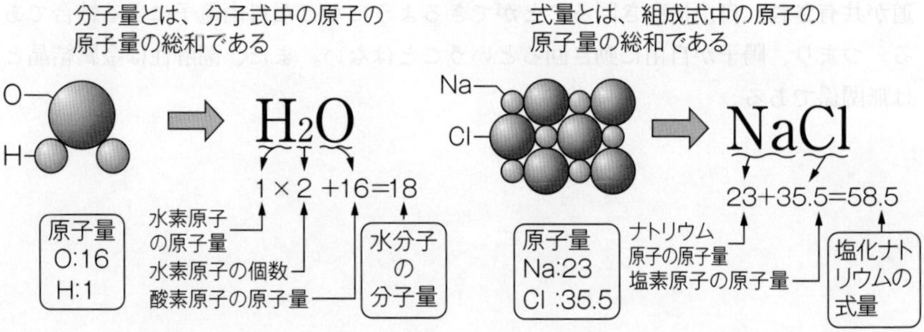

2 代表的な原子量の値

元素記号	原子量	元素記号	原子量	元素記号	原子量
H	1.0	He	4.0	Li	6.9
C	12	N	14	O	16
F	19	Ne	20	Na	23
Mg	24	Al	27	Si	28
P	31	S	32	Cl	35.5
Ar	40	K	39	Ca	40
Cr	52	Mn	55	Fe	56
Cu	63.5	Zn	65	Br	80
Ag	108	I	127	Ba	137
Au	197	Hg	201	Pb	207

2 物質量

炭素原子^{12}Cの相対質量を12と決めたことから、炭素12gの中にある原子の数を調べると**6.02×10^{23}個**であった。この数値をアボガドロ定数とし、この個数を**1mol**(モル)ということにした(国際単位としての厳密な値は$6.02214076 \times 10^{23}$)。1 molを単位として表す粒子の量を物質量という。原子や分子を1 mol集めた場合の質量は、原子量、分子量、式量に[g](グラム)を付けて表される。

1 モル質量

物質1mol当たりの質量をモル質量といい、単位は[g/mol]である。原子量や分子量、式量の数値に単位g/molをつけたものがその物質のモル質量である。よって物質量は以下の式で求められる。

$$物質量[mol] = \frac{物質の質量\ [g]}{モル質量\ [g/mol]}$$

2 アボガドロの法則

アボガドロの法則とは、標準状態におけるすべての種類の気体には同じ数の分子(原子)が含まれるというものである。物質が気体ならば、分子(原子)の種類にかかわらず、アボガドロの法則が成り立つ。また、**物質1molが占める体積をモル体積**といい、特に標準状態(0℃、1.013×10^5Pa)であれば、気体の種類に関係なく、**1molの気体の体積=22.4[L]**である。

標準状態(0℃、1気圧)における1molの気体の体積=**22.4[L]**

22.4[L/mol]×物質量[mol]=原子・分子の体積[L]

アボガドロの法則

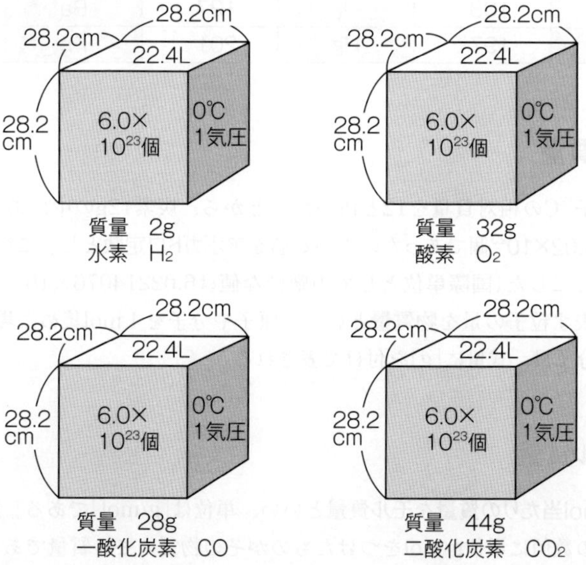

❸ 化学反応式

反応物質を左辺に、生成された物質を右辺において化学反応を示したものが化学反応式である。ラボアジエの質量保存の法則により、反応の前後で**原子の種類と数は変化しない**。

1 化学変化の量的関係

化学変化では、反応物の量によって生成物の量が決まる。これらの**量的関係は反応式を見るとわかり、化学反応式の係数の比＝物質量[mol]の比**となる。

化学反応式	$3H_2$	+	N_2	→	$2NH_3$
分子数	3個		1個		2個
物質量	3mol		1mol		2mol
質量	3×2.0g		1×28.0g		2×17.0g
気体の体積（標準状態）	3×22.4L		1×22.4L		2×22.4L

2 暗記必須の化学反応式

反応	化学反応式
鉄と硫黄の化合	$Fe + S \rightarrow FeS$
窒素と水素の化合	$N_2 + 3H_2 \rightarrow 2NH_3$
銅の酸化	$2Cu + O_2 \rightarrow 2CuO$
マグネシウムの酸化	$2Mg + O_2 \rightarrow 2MgO$
炭素の燃焼	$C + O_2 \rightarrow CO_2$
水素の燃焼	$2H_2 + O_2 \rightarrow 2H_2O$
メタンの燃焼	$CH_4 + 2O_2 \rightarrow CO_2 + 2H_2O$
エタンの燃焼	$2C_2H_6 + 7O_2 \rightarrow 4CO_2 + 6H_2O$
プロパンの燃焼	$C_3H_8 + 5O_2 \rightarrow 3CO_2 + 4H_2O$
炭酸水素ナトリウムの熱分解	$2NaHCO_3 \rightarrow Na_2CO_3 + H_2O + CO_2$
炭酸水素ナトリウムと塩酸	$NaHCO_3 + HCl \rightarrow NaCl + H_2O + CO_2$
石灰石（炭酸カルシウム）と塩酸	$CaCO_3 + 2HCl \rightarrow CaCl_2 + H_2O + CO_2$
酸化銅と塩酸	$CuO + 2HCl \rightarrow CuCl_2 + H_2O$
亜鉛と塩酸	$Zn + 2HCl \rightarrow ZnCl_2 + H_2$
マグネシウムと塩酸	$Mg + 2HCl \rightarrow MgCl_2 + H_2$

3 完全燃焼と化学反応式

公務員試験では、「完全燃焼」の出題が多いため、特にしっかりと学ぶ必要がある。

燃焼とは、対象物質を酸素O_2と反応させることであり、完全燃焼は酸素を十分に供給して各原子を完全な燃焼生成物に変化させることである。また有機物では、ごく一部の例外を除き、水素Hも含まれているので、CO_2とH_2Oが発生する。

よって、特に炭化水素(O含む)の完全燃焼の反応式は「(燃やす物質)$+O_2 \rightarrow CO_2+H_2O$」の形で表され、これが反応式の骨格となる。

本試験の問題は、完全燃焼の反応式を自力で完成させることを求めるものも多い。そこで、完全燃焼の反応式の作り方を簡単に覚えておくとよい。

完全燃焼型化学反応式の作り方

❶ 係数を無視して、反応式の骨格を完成させる
❷ 燃やす物質(左辺)のCの数とHの数を、右辺のCO_2とH_2Oの係数で揃える
❸ 最後に、Oの数を左辺のO_2の係数で揃える
❹ この段階で揃わなければ、分数を使って揃えて、両辺を分母の数で払う

過去問 Exercise

問題1

水(H_2O)270gに含まれるH原子の数として、最も妥当なのはどれか。ただし、アボガドロ定数を6.0×10^{23}/mol、原子量はそれぞれH=1、O=16とする。

東京消防庁Ⅰ類2016

1. 1.8×10^{24}
2. 6.0×10^{24}
3. 9.0×10^{24}
4. 1.8×10^{25}
5. 9.0×10^{25}

解説

正解 ④

水 H_2O の分子量は、

$(1\times 2+16)=18$ [g/mol]

なので、水270 [g] の物質量 [mol] は、

270 [g] ÷18 [g/mol] =15 [mol]

である。水分子 1 個の中に水素原子は 2 個含まれているので、

(水素原子の物質量)=(水分子の物質量)×2

となることから、水270 [g] に含まれる水素原子の物質量は、

15 [mol] ×2=30 [mol]

である。

アボガドロ定数とは、1mol あたりに含まれる分子や原子の個数を表すので、水素原子30 [mol] の個数は、

6.0×10^{23} [mol] ×30 [mol] $=180\times 10^{23}$ [個] $=1.8\times 10^{25}$ [個]

である。

問題2

32.0gのメタンCH_4の標準状態における体積として、最も妥当なのはどれか。ただし、Cの原子量を12、Hの原子量を1とする。

東京消防庁Ⅰ類2015

1. 11.2L
2. 16.0L
3. 22.4L
4. 32.0L
5. 44.8L

解説

正解 5

CH_4の分子量は12＋1×4＝16である。よって、メタン CH_4の物質量［mol］は、

32［g］÷16［g/mol］＝2［mol］

である。標準状態における気体の体積は1［mol］あたり22.4［L］なので、

22.4［L/mol］×2［mol］＝44.8［L］

である。

問題3　容積がいずれも2.8Lの容器A、Bがあり、容器Aには水素のみ、容器Bには窒素のみがそれぞれ0℃、1気圧で封入されている。このとき、次のア～オのうち、容器A、Bそれぞれの中に含まれる気体に関する記述として、妥当なものの組合せはどれか。ただし、水素の分子量を2.0、窒素の分子量を28.0とする。

東京都Ⅰ類2004

ア　容器Aの中に含まれる水素分子の物質量は、0.125molである。

イ　容器Bの中に含まれる窒素分子の質量は、2.5gである。

ウ　容器Aの中に含まれる水素分子の数は、容器Bの中に含まれる窒素分子の数と等しい。

エ　容器Bの中に含まれる窒素分子の物質量に対する、容器Aの中に含まれる水素分子の物質量の比は$\frac{1}{14}$である。

オ　容器Bの中に含まれる窒素分子の質量に対する、容器Aの中に含まれる水素分子の質量の比は$\frac{1}{28}$である。

1. ア、ウ
2. ア、エ
3. イ、エ
4. イ、オ
5. ウ、オ

解説

正解 1

0℃、1気圧において、どのような気体も1［mol］で22.4［L］であるので、2.8［L］では、1 mol：$x$mol ＝22.4L：2.8L となり、x=0.125［mol］である。

ア ○　上記のように0.125［mol］である。

イ ×　窒素分子1［mol］が28.0gであるので、窒素分子0.125molでは、1 mol：0.125mol=28.0g：ygとなり、y=3.5gである。

ウ ○　どちらも0.125［mol］であるので、どちらも分子数は$0.125\times6.02\times10^{23}$個である。

エ ×　どちらも0.125［mol］であるので、物質量の比は1：1である。

オ ×　物質量の比が1：1であるので、質量の比は$\frac{2.0}{28.0}=\frac{1}{14}$である。

問題4 標準状態（０℃、１気圧）における二酸化炭素の気体110グラムの体積として、最も妥当なのはどれか。

東京消防庁Ⅰ類2012

1. 48リットル
2. 52リットル
3. 56リットル
4. 110リットル
5. 160リットル

解説

正解 ③

二酸化炭素 CO_2 110g の物質量［mol］を求める。原子量は問題文中に与えられていないので、炭素原子 C の原子量は12、酸素 O の原子量は16として二酸化炭素 CO_2の分子量を求めると、

$$(CO_2\text{の分子量}) = 12 + 16 \times 2 = 44\ [\text{g/mol}]$$

である。よって、

$$(CO_2\text{の物質量}) = \frac{110\ [\text{g}]}{44\ [\text{g/mol}]} = 2.5\ [\text{mol}]$$

である。

アボガドロの法則より、標準状態（0℃、1気圧）において 1 mol あたりの気体の体積は22.4L であることから、CO_2 2.5mol の体積は、

$$22.4\ [\text{L/mol}] \times 2.5\ [\text{mol}] = 56\ [\text{L}]$$

である。

問題5　メタン8.0gが完全燃焼するときに生成する水の物質量として、正しいのはどれか。ただし、メタンの分子式はCH_4、分子量は16とする。

東京都Ⅰ類2016

1. 0.5mol
2. 1.0mol
3. 1.5mol
4. 2.0mol
5. 2.5mol

解説

正解 ②

メタンの分子量は16であることから、反応させるメタン8.0［g］の物質量は、

8［g］÷16［g/mol］＝0.5［mol］

である。また、メタンの完全燃焼の反応式は以下のように表される。

$CH_4 + 2O_2 \rightarrow CO_2 + 2H_2O$

反応式の係数より、

(反応するメタン CH_4の物質量)：(生成する水 H_2O の物質量) ＝1：2

であるので、水は、

0.5［mol］×2＝1.0［mol］

生成する。

第3章 化学

問題6　プロパンC_3H_8 4.4gが完全燃焼したとき、生成する水の質量はどれか。ただし、原子量はH＝1.0、C＝12.0、O＝16.0とする。

特別区Ⅰ類2015

1. 3.6g
2. 5.4g
3. 7.2g
4. 9.0g
5. 10.8g

解説

正解 3

プロパン C_3H_8が完全燃焼したときの反応式は次のように表すことができる。

$C_3H_8 + 5O_2 \rightarrow 3CO_2 + 4H_2O$

プロパンの分子量は12×3＋1×8＝44なので、4.4［g］のプロパンの物質量は0.1［mol］となる。ここで、反応するプロパンと生成する水の物質量の比は、プロパン：水＝1：4であるので、0.1［mol］のプロパンによって生成する水は0.4［mol］となる。次に、水の分子量＝1×2＋16＝18なので、0.4［mol］の水は、

0.4［mol］×18［g/mol］＝7.2［g］

となる。

問題7　一酸化炭素2.8gを完全燃焼させるときに必要となる酸素の質量として、妥当なのはどれか。ただし、一酸化炭素の分子量を28、酸素の分子量を32とする。

東京都Ⅰ類2020

1. 0.8g
2. 1.4g
3. 1.6g
4. 2.8g
5. 4.4g

解説

正解 3

メタンの分子量は28であることから、反応させる一酸化炭素2.8［g］の物質量は、

2.8［g］÷28［g/mol］＝0.1［mol］

である。また、一酸化炭素の完全燃焼の反応式は以下のように表される。

$2CO + O_2 \rightarrow 2CO_2$

反応式の係数より、

（反応する一酸化炭素 CO の物質量）：（反応する酸素 O_2の物質量）＝2：1

であるので、酸素は、

0.1［mol］×0.5＝0.05［mol］

必要となる。

よって、酸素の分子量は32であることから、

0.05［mol］×32＝1.6［g］

となる。

問題8

次の㋐～㋓の物質量[mol]の大小関係を示したものとして最も妥当なのはどれか。

ただし、原子量はH＝1.0、C＝12.0、O＝16.0とし、アボガドロ数は6.02×10^{23}/molとする。

国家専門職2018

㋐ 3.01×10^{24}個の水素分子

㋑ 標準状態（0℃、1.013×10^5Pa）で44.8Lの酸素分子

㋒ 27.0gの水分子

㋓ 2.0molのアセチレン（C_2H_2）を完全燃焼させたときに生成する二酸化炭素分子

1. ㋐＞㋑＞㋓＞㋒
2. ㋐＞㋓＞㋑＞㋒
3. ㋑＞㋓＞㋒＞㋐
4. ㋓＞㋑＞㋒＞㋐
5. ㋓＞㋒＞㋐＞㋑

解説

正解 2

㋐：5.0 [mol]

水素分子の3.01×10^{24}個は、

$3.01 \times 10^{24} \div 6.02 \times 10^{2}$ [/mol] ＝5.0 [mol]

である。

㋑：2.0 [mol]

標準状態における気体の体積は、気体の種類によらず 1 [mol] あたり22.4 [L] であるので、

44.8 [L] ÷22.4 [L/mol] ＝2.0 [mol]

である。

㋒：1.5 [mol]

水 H_2O の分子量は(1×2＋16)＝18 [g/mol] であるので、水27 [g] の物質量は、

27 [g] ÷18 [g/mol] ＝1.5 [mol]

である。

㋓：4.0 [mol]

アセチレン C_2H_2の完全燃焼の反応式は以下の通りである。

$2C_2H_2 + 5O_2 \rightarrow 4CO_2 + 2H_2O$

反応式の係数の比より、反応するアセチレンの物質量と生成する二酸化炭素の物質量の比は以下の通りである。

(反応するアセチレンの mol)：(生成する二酸化炭素の mol)＝2：4＝1：2

よって、アセチレン2 [mol] が反応することで生成した二酸化炭素の物質量は、

2 [mol] ×2＝4.0 [mol]

である。

★★★

3 酸と塩基

酸性や塩基性などの液性は日常で特に目にするものであり、それらの反応は代表的な化学反応といえます。ここでは中和や塩も含めて詳しく見ていきましょう。

1 酸と塩基

1 酸と塩基の定義

水溶液中で、水素イオンH^+を増やすように作用する物質を酸（さん）、水酸化物イオンOH^-を増やすように作用する物質を塩基（えんき）という。酸と塩基には以下のような定義がある。

① アレニウスの定義

水溶液中で、電離して水素イオンH^+を生じる物質を酸、水酸化物イオンOH^-を生じる物質を塩基と定義する。

例　酸：$HCl \rightarrow H^+ + Cl^-$

塩基：$NaOH \rightarrow Na^+ + OH^-$

② ブレンステッド・ローリーの定義

水素イオンを生じる物質を酸、水素イオンを受け取る物質を塩基と定義する。

例　塩基：$NH_3 + H_2O \rightleftarrows NH_4^+ + OH^-$[1]

1　NH_3は塩基、H_2Oは酸として作用した結果、水酸化物イオンOH^-を生じる。

2 酸と塩基の特徴

酸と塩基は，表のような特徴を持つ。

酸と塩基の特徴

	酸	塩　基
指示薬の色の変　化	❶青色リトマス紙を赤色にする ❷BTB溶液[2]を黄色にする ❸メチルオレンジ溶液を赤色にする	❶赤色リトマス紙を青色にする ❷BTB溶液を青色にする ❸フェノールフタレイン溶液を赤色にする ❹メチルオレンジ溶液を黄色にする
味	酸っぱい味がする	苦い味がする
金属との反応	鉄、マグネシウム、アルミニウム、亜鉛などの金属と反応して水素を発生する	アルミニウム、亜鉛（両性元素）と反応して水素を発生する

3 価　数

酸1分子中に含まれる水素原子Hのうち、水素イオンH^+として塩基に与えることができるHの数を酸の**価数**という。塩基では、組成式に含まれる水酸化物イオンOH^-の数を塩基の**価数**という。

なお、アンモニアNH_3などの分子からなる塩基は、1分子が受け取るH^+の数で定義する。

酸と塩基の電離を表す式

1価の酸	塩　酸	$HCl \rightarrow H^+ + Cl^-$
	硝　酸	$HNO_3 \rightarrow H^+ + NO_3^-$
	酢　酸	$CH_3COOH \rightarrow H^+ + CH_3COO^-$
2価の酸	硫　酸	$H_2SO_4 \rightarrow 2H^+ + SO_4^{2-}$
	炭　酸	$CO_2 + H_2O \rightarrow H^+ + HCO_3^- \rightarrow 2H^+ + CO_3^{2-}$
1価の塩基	水酸化ナトリウム	$NaOH \rightarrow Na^+ + OH^-$
	水酸化カリウム	$KOH \rightarrow K^+ + OH^-$
	アンモニア	$NH_3 + H_2O \rightarrow NH_4^+ + OH^-$
2価の塩基	水酸化バリウム	$Ba(OH)_2 \rightarrow Ba^{2+} + 2OH^-$
	水酸化カルシウム	$Ca(OH)_2 \rightarrow Ca^{2+} + 2OH^-$
	水酸化銅	$Cu(OH)_2 \rightarrow Cu^{2+} + 2OH^-$

2　BTB溶液の中性は緑色である。

4 電離と電離度

電解質は、そのすべてが電離しているわけではなく、種類によってどの程度電離するのかが異なる。ある電解質が1[mol]当たりどれだけ電離しているかという電離の程度のことを電離度という。

電離度は以下のように定義式で表すことができる。電離度が1に近い酸、塩基が強酸、強塩基であり、電離度が1より著しく小さい酸、塩基が弱酸、弱塩基である[3]。価数とは無関係で、電離度の大小によって定まる。

$$\text{電離度}\,\alpha = \frac{\text{電離した酸、塩基のモル濃度}\,[\text{mol/L}]}{\text{酸、塩基のモル濃度}} = \frac{\text{電離した酸、塩基の物質量}\,[\text{mol}]}{\text{酸、塩基の物質量}\,[\text{mol}]}$$

強酸、強塩基、弱酸、弱塩基

強　酸	塩酸HCl、硝酸HNO_3、硫酸H_2SO_4
強塩基	水酸化ナトリウムNaOH、水酸化バリウム$Ba(OH)_2$、水酸化カリウムKOH、水酸化カルシウム$Ca(OH)_2$
弱　酸	酢酸CH_3COOH、炭酸H_2CO_3、硫化水素H_2S
弱塩基	アンモニアNH_3、水酸化銅$Cu(OH)_2$

5 モル濃度

溶液1[L]中に溶けている溶質の量を物質量[mol]で示した濃度をモル濃度という。モル濃度の単位は[mol/L]を用いる。

$$\text{モル濃度}[\text{mol/L}] = \frac{\text{溶質の物質量}\,[\text{mol}]}{\text{溶液の体積}\,[\text{L}]}$$

3　弱酸の中でも、リン酸H_3PO_4は酢酸CH_3COOHや炭酸H_2CO_3よりも強い酸である。また、アルカリ金属、アルカリ土類金属の水酸化物は強塩基で、それ以外は弱塩基になる。

6 pH（水素イオン指数）

液性を客観的な数値で表現するときは、$[H^+]$を基準とした**pH**（Potential of Hydrogen：水素の潜在力＝**水素イオン指数**）という指標を用いる。

pHは水溶液中の**水素イオン濃度**$[H^+]$に基づく指標で、$[H^+]=1.0\times10^{-n}$ [mol/L]と表したときのnの値がpHにあたり、**中性のときはpH=7であり、7より小さくなるほど酸性が強く、7より大きくなるほど塩基性が強くなる**[4]。

水素イオン指数

(大) ← 水素イオン指数 → (小)

H^+のモル濃度 [mol/L]	10^{-0}	10^{-1}	10^{-2}	10^{-3}	10^{-4}	10^{-5}	10^{-6}	10^{-7}	10^{-8}	10^{-9}	10^{-10}	10^{-11}	10^{-12}	10^{-13}	10^{-14}
pH	0	1	2	3	4	5	6	7	8	9	10	11	12	13	14

← 酸性　中性　塩基性 →

7 水のイオン積

水溶液中の水素イオンのモル濃度$[H^+]$と水酸化物イオンのモル濃度$[OH^-]$の積は、温度が同じであれば常に一定で、25℃のとき、水の電離$H_2O \rightleftarrows H^+ + OH^-$から、平衡であることが知られており、

$$[H^+]=[OH^-]=1.0\times10^{-7}\ \text{[mol/L]}$$

である。これらの積を水のイオン積Kwといい、

$$Kw=[H^+][OH^-]=1.0\times10^{-14}\ (\text{mol/L})^2$$

である。

---

4 塩基性の物質が水溶液になったときの性質をアルカリ性という。

2 中　和

1 中和反応

酸と塩基が**互いの性質を打ち消し合うことを中和**という。このとき、酸のH^+と塩基のOH^-が反応して水H_2Oができる。また、酸の陰イオンと塩基の陽イオンが反応してできた物質を**塩**(えん)という。

2 中和計算

酸と塩基が過不足なく中和する場合、酸から電離したH^+の物質量[mol]と、塩基が受け取ったH^+の物質量[mol](電離したOH^-の物質量)とが等しい状態(これを**中和点**という)であるため、次の式が成り立つ。

酸の物質量[mol]×価数＝塩基の物質量[mol]×価数

実際には、モル濃度も考慮する必要があるため、以下のように計算していくことになる。

酸の溶液　：濃度C_1 [mol/L]、体積V_1 [mL]、価数a
塩基の溶液：濃度C_2 [mol/L]、体積V_2 [mL]、価数b

とすると、以上の溶液の中和の条件式は以下のようになる。

$$\underbrace{C_1[\text{mol/L}]\times\frac{V_1[\text{mL}]}{1000}}_{\text{酸のmol}}\times\text{価数}a \quad = \quad \underbrace{C_2[\text{mol/L}]\times\frac{V_2[\text{mL}]}{1000}}_{\text{塩基のmol}}\times\text{価数}b$$

両辺に1000を乗じて、

$$C_1[\text{mol/L}]\times V_1[\text{mL}]\times\text{価数}a \quad = \quad C_2[\text{mol/L}]\times V_2[\text{mL}]\times\text{価数}b$$

3 中和滴定

濃度未知の酸(塩基)を一定体積取り、これに濃度既知の塩基(酸)を中和点まで加えていくと、それに要した体積から酸(塩基)の濃度が計算できる。このような実験操作を**中和滴定**という。

このとき、中和点では急激にpHが変化する。この様子をグラフにしたものが**滴定曲線**である。水溶液のpHが急激に変化する範囲に変色域を持つ指示薬を使用して判断する。

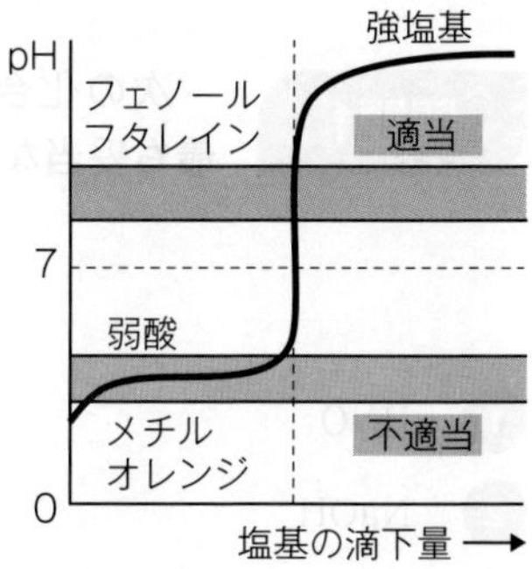

過去問 Exercise

問題1 次の化合物のうち、水溶液が酸性を示すものとして、最も妥当なのはどれか。

東京消防庁Ⅰ類2015

1. HNO_3
2. NaOH
3. KOH
4. NH_3
5. NaCl

解説

正解 1

1 ○ 硝酸HNO_3の水溶液は、酸性（１価の酸）である。

2 × 水酸化ナトリウム$NaOH$の水溶液は、塩基性（１価の塩基）である。

3 × 水酸化カリウムKOHの水溶液は、塩基性（１価の塩基）である。

4 × アンモニアNH_3の水溶液は、塩基性（１価の塩基）である。

5 × 塩化ナトリウム$NaCl$の水溶液は、中性である。

問題2

pHに関しての記述で、空欄 A ～ D の組合せとして最も妥当なのはどれか。

東京消防庁Ⅰ類2011

水溶液の酸性や塩基性の強弱を表す値として、H^+の A 、すなわち水素イオン濃度$[H^+]$を B と表したときのnの値を使う。このnの値をpHまたは、 C という。中性の水溶液はpH＝7であり、塩基性が強くなるに従い、pHの値は D なる。

	A	B	C	D
1	モル濃度	1.0×10^{n}mol/L	水素イオン指数	小さく
2	モル濃度	1.0×10^{-n}mol/L	水素イオン指数	大きく
3	イオン濃度	1.0×10^{7n}mol/L	水素イオン濃度	小さく
4	イオン濃度	1.0×10^{-7n}mol/L	水素イオン濃度	大きく
5	モル濃度	1.0×10^{2n}mol/L	イオン指数濃度	大きく

解説

正解 ②

A：モル濃度

pH（水素イオン指数）は、水素イオン H^+ のモル濃度をもとに示された指標である。

B：1.0×10^{-n}mol/L

pH（水素イオン指数）は、水素イオン濃度 $[H^+]$ を 1.0×10^{-n}mol/L と表したときの n の値のことである。

C：水素イオン指数

pH のことを水素イオン指数という。

D：大きく

pH の値は 7 を中性として、小さくなるほど酸性が強くなり、大きくなるほど塩基性が強くなる。

問題3 ある濃度の希硫酸10.0mLを完全に中和するのに、0.10mol/Lの水酸化ナトリウム水溶液8.0mLを要したとき、希硫酸のモル濃度として、正しいのはどれか。

東京都Ⅰ類2014

1. 0.01mol/L
2. 0.02mol/L
3. 0.04mol/L
4. 0.08mol/L
5. 0.16mol/L

解説

正解 3

希硫酸のモル濃度を $\boldsymbol{x}$ [mol/L] とする。

希硫酸とは濃度の薄い硫酸であり、２価の酸であるので、$\boldsymbol{x}$ [mol/L] の希硫酸 10.0 [mL] に含まれる H^+ のモル数は $2\times\boldsymbol{x}\times\frac{10}{1000}$ [mol] となる。

水酸化ナトリウムは１価の塩基であるので、0.10 [mol/L] の水酸化ナトリウム 8.0 [mL] に含まれる OH^- のモル数は $1\times0.1\times\frac{8}{1000}$ [mol] となる。

完全に中和した状態では、H^+ のモル数と OH^- のモル数は等しく、以下の式が成り立つ。

$$2\times\boldsymbol{x}\times\frac{10}{1000}=1\times0.1\times\frac{8}{1000}$$

上式を解くと、$\boldsymbol{x}=0.04$ [mol/L] となる。

問題4 酸と塩基の反応に関する次のA～Dの記述の正誤の組合せとして最も妥当なものはどれか。

裁判所一般職2019

A 酸と塩基が反応して、互いにその性質を打ち消し合う反応を中和という。

B 酸と塩基を反応させて、酸のH^+と塩基のOH^-が結合すると水ができる。

C 酸と塩基が過不足なく反応して、中和反応が完了する点を中和点という。

D 過不足なく反応する酸と塩基を用いて水溶液を中性にする操作を中和滴定という。

	A	B	C	D
1	正	正	誤	正
2	正	正	正	誤
3	誤	正	誤	正
4	誤	誤	正	正
5	誤	正	正	正

解説

正解 ❷

A ○　正しい記述である。

B ○　正しい記述である。

C ○　正しい記述である。

D ×　中和滴定は、濃度のわからない酸や塩基の濃度を求めるために行われるもので、水溶液を中性にすることが目的ではない。

問題5

酸と塩基に関する次のA～Dの記述の正誤の組合せとして最も適当なものはどれか。

裁判所一般職2014

A　酢酸や硫酸などの水溶液中で電離して水素イオンを生じる物質を酸といい、酸は青色リトマス紙を赤くする。

B　水酸化ナトリウムや水酸化カルシウムなどの水溶液中で電離して水酸化物イオンを生じる物質を塩基という。塩基は、赤色のリトマス紙を青くし、また、酸の水溶液の酸性を打ち消して塩を生成する。

C　水溶液の酸性の強さや塩基性の強さを表すのにはpH（ピーエイチ）という数値が使われる。pHが7より大きな場合を酸性、7より小さな場合を塩基性という。

D　酸が塩基に与えることのできる水素イオンの物質量と、塩基に含まれる水酸化物イオンの物質量とが等しいとき、酸と塩基は過不足なく反応する。これを中和反応という。

	A	B	C	D
1	誤	正	正	正
2	正	誤	正	正
3	正	正	誤	正
4	正	正	正	誤
5	誤	誤	正	正

解説

正解 ③

A ○　酢酸や硫酸のように、水溶液中で電離して、水素イオンを生じる物質を酸という。酸は、青色リトマス紙を赤色に変化させる。

B ○　水酸化ナトリウムや水酸化カルシウムのように、水溶液中で電離して、水酸化物イオンを生じる物質を塩基という。塩基は、赤色リトマス紙を青色に変化させ、また、酸の水溶液の酸性を打ち消して塩を生成する。

C ×　水溶液の酸性や塩基性の強弱を示すのに、pHという数値が用いられる。pHが7より小さい場合を酸、7より大きい場合を塩基という。

D ○　水溶液の酸が塩基に与えることのできる水素イオンの物質量と、塩基に含まれる水酸化物イオンの物質量が等しいとき、酸と塩基は過不足なく反応する。これを、中和反応という。

4 酸化と還元

酸素の授受だけではなく、水素や電子に注目したやり取りも酸化・還元として定義できます。また電池は典型的な酸化還元反応なので、併せて見ていきましょう。

1 酸化と還元

1 酸化と還元の定義

酸化と還元には、酸素のやりとりに着目した定義、水素のやりとりに着目した定義、電子のやりとりに着目した定義がある。

酸化と還元の定義

	酸化される	還元される
❶ 酸 素	得る	失う
❷ 水 素	失う	得る
❸ 電 子	失う	得る

❶ 酸素と結合することによる酸化反応と酸素を失うことによる還元反応

例 $2Cu + O_2 \rightarrow 2CuO$ …銅が酸化された

$CuO + H_2 \rightarrow Cu + H_2O$ …酸化銅が還元された

❷ 水素を失うことによる酸化反応と水素と結合することによる還元反応

例 $2H_2S + O_2 \rightarrow 2S + 2H_2O$ …硫化水素は酸化され、酸素は還元された

❸ 電子(e^-)を失うことによる酸化反応と電子(e^-)を得ることによる還元反応[1]

例 $Fe + Cu^{2+} \rightarrow Fe + Cu$ …鉄は酸化され、銅イオンは還元された

1 ❶、❷についても電子の授受で説明することができる。酸素は電気陰性度が大きいので、分子となっても電子を引き付ける。これは、電子を得ることと同様に考えることができる。また、水素は電気陰性度が小さく、分子となっていても他の分子に電子が引っ張られるので、電子を失ったと考えることができる。

酸化と還元

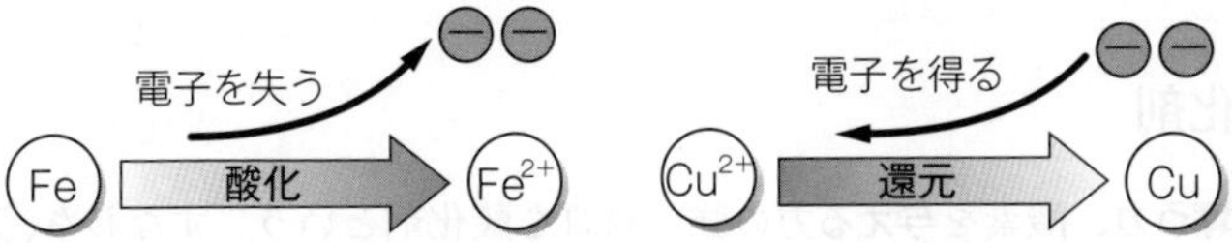

一般に陽性の強い元素の原子は酸化されやすく、陰性の強い元素の原子は還元されやすい。また、酸化と還元は必ず同時に起こるので、まとめて**酸化還元反応**という。

2 酸化数

酸化還元反応を理解するには、原子間で電子e^-がどのように授受されたかを知る必要がある。例えば共有結合のような分子の反応では、原子が酸化されたのか還元されたのかは、表面的にはわからない。そこで、分子が関わる酸化還元反応でも酸化や還元の関係を明確に判断できるように**酸化数**という指標が考えられた。酸化数は、物質中のそれぞれの原子に対する酸化の度合いを数値化したもので、これは一定のルールによって決められている。

原子がもともと持っている電子の数を基準にして、そこから**奪われた電子の数を酸化数**とする。**酸化数が＋になった場合には酸化**され、**－になった場合には還元**されたことになる。

酸化数の規則

規則	例
単体： 原子の酸化数は0とする	H_2、O_2、N_2、Cl_2、Cu すべて0
単原子イオン： 酸化数はイオンの電荷に等しい	Na^+、K^+、Ca^{2+}、Al^{3+}、Cl^-、S^{2-} すべて電荷と等しい
化合物： 水素原子の酸化数は＋1 酸素原子の酸化数は－2	H_2O、CO_2 例外H_2O_2（Oは－1）、NaH（Hは－1）
電気的に中性の化合物： 構成原子の酸化数の総和が0	SO_2（Oが－2なので、S－4＝0よりS＝＋4） HNO_3（＋1＋N－6＝0より、N＝＋5）
多原子イオン： 構成原子の酸化数の総和は、 そのイオンの価数に等しい	NH_4^+（N＋4＝＋1より、N＝－3） SO_4^{2-}（S－8＝－2より、S＝＋6）

❷ 酸化剤と還元剤

1 酸化剤

電子を奪う力、酸素を与える力の強い物質を酸化剤という。すなわち、相手方を酸化し、自らは還元される物質である。

2 還元剤

電子を与える力、酸素を奪う力の強い物質を還元剤という。すなわち、相手方を還元し、自らは酸化される物質である。

3 酸化剤・還元剤としてはたらく物質の例

① 酸化剤としてはたらく物質

例　二酸化マンガンMnO_2、過マンガン酸カリウム$KMnO_4$、二クロム酸カリウム$K_2Cr_2O_7$、濃硫酸H_2SO_4、濃硝酸HNO_3、塩素Cl_2

② 還元剤としてはたらく物質

例　水素H_2、硫化水素H_2S、ナトリウムNa（などのイオン化傾向の大きい金属）

③ 酸化剤と還元剤の両方としてはたらく物質

例　過酸化水素H_2O_2、二酸化硫黄SO_2

4 金属の酸化還元反応

金属が電子を失って(酸化して)陽イオンに変化する反応は、金属ごとに反応のしやすさが異なっており、この陽イオンへの変化しやすさを金属のイオン化傾向という。

金属をイオン化傾向の大きい順に並べたものを金属のイオン化列という。

金属のイオン化列

K＞Ca＞Na＞Mg＞Al＞Zn＞Fe＞Ni＞Sn＞Pb＞(H)＞Cu＞Hg＞Ag＞Pt＞Au

大 ←―― イオン化傾向 ――→ 小

金属のイオン化傾向

<table>
<tr><th colspan="2"></th><th>K</th><th>Ca</th><th>Na</th><th>Mg</th><th>Al</th><th>Zn</th><th>Fe</th><th>Ni</th><th>Sn</th><th>Pb</th><th>H_2</th><th>Cu</th><th>Hg</th><th>Ag</th><th>Pt</th><th>Au</th></tr>
<tr><td rowspan="2">空気中での酸化</td><td>常温</td><td colspan="3">内部まで酸化</td><td colspan="9">表面が酸化</td><td colspan="4">酸化されない</td></tr>
<tr><td>高温</td><td colspan="4">燃焼し酸化物になる</td><td colspan="9">強熱により酸化物になる</td><td colspan="3">酸化されない</td></tr>
<tr><td colspan="2">水との反応（水素を発生）</td><td colspan="3">常温で激しく反応</td><td>❶</td><td colspan="3">高温の水蒸気と反応</td><td colspan="9">反応しない</td></tr>
<tr><td colspan="2">酸との反応</td><td colspan="9">希塩酸、希硫酸などの薄い酸と反応し水素を発生❷</td><td>❸</td><td>／</td><td colspan="3">酸化作用の強い酸と反応❹</td><td colspan="2">王水と反応❺</td></tr>
</table>

❶熱水（沸騰水）と反応
❷Al、Fe、Niは濃硝酸とは不動態となり反応しない
❸Pbは塩酸や希硫酸とは反応しにくい
❹酸化作用の強い酸（濃硝酸・熱濃硫酸）と反応して、濃硝酸の場合には二酸化窒素、熱濃硫酸の場合は二酸化硫黄を発生する
❺王水は濃塩酸と濃硝酸を3：1で混合した液体のこと

3 酸化還元反応と人間生活

1 金属の精錬

金属のうち、単体で自然界に存在するものは、イオン化傾向が小さい金Auやプラチナなどごく一部で、多くの金属は酸化物や硫化物などの鉱石として産出する。そのため、利用するには酸化還元反応によって単体を取り出さなければならない。これを精錬（せいれん）という。

鉄など、イオン化傾向が比較的小さいものは、鉱石を還元することによって得られるが、イオン化傾向が大きい金属は電気分解を用いて単体を得る必要がある。例えばアルミニウムは、酸化アルミニウムAl_2O_3を電気分解する方法によって単体を得る。これを溶融塩電解（ようゆうえんでんかい）という。また銅は、不純物を含む粗銅を陽極に、純銅を陰極にして、硫酸銅(II)水溶液を電気分解して精錬する。これを電解精錬という。

2 製　鉄

鉄Feは、コークスCから生じた一酸化炭素COによって、赤鉄鉱Fe_2O_3や磁鉄鉱Fe_3O_4などの鉄鉱石を高炉で還元して得られる。

$$Fe_2O_3 + 3CO \rightarrow 2Fe + 3CO_2$$

高炉で得られる鉄は**銑鉄**(せんてつ)と呼ばれ、4％ほどの炭素Cを含んでおりもろい。よってこれを転炉に移し、酸素を送り込むことによって炭素含有量を減らすと**鋼**(こう)となる。

3 さびとめっき

金属の精錬で得た単体を放置すると、空気中の酸素や水と反応して酸化されていく。これを**さび**という。鉄などのさびは表面にとどまらず内部まで進む。そのため、他の金属によって表面被膜を作るなどの方法があり、これを**めっき**加工という。めっきは、製品の美観、耐食性、耐摩擦性(耐摩耗性)といった機能性の向上を目的に行われる。

① トタン

鉄板に亜鉛Znをめっきしたものを**トタン**といい、屋外で水に濡れる場所で使われる製品(屋根など)に用いられる。

亜鉛Znと鉄Feでは、イオン化傾向がZn＞Feであるので、表面の亜鉛に傷がついて鉄が露出しても、亜鉛が先にイオンになる(酸化される)ため、鉄板だけのときよりもさびにくくなる。さらに、亜鉛の酸化皮膜は密着性があって内部を保護するため、よりさびにくくなる。

② ブリキ

鉄板に錫(すず)Snをめっきしたものを**ブリキ**といい、缶詰の内壁などに用いられる。

ブリキは鉄板だけよりもさびにくい。ただし、鉄Feと錫Snでは、イオン化傾向がFe＞Snであるので、いったん表面の錫に傷がついて鉄が露出してしまうと、鉄が先にイオンになる。このため、鉄板だけのときよりも速くさびてしまうので、缶詰の内壁などの傷がつかないところに利用される。

4 電池

1 化学電池

酸化還元反応による電子の流れを利用して、電気エネルギーを取り出す装置のことを**化学電池**という。化学電池には以下のとおり、**負極**と**正極**がある。

❶ 負極：イオン化傾向が大きいほうの金属(電子を放出する側)

❷ 正極：イオン化傾向が小さいほうの金属(電子を受け入れる側)

電子は負極から正極へ、電流は正極から負極へ流れる。また、負極では**酸化反応**、正極では**還元反応**が起こっている。

① ボルタ電池

希硫酸H_2SO_4の中に銅板と亜鉛板を入れ、導線でつないで電流を流す電池を**ボルタ電池**という。

電池式：(−) Zn | H_2SO_4 aq | Cu (+)

起電力：1.1V

負　極：$Zn \rightarrow Zn^{2+} + 2e^-$　　酸化反応

正　極：$2H^+ + 2e^- \rightarrow H_2\uparrow$　　還元反応[2]

ボルタ電池

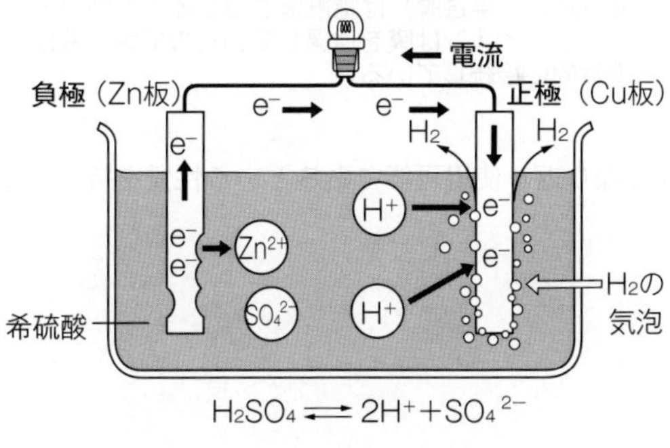

ボルタ電池は、使用開始後すぐに電池としての機能を失ってしまう。この現象を**電池の分極**という。これは、正極で生じたH_2が銅板の表面に付着してH^+とe^-の結合を防いだり、H_2がイオン化して逆方向に電子を移動させようとしたりすることが原因である。

2　化学反応式中の「↓」は沈殿が生じたことを、「↑」は気体が生じたことを示す。

② ダニエル電池

硫酸亜鉛$ZnSO_4$水溶液中に亜鉛板を、硫酸銅$CuSO_4$水溶液中に銅板を入れ、それぞれの水溶液が混ざらないように素焼きの壁やセロハンで二つを隔て、亜鉛板と銅板を導線でつないで電流を流す電池をダニエル電池という。

電池式：(−) Zn | $ZnSO_4$ aq || $CuSO_4$ aq | Cu(+)

起電力：1.1V

負　極：$Zn \rightarrow Zn^{2+} + 2e^-$　酸化反応

正　極：$Cu^{2+} + 2e^- \rightarrow Cu$　還元反応

ダニエル電池

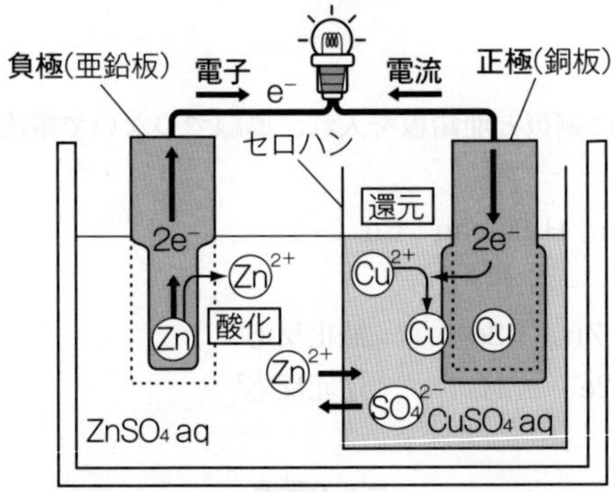

セロハン（半透膜）は電解液が混じるのを防いでいるが、イオンは膜を通過していくので両溶液は電気的に接続している。

気体の発生がなく繰り返し使用可能であるという性質を持つ。ただ、現在は使用されていない。

③ 鉛蓄電池

鉛板と酸化鉛板を希硫酸に入れ、導線でつないで電流を流す電池を鉛蓄電池(なまり)という。放電と充電の二つを繰り返し行うことができる電池であり、自動車のバッテリーなどに利用されている。

電池式：(−) Pb | H_2SO_4 aq | PbO_2(+)

起電力：2.1V

(放電の場合)

負　極：$Pb + SO_4^{2-} \rightarrow PbSO_4 + 2e^-$　酸化反応

正　極：$PbO_2 + SO_4^{2-} + 4H^+ + 2e^- \rightarrow PbSO_4 + 2H_2O$　還元反応

(充電[3]の場合)

負　極：$PbSO_4 + 2e^- \rightarrow Pb + SO_4^{2-}$　酸化反応

正　極：$PbSO_4 + 2H_2O \rightarrow PbO_2 + SO_4^{2-} + 4H^+ + 2e^-$　還元反応

鉛蓄電池

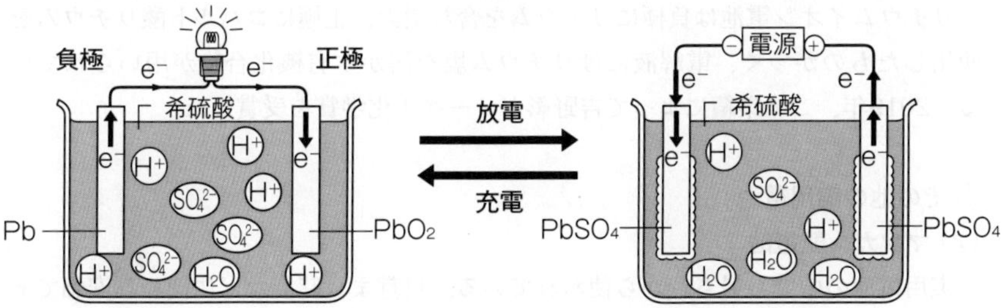

2 燃料電池

水素などの燃料(還元剤)と酸素などの酸化剤を外部から供給し、化学エネルギーを直接電気エネルギーとして取り出す装置を燃料電池という。近年は都市ガス(主成分メタン)から水素を取り出す燃料電池が普及しており、発電時に二酸化炭素を出さないことで環境への配慮があるエネルギーとして注目されている。

負　極：$2H_2 \rightarrow 4H^+ + 4e^-$

正　極：$O_2 + 4H^+ + 4e^- \rightarrow 2H_2O$

まとめて：$2H_2 + O_2 \rightarrow 2H_2O$

3　充電を行うと、電池内では放電のときと全く逆の変化が起こる。

3 さまざまな実用電池

① アルカリマンガン乾電池

日常的に広く使われている乾電池に、一次電池の**アルカリマンガン乾電池**がある。電圧が1.5Vの円筒形のものと９Vの角形のものがある。アルカリマンガン乾電池は、マンガン乾電池に比べ、大きな電流を長時間安定的に取り出せる。

正極に酸化マンガン(Ⅳ) MnO_2、負極に亜鉛Zn、電解液に水酸化カリウムKOH水溶液を用いている。

② リチウムイオン電池

スマートフォンやタブレット端末、デジタルカメラなどに利用され、これらの機器の小型化や長時間使用を可能にした二次電池が**リチウムイオン電池**である。起電力は約3.7Vと、小型の割には高く自己放電も少ない。さらに充電中の温度上昇も小さいという特長がある。

リチウムイオン電池は負極にリチウムを含む炭素、正極にコバルト酸リチウムを使用したものが多く、電解液にはリチウム塩を溶かす有機化合物が用いられている。2019年、この業績によって吉野彰がノーベル化学賞を受賞した。

③ その他の実用電池

(ア) マンガン乾電池

実用電池の中でも最も昔から使われている。目覚まし時計などに使われ安価である。近年はアルカリマンガン乾電池に需要が移っている。

(イ) 酸化銀電池（銀電池）

やや高価だが、電圧が長期的に安定しているので、腕時計や電子体温計に使われる。

(ウ) 空気亜鉛電池（空気電池）

ボタン型電池で、空気孔から取り入れた酸素を正極の酸化剤として利用する。そのため、内部は負極の亜鉛のみであり、電圧が長期的に安定している。軽いため、補聴器などに利用される。使用時は空気孔を塞いでいるシールを剥がす。

(エ) リチウム電池

円筒形とコイン形があり、高い起電力で小型・軽量・長寿命のため、腕時計・カメラ・ペースメーカーなど、さまざまな用途がある。

(オ) ニッケル水素電池（二次電池）

水素吸蔵合金に蓄えられる水素を、負極の還元剤に利用している。軽くて容量も大きいため、ニッケルカドミウム電池にとって代わる電池となった。電動アシスト自転車やハイブリッドカーにも搭載されている。

(カ) 太陽電池

ケイ素やゲルマニウムを原料とした半導体を利用したもので、光を当てると電流が発生する。これを太陽電池といい、化学電池と比較して**物理電池**と呼ばれている。

5 電気分解

1 電気分解の原理

電解液や融解液に電極を入れて、外部電源(電池)を用いて直流電圧をかけると、電極表面で酸化還元反応が起こる。これを**電気分解(電解)**という。

電気分解では、外部電源の**負極につないだ電極**を**陰極**という。陰極では、外部電源の負極から流れ込んだ電子e^-を受け取る**還元反応**が起こる。一方、**正極につないだ電極**を**陽極**という。陽極では、電子を生じる**酸化反応**が起こり、外部電源の正極に電子を送り出す。

白金板または炭素棒を電極に用いるとき

❶ 塩化ナトリウム水溶液

陽極：$2Cl^- \rightarrow Cl_2 + 2e^-$

陰極：$2H_2O + 2e^- \rightarrow H_2 + 2OH^-$

❷ 塩化銅水溶液

陽極：$2Cl^- \rightarrow Cl_2 + 2e^-$

陰極：$Cu_2^{\ +} + 2e^- \rightarrow Cu$

2 電気分解の工業的利用

① 溶融塩電解

るつぼに塩化ナトリウム$NaCl$を入れて強熱すると、融解して液体となる。これを電気分解すると陽極では気体の塩素Cl_2が発生する。一方、陰極では電解液が存在しないためナトリウムイオンNa^+が還元されて単体が生じる。

このような方法を溶融塩電解(融解塩電解)といい、イオン化傾向の大きいナトリウムやアルミニウムの単体を工業的に製造する方法として用いられる。

② 水酸化ナトリウムの製造

水酸化ナトリウム$NaOH$は、塩化ナトリウム$NaCl$の電気分解で製造される。陽極に炭素C、陰極に鉄Feを用いて、両極間を陽イオン交換膜で仕切って電気分解する。

陽極：$2H_2O + 2e^- \rightarrow H_2 + 2OH^-$

陰極：$2Cl \rightarrow Cl_2 + 2e^-$

陰極で生じた水酸化物イオンOH^-と、膜を透過したナトリウムイオンNa^+が陰極側に溜まり、これを濃縮することによって水酸化ナトリウム$NaOH$の固体が得られる。

③ アルミニウムの製造

アルミニウムの単体は、ボーキサイト(主成分$Al_2O_3 \cdot \boldsymbol{n}H_2O$)を生成して酸化アルミニウム(アルミナ) Al_2O_3を作り、炭素を電極として溶融塩電解することによって得られる。アルミナは融点が高いため、氷晶石を溶媒として少しずつ混合することによって融点を下げる。

④ 銅の製造

主に黄銅鉱$CuFeS_2$からなる銅鉱石を精錬すると、純度約99%の粗銅が得られる。この粗銅を、純度をより高めるため、陰極に薄い純銅板、陽極に粗銅板、電解液に硫酸銅(Ⅱ) $CuSO_4$を用いて電気分解を行う。

これによって、純銅板上に純度99.99%以上の純銅を析出させることができる。これを銅の電解精錬という。

第3章

化学

過去問 Exercise

問題1

次の図A～Eのうち、それぞれのビーカーに入っている液体にそれぞれの金属を入れたとき、反応して水素が発生するものを選んだ組合せとして、妥当なのはどれか。

特別区Ⅰ類2007

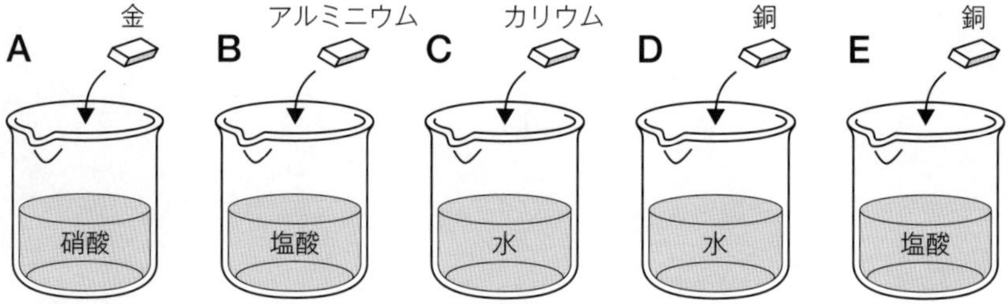

1. A D
2. A E
3. B C
4. B D
5. C E

解説

正解 ③

A ✕ 金Auは硝酸HNO_3と反応せず、水素は発生しない。

B ○ アルミニウムAlは塩酸HClと反応し、水素が発生する。

C ○ カリウムKは水H_2Oと常温で反応し、水素が発生する。

D ✕ 銅Cuは水H_2Oと反応せず、水素は発生しない。

E ✕ 銅Cuは塩酸HClと反応せず、水素は発生しない。酸化作用の強い濃硝酸・熱濃硫酸とは反応する。

問題2

金属のイオン化傾向に関する記述として、最も妥当なのはどれか。

警視庁Ⅰ類2016

1 一般に、金属の単体が水溶液中で陰イオンになろうとする性質を、金属のイオン化傾向という。

2 イオン化傾向が極めて大きい白金、金は空気中では酸化されず、金属光沢を保ち続ける。

3 ブリキ(スズめっき鋼板)に傷が付いた場合、鉄よりもスズの方がイオン化傾向が大きいため、鉄がイオンとなって溶け出し、鋼板は腐食されやすくなる。

4 水素よりイオン化傾向の小さい金属の銅や水銀は、硝酸と反応し、水素以外の気体を発生する。

5 水素よりイオン化傾向の大きい金属の銀は、塩酸や希硫酸と反応し、水素を発生する。

解説

正解 ❹

❶ ✕ 金属はすべて陰イオンではなく陽イオンになる。

❷ ✕ イオン化傾向が小さいほど酸化せず、金属光沢を保つことができる。

❸ ✕ 鉄よりもスズのほうがイオン化傾向は小さい。

❹ ○ 正しい記述である。

❺ ✕ 銀は水素よりもイオン化傾向が小さい。

問題3 次の文は、鉄の製造に関する記述であるが、文中の空所A～Dに該当する語の組合せとして、妥当なのはどれか。

特別区Ⅰ類2007

鉄は、主に赤鉄鉱などの鉄鉱石を、溶鉱炉中でコークスから発生する一酸化炭素により［A］して製造する。溶鉱炉で得られる鉄は［B］といい、約4％の炭素のほか硫黄などを不純物として含むのでもろい。

［B］を転炉に移して［C］を吹き込み、不純物や余分な炭素を除くと、炭素の含有量が0.02～2％の［D］が得られる。

	A	B	C	D
1	還元	スラグ	二酸化炭素	銑鉄
2	還元	スラグ	酸素	鋼
3	還元	銑鉄	酸素	鋼
4	酸化	スラグ	二酸化炭素	銑鉄
5	酸化	銑鉄	酸素	鋼

解説

正解 3

A：還元

鉄 Fe は、鉄鉱石を高炉で還元することによって得られる。

B：銑鉄

高炉（溶鉱炉）で得られる鉄を銑鉄といい、炭素などの不純物を含んでいるためもろい。

C：酸素

銑鉄を転炉に移して酸素を送り込むことで、炭素含有量を減らすことができる。

D：鋼

銑鉄を転炉に移して酸素を送り込むと、炭素含有量の少ない鋼を得ることができる。

問題4 電池に関する次の記述中のA～Cの空欄に入る語句の組合せとして最も適当なものはどれか。

裁判所一般職2016

電池の正極と負極を導線で結ぶと、負極では（ A ）反応が起こる。このとき、電子は導線を（ B ）へ移動し、電流は（ C ）へ流れる。

	A	B	C
1	酸化	負極から正極	負極から正極
2	酸化	負極から正極	正極から負極
3	酸化	正極から負極	負極から正極
4	還元	負極から正極	正極から負極
5	還元	正極から負極	負極から正極

解説

正解 ②

化学電池は、イオン化傾向の異なる金属板どうしを導線でつなぎ、正極と負極において酸化還元反応を起こすことによって、電気エネルギー取り出す装置である。

負極ではイオン化傾向の大きな物質による酸化（**A**）反応が起こり、正極ではイオン化傾向の小さな物質による還元反応が起こる。したがって、電子の移動方向は負極から正極（**B**）であり、電流の流れる方向は電子の移動方向の逆となるので、電流は正極から負極（**C**）に流れる。

問題5

電池に関する記述として最も妥当なのはどれか。

国家専門職2017

1 イオン化傾向の異なる２種類の金属を電解質水溶液に浸して導線で結ぶと電流が流れる。このように、酸化還元反応に伴って発生する化学エネルギーを電気エネルギーに変換する装置を、電池という。また、酸化反応が起こって電子が流れ出る電極を負極、電子が流れ込んで還元反応が起こる電極を正極という。

2 ダニエル電池は、亜鉛板と銅板を希硫酸に浸したものである。負極で亜鉛が溶けて亜鉛イオンになり、生じた電子が銅板に達すると、溶液中の銅(II)イオンが電子を受け取り、正極で銅が析出する。希硫酸の代わりに電解液に水酸化カリウム水溶液を用いたものをアルカリマンガン乾電池といい、広く使用されている。

3 鉛蓄電池は、負極に鉛、正極に白金、電解液に希硫酸を用いた一次電池である。電流を流し続けると、分極により電圧が低下してしまうため、ある程度放電した鉛蓄電池の負極・正極を、外部の直流電源の負極・正極につなぎ、放電時と逆向きに電流を流して充電して使用する。起電力が高いため、自動車のバッテリーとして広く使用されている。

4 リチウムイオン電池は、負極にリチウムを含む黒鉛、正極にコバルト酸リチウムを用いた電池である。リチウム電池よりも起電力は低いが、小型・軽量化が可能であり、携帯電話やノートパソコン等に用いられている。空気中の酸素を触媒として利用するため、購入時に貼られているシールを剥がすと放電が始まる。

5 燃料電池は、水素や天然ガスなどの燃料と酸素を用いるものである。発電のときには、二酸化炭素を発生させるため環境への負荷があり、また、小型・軽量化も難しいが、幅広い分野での活用が期待されている。特に負極に酸素、正極に水素、電解液にリン酸水溶液を用いたリン酸型燃料電池の開発が進んでいる。

解説

正解 ❶

---

❶ ○　化学電池に関する正しい記述である。

❷ ×　亜鉛板を硫酸塩水溶液に、銅板を硫酸銅に浸したものがダニエル電池であり、本肢で述べられているものはボルタ電池である。また、アルカリマンガン乾電池は水酸化カリウムを用いるが、ボルタ電池の電解質に代えたものではない。

❸ ×　鉛蓄電池の正極は白金でなく二酸化鉛であり、鉛蓄電池は充電可能な二次電池である。車のバッテリーなどに利用されている。

❹ ×　前半部分はリチウムイオン電池についての説明として正しいが、空気中の酸素を触媒として利用しているのは空気電池である。

❺ ×　燃料電池は二酸化炭素を発生させず環境負荷が小さいので、クリーンなエネルギーとして近年非常に注目を集めており、現在では研究が盛んに行われている。なお、それ以外の記述は正しい。

問題6 次の文はアルミニウムに関する記述であるが、文中のA～Cに該当する語の組合せとして、妥当なのはどれか。

特別区Ⅰ類2019

アルミニウムの単体は、鉱石の **A** を精製して得られる酸化アルミニウムを氷晶石とともに **B** して製造される。また、アルミニウムは両性金属であり、酸、強塩基の水溶液と反応して **C** を発生する。

	A	B	C
1	ボーキサイト	溶融塩電解	水素
2	ボーキサイト	電解精錬	酸素
3	アルマイト	電解精錬	酸素
4	アルマイト	溶融塩電解	水素
5	アルマイト	電解精錬	水素

解説

正解 1

A：ボーキサイト

アルミニウムの鉱石はボーキサイトである。アルマイトとは、アルミニウムの表面に酸化アルミニウムの被膜を作る処理のことで、黒板のチョーク受けなどに使われているものをいう。

B：溶融塩電解

イオン性の固体を高温にして融解させて電気分解する方法を溶融塩電解という。電解精錬とは電気分解を利用して金属を精錬することであり、溶融塩電解は電解精錬の一種であるため、どちらを入れても誤りではないが、組合せから「溶融塩電解」が正しい用語となる。

C：水素

アルミニウムは両性元素であるので、強酸または強塩基の水溶液と反応したときには水素を発生する。

★★★

5 気体の性質

すべての気体には共通して成り立ついくつかの法則があります。ここでは気体の法則について見ていきます。

1 温　度

原子や分子は乱雑に振動しており、この運動を熱運動という。この運動の激しさの度合いを表すのが温度という物理量である。日常生活でよく使われる温度目盛りは、**セ氏温度(セルシウス温度)**と呼ばれ、単位記号は[℃]を用いる。一方、自然科学では**絶対温度(熱力学温度)**を使うことが多く、単位は[K](ケルビン)を用いる。

原子・分子の熱運動は、温度が低くなるにつれて穏やかになり、やがてほとんど熱運動をしなくなる。これが最低温度であり、−273[℃]であることが知られている。この−273[℃]を0[K]と定義する。理論上、上限は無限で下限が絶対零度(正確には−273.15[℃])である。

セ氏温度と絶対温度

・セ氏温度(セルシウス温度)　　：[℃]を用いた温度の表記方法
・絶対温度(熱力学温度)　　　　：t [℃]+273

2 気体の体積変化

1 ボイルの法則

1662年、イギリスのボイルは「一定温度で一定量の気体の体積は、圧力に反比例する」ことを発見した。この関係を**ボイルの法則**という。気体の体積をV、圧力をpとすると、

$$V=\frac{k}{p}$$

$$pV=k \quad (k\text{は定数})$$

したがって、圧力$\boldsymbol{p}_1$、体積$\boldsymbol{V}_1$の気体が、温度一定のもとで圧力$\boldsymbol{p}_2$、体積$\boldsymbol{V}_2$に変化したとすると、

$$\boldsymbol{p}_1\boldsymbol{V}_1=\boldsymbol{p}_2\boldsymbol{V}_2=\boldsymbol{k}$$

2 シャルルの法則

1787年、フランスのシャルルは「一定圧力で一定量の気体の体積は、1℃の温度上昇で0℃のときの体積の$\frac{1}{273}$だけ増加する」ことを発見した。この関係をシャルルの法則という。0℃のときの体積を$\boldsymbol{V}_0$、$\boldsymbol{t}$［℃］のときの体積を$\boldsymbol{V}$とすると、

$$\boldsymbol{V}=\boldsymbol{V}_0+\frac{\boldsymbol{t}}{273}\boldsymbol{V}_0=\left(\frac{273+\boldsymbol{t}}{273}\right)\boldsymbol{V}_0$$

したがって、絶対温度では$\boldsymbol{T}=273+\boldsymbol{t}$であるので、$\frac{\boldsymbol{V}}{\boldsymbol{T}}=\frac{\boldsymbol{V}_0}{273}$において、圧力は一定値であるため、これを$\boldsymbol{k}'$とすると、シャルルの法則は「圧力一定において、一定量の気体の体積は絶対温度$\boldsymbol{T}$に比例する」と言い換えられるので、

$$\boldsymbol{V}=\boldsymbol{k}'\boldsymbol{T}$$

$$\frac{\boldsymbol{V}}{\boldsymbol{T}}=\boldsymbol{k}'\quad(\boldsymbol{k}'\text{は定数})$$

よって、絶対温度$\boldsymbol{T}_1$、体積$\boldsymbol{V}_1$の気体が、一定圧力で絶対温度$\boldsymbol{T}_2$、体積$\boldsymbol{V}_2$に変化したとき、

$$\frac{\boldsymbol{V}_1}{\boldsymbol{T}_1}=\frac{\boldsymbol{V}_2}{\boldsymbol{T}_2}=\boldsymbol{k}'$$

3 ボイル・シャルルの法則

ボイルの法則とシャルルの法則から、「一定量の気体の体積は、圧力に反比例し絶対温度に比例する」といえる。この関係をボイル・シャルルの法則という。絶対温度$\boldsymbol{T}_1$、圧力$\boldsymbol{p}_1$、体積$\boldsymbol{V}_1$の気体が、温度$\boldsymbol{T}_2$、圧力$\boldsymbol{p}_2$、体積$\boldsymbol{V}_2$に変化したとすると、

$$\frac{\boldsymbol{p}_1\boldsymbol{V}_1}{\boldsymbol{T}_1}=\frac{\boldsymbol{p}_2\boldsymbol{V}_2}{\boldsymbol{T}_2}=\boldsymbol{k}''\ (\boldsymbol{k}''\text{は定数})$$

❸ 気体の状態方程式

1 気体定数

ボイル・シャルルの法則を$\frac{pV}{T}=k$と見て、標準状態における気体のモル体積$V_m=22.4$L/molをこの式に代入すると、$k=8.31\times10^3$ [Pa·L/(mol/K)]となる。この値を気体定数といい、記号Rで表す。

2 気体の状態方程式

物質量がn[mol]であり、気体の体積V[L]、温度T[K]の容器内でp[Pa]を示すとき、

$pV=nRT$

という式が成り立つ。これを気体の状態方程式という。

❹ 混合気体

一定温度T[K]、一定圧力p[Pa]で、気体の体積V[L]は**粒子の数に比例**する。このため、同温同圧のもとで混合した気体の体積は、**混合前の各気体の和に等しくなる**。

一定温度T[K]のもとで、体積V[L]・物質量n[mol]・圧力p_A[Pa]の気体Aと、体積V[L]・物質量n[mol]・圧力p_B[Pa]の気体Bでは、気体の状態方程式より、

$p_AV=n_ART$、$p_BV=n_BRT$

が成り立っているので、これらを体積V[L]の容器に封入して圧力p[Pa]、物質量n[mol]の混合気体が得られるとき、$pV=nRT$より$(p_A+p_B)V=(n_A+n_B)RT$、つまり、

$p=p_A+p_B$

$n=n_A+n_B$

この混合気体の圧力を全圧といい、各成分気体が単独で混合気体の体積V[L]を占めるときの圧力を分圧という。上式は「**混合気体の全圧は、各成分気体の分圧の和に等しい**」ことを表しており、これを分圧の法則という。

過去問 Exercise

問題1　物質と温度に関する記述として最も適当なものはどれか。

裁判所一般職2017

1. 絶対零度では、理論上、分子の熱運動が停止し、それ以上温度が下がらない。

2. セルシウス温度の 0 [℃]は、絶対温度の 0 [K]より低い温度である。

3. 気体分子の平均の速さは、温度が低いほど大きく、同じ温度では分子量が大きい分子ほど大きい。

4. 水などが、その時の温度によって液体から固体になったり、気体になったりする状態変化は、化学変化の 1 つである。

5. 常温・常圧下での状態が液体である単体の物質は、臭素・水銀・水のみである。

解説

正解 ❶

❶ ◯　正しい記述である。

❷ ✕　セルシウス温度の0[℃]は絶対温度における273[K]であり、絶対零度よりも低い温度ではない。なお、絶対零度よりも低い温度は存在しない。

❸ ✕　気体分子の平均の速さは、温度に比例し分子量に反比例する。そのため、温度が低いほど小さく、同じ温度では分子量が大きい分子ほど小さくなる。

❹ ✕　本肢で述べられている変化は化学変化ではなく、状態変化である。

❺ ✕　常温・常圧下で液体である単体は臭素・水銀の二つだけである。なお、水は単体ではなく、化合物である。

問題2 温度27℃、圧力1.0×10^5Pa、体積72.0Lの気体がある。この気体を温度87℃、体積36.0Lにしたときの圧力はどれか。ただし、絶対零度は−273℃とする。

特別区Ⅰ類2020

1. 2.0×10^5Pa
2. 2.4×10^5Pa
3. 2.8×10^5Pa
4. 3.2×10^5Pa
5. 3.6×10^5Pa

解説

正解 2

ボイル・シャルルの法則 $\frac{pV}{T}=\frac{p'V'}{T'}$ より、求める圧力を p とすると、

$$\frac{1.0\times10^5\times72.0}{27+273}=\frac{p\times36.0}{87+273}$$

より、$p=2.4\times10^5$ となる。

問題3

窒素14g、酸素８g、水素２gを封入した容器の全圧が119kPaであるとき、この混合気体中の酸素の分圧として、最も妥当なのはどれか。ただし、原子量はN=14、O=16、H=1とする。

東京消防庁Ⅰ類2011

1. 16kPa
2. 17kPa
3. 18kPa
4. 39.7kPa
5. 46.7kPa

解説

正解 ②

化学で量の問題を考えるときは、質量［g］のままではなく、物質量［mol］の単位に直す必要がある。与えられた物質について物質量を求めると、$N_2=\frac{14}{28}=0.5$［mol］、$O_2=\frac{8}{32}=0.25$［mol］、$H_2=\frac{2}{2}=1$［mol］となる。

本問では、全圧が与えられている中で酸素の分圧を問われているので、分圧の法則より、

$$(\text{酸素の分圧})=\frac{0.25}{0.5+0.25+1}\times 119\ [\text{kPa}]=17\ [\text{kPa}]$$

第3章 化学

★★★

6 溶液の性質

水に物質が溶けたものを水溶液といいますが、その種類は非常に多く、またいろいろな性質を示します。ここでは溶液の性質について見ていきます。

❶ 溶液と濃度

液体の中にある物質が溶けているものを**溶液**といい、溶けている物質のことを**溶質**、溶質を溶かした液体を**溶媒**（ようばい）という。特に溶媒が水のものを**水溶液**という。

例：食塩水(溶液)＝食塩(溶質)＋水(溶媒)

　　塩酸(溶液)＝塩化水素(溶質)＋水(溶媒)

溶液に含まれる溶質の割合を**濃度**といい、表し方がいくつかある。

1 質量パーセント濃度

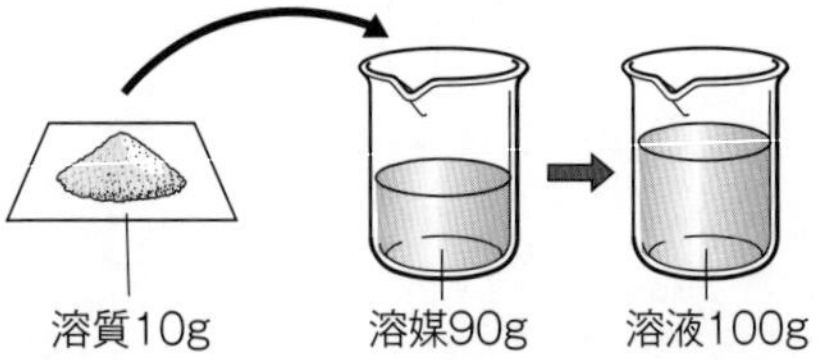

$$質量パーセント濃度=\frac{10}{10+90}\times100=10[\%]$$

溶液中に溶けている溶質の質量[g]の割合を百分率(%)で示した濃度を**質量パーセント濃度**といい、溶液100 g当たりの溶質の質量を表し、記号は%を用いる。

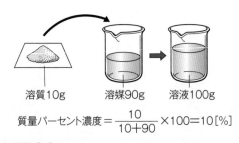

$$質量パーセント濃度[\%]=\frac{溶質の質量[g]}{溶液の質量[g]}\times100$$

2 モル濃度（再掲）

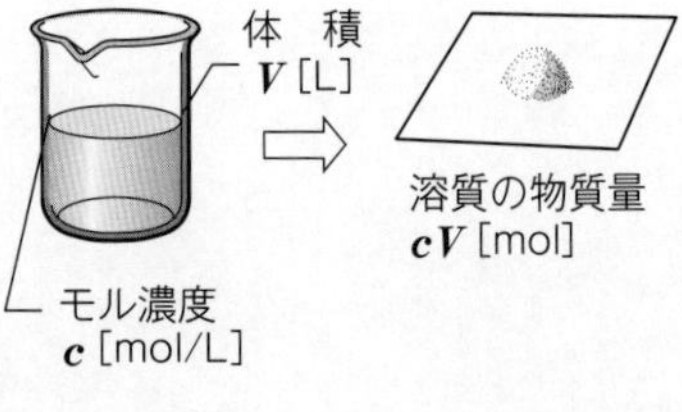

溶液1[L]中に溶けている溶質の量を物質量[mol]で示した濃度を**モル濃度**という。モル濃度の単位は[mol/L]を用いる。

$$モル濃度[mol/L]=\frac{溶質の物質量[mol]}{溶液の体積[L]}$$

3 質量モル濃度

溶媒1[kg]当たりに溶けている溶質の物質量[mol]を示した濃度を質量モル濃度という。質量モル濃度の単位は[mol/kg]を用いる。

$$\text{質量モル濃度[mol/Kg]} = \frac{\text{溶質の物質量 [mol]}}{\text{溶媒の質量 [kg]}}$$

2 溶解度

一定量の溶媒に溶ける溶質には限度があることが多い。その限度まで溶質を溶かした溶液を**飽和溶液**といい、一定の温度で溶解する溶質の最大値を**溶解度**という。溶解度は一般に、溶媒100 g に溶解する溶質の最大質量である。

高温の飽和溶液を冷却すると、溶解度を超えた分の溶質が結晶となって現れる。この作用を**析出**(せきしゅつ)という。

1 固体の溶解度

一般に**温度が高いほど溶解度は大きい**(例外の物質もある)。溶解度と温度の関係を表した図のようなグラフを**溶解度曲線**という。

いろいろな物質の溶解度

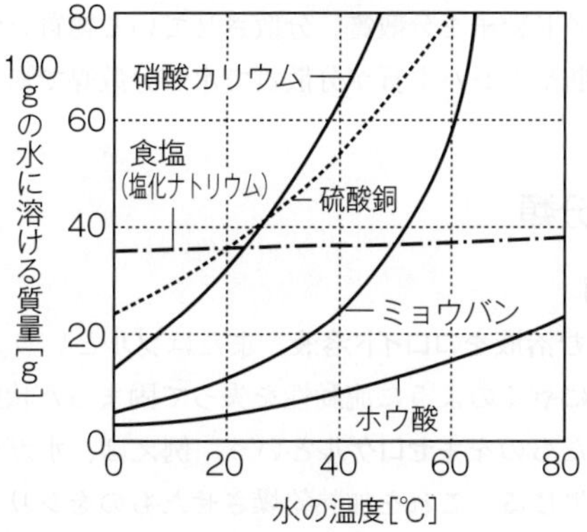

2 気体の溶解度

気体の溶解度は**温度が高いほど小さく**、**圧力が高いほど大きい**。

3 ヘンリーの法則

「一定温度で、一定量の溶媒に溶ける気体の質量は、その気体の圧力に比例する」という法則を**ヘンリーの法則**という。

圧力がn倍になれば、気体の体積は$\frac{1}{n}$になるので、圧力を変えても、溶媒に溶ける気体の体積は変わらない。

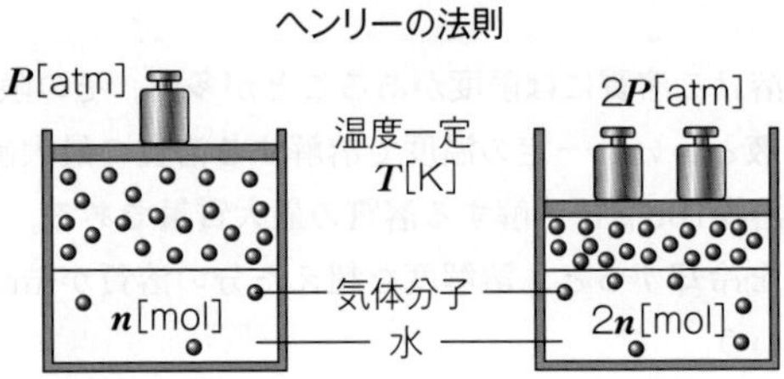

3 コロイド溶液

1 コロイド粒子

原子が10^3～10^9個程度集まってできた大きな粒子を**コロイド粒子**といい、コロイド粒子が均一に分散している状態または物質を**コロイド**という。

分散しているコロイド粒子を**分散質**、分散させている物質を**分散媒**という。例えば牛乳であれば、脂肪やタンパク質が分散質で水が分散媒である。

2 コロイドの分類

① 流動性による分類

コロイド粒子を含む溶液を**コロイド溶液**、または**ゾル**という。ゾルには流動性があるが、寒天やこんにゃくのように流動性を失って固まった状態を**ゲル**という。また、ゲルを乾燥させたものを**キセロゲル**という。例えば、水ガラスに塩酸を加えるとゲル状のケイ酸が生じる。これを加熱乾燥させたものをシリカゲルという。

流動性によるコロイドの分類

分散媒	分散質	コロイドの例	名　称
固体	固体	色ガラス、ルビー、オパール、合金	ゲル
	液体	ゼリー、寒天	
	気体	マシュマロ、スポンジ	
液体	固体	墨汁、絵具、泥水	ゾル
	液体	牛乳、マヨネーズ	
	気体	泡	
気体	固体	煙	エアロゾル
	液体	霧、雲	
	気体	なし	

② 粒子の構造による分類

タンパク質やデンプンなどは高分子であるため、1分子でコロイド粒子の大きさを持つ。このようなコロイドを**分子コロイド**という。

また、セッケンなどの界面活性剤によって疎水基を内側、親水基を外側に向けて分子が集まったものを**ミセル**といい、ミセルによるコロイドを**会合コロイド**という。

水に不溶な金属や金属酸化物は、あまり粒子が大きくならず分散しているが、このようなものを**分散コロイド**という。

3 コロイドに関連する現象

① 透　析

コロイドは比較的大きな粒子であることから、半透膜を利用するとコロイド溶液を精製することができる（半透膜は水分子を通すが、コロイド粒子は通さない）。これを**透析**（とうせき）という。

透析

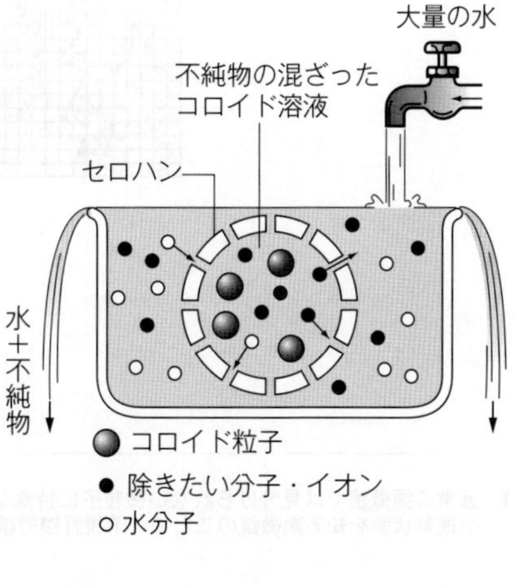

② チンダル現象

コロイドは比較的大きな粒子であることから、強い光を当てると粒子に当たった光が散乱し、光の筋が見えるようになる。この現象をチンダル現象という。

チンダル現象

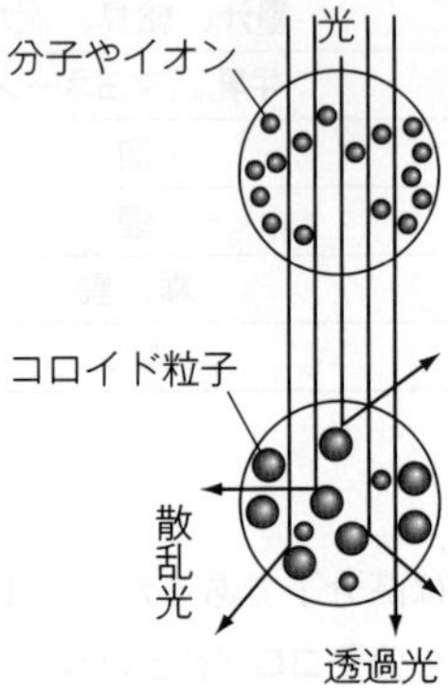

③ ブラウン運動

熱運動によって動く水分子などの粒子は、不規則にコロイド粒子に衝突しており、これによってコロイド粒子は不規則な運動をしているように見える。このような運動をブラウン運動といい、限外顕微鏡[1]で観察することができる。

ブラウン運動

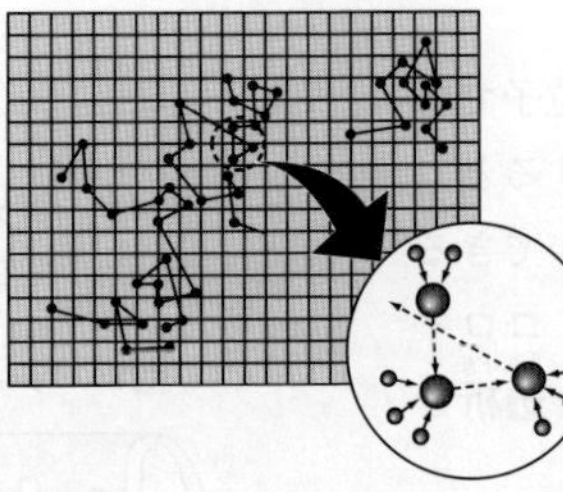

---

1 通常の顕微鏡では見分けられない微粒子に特殊な照明装置による光を当て、その散乱光によって存在や運動状態を知る顕微鏡のことで、暗視野顕微鏡ともいう。

④ **電気泳動**

コロイド粒子は電荷を帯びており、それぞれが反発する形で分散媒の中に存在している。例えば、正の電荷を帯びている水酸化鉄(Ⅲ)の溶液に蒸留水を加えて電圧をかけると、水酸化鉄(Ⅲ)の溶液は陰極に移動する。このようにコロイド溶液に電圧をかけたときに移動することを**電気泳動**(えいどう)という。

例　正電荷：金属の水酸化物、タンパク質

　　負電荷：金、粘土、デンプン

電気泳動

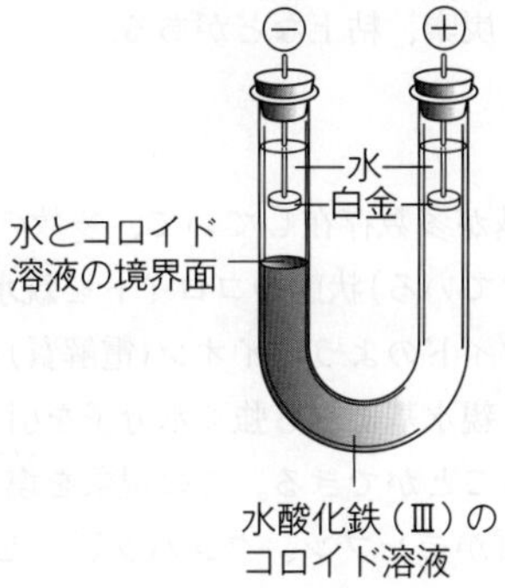

4 疎水コロイド・親水コロイド

① 疎水コロイド

コロイドの表面が正または負の電荷を帯びており、コロイドどうしが反発するため、コロイドどうしが集まりにくく(沈殿しにくく)なっている状態のコロイドを**疎水コロイド**(そすい)という。このコロイドは、帯びている電荷と反対の電荷を持つイオン(電解質)を少量加えただけで、互いに反発力を失い、コロイドどうしが集まって沈殿する。これを**凝析**(ぎょうせき)という。

疎水コロイドは、分散質が金属微粒子(無機物)などの、水と親和性を持たないもので、水酸化鉄(Ⅲ)、金、炭素、粘土などがある。

② 親水コロイド

コロイドの表面に親水基が多数存在していて、多数の水分子と水和している(水分子に囲まれている＝溶けている)状態のコロイドを**親水コロイド**(しんすい)という。水との親和力が強いので、疎水コロイドのようにイオン(電解質)を少量加えただけでは沈殿させることはできないが、親水基よりも強く水分子を引き付けるイオン(電解質)を多量に加えれば沈殿させることができる。この現象を**塩析**(えんせき)という。

親水コロイドは、分散質がデンプン、タンパク質、セッケン、ゼラチンなど(有機物)である。

③ 保護コロイド

凝析しやすい疎水コロイドに親水コロイドを加えると疎水コロイド粒子の周囲に親水コロイドが集まり、イオン(電解質)を少量加えても沈殿しなくなる(凝析しにくくなる)。このような作用のある親水コロイドは疎水コロイドの粒子を保護することから、**保護コロイド**という。例えば、墨汁(保護コロイド)は炭(疎水コロイド)にニカワ(親水コロイド)を加えて作られている。

4 塩と水溶液の液性

1 塩の種類

塩は、化学式にHやOHが含まれるかどうかで、以下の３種類に分類される。

ただし、この分類の名称にある「酸性」、「塩基性」が、**実際の水溶液の液性と一致するとは限らない。**

① 正　塩

化学式にHもOHも含まない。

例　Na_2SO_4、$MgCl_2$

② 酸性塩

化学式にHが含まれる。

例　$NaHSO_4$、$NaHCO_3$

③ 塩基性塩

化学式にOHが含まれる。

例　$CaCl(OH)$、$CuCO_3 \cdot Cu(OH)_2$

2 塩の水溶液の性質

中和反応によって生じた塩は、水に溶けると電離してイオンになる。このとき、電離度の違いによって再び水と反応して酸性や塩基性を示す。これを**塩の加水分解**という。なお、強酸と強塩基によって生じた正塩は、水に溶けると完全に電離しているため加水分解はしない。

塩が水に溶けたときの液性は以下のとおりである。

① 正　塩

- 強酸＋強塩基によりできる塩　→　中性
- 強酸＋弱塩基によりできる塩　→　酸性
- 弱酸＋強塩基によりできる塩　→　塩基性
- 弱酸＋弱塩基によりできる塩　→　一様には決まらない

② **酸性塩**

・$NaHSO_4$、NaH_2PO_4 → 酸性

・$NaHCO_3$、Na_2HPO_4 → 塩基性

③ **塩基性塩**

・難溶なので、水に溶けない

3 液性の決定法

硫酸バリウム$BaSO_4$という塩を例として、液性決定の解法を示す。

❶ 塩を(塩基由来の陽イオン)+(酸由来の陰イオン)として、何の酸・塩基由来かを特定する。この場合、Baは水酸化バリウム$Ba(OH)_2$、SO_4は硫酸H_2SO_4由来である、と特定する。

❷ 特定した酸と塩基は強酸・強塩基あるいは弱酸・弱塩基かを分類する。この場合、水酸化バリウム$Ba(OH)_2$は強塩基、硫酸H_2SO_4は強酸なので、強酸と強塩基の組合せとなる。

❸ 基準に従って液性を判断する。

過去問 Exercise

問題1 濃度に関する次の記述の [A] ～ [C] に入る語句の組合せとして、最も妥当なのはどれか。

東京消防庁Ⅰ類2016

質量パーセント濃度は、[A] の質量に対する溶質の質量の割合をパーセントで表した濃度である。

モル濃度は [B] 1 [L] 当たりに溶けている溶質の量を物質量 [mol] で表した濃度である。

質量モル濃度は [C] 1 [kg] 当たりに溶けている溶質の量を物質量 [mol] で表した濃度である。

	A	B	C
1	溶液	溶液	溶液
2	溶媒	溶液	溶液
3	溶液	溶媒	溶液
4	溶液	溶液	溶媒
5	溶媒	溶媒	溶媒

解説

正解 4

A：溶液

$$質量パーセント濃度 = \frac{溶質の質量\,[\mathrm{g}]}{溶液の質量\,[\mathrm{g}]} \times 100\,[\%]$$ である。

B：溶液

$$モル濃度 = \frac{溶質の物質量\,[\mathrm{mol}]}{溶液の体積\,[\mathrm{L}]}\,[\mathrm{mol/L}]$$ である。

C：溶媒

$$質量モル濃度 = \frac{溶質の物質量\,[\mathrm{mol}]}{溶媒の質量\,[\mathrm{kg}]}\,[\mathrm{mol/kg}]$$ である。

問題2

6 [mol/L] の水酸化ナトリウム水溶液をつくる手順として、最も妥当なのはどれか。ただし、水酸化ナトリウムNaOHの式量を40とする。

東京消防庁 I 類2014

1. 水酸化ナトリウム 6 [g] に水 1 [L] を加える。
2. 水酸化ナトリウム40[g] に水 1 [L] を加える。
3. 水酸化ナトリウム 6 [g] に水を加えて 1 [L] にする。
4. 水酸化ナトリウム240[g] に水760[mL] を加える。
5. 水酸化ナトリウム240[g] に水を加えて 1 [L] にする。

解説

正解 5

水酸化ナトリウム NaOH の式量は40なので、40［g］で1［mol］となる。よって、6［mol］であれば240［g］であるので、6［mol/L］を作るには、1［L］に240［g］の水酸化ナトリウムが含まれた水溶液を作ればよい。

問題3 40℃の硝酸カリウム飽和水溶液200gを10℃まで冷却したとき、析出する硝酸カリウムの質量として、妥当なものはどれか。ただし、水100gに対する硝酸カリウムの溶解度は、10℃では22g、40℃では64gとする。

特別区Ⅰ類2004

1. 6.4g
2. 12.8g
3. 25.6g
4. 51.2g
5. 102.4g

解説

正解 ❹

40℃の硝酸カリウム飽和水溶液164g（水100g、硝酸カリウム64g）を10℃まで冷却したときは、硝酸カリウム飽和水溶液122g（水100g、硝酸カリウム22g）になり、硝酸カリウムは164－122＝42g析出する。ここで飽和水溶液が200gのときの析出量を$\boldsymbol{x}$gとすると、200：$\boldsymbol{x}$＝164：42より、

$$\boldsymbol{x}=\frac{200\times 42}{164}=51.2\cdots[\mathrm{g}]$$

となる。

問題4

次の文は、コロイド溶液に関する記述であるが、文中の空所A～Dに該当する語の組合せとして、妥当なのはどれか。

特別区Ⅰ類2017

水酸化鉄（Ⅲ）や粘土のコロイド溶液に、少量の電解質を加えることでコロイド粒子が集まって沈殿する現象を［A］といい、このようなコロイドを［B］コロイドという。

タンパク質やデンプンのコロイド溶液では、少量の電解質を加えても沈殿しないが、多量の電解質を加えることで沈殿する現象を［C］といい、このようなコロイドを［D］コロイドという。

	A	B	C	D
1	塩析	親水	凝析	疎水
2	塩析	疎水	凝析	親水
3	凝析	親水	塩析	疎水
4	凝析	疎水	塩析	親水
5	疎水	凝析	親水	塩析

解説

正解 4

水酸化鉄（Ⅲ）や粘土などのコロイドは、表面に水分子をあまり引きつけていないので疎水（**B**）コロイドといわれる。疎水コロイドは少量の電解質を加えることにより表面の水分子が取り除かれ、コロイド粒子が集合して沈殿する。この現象を凝析（**A**）という。

タンパク質やデンプンなどのコロイドは、表面に多くの水分子を引きつけているので親水（**D**）コロイドといわれる。親水コロイドは多量の電解質を加えることで表面の水分子が取り除かれ沈殿する。この現象を塩析（**C**）という。

問題5

溶液に関する記述として、最も妥当なのはどれか。

東京消防庁Ⅰ類2019

1 一般に、液体が気体になる変化を沸騰といい、沸騰が起こる温度を沸点という。また、温度が高くなると、液体の内部から気体が発生する現象を昇華という。

2 溶媒の質量に対する溶質の質量の割合を、質量パーセント濃度という。水100[g]にスクロース25[g]を溶かした水溶液の質量パーセント濃度は25%である。

3 1.0[mol/L]の塩化ナトリウム水溶液を作る際は、5.85[g]の塩化ナトリウムをメスフラスコ内にいれ、1[L]の純水を加えて溶解させる。

4 温度と溶解度は反比例の関係にあり、その関係を表した曲線を溶解度曲線という。固体の溶解度は温度が低くなると大きくなるものが多い。

5 結晶中に水分子を一定の割合で含んでいる物質を水和物という。硫酸銅(Ⅱ)は、ふつう硫酸銅(Ⅱ)五水和物のような水和物になっている。

解説

正解 5

❶ × 液体が気体になることを蒸発という。特に蒸発は表面から気体になることをいい、沸点に達し内部からも気体になることを沸騰という。なお、昇華とは固体が気体に変化すること、気体が固体に変化することをいう。

❷ × 溶液の質量に対する溶質の質量の割合を質量パーセント濃度という。よって、100gの水に25gのスクロースを溶かしたものの溶液は100＋25＝125[g]になるので、この場合の質量パーセント濃度は25÷125×100＝20[%]となる。

❸ × 塩化ナトリウムNaClの分子量は23＋35.5＝58.5なので、58.5gで1molになる。また、1Lの水に溶解させると溶液全体は溶質の分増えてしまうので数値はずれてしまい、この場合ちょうど0.1mol/Lにもならない。

❹ × 反比例とは一方が2倍3倍となるともう一方は1/2、1/3になることをいうので、溶解度曲線は反比例ではない。また、一般に固体は温度が高いほど溶解度は大きく、気体は温度が低いほど溶解度は大きい(また例外の物質もある)。

❺ ○ 正しい記述である。

★★★

7 物質の変化と平衡

化学変化に関する法則はいくつかありますが、ここでは特にエネルギーや化学平衡について見ていきます。

1 反応熱と熱化学方程式

温度が異なる二つの物体が接触すると、高温の物質から低温の物質へエネルギーが移動する。このエネルギーを**熱**といい、**熱量**として定量的に表現することができる。高温物質が失った熱量と低温物質が得た熱量は等しい(**熱量の保存**)。

物質の温度を1[K]上昇させるのに必要なエネルギーを**熱容量**といい、1[g]当たりに換算した熱容量を**比熱**という。比熱c[J/(g·K)]、質量m[g]の物質の温度がΔT[K]上昇したとき、その物質が吸収した熱量Q[J]は、

$$Q=mc\Delta T$$

と表せる。比熱は「モノの温まりにくさ」を数値化したものなので、値が大きいものほど温まりにくく冷めにくい物質といえる。

1 発熱反応と吸熱反応

化学変化は熱の出入りを伴って進むことが多い。このとき、熱を発生する反応を**発熱反応**、熱を吸収する反応を**吸熱反応**という。物質の持つエネルギーを**化学エネルギー**といい、化学変化するときに変化した化学エネルギーが熱エネルギーとなる。

2 反応熱と熱化学方程式

化学変化に伴って発生または吸収する熱量を**反応熱**という。発熱反応では正(+)、吸熱反応では負(−)の符号で表現する。また、化学反応式の矢印→を等式=に置き換え、右辺(生成物側)に反応熱を書き加えた式を**熱化学方程式**という。

物質の持つ化学エネルギーは状態によって異なるので、固体・液体・気体の状態を付記し、反応熱は常温常圧とする。

3 さまざまな反応熱

反応熱には以下に示すようなものがある。反応熱は一般に**1[mol]あたりの熱量**で表され、熱化学方程式ではその物質の係数を1とする。そのため、他の物質の係数が分数になることもある。

ここではどの物質の係数を1とするかを示しているが、実際の熱化学方程式では係数が1である場合は表記しない。

① 燃焼熱

物質1[mol]が完全燃焼するとき発生する熱量を**燃焼熱**という。**燃焼する物質の係数を1**にする。

$$1C_2H_6 + \frac{7}{2}O_2 = 2CO_2(\text{気}) + 3H_2O(\text{液}) + 1561[\text{kJ}]$$

② 生成熱

化合物1[mol]が、その成分元素の単体から生じるときに、発生または吸収する熱量を**生成熱**という。**生成する物質の係数を1**にする。

$$C(\text{黒鉛}) + 2H_2 + \frac{1}{2}O_2 = 1CH_3OH(\text{液}) + 222[\text{kJ}]$$

③ 溶解熱

物質1[mol]を多量の溶媒に溶かしたときに、発生または吸収する熱量を**溶解熱**という。**溶ける物質の係数を1**にする。

$$1NaOH(\text{固}) + aq = NaOHaq + 44.5[\text{kJ}]$$

④ 中和熱

水溶液中で、酸と塩基が中和して水1[mol]が生じるときに発生する熱量を**中和熱**という。**水H_2Oの係数を1**にする。

$$HClaq + NaOHaq = NaClaq + 1H_2O + 56.5[\text{kJ}]$$

4 ヘスの法則

熱化学方程式に関する出題は、与えられた数値から目的の熱を求めるという形式のものが多い。このような出題パターンの問題は「求める熱化学方程式を書く」、「化学式を文字とみなし、与えられた式を連立して、求める方程式を作り上げる」という２段階で考えて解いていく。

この解き方が成り立つ理由を示す法則として、ヘスの法則がある。

ヘスの法則

物質が変化するとき出入りする熱量（反応熱）は、最初と最後の状態だけで決まり、反応経路には無関係である。

例えば、黒鉛から二酸化炭素を生成する反応を考える。図のように、直接二酸化炭素を生成する経路と、いったん、一酸化炭素を生成してから二酸化炭素を生成する経路の２種類があり得る。しかし、いずれの経路をたどったとしても反応熱は一定となっている。

ヘスの法則

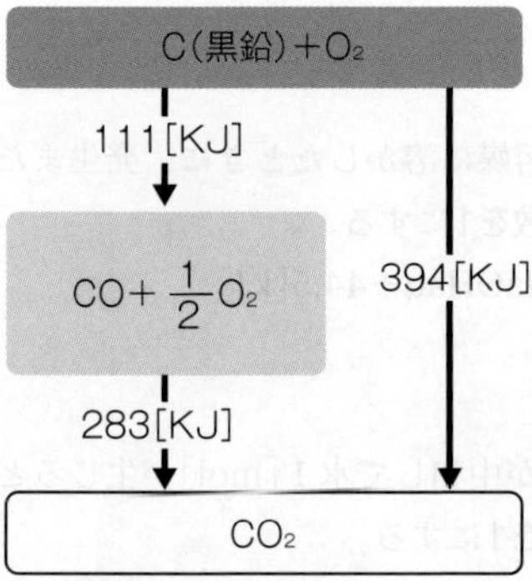

2 化学反応と触媒

一般に、化学反応が起こるためには、反応物の粒子どうしが衝突する必要がある。そのため、気体であれば分圧が大きいほど、液体では高濃度ほど反応速度が大きい。固体であれば、細かいほど表面積が大きいので反応速度は大きくなる。

1 反応速度と活性化エネルギー

化学反応が起こるためには、ある一定以上のエネルギーが必要である。このエネルギーを**活性化エネルギー**という。反応物の粒子は、活性化エネルギー以上のエネルギーを得ると、エネルギーの高い状態を経て生成物に変わる。このエネルギーの高い状態を遷移状態(活性化状態)という。

一般に、反応物の濃度や温度などが同じならば、活性化エネルギーが小さい反応ほど反応速度は大きい。

2 反応速度と触媒

それ自身は変化しないが、反応速度を大きくするような物質を触媒という。これは、触媒によって反応のしくみが変わり、より小さい経路で反応が進むからである。

一方、反応熱は、反応物と生成物とのエネルギー差で決まり、反応経路によらない(ヘスの法則)ので、**触媒を用いても反応熱の値は変化しない。**

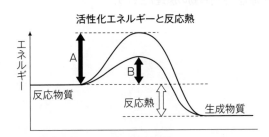

活性化エネルギーと反応熱

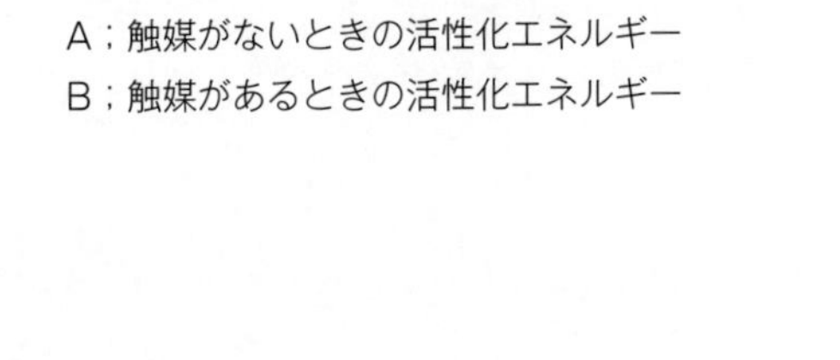

A；触媒がないときの活性化エネルギー
B；触媒があるときの活性化エネルギー

3 化学平衡

1 平　衡

一般に右向きの反応(反応物から生成物ができる)を**正反応**、左向きの反応を**逆反応**という。正反応と逆反応のどちらの方向にも進む反応を**可逆反応**、一方向にしか進まない反応を**不可逆反応**という。

例えば、H_2とN_2を容器に入れておくとNH_3が合成されるが、合成されたNH_3にはH_2とN_2に戻る反応も同時に起こっている。ある時間が経過すると反応速度が等しくなり、見かけ上は反応が止まっているように見える。このような状態を**化学平衡の状態**(**平衡状態**)という。

正反応：$N_2 + 3H_2 \rightarrow 2NH_3$

逆反応：$N_2 + 3H_2 \leftarrow 2NH_3$

2 平衡移動とルシャトリエの原理

可逆反応が平衡状態にあるとき、濃度・圧力・温度などの条件を変化させると、正逆どちらかの反応が進み、新たな平衡状態になる。この現象を**平衡移動**(化学平衡の移動)という。

この平衡の向きについて、フランスのルシャトリエは「一般に、可逆反応が平衡状態にあるとき、濃度・圧力・温度などの条件を変化させると、その変化の影響を和らげる向きに反応が進み、新たな平衡状態になる」という原理を発見した。これを**ルシャトリエの原理**(**平衡移動の原理**)という。

条件変化と平衡移動

❶ 温度：温度を上げる：吸熱（温度が下がる）の方向へ移動し、物質の結びつきは弱くなる

温度を下げる：発熱（温度が上がる）の方向へ移動し、物質の結びつきは強くなる

❷ 圧力：圧力を上げる：減圧（分子数減少）の方向へ移動し、物質の結びつきは強くなる

圧力を下げる：増圧（分子数増加）の方向へ移動し、物質の結びつきは弱くなる

❸ 濃度：濃度を上げる：その物質が減少する（濃度が下がる）方向へ移動する

濃度を下げる：その物質が増加する（濃度が上がる）方向へ移動する

過去問 Exercise

問題1　次に示す熱化学方程式に関するア～オの記述のうち、正しいもののみすべて選んだ組合せとして、最も妥当なのはどれか。

東京消防庁Ⅰ類2016

$$C(黒鉛) + \frac{1}{2}O_2(気) = CO(気) + 111kJ \quad \cdots\cdots ①$$

$$CO(気) + \frac{1}{2}O_2(気) = CO_2(気) + 283kJ \quad \cdots\cdots ②$$

$$C(黒鉛) + O_2(気) = CO_2(気) + 394kJ \quad \cdots\cdots ③$$

ア　C（黒鉛）の燃焼熱は111kJである。

イ　CO（気）の生成熱は111kJである。

ウ　CO_2（気）の生成熱は283kJである。

エ　CO（気）の燃焼熱は283kJである。

オ　C（黒鉛）の燃焼熱は394kJである。

1. **ア、イ、ウ**
2. **ア、イ、エ**
3. **イ、ウ**
4. **イ、エ、オ**
5. **エ、オ**

解説

正解 4

生成熱と燃焼熱の定義に従って分類する。

① C (黒鉛) 単体1 [mol] からの生成物なので、CO (気) の生成熱111 [kJ] を表す式である。なお、生成物は一酸化炭素で二酸化炭素ではないので、燃焼熱ではない。

したがって、**ア**は誤りで、**イ**は正しい。

② CO (気) 1 [mol] の燃焼なので、燃焼熱283 [kJ] を表す式である。

したがって、**ウ**は誤りで、**エ**は正しい。

③ C (黒鉛) に着目すると燃焼熱394 [kJ] を表す式であるとともに、CO_2 (気) に着目すると生成熱394 [kJ] を表す式である。

したがって、**ウ**は誤りで、**オ**は正しい。

問題2　ヘスの法則の説明として、最も妥当なのはどれか。

東京消防庁Ⅰ類2015

❶　化学変化の前後で物質の質量の総和は変化しない。

❷　同じ化合物中の成分元素の質量比は、常に一定である。

❸　気体の種類によらず、同温、同圧で同体積の気体には、同数の分子が含まれる。

❹　反応熱は、反応の経路によらず、反応の初めの状態と終わりの状態で決まる。

❺　２種類の元素でできた化合物が複数あるとき、一つの元素の一定数量と化合している他の元素の質量は簡単な整数比になる。

解説

正解 4

1 × これはラボアジエによる質量保存の法則の内容である。

2 × これはプルーストによる定比例の法則の内容である。

3 × これはアボガドロの法則の内容である。

4 ○ ヘスの法則についての正しい説明である。

5 × これはドルトンによる倍数比例の法則の内容である。

第3章 化学

問題3　水素、炭素(黒鉛)及びメタンの燃焼熱を、それぞれ286kJ/mol、394kJ/mol、891kJ/molとすると、それぞれの燃焼反応の熱化学方程式は、次のとおりである。このとき、メタンの生成熱はいくらか。

国家専門職2019

H_2 (気体) $+ \frac{1}{2} O_2$ (気体) $= H_2O$ (液体) $+286$kJ

C (黒鉛) $+ O_2$ (気体) $= CO_2$ (気体) $+394$kJ

CH_4 (気体) $+2O_2$ (気体) $= CO_2$ (気体) $+2H_2O$ (液体) $+891$kJ

1. −211kJ/mol
2. −183kJ/mol
3. −75kJ/mol
4. 75kJ/mol
5. 211kJ/mol

解説

正解 4

各式について、以下のように表す。

H_2 (気体) + $\frac{1}{2}$ O_2 (気体) = H_2O (液体) +286kJ　……①

C (黒鉛) + O_2 (気体) = CO_2 (気体) +394kJ　……②

CH_4 (気体) +2O_2 (気体) = CO_2 (気体) +2H_2O (液体) +891kJ　……③

生成熱とは、物質 1 mol がもととなる成分元素の単体から生成されるときの反応熱であるので、まずはメタン CH_4の生成熱の式を立てると、以下のようになる(生成熱の値を $\boldsymbol{Q}$kJ とする)。

C +2H_2= CH_4+$\boldsymbol{Q}$［kJ］　……④

ヘスの法則より、④式を①～③式から導くと、④式の左辺に2H_2があることから、これを含む①式を 2 倍する。同様に④式の左辺に C があることから、これを含む②式を用いる。同様に④式の右辺に CH_4があることから、これを含む③式を用いる。①× 2 +②－③より、以下のようになる。

(2H_2+O_2)+(C+O_2)+(CO_2+2H_2O+891kJ)

=(2H_2O+572kJ)+(CO_2+394kJ)+(CH_4+2O_2)

C+2H_2+891kJ = CH_4+57kJ +394kJ

C+2H_2= CH_4+75kJ

※　左辺は左辺、右辺は右辺ごとに計算した。なお「式を引く」ときは両辺を逆にして足している。

問題4

触媒反応に関するA～Dの記述のうち、妥当なものを選んだ組合せはどれか。

特別区Ⅰ類2010

A　触媒があってもなくても、反応熱の大きさは変わらない。

B　触媒は、反応の活性化エネルギーを大きくする。

C　反応の前後で、触媒自身は変化しない。

D　触媒は、反応速度を小さくする。

1. A　B
2. A　C
3. B　C
4. B　D
5. C　D

解説

正解 ②

触媒は、活性化エネルギーを低下させることにより、反応速度を促進させる特徴を持つ。また、触媒自体は反応そのものに直接関与せず、減少したり増加したりすることもない。

A ◯　触媒を用いると、活性化エネルギーは低下するが、反応熱の大きさは変わらない。

B ✕　触媒を用いると、活性化エネルギーが小さくなる。

C ◯　触媒を用いても、触媒自体は反応前後で変化しない。

D ✕　触媒は、反応速度を増大させる。

問題5

化学反応のエネルギー変化に関する次の記述の㋐、㋑に当てはまるものの組合せとして最も妥当なのはどれか。

国家一般職2012

図は、次の反応のエネルギー変化を示す。

$H_2 + I_2 \rightarrow 2HI$

図からこの反応は ㋐ であり、その反応熱は ㋑ であることが分かる。

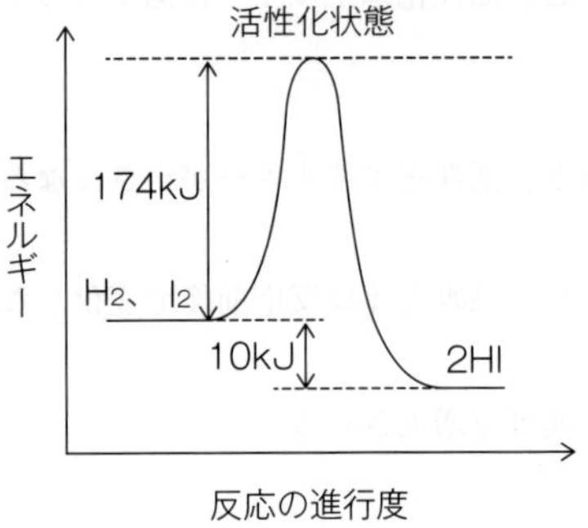

	㋐	㋑
1	発熱反応	10kJ
2	発熱反応	184kJ
3	発熱反応	358kJ
4	吸熱反応	184kJ
5	吸熱反応	358kJ

解説

正解 ❶

問題の図より、反応物であるH_2とI_2ともに1分子の持つエネルギーの合計は、生成物のHI_2分子の持つエネルギーより大きいので、この反応は発熱反応（㋐）といえる。また、反応物の持つエネルギーと、生成物の持つエネルギーの差が反応熱であるので、反応熱は10kJ（㋑）となる。

問題6

次は、化学平衡に関する記述であるが、ア、イに当てはまるものの組合せとして最も妥当なのはどれか。

国家一般職2015

窒素 N_2と水素 H_2を高温に保つと、アンモニア NH_3を生じる。この反応は逆向きにも起こり、アンモニアは分解して、窒素と水素を生じる。このように、逆向きにも起こる反応を可逆反応という。可逆反応は、⇄を用いて示され、例えば、アンモニアの生成反応は、次のように表され、この正反応は発熱反応である。

$N_{2(気)} + 3H_{2(気)} \rightleftarrows 2NH_{3(気)}$　……（*）

化学反応が平衡状態にあるとき、濃度や温度などの反応条件を変化させると、その変化をやわらげる方向に反応が進み、新しい平衡状態になる。この現象を平衡の移動という。

（*）のアンモニアの生成反応が平衡状態にあるときに、温度を高くすれば平衡は［ア］、圧縮すれば平衡は［イ］。

	ア	イ
1	移動せず	右に移動する
2	右に移動し	移動しない
3	右に移動し	左に移動する
4	左に移動し	左に移動する
5	左に移動し	右に移動する

解説

正解 5

アンモニアの生成反応が平衡状態にあるとき、ルシャトリエの原理より、温度を高くすれば発熱反応が生じるので、温度を下げようとして平衡は左に移動し（**ア**）、圧縮すれば分子の数を減らそうとするので、平衡は右に移動する（**イ**）。

★★★

8 無機化学

金属やセラミックスなどを無機物質といい、私たちの生活に欠かすことのできないものとなっています。ここでは無機物質について見ていきます。

❶ 元　素

1 典型元素と遷移元素

1、2、13～18族の元素を**典型元素**といい、族番号が増えるとともに価電子も増え、族どうしが似た性質になる。

3～12族の元素を**遷移**(せんい)**元素**といい、族番号と価電子に相関がなく、周期表の隣どうしが似た性質になるものが多い。

遷移元素はすべて金属であり、典型元素には金属と非金属がある(周期表参照)。

2 単体の常温・常圧での状態

各元素の単体における状態は覚えておくと便利である。

❶　常温・常圧で単体が液体の元素：臭素Br_2、水銀Hg

❷　常温・常圧で単体が気体の元素：水素H_2、窒素N_2、酸素O_2、オゾンO_3、フッ素F_2、塩素Cl_2およびすべての貴ガス

❸　常温・常圧で単体が固体の元素：上記以外の単体

3 炎色反応

金属元素を熱すると、各金属が特有の色を示す。これを**炎色**(えんしょく)**反応**という。金属の重要な検出法となる。

炎色反応

金属元素	リチウム Li	ナトリウム Na	カリウム K	銅 Cu	カルシウム Ca	ストロンチウム Sr	バリウム Ba
色	赤	黄	紫	青緑	橙	紅	黄緑

2 非金属元素

1 水素 H

水素は、宇宙に最も多く存在する元素で、単体は２原子分子H_2である。また、１族の中で**唯一の非金属元素**である。無色無臭の気体であり、すべての気体の中で**最も密度が小さい**。

実験室ではイオン化傾向の大きい金属に希硫酸などを加え、水上置換で捕集する。工業的には石油や天然ガスと高温水蒸気反応、または水の電気分解などで得る。

2 18族元素（貴ガス）

18族の元素を貴(き)ガス(希ガス)という。融点、沸点が非常に低く、**常温で気体**として存在し、無色無臭である。価電子が０個(閉殻)なので、反応性に乏しい(化合物を作りにくい)。ほかの原子とも結びつかないので、単原子分子を作る。例外として、アルゴンArは唯一フッ素Fと化合物を作る。また、アルゴンの大気中の割合は窒素N_2、酸素O_2に次いで３番目である。

ガラス管などに封じ込め、電圧をかけると元素固有の発光が見られる。ネオンNeはオレンジ色、ヘリウムHeは薄紫色、アルゴンArは紫色に発光する。燃えにくいため、気球や風船のガスとして利用されているほか、冷却剤、リニアモーターカーなどにも利用されている。

ヘリウムは不燃性の気体で、水素に次いで軽い。元素の中で**最も融点が低く**(−268.93℃)、**最も液体になりにくい**。

アルゴンやクリプトンKrは、フィラメントの酸化・蒸発を防止するために電球や蛍光灯に封入されている。またクリプトンはカメラのストロボに利用されている。

3 17族典型非金属元素（ハロゲン）

この族に属する元素はハロゲンといい、単体はF_2、Cl_2、Br_2、I_2のように２原子分子として存在している。すべて有色・有毒である。その酸化力、反応性は**F_2>Cl_2>Br_2>I_2**の順（原子番号の小さい順）になる。なお、還元力の強さは逆である。

	単体の形状	特徴
フッ素F_2	**淡黄色・気体**	・水と激しく反応し、酸素O_2を発生 ・低温、暗所でも水素と爆発的に反応する
塩素Cl_2	**黄緑色・気体**	・水と一部反応　$H_2O+Cl_2 \rightleftarrows HCl+HClO$ ・常温で、光を当てると水素と激しく反応
臭素Br_2	**赤褐色・液体**	・水と少し反応 ・水素と高温で反応 ・臭化銀AgBrはフィルムの感光剤に利用されている
ヨウ素I_2	**黒紫色・固体**	・水にはほとんど溶けない ・水素と高温でわずかに反応 ・黒紫色の板状の固体結晶で**昇華性**を持つ ・デンプンと反応すると青紫色に変化（ヨウ素デンプン反応）

① ハロゲン化水素

ハロゲンと水素が結びついた物質をまとめて**ハロゲン化水素**といい、すべて有毒で強い刺激臭を持つ。極性があるので水によく溶け、フッ化水素以外の水溶液は強酸である。

(ア) 塩化水素 HCl

無色で、**刺激臭**がある。融点が−114℃、沸点が−85℃である。水によく溶け、その水溶液が塩酸であり、水溶液なので混合物である。アンモニアに触れると、塩化アンモニウムの白煙を生じる。

$HCl+NH_3 \rightarrow NH_4Cl$

塩酸は強酸性を示し、鉄、亜鉛、アルミニウムなどを溶かして水素を生じる。

製法１：食塩に濃硫酸を加えて加熱する

$NaCl+H_2SO_4 \rightarrow NaHSO_4+HCl\uparrow$

製法２：塩素と水素から合成する

$H_2+Cl_2 \rightarrow 2HCl$

(イ) フッ化水素 HF

無色、**刺激臭**のある液体で発煙性がある。融点が－83℃、沸点が20℃である。フッ化カルシウムCaF_2（蛍石の主成分）に濃硫酸を加え加熱すると発生する。

$$CaF_2 + H_2SO_4 \rightarrow CaSO_4 + 2HF$$

水溶液はフッ化水素酸といい、**弱酸**であるが、ガラスなどのケイ酸塩や石英を溶かす性質があるので、ポリエチレン容器などで保存する。

(ウ) 臭化水素 HBr、ヨウ化水素 HI

それぞれの水溶液を臭化水素酸・ヨウ化水素酸といい、ともに強酸性を示す。

② ハロゲン化銀

ハロゲン化物イオンを含む水溶液に硝酸銀$AgNO_3$水溶液を加えると、塩化銀AgCl、臭化銀AgBr、ヨウ化銀AgIが沈殿する。これらのハロゲン化銀には感光性があるため、光が当たると分解して銀が析出する。

この仕組みがフィルムで、光の当たった部分の銀が黒くなったものを、現像液を用いて還元することによって画像ができあがる。

③ 次亜塩素酸ナトリウム NaClO

次亜塩素酸ナトリウムは酸化作用を示す。固体は不安定であり、水溶液として酸化剤や漂白剤、殺菌消毒剤に用いられる。次亜塩素酸ナトリウムに塩酸を加えると水素が発生する。

$$NaClO + 2HCl \rightarrow NaCl + H_2O + Cl_2$$

④ 塩素酸カリウム $KClO_3$

塩素酸カリウム$KClO_3$は無色の結晶で、酸化マンガン(Ⅳ) MnO_2を触媒として加え加熱すると酸素を発生する。

$$2KClO_3 \rightarrow 2KCl + 3O_2$$

4 16族典型非金属元素

酸素は空気や水、岩石などの構成物質であり、地球上においては地殻中の元素割合として最も多い。

硫黄は鉱石の成分元素として地殻に多く存在している。

① 酸素 O_2とその化合物

(ア) 酸素 O_2

単体の酸素O_2は空気中の21％を占め、工業的には液体空気の分留で得られる。実験室では水の電気分解や過酸化水素水の分解、塩素酸カリウムの熱分解などで得られる。

(イ) オゾン O_3

オゾンO_3は酸素の同素体で、酸素中の無声放電や酸素に紫外線を照射することで得られる。

オゾンは特異臭のある淡青色の気体で、毒性が強い。分解して酸素になりやすく、強い酸化作用がある。大気の成層圏(地上20～30km)において、オゾン層を形成している。

(ウ) 過酸化水素 H_2O_2

過酸化水素H_2O_2は無色の液体で、濃い溶液は酸化力が強く、皮膚などに付着すると白い薬傷を起こす。３％ほどの溶液をオキシドールといい、殺菌消毒に用いられる。不安定で分解しやすく、触媒によって水と酸素になる。

$$2H_2O_2 \rightarrow 2H_2O + O_2$$

過酸化水素は、一般に酸化剤としてはたらくことが多いが、過マンガン酸カリウム$KMnO_4$などに対しては還元剤としてはたらく。

(エ) 酸化物

酸素はフッ素に次いで陰性が強い。単体は反応性が高いので多くの元素と直接反応して酸化物を作る。例えば二酸化炭素CO_2や二酸化硫黄SO_2などの非金属酸化物の多くは、水と反応して酸を生じたり、塩基と反応して塩を生じたりする。このような酸化物を**酸性酸化物**という。

$CO_2+H_2O \rightleftarrows H^++HCO_3^-$

$SO_2+2NaOH \rightarrow Na_2SO_3+H_2O$

酸化ナトリウムNa_2Oや酸化カルシウムCaOのような金属酸化物の多くは、水と反応して塩基を生じたり、酸と反応して塩を生じたりする。このような酸化物を**塩基性酸化物**という。

$NaO+H_2O \rightleftarrows 2NaOH$

$CaO+2HCl \rightarrow CaCl_2+H_2O$

酸化アルミニウムAl_2O_3や酸化亜鉛ZnOは、酸と塩基のどちらとも反応して塩を生じる。これらを**両性酸化物**という。

② 硫黄Sとその化合物

(ア) 硫黄S

単体の硫黄Sは、黄色のもろい固体として火山地帯などで産出する。工業的には石油精製の**脱硫**という、硫黄を除去する工程で得られる。硫黄の単体には斜方硫黄、単斜硫黄、ゴム状硫黄などの同素体がある。いずれも無臭で水に不溶である。

また硫黄は、酸素同様に反応性が高く、多くの元素と結合して硫化物を作る。硫黄同素体は空気中で燃焼させると青い炎を出し二酸化硫黄SO_2になる。

$S+O_2 \rightarrow SO_2$

(イ) 硫化水素 H_2S

硫化水素H_2Sは、無色の気体で腐乱臭があり、極めて毒性が強い。火山ガスに含まれ、実験室では硫化鉄(Ⅱ)に希硫酸や希塩酸を加えて下方置換で捕集する。

$FeS+H_2SO_4 \rightarrow FeSO_4+H_2S$

$FeS+I_2 \rightarrow 2HI+S$

(ウ) 二酸化硫黄 SO_2

二酸化硫黄SO_2は、刺激臭があり無色で有毒な気体である。水によく溶け、水溶液は弱酸性である。

$SO_2 + H_2O \rightleftarrows H^+ + HSO_3^-$

普通は還元剤としてはたらき漂白剤としても利用されるが、硫化水素に対しては酸化剤となる。

(エ) 硫酸 H_2SO_4

硫酸H_2SO_4は、化学工業に広く用いられている。工業的には**接触法**により作られる。市販の**濃硫酸**は、濃度98％（約18mol/L）で無色・高密度(1.83g/mL)、**不揮発性**、粘性が大きい液体である。吸湿性が強く乾燥剤に用いられ、**脱水作用**がある。熱濃硫酸は酸化作用があり、イオン化傾向の小さい銅Cu、水銀Hg、銀Agを酸化して溶かし二酸化硫黄を発生する。

水に濃硫酸を加えると、多量の熱を発生して**希硫酸**となる。希硫酸は強酸で、水素よりイオン化傾向の大きい金属を溶かし水素を発生する。アルカリ土類金属や鉛の硫酸塩は水に溶けにくいので、硫酸バリウム$BaSO_4$の白色沈殿は硫酸イオンSO_4^{2-}の検出に用いられる。

$BaCl_2 + H_2SO_4 \rightarrow BaSO_4 + 2HCl$

5 15族典型非金属元素

① 窒素 N_2とその化合物

(ア) 窒素 N_2

窒素N_2の単体は無色無臭の気体で、空気中の78%を占める。工業的には液体空気の分留で得られ、液体窒素は冷却剤として用いられる。一般に反応性が乏しく安定であるが、高温条件下では酸素と反応する。

(イ) アンモニア NH_3

アンモニアNH_3は刺激臭のある無色の気体で、硝酸などの窒素酸化物の合成原料に用いられる。工業的には**ハーバー・ボッシュ法**、実験室ではアンモニウム塩を強塩基とともに加熱すると発生し、上方置換で捕集する。

$N_2 + 3H_2 \rightleftarrows 2NH_3$

$2NH_4Cl + Ca(OH)_2 \rightarrow CaCl_2 + 2H_2O + 2NH_3$

アンモニアと塩化水素の反応では、塩化アンモニウムの白煙を生じるので、互いの気体の検出に用いられる。またアンモニアは、水によく溶け、一部が水と反応するので水溶液は弱塩基性となる。

$NH_3 + H_2O \rightleftarrows NH_4^+ + OH^-$

また硝酸HNO_3や尿素$CO(NH_2)_2$の原料として多量に用いられている。

(ウ) 一酸化窒素 NO

一酸化窒素NOは水に溶けにくい無色の気体で、実験室では銅Cuに希硝酸を加えて発生させる。

$3Cu + 8HNO_3 \rightarrow 3Cu(NO_3)_2 + 4H_2O + 2NO$

一酸化窒素は空気中で速やかに酸化され、赤褐色の二酸化窒素になる。

$2NO + O_2 \rightarrow 2NO_2$

(エ) 二酸化窒素 NO_2

二酸化窒素NO_2は、刺激臭のある**赤褐色**の有毒な気体で、実験室では銅Cuに濃硫酸を加えて発生させる。

$Cu + 4HNO_3 \rightarrow Cu(NO_3)_2 + 2H_2O + 2NO_2$

常温では一部が無色の四酸化二窒素に変化する。

$2NO_2 \rightleftarrows N_2O_4$

また、水に溶けると硝酸を生じる。

$3NO_2 + H_2O \rightarrow 2HNO_3 + NO$

これは**オストワルト法**と呼ばれる製法である。

(オ) 硝酸 HNO_3

硝酸HNO_3は、水に溶けやすく揮発性のある無色の液体である。市販の**濃硝酸**は、濃度62％（14mol/L、密度1.38g/mL）前後のものが多い。熱や光で分解して黄色味を帯びるので、褐色瓶などで保存する。

硝酸は強酸であるほか、強い酸化剤としてもはたらく。イオン化傾向の小さい銅Cu・水銀Hg・銀Agなどを酸化して溶かし、一酸化窒素や二酸化窒素を発生する。

$3Ag + 4HNO_3$(希硝酸) → $3AgNO_3 + 2H_2O + NO$

$Ag + 2HNO_3$(濃硝酸) → $AgNO_3 + H_2O + NO_3$

② リンPとその化合物

(ア) リンP

カルシウムイオンとリン酸イオンを主成分とするリン鉱石を電気炉中で珪砂SiO_2やコークスと反応させるとリン単体が得られる。このとき、蒸気として発生しているものを水中で固化させると黄リン(白リン)が得られる。

黄リンはP_4からなる単黄色のろう状固体で、自然発火する。また水に溶けないので水中保存される。**毒性が強い**。空気を断って黄リンを加熱すると、赤褐色固体の赤リンとなる。毒性は小さく、マッチ箱の側薬・衣料品・肥料などに用いられる。

(イ) 十酸化四リン P_4O_{10}

十酸化四リンP_4O_{10}は、吸湿性・脱水作用の強い白色固体で、乾燥剤として用いられる。リンを過剰の乾燥空気や酸素中で燃焼させる。

$4P + 5O_2 \rightarrow P_4O_{10}$

(ウ) リン酸 H_3PO_4

十酸化四リンを多量の水と反応させるとリン酸H_3PO_4が得られる。リン酸は水に溶けて酸性を示し、DNAの成分として体内に存在する。

6 14族典型非金属元素

炭素Cは有機物の中心となる元素で、ケイ素Siは地殻を構成する元素の中で酸素の次に多い。

① 炭素Cとその化合物

(ア) 炭素Cとその同素体

炭素は有機物の中心となる元素である。また、次のような同素体を持つ。

ダイヤモンド	無色の結晶で非常に硬い。光の屈折率が大きく、大きな結晶は宝石として価値が高い。高温高圧下では黒鉛から人工的に小さな結晶を生成でき、研磨剤や切削剤として工業的に用いられる。
黒鉛(グラファイト)	光沢のある灰黒色の結晶で軟らかく、**熱電気伝導性**がある。電極や鉛筆の芯などに用いられる。
フラーレン	C_{60}、C_{70}などの分子式を持つ球状の分子。
カーボンナノチューブ	直径1nmの管状分子で導体または半導体である。

(イ) 一酸化炭素 CO

一酸化炭素COは水に溶けにくい無色無臭の気体で、毒性が極めて強い。体内に取り込まれると、赤血球中のヘモグロビンと酸素よりも強く(約250倍)結合するため、酸素を運べなくなる。不完全燃焼や赤熱した炭素で二酸化炭素を還元することで生じる。

$CO_2 + C \rightleftarrows 2CO$

実験室では、ギ酸に濃硫酸を加えて加熱する。

$HCOOH \rightarrow H_2O + CO_2$

一酸化炭素は還元性を持ち、金属の精錬に利用される。

(ウ) 二酸化炭素 CO_2

二酸化炭素CO_2は、無色無臭の気体で、実験室では炭酸塩や炭酸水素塩に希塩酸を加えると発生する。

$CaCO_3 + 2HCl \rightarrow CaCl_2 + H_2O + CO_2$

工業的には石油化学工場のプラント排ガスなどから得られる。二酸化炭素は水に少し溶けて炭酸水となり、弱酸性を示す。固体はドライアイスで、昇華性を持つ。石灰水$Ca(OH)_2$aqに通じると炭酸カルシウム$CaCO_3$の白色沈殿を生じる。

② ケイ素Siとその化合物

(ア) ケイ素Si

ケイ素の単体は自然界には存在しない。電気炉内において、酸化物を炭素で還元することにより得られる。

$$SiO_2+2C \rightarrow Si+2CO$$

単体は共有結合結晶であり、半導体の性質を示す。コンピュータや太陽光発電に用いられる。

(イ) 二酸化ケイ素SiO_2

二酸化ケイ素SiO_2は、共有結合結晶で硬く、融点が高い。主に石英として岩石中に存在する。大きな結晶は水晶、砂状の場合は珪砂（ケイ）という。

(ウ) ケイ酸ナトリウム$NaSiO_3$

二酸化ケイ素に、水酸化ナトリウムや炭酸ナトリウムなどの塩基を加え融解させると、ケイ酸ナトリウム$NaSiO_3$となる。

$$SiO_2+2NaOH \rightarrow Na_2SiO_3+H_2O$$

$$SiO_2+2Na_2CO_3 \rightarrow Na_2SiO_3+CO_2$$

ケイ酸ナトリウムに水を加えて煮沸すると、粘性の大きな**水ガラス**となる。水ガラスは塩基性であり、酸を加えるとケイ酸$SiO_2 \cdot \boldsymbol{n}H_2O$が生じる。ゲル状のケイ酸を熱して脱水すると、多孔質の**シリカゲル**となる。シリカゲルは表面積が大きく水蒸気を吸収するため、乾燥剤や吸湿剤として用いられる。

3 典型金属元素

1 1族典型金属元素（アルカリ金属）

水素以外の1族元素をアルカリ金属という。アルカリ金属は価電子を1個持つので、1価の陽イオンになりやすい。天然には塩として多く存在し、イオン化エネルギーが小さくイオン結晶の化合物を作る。また炎色反応を示す。

単体はいずれも密度の小さい銀白色の軽金属であり、比較的軟らかく融点も低い。イオン化傾向が大きいので、溶融塩電解などで得る。また空気中の酸素や水と反応するので灯油などで保存する。

	融点[℃]	密度[g/cm^3]	炎色反応
リチウムLi	181	0.53	赤
ナトリウムNa	98	0.97	黄
カリウムK	64	0.86	紫

アルカリ金属の単体は反応性が高く、還元作用が強い。常温で酸素や塩素と化合し、空気中では速やかに酸化され、冷水とも激しく反応し水素を発生する。

アルカリ金属の酸化物は塩基性酸化物であり、水と反応して水酸化物になる。また酸と反応して塩を作る。

$Na_2O + H_2O \rightarrow 2NaOH$

$Na_2O + 2HCl \rightarrow 2NaCl + H_2O$

アルカリ金属の水酸化物は、水によく溶け強い塩基性を示す。また水酸化物は、二酸化炭素と反応し炭酸塩を生じる。

$2NaOH + CO_2 \rightarrow Na_2CO_3 + H_2O$

以下ではナトリウムの化合物を一通り見ていこう。

① 水酸化ナトリウム NaOH

水酸化ナトリウムNaOHは、塩化ナトリウムの電気分解で作られる。無色の固体で、空気中では水分を吸収して溶けてしまう。これを**潮解**という。セッケンの製造やソーダ石灰として利用される。

② 炭酸ナトリウム Na_2CO_3

炭酸ナトリウムNa_2CO_3は、炭酸ソーダ(一般に「ソーダ」といえば炭酸ナトリウムを指す)とも呼ばれる白色固体で、アンモニアソーダ法などにより作られる。水によく溶け塩基性を示す。

$$CO_3^{-}+H_2O \rightleftarrows HCO_3^{-}+OH^{-}$$

炭酸ナトリウムに塩酸を加えると二酸化炭素が発生する。

$$Na_2CO_3+2HCl \rightarrow 2NaCl+H_2O+CO_2$$

③ 炭酸水素ナトリウム $NaHCO_3$

炭酸水素ナトリウム$NaHCO_3$は、重曹とも呼ばれる白色粉末である。水にはあまり溶けないが、水溶液は弱塩基性となる。加熱や塩酸で二酸化炭素を発生する。ベーキングパウダーに利用されている。

$$2NaHCO_3 \rightarrow Na_2CO_3+H_2O+CO_2$$

$$NaHCO_3+HCl \rightarrow NaCl+H_2O+CO_2$$

2 2族典型金属元素（アルカリ土類金属）

① ベリリウム Be

ベリリウムは、軽く、融点・耐久性が高いが、加工が難しい。加工の過程で粉末にしなければならず、粉末は吸引すると肺の機能を妨げるなど**強い毒性**を持つ。ハッブル宇宙望遠鏡などの**宇宙望遠鏡の反射鏡**に利用されている。

② マグネシウム Mg

マグネシウムは、古くは写真のストロボとして利用されていた。塩化マグネシウム$MgCl_2$は海水に含まれる**にがり**の主成分であり、水酸化マグネシウム$Mg(OH)_2$は**胃腸薬**として利用されている。マグネシウムは、アルミニウムや鉄に比べて比重が小さく剛性が高いため、**自動車部品**、**電子機器**などに利用されている。

③ カルシウム Ca

カルシウムは常温の水と反応し、水素を発生する。2族のうちカルシウムの化合物の出題が多いので、以下に詳しく示す。

(ア) 酸化カルシウム CaO

酸化カルシウムCaOは、**生石灰**とも呼ばれる白色固体で、炭酸カルシウム$CaCO_3$を強熱して得られる。

$$CaCO_3 \rightarrow CaO + CO_2$$

CaOは塩基酸化物であり、水を加えると水酸化カルシウム$Ca(OH)_2$に、塩酸を加えると塩化カルシウム$CaCl_2$となる。

$$CaO + H_2O \rightarrow Ca(OH)_2$$

$$CaO + 2HCl \rightarrow CaCl_2 + H_2O$$

(イ) 水酸化カルシウム $Ca(OH)_2$

水酸化カルシウム$Ca(OH)_2$は、**消石灰**とも呼ばれる白色粉末で、水に溶けたものが**石灰水**である。二酸化炭素を石灰水に通じたときに白濁(炭酸カルシウム)するのは以下の反応式である。

$$Ca(OH)_2 + CO_2 \rightarrow CaCO_3 + H_2O$$

(ウ) 炭酸カルシウム $CaCO_3$

炭酸カルシウム$CaCO_3$は、石灰石や貝殻、大理石などの主成分である。上記の白濁は、さらに二酸化炭素を加えると消すことができる。

$$CaCO_3 + CO_2 + H_2O \rightleftarrows Ca(HCO_3)_2$$

炭酸カルシウムに塩酸を加えると二酸化炭素が発生する。

$$CaCO_3 + 2HCl \rightarrow CaCl_2 + H_2O + CO_2$$

(エ) 硫酸カルシウム $CaSO_4 \cdot 2H_2O$

硫酸カルシウム二水和物$CaSO_4 \cdot 2H_2O$は、**セッコウ**(石膏)と呼ばれる。これを焼くと焼きセッコウ$CaSO_4 \cdot 1/2H_2O$となる。建築材料や像などに用いられる。

(オ) 塩化カルシウム $CaCl_2$

塩化カルシウム$CaCl_2$は、乾燥剤や凍結防止剤に用いられる。

(カ) その他2族化合物

硫酸バリウム$BaSO_4$は、水や酸に溶けにくく、消化管のX線造影剤に用いられる。塩化マグネシウム$MgCl_2$は、海水の成分として塩化ナトリウムNaClの次に多く、**にがり**として豆腐の凝固などに用いられる。

3 その他の典型金属元素

単体および酸化物に、**酸と塩基のいずれとも反応して水素を発生**させるものがある。このような性質の元素を**両性元素**といい、アルミニウムAl、亜鉛Zn、スズSn、鉛Pbなどが挙げられる。また、両性元素は濃硝酸と反応すると外側に被膜が形成され、それ以上反応しなくなる。このような性質を**不動態**(ふどうたい)という。

① アルミニウム Al とその化合物

(ア) アルミニウム Al

アルミニウムは価電子を３個持ち、３価の陽イオンになりやすい。地殻中に酸素・ケイ素に次いで３番目に多い元素である。単体は軟らかく、銀白色の軽金属で、展性・延性・電気伝導性が高い。

ボーキサイトから得られた酸化アルミニウムAl_2O_3(アルミナ)の溶融塩電解によって得られる。濃硝酸には不動態となる。

また、アルミニウムに酸化鉄(Ⅲ)の粉末を混ぜて点火すると、激しく反応する。これを**テルミット反応**といい、冶金(やきん)(鉱石から金属を取り出す方法)などに用いられる。

(イ) 酸化アルミニウム Al_2O_3

酸化アルミニウムAl_2O_3は、両性酸化物であり、水酸化アルミニウムを加熱・脱水して得られる。

$$Al_2O_3 + 6HCl \rightarrow 2AlCl_3 + 3H_2O$$

$$Al_2O_3 + 2NaOH + 3H_2O \rightarrow 2Na[Al(OH)_4]$$

ルビー(赤)やサファイア(青などの赤以外)は酸化アルミニウムの結晶である。色の違いは不純物の違いによる。また、アルミニウムの表面に電気分解で酸化被膜をつけたものを**アルマイト**といい、薬缶(やかん)や弁当箱、サッシなどさまざまな用途に用いられている。

(ウ) 水酸化アルミニウム $Al(OH)_3$

アルミニウムイオンを含んだ水溶液に、塩基を加えると半透明ゲル状の沈殿が生じる。これが水酸化アルミニウム$Al(OH)_3$である。水酸化アルミニウムも両性であり、両性水酸化物である。

(エ) ミョウバン

硫酸アルミニウムカリウム十二和物$AlK(SO_4)_2 \cdot 12H_2O$の通称を**ミョウバン**という。

硫酸アルミニウム$Al_2(SO_4)_3$と硫酸カリウムK_2SO_4の混合水溶液を冷却すると得られる正八面体の結晶で、小学校の自由研究などでよく目にする。この結晶を水に溶かすとAl^{3+}、K^+、SO_4^{2-}に電離する。このように複数の塩が結合した化合物で、水に溶けると成分イオンに電離するものを**複塩**という。

② スズSn・鉛Pb

スズ(錫) Sn、鉛Pbは14族であるので、価電子を4個持ち、酸化数+2か+4の化合物を作る。スズ・鉛ともに両性で、スズは銀白色の重金属である。はんだや青銅などの合金、ブリキなどのめっき加工に用いられる。鉛は暗灰色の重金属で、鉛蓄電池や放射線の遮蔽などに用いられる。

4 遷移元素 (3~12族)

周期表で3～12族の元素を遷移元素という。**遷移元素はすべて金属元素**であり、元素全体の6割ほどを占める。

次の表は、周期表第4周期の遷移元素の部分を抜粋したものである。価電子の変化について実際に確認してみると、最外殻電子は1または2で一定となっていることがわかる。

遷移元素の例

	3族	4族	5族	6族	7族	8族	9族	10族	11族	12族
元素	Sc	Ti	V	Cr	Mn	Fe	Co	Ni	Cu	Zn
原子番号	21	22	23	24	25	26	27	28	29	30
K殻	2	2	2	2	2	2	2	2	2	2
L殻	8	8	8	8	8	8	8	8	8	8
M殻	9	10	11	13	13	14	15	16	18	18
N殻	2	2	2	1	2	2	2	2	1	2

よって遷移元素は「隣どうしが似た性質を示す」ものが多い。また、同じ元素でもいくつかの酸化数をとるものが多く、例えば鉄FeであればFe^{2+}やFe^{3+}などがある。ほかにも、イオンや化合物に有色なものが多い、錯イオンを作りやすい、触媒となりやすい、などの性質がある。

特に金Au・銀Ag・銅Cu・鉄Feが問われる。

1 金 Au

金Auの単体は金色であり、イオン化傾向が最も小さい金属で、**展性と延性が全金属中で最大**である。酸にはほとんど溶けないが、**王水**(濃塩酸HCl：濃硝酸HNO_3＝3：1の溶液)にのみ溶ける。

2 銀 Ag

銀Agの単体は銀白色で、**熱・電気伝導性が全金属中で最大**である。展性・延性は金Auに次いで大きい。塩酸や希硫酸とは反応しないが、硝酸などの酸化力が強い酸には溶け、酸化数＋1の化合物を作る。ハロゲン化銀には感光性があり、臭化銀AgBrは写真の感光剤に用いられている。

3 銅 Cu

銅Cuの単体は特有の赤褐色を持つ。展性・延性に富み、**熱・電気伝導性は銀Agの次に大きい**。銀同様に、塩酸や希硫酸とは反応しないが、硝酸などの酸化力が強い酸には溶ける。

空気中で酸化されると黒色の酸化銅(Ⅰ)CuOに変化するが、1000℃以上の高温では赤色の酸化銅(Ⅱ)Cu_2Oができる。また、湿った空気中ではCu_2Oの酸化被膜ができ、これが長時間経つと**緑青**(ろくしょう)と呼ばれる銅特有のさびになる。**電解精錬**によって純度の高い銅を作ることができる。

4 鉄 Fe

鉄Feは、金属元素としてはアルミニウムに次いで地殻中に多く存在する。展性・延性に富み、強い**磁性**を持つ。塩酸や希硫酸と反応し水素H_2を生じるが、濃硝酸HNO_3には不動態を作り、溶けない。

自然界には赤鉄鉱Fe_2O_3や磁鉄鉱Fe_3O_4の形で存在し、これらを高炉内で**コークス**(C：木炭)、**石灰石**$CaCO_3$から生じる一酸化炭素COによる還元で単体を取り出す。

$Fe_2O_3 + 3CO \rightarrow 2Fe + 3CO_2$

このとき、不純物を取り除くために入れた石灰石が**スラグ**となる(スラグは産業廃棄物として処理される)。炭素含有量が２％未満のものを**鋼**(こう)、４％程度のものを**銑鉄**という。鋼は比較的軟らかくしなやかであるが、銑鉄は硬くて脆く、溶かしやすい。高炉で得られる鉄が銑鉄であり、この銑鉄を**転炉**に移して酸素を吹き込み、炭素含有量を減らして鋼が得られる。

5 亜鉛 Zn・水銀 Hg

亜鉛Znは青白色の重金属で、価電子を２個持っているので２価の陽イオンになりやすい。

水銀Hgは常温(25℃)で唯一の液体金属であり、水銀との合金を**アマルガム**という。

① 水酸化亜鉛 $Zn(OH)_2$

亜鉛イオンを含む水溶液に塩基を加えると、白色ゲル状の沈殿が生じる。これが水酸化亜鉛$Zn(OH)_2$である。亜鉛は両性であるので、この沈殿は塩酸・水酸化ナトリウムいずれとも反応する。

② 酸化亜鉛 ZnO

酸化亜鉛ZnOは白色粉末で、顔料や塗料として用いられる。

5 生活の中の金属

２種類以上の金属を融解して混ぜ合わせたものや、金属に非金属を添加した金属特性を失っていないものを合金という。合金にすることでもとの金属とは異なる性質を持つものとなる。

名称	主元素	添加元素	特徴	主な用途
黄銅（真鍮）	Cu	Zn	黄色光沢	5円硬貨、楽器
白銅	Cu	Ni	白色光沢	50・100円硬貨
ニッケル黄銅	Cu	Ni、Zn	洋白	500円硬貨
青銅（ブロンズ）	Cu	Sn	さびにくい	美術品、10円硬貨
ニクロム	Ni	Cr	電気抵抗大	ドライヤー、電熱線
ステンレス	Fe	Ni、Cr	さびにくい	台所用品、鉄道車両
ジュラルミン	Al	Mg、Mn、Cu	軽くて強い	航空機体
はんだ	Sn	Cu、Ag、Ni	融点が低い	金属接合
超電導合金		Nb、Ti	ニオブチタン	超電導

6 主な気体の性質

1 気体の性質・製法

気体の製法と特徴について、特記しておく。

	主な製法	特徴
H_2	・イオン化傾向が水素H_2より大きい金属に酸を加える ・**水の電気分解** ・**石油**（天然ガス）**などの加熱分解**	・無色無臭の気体で**最も軽い** ・非常によく燃える ・宇宙の元素組成の80%を占める
O_2	・H_2O_2にMnO_2を触媒として加える ・**水の電気分解**	・大気の約21%を占める ・**地殻を構成する元素における割合が最も大きい**（地殻構成元素：O>Si>Al） ・助燃性
O_3	・酸素に紫外線や無声放電を作用	・酸化力が非常に高い ・殺菌作用や漂白作用を持ち、有毒
Cl_2	・濃HClにMnO_2を酸化剤として加える ・さらし粉$Ca(ClO)_2$に塩酸HClを加える	・酸化力が非常に高い ・殺菌作用や漂白作用を持つ ・黄緑色、刺激臭で有毒
HCl	・食塩NaClに濃硫酸H_2SO_4を加える	・無色 ・刺激臭
HClO	・塩素Cl_2に水H_2Oを加える	・弱酸
H_2S	・硫化鉄FeSに希塩酸HClを加える	・腐卵臭 ・還元性が高い
N_2	・液体窒素の分留 ・亜硝酸アンモニウムの加熱分解	・地球の**大気の約78%**を占めている ・常温では化合物を作りにくい ・窒素酸化物NO_X（光化学スモッグの原因）を作る
NH_3	・NH_4Clに強塩基を加える	・無色、刺激臭を持ち有毒
CO	・炭素化合物の不完全燃焼 ・ギ酸HCOOHの脱水反応	・赤血球と結合しやすく有毒 ・空気中で燃やすと青白い炎を出す
CO_2	・石灰石$CaCO_3$に希HClを加える	・石灰水を白濁させる
NO	・Cuに希硝酸HNO_3を酸化剤として加える	・無色
NO_2	・Cuに濃硝酸HNO_3を酸化剤として加える	・赤褐色 ・刺激臭を持ち有毒
SO_2	・Cuに濃硫酸H_2SO_4を酸化剤として加える	・無色で刺激臭、漂白作用がある ・還元性が高く、水に溶けて弱酸性
HF	・蛍石CaF_2に濃硫酸H_2SO_4を加える	・ガラスを腐食する

2 気体の捕集方法

気体の捕集は、水への溶けやすさと空気との重さの比較の２点を軸に決定する。水に溶けないならすべて水上置換で、溶けるものなら空気との密度比較によって決まる。

このとき、空気より重いか軽いかは、空気の平均分子量＝28.8と比較して決める。この値は、空気を構成する分子の存在比率を窒素：酸素が4：1として計算したものである。

N_2（分子量28）：O_2（分子量32）＝80％：20％

であることから、平均は28×0.8＋32×0.2＝28.8と計算できる。

① 水上置換

水に溶けにくい気体はすべて水上置換で捕集する。

例　O_2、H_2、N_2、CO、NOなど

② 上方置換

水に溶けやすく、空気より軽い気体は上方置換で捕集する。

例　NH_3

③ 下方置換

水に溶けやすく、空気より重い気体は下方置換で捕集する。

例　Cl_2、NO_2

気体の捕集方法

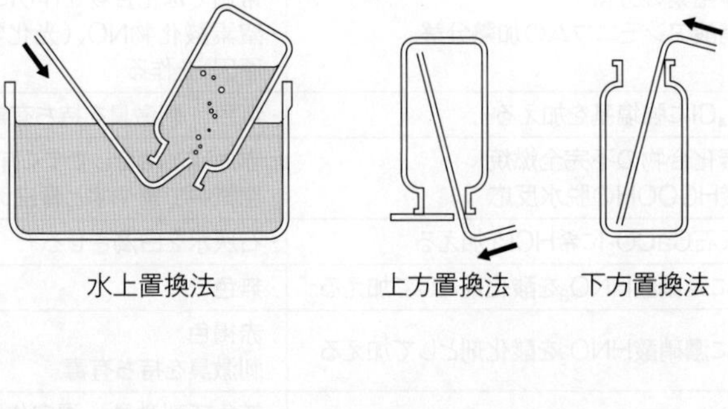

7 工業化学

工業化学で特に重要なのはアンモニアNH_3、硝酸HNO_3、硫酸H_2SO_4、炭酸ナトリウムNa_2CO_3の四つの製法である。触媒となる物質まで押さえておきたい。

1 ハーバー・ボッシュ法

アンモニアNH_3の製法であり、空気中にある窒素N_2と水素H_2から直接アンモニアNH_3を合成する。触媒として四酸化三鉄Fe_3O_4を用いる。

$N_2+3H_2 \rightarrow 2NH_3$

2 オストワルト法

硝酸HNO_3の製法であり、ハーバー・ボッシュ法により合成されたアンモニアNH_3から硝酸HNO_3を合成する。触媒として白金Ptを用いる。

NH_3 → NO（酸化）→ NO_2（酸化）→ HNO_3（水に吸収）

以上のオストワルト法をひとまとめに表すと、以下の式になる。

$NH_3+2O_2 \rightarrow HNO_3+H_2O$

3 接触法

硫酸H_2SO_4の製法であり、触媒として酸化バナジウムV_2O_5を用いる。

S → SO_2（酸化）→ SO_3（酸化）→ H_2SO_4（水に吸収）

4 アンモニアソーダ（ソルベー）法

炭酸ナトリウムNa_2CO_3の製法であり、塩化ナトリウムNaClと炭酸カルシウム$CaCO_3$（石灰石）から炭酸ナトリウムNa_2CO_3を作り出す方法である。炭酸ナトリウムは洗剤や入浴剤、ガラスなどの原料として利用されている。

炭酸ナトリウムNa_2CO_3の合成をまとめると以下の式になる。

$2NaCl+CaCO_3 \rightarrow Na_2CO_3+CaCl_2$

5 アルミニウムの精錬

❶ ボーキサイト（アルミニウムの原料である鉱石）を濃水酸化ナトリウム $NaOH$ に溶かし、水酸化アルミニウム $Al(OH)_3$ を生じさせる

❷ 水酸化アルミニウム $Al(OH)_3$ を加熱してアルミナ Al_2O_3 を作る

❸ アルミナ Al_2O_3 を溶融塩電解してアルミニウム Al を得る[1]

6 鉄の精錬

溶鉱炉の中に鉄鉱石（磁鉄鉱 Fe_3O_4 や赤鉄鉱 Fe_2O_3）をコークス、石灰石とともに入れ、熱風を吹き込んで一酸化炭素COと反応させ酸素Oを除去する。精錬の過程で比重の軽いスラグ（二酸化ケイ素 SiO_2 などの岩石）が銑鉄の上に浮く。

鉄鉱石 → FeO（COにより還元）→ 銑鉄Fe（COにより還元）

→ 鋼Fe（不純物除去）

---

1 アルミナは融点が非常に高いので、氷晶石を加えて融点を下げてから溶融塩電解（アルミニウムを液体にしたものを電解する手法）を行う。

過去問 Exercise

問題1　次の炎色反応における元素と炎の色の組合せとして、妥当なのはどれか。

東京都Ⅰ類2015

	元素	炎の色
1	Li	青緑
2	Na	黄
3	Ca	緑
4	Sr	黄緑
5	Cu	赤紫

解説

正解 ②

❶ × リチウムLiの炎色反応は赤色である。

❷ ○ ナトリウムNaの炎色反応は黄色である。

❸ × カルシウムCaの炎色反応は橙色である。

❹ × ストロンチウムSrの炎色反応は紅色である。

❺ × 銅Cuの炎色反応は緑色(青緑色)である。

問題2

ハロゲンに関する記述として、最も妥当なのはどれか。

東京消防庁Ⅰ類2015

1. 元素の周期表で15族の元素をハロゲンという。
2. 価電子を6個もち、電子2個を取り入れて2価の陰イオンになりやすい。
3. ハロゲン単体は、全て2原子分子になる。
4. フッ素は、水と激しく反応し、水素を発生する。
5. 塩素は、常温では無色透明な気体で、水とは完全に反応しHClとなる。

解説

正解 ③

❶ ✕　元素の周期表で17族の元素をハロゲンという。

❷ ✕　ハロゲンは、価電子を7個持ち、電子を1個取り入れて1価の陰イオンになりやすい。

❸ ◯　正しい記述である。ハロゲンの単体は2原子分子である。

❹ ✕　フッ素は水と激しく反応し、フッ化水素と酸素を生成する。

❺ ✕　塩素は、常温で黄緑色の気体である。また、水との反応性は低く、反応すると塩化水素HClと次亜塩素酸HClOが発生する。

問題3

塩素、塩化水素に関する記述として、最も妥当なのはどれか。

東京消防庁Ⅰ類2018

1. 塩素は無色、刺激臭の気体である。
2. 塩化水素は黄緑色、刺激臭の気体である。
3. 塩素は極性分子であり、塩化水素は無極性分子である。
4. 塩素の水溶液を塩酸といい、強酸に分類される。
5. 塩化水素とアンモニアを気体状態で反応させると白煙を生じる。

解説

正解 5

1 × 塩素は無色ではなく黄緑色の気体である。

2 × 塩化水素は黄緑色ではなく無色の気体である。

3 × 塩素はCl_2なので、極性はない(同じものどうしなので偏りがない)。

4 × 塩素ではなく塩化水素の水溶液が塩酸である。

5 ○ 正しい記述である。

問題4

酸素及び過酸化水素に関する記述A、B、Cのうち、妥当なもののみをすべて挙げているのはどれか。

国家一般職2010

A 酸素は、空気中に存在するほか、水や岩石、生物体など多くの物質に化合物の形で含まれ、地球表層の地殻における元素の質量パーセントでみると、ケイ素、アルミニウムに次いで多い。

B 酸素の同素体であるオゾンは特有の悪臭のある有毒な気体であり、分解して酸素に変わりやすく、このとき酸化作用を示す。

C 過酸化水素は、一般には還元作用を示すが、酸化作用を示すこともある。特に高濃度の過酸化水素水は強い還元作用を示すため、皮膚の殺菌や消毒に用いられる。

1. A
2. B
3. C
4. A、B
5. A、C

解説

正解 ②

A ✕　酸素は、化合物として地球上に最も多く存在する。特に、地殻中に含まれる元素の質量パーセントで最も多いものが酸素であり、次いでケイ素、アルミニウムである。

B ◯　正しい記述である。

C ✕　高濃度過酸化水素水は強い酸化作用を示し、皮膚に付着すると白斑が生じるほど危険な物質である。

問題5

次の文は、硫黄化合物に関する記述であるが、文中の空所A～Cに該当する語の組み合わせとして、妥当なものはどれか。

特別区Ⅰ類2003

A は、火山ガスやある種の温泉に含まれており、実験室では、硫化鉄（Ⅱ）に希硫酸を加えると得られる。無色で腐卵臭のある有毒な気体で、水に少し溶け、弱酸性を示す。

B は、硫化物や硫黄を空気中で燃やすと生じ、実験室では、亜硫酸水素ナトリウムに硫酸を加えても得られる。無色で刺激臭のある有毒な気体で、水に溶け、弱酸性を示す。 C などに使用される。

	A	B	C
1	硫化水素	二酸化硫黄	酸化剤
2	硫化水素	二酸化硫黄	漂白剤
3	硫化水素	二硫化炭素	酸化剤
4	二酸化硫黄	硫化水素	漂白剤
5	二酸化硫黄	硫化水素	酸化剤

解説

正解 ②

腐卵臭を持つ気体は硫化水素（**A**）H_2S であり、硫化物や硫黄を空気中で燃やすと生じる気体は二酸化硫黄（**B**）SO_2である。二酸化硫黄は硫化水素のような強い還元剤と反応するときには酸化剤となるが、一般的には酸化剤としては用いられず、漂白剤（**C**）のほうが妥当である。

問題6

二酸化窒素に関する記述A ～ Dの記述のうち、妥当なものを選んだ組合せはどれか。

特別区Ⅰ類2018

A 常温では、一部が無色の四酸化二窒素となる。

B 赤褐色の有毒な気体である。

C 銅と希硝酸の反応で発生する。

D 水に溶けにくい。

1. A B
2. A C
3. A D
4. B C
5. B D

解説

正解 ❶

A ◯　二酸化窒素NO_2は、常温において一部が無色の四酸化二窒素N_2O_4となる平衡状態となっている($2NO_2 \rightleftarrows N_2O_4$)。

B ◯　二酸化窒素は赤褐色であり、有毒な気体である。

C ✕　銅と希硝酸の反応で発生する気体は一酸化窒素NOである。二酸化窒素は銅と濃硝酸の反応で発生する。

D ✕　二酸化窒素は酸性気体であり、水に溶けやすい。二酸化窒素が水に溶けると硝酸が生成される。

問題7

炭素に関する次のA～Eの記述の正誤の組合せとして最も妥当なものはどれか。

裁判所一般職2018

A 一酸化炭素は、無色・無臭の気体で、人体に有毒である。

B 一酸化炭素は、二酸化硫黄と並び、酸性雨の原因の一つになる。

C 一酸化炭素や二酸化炭素は炭素を含む化合物であるため、一般に有機化合物として扱われる。

D ダイヤモンドと黒鉛は互いに同素体の関係にある。

E ダイヤモンドと黒鉛はどちらも電気伝導性がない。

	A	B	C	D	E
1	正	正	正	誤	誤
2	正	誤	誤	正	誤
3	正	正	誤	誤	正
4	誤	誤	正	正	正
5	誤	誤	正	正	誤

解説

正解 2

A ○ 正しい記述である。

B × 酸性雨の原因となるのはSOx（硫黄酸化物）やNOx（窒素酸化物）などであり、一酸化炭素ではない。

C × 一酸化炭素や二酸化炭素は無機化合物である。一般に、炭素を中心とした化合物かつ生物関連物質を有機化合物として扱う。

D ○ 正しい記述である。

E × ダイヤモンドは電気伝導性がないが、黒鉛は電気伝導性がある。

問題8

次の文はアルカリ金属及びアルカリ土類金属に関する記述であるが、A～Dに当てはまるものの組合せとして最も妥当なのはどれか。

国家一般職2013

元素の周期表の1族に属する元素のうち、水素を除くナトリウム (Na) やカリウム (K) などの元素をまとめてアルカリ金属という。アルカリ金属の原子は、1個の価電子をもち、1価の［A］になりやすい。アルカリ金属の化合物のうち、［B］は、塩酸などの酸と反応して二酸化炭素を発生する。［B］は重曹とも言われ、胃腸薬やベーキングパウダーなどに用いられる。

元素の周期表の2族に属する元素のうち、カルシウム (Ca) やバリウム (Ba) などは互いによく似た性質を示し、アルカリ土類金属と呼ばれる。アルカリ土類金属の化合物のうち、［C］は、大理石や貝殻などの主成分である。［C］は水には溶けにくいが、二酸化炭素を含む水には炭酸水素イオンを生じて溶ける。また、［D］は消石灰とも言われ、水に少し溶けて強い塩基性を示す。［D］はしっくいや石灰モルタルなどの建築材料や、酸性土壌の改良剤などに用いられる。

	A	B	C	D
1	陽イオン	炭酸水素ナトリウム	酸化カルシウム	硫酸カルシウム
2	陽イオン	水酸化カリウム	炭酸カルシウム	硫酸カルシウム
3	陽イオン	炭酸水素ナトリウム	炭酸カルシウム	水酸化カルシウム
4	陰イオン	水酸化カリウム	酸化カルシウム	水酸化カルシウム
5	陰イオン	炭酸水素ナトリウム	炭酸カルシウム	硫酸カルシウム

解説

正解 3

水素Hを除く1族元素をアルカリ金属という。アルカリ金属の原子は1価の価電子を持ち、1価の陽イオン（**A**）になりやすい。アルカリ金属の化合物のうち、炭酸水素ナトリウムは、酸である塩酸と次のように反応し、二酸化炭素を生成する。

$$HCl + NaHCO_3 \rightarrow NaCl + H_2O + CO_2$$

また、炭酸水素ナトリウム（**B**）は重曹とも呼ばれ、胃腸薬やベーキングパウダーにも用いられている。

2族元素をアルカリ土類金属という。アルカリ土類金属の化合物で炭酸カルシウム（**C**）は大理石や貝殻の主成分である。また、炭酸カルシウムは水には溶けにくいが、二酸化炭素を含む水には次のように反応し、炭酸水素イオンを生じて溶ける。

$$CaCO_3 + CO_2 + H_2O \rightarrow Ca(HCO_3)_2$$

$$Ca(HCO_3)_2 \rightarrow Ca^{2+} + 2HCO_3^-$$

さらに、水酸化カルシウム（**D**）は消石灰とも呼ばれ、水に溶けると強塩基性を示す。また、水酸化カルシウムは漆喰、石炭モルタルなどの建築材料や、酸性になった土壌の改良剤にも用いられている。

問題9

身の回りの金属に関する記述として最も妥当なのはどれか。

国家専門職2015

1 銅(Cu)は、赤色で、熱や電気をほとんど通さない。銅の合金は加工しやすく、耐食性にも優れている。銅と亜鉛の合金は青銅といい、銅像や機械類などに、銅とニッケルの合金は黄銅といい、楽器や硬貨などに用いられる。

2 鉄(Fe)は、酸素と化合しやすく、湿った空気中では赤くさびる。鉄が急激に酸化されるときに発熱する性質を利用したものとしてカイロがある。また、銅やマグネシウムなどを溶かし込むとジュラルミンという硬くて軽い合金になり、包丁や建築材料などに利用される。

3 リチウム(Li)は、金属元素の中で最も密度が小さく、アルカリ金属であり、水や酸素と反応しやすい。リチウムイオン電池は小型・高電圧で、低温でも凍りにくく、携帯電話などの電源に広く用いられている。

4 スズ(Sn)は、常温では赤みを帯びた茶色で、重く、硬い金属である。鉄をスズでめっきすることにより、表面に形成される酸化被膜によって鉄の酸化を防ぐことができる。これはトタンと呼ばれ、屋根やバケツなどに用いられている。

5 アルミニウム(Al)は、熱伝導性と電気伝導性が全ての金属の中で最大である。鉄や銀に比べて製造に必要なエネルギーやコストが少ない上、再生利用もしやすく、省資源に役立つ循環型の金属として、電線や缶、一円硬貨などとして身の回りで広く用いられている。

解説

正解 ❸

❶ ✕　銅は赤色で、耐食性があるとする記述は正しいが、熱や電気の伝導性にも優れた物質である。また、青銅は銅を主成分として亜鉛ではなくスズを含む物質で、黄銅は銅を主成分としてニッケルではなく亜鉛を含む物質である。

❷ ✕　使い捨てカイロは鉄が急激にではなく穏やかに酸化したときの発熱反応を利用している。また、ジュラルミンは、アルミニウムと銅、マグネシウムの合金である。

❸ ◯　リチウムはアルカリ金属であり、金属元素の中で最も密度が小さい。リチウムイオン電池は携帯電話などの電源に利用されている。

❹ ✕　スズは茶色ではなく灰色から白色の物質である。また、トタンは鉄に亜鉛のめっきを施したものである。

❺ ✕　熱伝導性と電気伝導性がすべての金属の中で最大なのは銀である。再生利用がしやすく、電線や缶、一円硬貨などに用いられているという記述は正しい。

問題10

合金に関する記述として、最も妥当なのはどれか。

東京消防庁Ⅰ類2006

1 ジュラルミンはアルミニウムとクロムの合金で、軽くて耐久性もあることから航空機などに使われている。

2 はんだはニッケルと鉛の合金で、黄色くてさびにくく加工が容易なため、機械・日用品・工芸品などに使用されている。

3 ステンレスは鉄と亜鉛の合金で、亜鉛のイオン化傾向が大きいため鉄のさびを防いでいる。

4 白銅は銅とニッケルの合金で、銀白色で硬く展・延性や耐食性に優れているので、硬貨や装飾品などに使用されている。

5 青銅は銅とスズとの合金で、電気抵抗が大きく、電熱線などに使用されている。

解説

正解 ④

❶ × ジュラルミンはアルミニウムAlと、微量の銅Cu、マグネシウムMg、マンガンMnの合金である。軽くて耐久性があるので航空機や車両に使われている。

❷ × はんだは鉛Pbとスズ Snの合金であり、金属の接合に使われている。

❸ × ステンレスは鉄Feとクロム Cr(微量のニッケルNiが含まれることもある)の合金であり、さびにくい性質を持ち、厨房器具や食器に用いられている。

❹ ○ 白銅は銅Cuとニッケル Niの合金であり、100円硬貨や50円硬貨といった硬貨や装飾品に利用されている。

❺ × 青銅(ブロンズ)は銅Cuとスズ Snとの合金であり、10円硬貨や銅像などの装飾品に利用されている。電熱線に使用されている金属はニクロムといわれ、ニッケルNiとクロムCrを中心とした合金である。

問題11

気体の性質に関する記述として、妥当なのはどれか。

東京都Ⅰ類2006

1 塩素は、無色で刺激臭がある気体であり、同温、同圧、同体積で比べると、ヘリウムに次いで軽く、水に溶けると塩素水になる。

2 酸素は、無色で無臭の気体であり、実験室で発生させる場合、さらし粉に塩酸を加えて、下方置換で捕集する。

3 水素は、無色で無臭の気体であり、同温、同圧、同体積で比べると、すべての気体の中で最も軽く、亜鉛に希硫酸を加えると得られる。

4 二酸化硫黄は、黄緑色で刺激臭がある気体であり、人体に有毒で、水に溶けるとアルカリ性を示す。

5 二酸化炭素は、無色で無臭の気体であり、同温、同圧、同体積で比べると、空気より軽く、空気中で燃焼させると青白い炎を出して燃える。

解説

正解 ❸

---

❶ ✕　塩素は黄緑色の気体である。また塩素Cl_2(分子量71)よりも、窒素N_2(同28)や酸素O_2(同32)などの気体のほうが軽い。

❷ ✕　さらし粉$Ca(ClO)_2$に塩酸HClを加えて、下方置換で捕集する気体は塩素Cl_2である。酸素O_2は実験室では酸化マンガン(Ⅳ)を触媒として過酸化水素水H_2O_2を分解して、水上置換で捕集する。

❸ ○　正しい記述である。

❹ ✕　二酸化硫黄SO_2は無色である。また、水に溶けると弱酸性を示す。

❺ ✕　二酸化炭素はCO_2空気よりも重く、不燃性である。空気中で燃焼させると青白い炎を出して燃える気体は、一酸化炭素COである。

問題12　次の気体A～Eのうち、下方置換によって捕集する気体の組合せとして、妥当なのはどれか。

特別区Ⅰ類2017

A　アンモニア

B　一酸化窒素

C　塩化水素

D　水素

E　二酸化窒素

1　A　C

2　A　D

3　B　D

4　B　E

5　C　E

解説

正解 5

気体の捕集法は、その気体が空気と比べて重いかどうかと、水に溶けやすいかどうかにより決定する。以下に、それぞれの気体について重さと水への可溶性に関する特徴を挙げる。

A × アンモニアNH_3は分子量17で空気よりも軽く、水に非常に溶けやすいので上方置換により捕集する。

B × 一酸化窒素NOは分子量30で空気よりもわずかに重いが、水にほとんど溶けないので水上置換により捕集する。

C ◯ 塩化水素HClは分子量36.5で空気より重く、水に溶けやすいので下方置換により捕集する。

D × 水素H_2は分子量２で空気より軽く、水に溶けにくいので水上置換により捕集する。

E ◯ 二酸化窒素NO_2は分子量46で空気より重く、水に溶けやすいので下方置換により捕集する。

問題13

無機物質に関する次のA～Dの記述の正誤の組合せとして最も適当なものはどれか。

裁判所一般職2015

A 二酸化炭素は、空気より重い無色無臭の気体で、水に少し溶けて炭酸水になり、弱酸性を示す。

B アンモニアは、黄緑色の有毒な気体で、漂白・殺菌作用を持つ。水道水の殺菌剤として利用されている。

C 一酸化炭素は、無色無臭の有毒な気体で、有機物の不完全燃焼で生じる。一酸化炭素は赤血球中のヘモグロビンと結合しやすいため、低濃度でも吸引すると中毒が生じる。

D 水素は最も軽い気体であり、燃料電池やロケットの燃料に利用される。工業的には天然ガスと水から触媒を用いて作ることができる。

	A	B	C	D
1	誤	正	正	正
2	正	誤	正	正
3	正	正	誤	正
4	正	誤	正	誤
5	誤	誤	正	正

解説

正解 2

A ○ 二酸化炭素は空気より重い無色無臭の気体である。また、水に溶けると炭酸水となり、弱酸性を示す。

B × アンモニアは無色の有毒な気体である。また、漂白・殺菌作用は持たない。漂白・殺菌作用を持ち、水道水の殺菌剤として利用されているのは塩素である。

C ○ 一酸化炭素は有毒な気体で、物質を不完全燃焼したときに発生する。また、一酸化炭素はヘモグロビンと結合し、吸引すると中毒を起こす。

D ○ 水素は最も軽い気体であり、燃料電池やロケットの燃料に利用されている。工業的には天然ガスと水から生成する。

問題14　アンモニアの工業的製法として、最も妥当なのはどれか。

警視庁Ⅰ類2013

1. アンモニアソーダ法(ソルベー法)
2. オストワルト法
3. ハーバー・ボッシュ法(ハーバー法)
4. 接触法
5. 融解塩電解

解説

正解 3

アンモニアの工業的製法は、ハーバー・ボッシュ法（ハーバー法）という。ハーバー・ボッシュ法とは、四酸化鉄を触媒として、窒素と水素からアンモニアを作る製法である。

なお、アンモニアソーダ法（ソルベー法）は炭酸ナトリウム、オストワルト法は硝酸、接触法は硫酸、融解塩電解（溶融塩電解）はアルミニウムやナトリウムの製法である。

★★★

9 有機化学

医薬品、衣類、食物から日用品に至るまで、さまざまな場面で出会う有機化合物について、その基本的な構造と分類を見ていきます。

1 有機化合物の基礎知識

1 有機化合物と無機化合物

炭素原子を骨格とした化合物を**有機化合物**、それ以外を**無機化合物**という。歴史的には「生物が作り出す物質のみ」を指していたが、実験で尿素が合成されたことから、今日ではこのような定義としている。

なお、炭素を含んでいてもCO、CO_2やH_2CO_3、$NaHCO_3$などの炭酸化合物、KCNなどのシアン化合物は無機化合物として扱う。

2 有機化合物の特徴

炭素原子の電気陰性度は大きくも小さくもないため**共有結合**を作りやすく、**化合物の種類は極めて多い**。また、炭素以外の構成元素は水素H、酸素Oで、他に窒素N、硫黄S、ハロゲンなどがあるが、成分元素の種類は少ない。ほかにも、可燃性のものが多いなどの特徴がある。以下に表でまとめた。

	有機化合物	無機化合物
構成元素	C、H、O、N、S、ハロゲンなど少ない	ほぼすべて
化合物の数	非常に多い	有機より少ない
物性	分子を作る、融点沸点が低い	さまざま
溶解性	水に溶けにくく、有機溶媒に溶けやすい	水に溶けやすく、有機溶媒に溶けにくい

3 原子と結合の手

有機化合物は、炭素Cを骨格として、炭素に対して水素H、酸素O、窒素Nが共有結合することで性質が決まる。ただし、共有電子対としていちいち考えていると不便なので、有機化学の世界では共有電子対を「腕に見立てたもの」(結合の手)として考えることが多い。

結合の手の数

メタンの構造式

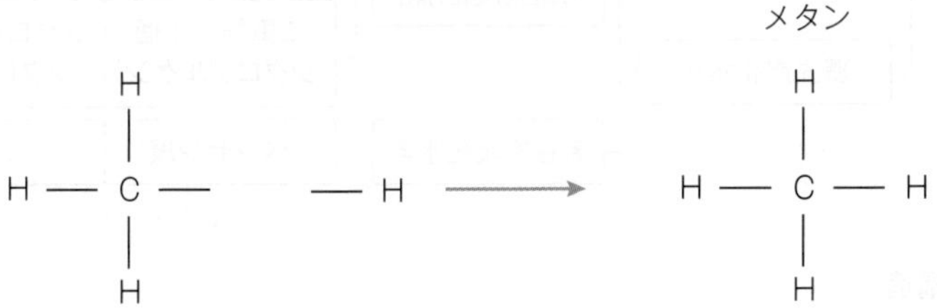

4 ベンゼン環

図のように「6個の炭素が環状につながっており、そのそれぞれも単結合と二重結合を持つもの」をベンゼン環という。ベンゼン環を持つ化合物のうち、最も簡単な構造なのがベンゼンである。

ベンゼン環

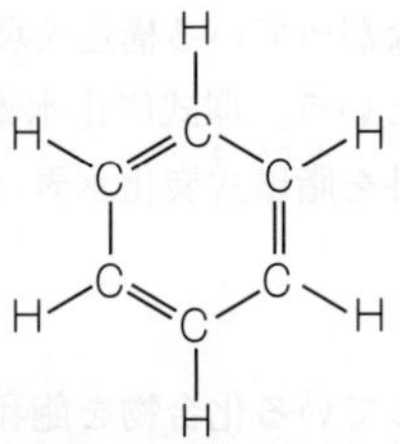

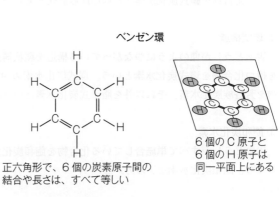

正六角形で、6個の炭素原子間の結合や長さは、すべて等しい

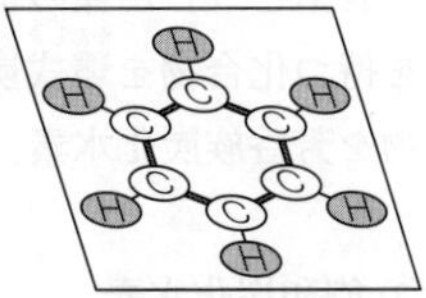

6個のC原子と6個のH原子は同一平面上にある

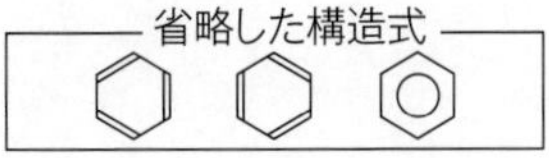

5 炭化水素の分類

CとHのみで構成される、官能基を持たない有機化合物のことを炭化水素という。まずは炭化水素の分類の全体像を確認しておく。

炭化水素の分類

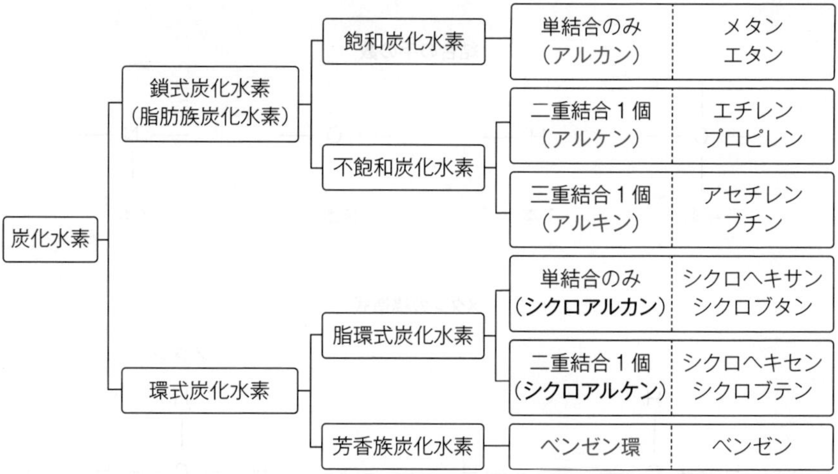

① 鎖状構造

炭素どうしが鎖のようにつながっている構造を鎖状構造といい、このような構造を持つ化合物を**鎖式**(さしき)**炭化水素**または**脂肪族炭化水素**という。

② 環状構造

炭素どうしが環のようにつながっている構造を環状構造といい、このような構造を持つ化合物を**環式**(かんしき)**炭化水素**という。環式炭化水素の中で、**ベンゼン環**を持つ化合物を**芳香族炭化水素**、それ以外を**脂環式**(しかんしき)**炭化水素**という。

③ 飽和炭化水素

炭素どうしがすべて**単結合**している化合物を**飽和炭化水素**という。鎖式炭化水素のうち、飽和炭化水素を**アルカン**という。

④ **不飽和炭化水素**

炭素どうしが**二重結合**（２本の線で結合）や**三重結合**（３本の線で結合）している化合物で、この結合を含む化合物を**不飽和炭化水素**という。鎖式炭化水素のうち二重結合を一つ持つものを**アルケン**、三重結合を一つ持つものを**アルキン**という。

炭素の結合

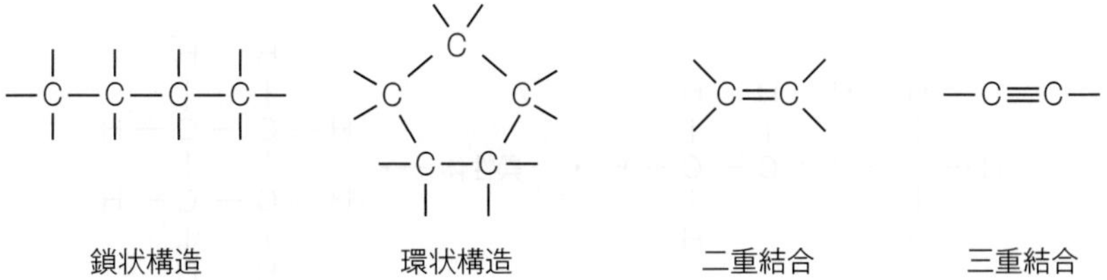

6 基と官能基

分子から何個かの原子が取れた原子団を**基**（き）という。炭化水素から水素分子が取れたものを炭化水素基といい、例えばメタンCH_4から水素が一つ取れた「CH_3-」のようなものをメチル基という。化合物の性質を決める特定の基を官能基といい、有機化合物においては、特徴を決定づける重要な要素である。

官能基	構造式	一般名	化合物例	
ヒドロキシ基	$-OH$	アルコール フェノール類	CH_3-OH C_6H_5-OH	メタノール フェノール
アルデヒド基	$-CHO$	アルデヒド	CH_3-CHO	アルデヒド
カルボキシ基	$-COOH$	カルボン酸	CH_3-COOH	酢酸
カルボニル基	$-CO-$	ケトン	$CH_3-CO-CH_3$	アセトン
ニトロ基	$-NO_2$	ニトロ化合物	$C_6H_5-NO_2$	ニトロベンゼン
スルホ基	$-SO_3H$	スルホン酸	$C_6H_5-SO_3H$	ベンゼンスルホン酸
アミノ基	$-NH_2$	アミン	$C_6H_5-NH_2$	アニリン
エーテル結合	$-O-$	エーテル	$C_2H_5-O-C_2H_5$	ジエチルエーテル
エステル結合	$-COO-$	エステル	$CH_3-COO-C_2H_5$	酢酸エチル

なお、アルデヒド基はホルミル基、カルボニル基はケトン基とも呼ばれる。

7 異性体

分子式は同じであるが、構造が異なる化合物を互いに**異性体**という。

異性体のうち、構造式が異なるものを**構造異性体**、構造式は同じだが立体構造が異なる異性体を**立体異性体**という。立体異性体には、鏡像異性体(光学異性体)やシス－トランス異性体(幾何異性体)などがある。

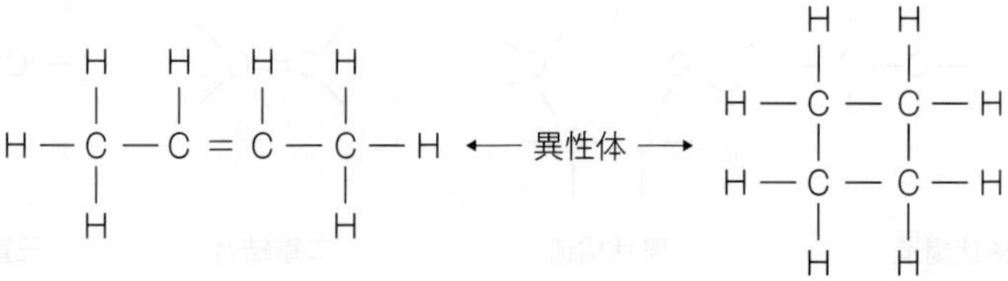

8 有機化合物の化学式

有機化合物については、分子式をそのまま用いることは少なく、分子中にある結合の仕方(官能基)がわかりやすくなるように**示性式**や**構造式**を用いる。

9 有機化合物の分析

有機化合物にどのような元素が含まれるかを調べる方法を**成分元素の検出**といい、特定の元素だけに関係する反応を用いる。中でも構成元素の質量比を調べることを**元素分析**という。元素分析では主に、炭素C、水素H、酸素Oからなる有機化合物を調べる。これを**燃焼法**といい、以下のような実験装置を使って行われる。

構造は単純であり、塩化カルシウム管で捕集した水H_2Oとソーダ石灰管で捕集した二酸化炭素CO_2の質量を調べてC、H、Oの質量を求めてからmol比を求める。

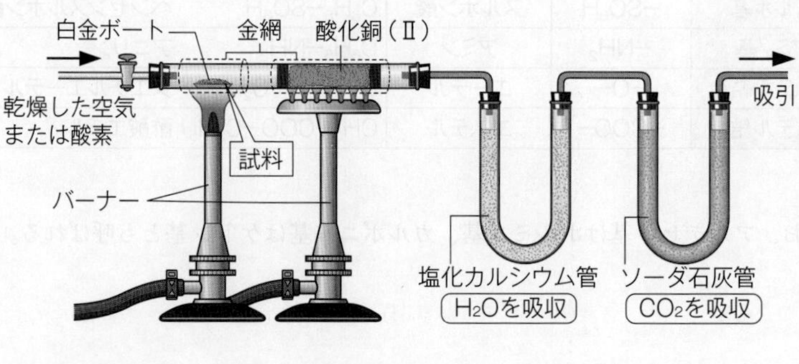

組成式決定法

❶ 捕集したH_2Oの質量からH原子の質量、CO_2の質量からC原子の質量を求める

❷ 全体から水素と炭素を引くことでO原子の質量を求める

❸ 各元素の質量をモル質量で割った比を取る

実験装置における塩化カルシウムとソーダ石灰の順序を逆にしてはならない。ソーダ石灰は水も吸着可能なので、水と二酸化炭素を分離して質量を量ることができなくなる。

2 アルコール

炭化水素の水素原子Hが**ヒドロキシ基**－OHに置換したものを**アルコール**という。一般にアルコールは、水に溶けやすく沸点が高い。これはヒドロキシ基の水素結合によるものである。

1 アルコールの分類

① 価数による分類

アルコール1分子中のヒドロキシ基の数により分類するものである。

1分子中にヒドロキシ基が1個のものを一価アルコール、2個のものを二価アルコールという。つまり、$\boldsymbol{n}$個のものを$\boldsymbol{n}$価アルコールという。特に$\boldsymbol{n}$が2以上の場合は多価アルコールという。

② 級数による分類

ヒドロキシ基の結合している炭素原子に結合している炭化水素基の数により分類するものである。

ヒドロキシ基の結合している炭素原子に、他の炭素原子が何個結合しているかで第1級・第2級・第3級アルコールと分類できる(Cの原子価は4なので、他の炭素原子の結合数は最大で3個となる)。

③ 低級と高級

アルコールを構成する炭素原子が少ないものを低級アルコール、多いものを高級アルコールという。一般に6個以上のものを高級アルコールとすることが多い。

2 アルコールの性質

アルコールは、同じ分子量の炭化水素と比べると融点や沸点が高い。これはヒドロキシ基の水素結合によるものである。また、このヒドロキシ基の水素結合によって、価数が大きいほど、また低級であるほど水に溶けやすい。

ヒドロキシ基は電離しないので、アルコールは中性となる。また、アルコールにナトリウムNaを加えると水素を発生しナトリウムアルコキシドR−ONaを生じる。さらに、アルコールを酸化させると、第1級アルコールはアルデヒドに、第2級アルコールはケトンになる。なお第3級アルコールは酸化されにくい。

3 メタノール CH_3OH

メタノールCH_3OHはメチルアルコールともいわれ、最も簡単な構造のアルコールである。工業的には、触媒を用いて一酸化炭素COと水素H_2から作られる。

4 エタノール C_2H_5OH

エタノールC_2H_5OHはエチルアルコールともいわれ、単にアルコールといえばエタノールを指すことも多い。いわゆるアルコール飲料(お酒)の成分であり、グルコース$C_6H_{12}O_6$の発酵(アルコール発酵)によって作られる。工業的には触媒を用いてエチレンに水を付加させることによって得られる。

5 その他のアルコール

エチレングリコール$C_2H_4(OH)_2$は2価、**グリセリン**$C_3H_5(OH)_3$は3価アルコールである。これらはともに無色で粘性の高い不揮発性の液体である。エチレングリコールはエンジンの冷却液、合成繊維、合成樹脂の原料である。グリセリンは化粧水・口腔洗浄剤・合成樹脂や爆薬の原料である。

酸素原子に炭化水素基2個が結合した形をエーテルといい、エーテル結合−O−を持つ。**ジエチルエーテル**$C_2H_5-O-C_2H_5$は揮発性の液体で、引火しやすく麻酔性がある。一般にエーテルといえばジエチルエーテルを指す。油脂をよく溶かすので、有機溶媒の抽出に用いられる。

3 アルデヒドとケトン

カルボニル基C=Oを持つ化合物を**カルボニル化合物**といい、カルボニル基に結合する置換基の一方または両方が水素原子のものをアルデヒド、２個とも炭化水素基のものをケトンという。

1 アルデヒド

アルデヒドは中性で、低分子量であれば刺激臭があり水に溶けやすい。第１級アルコールを酸化することによって得られ、水素で還元すれば再び第１級アルコールになる。また、酸化されるとカルボン酸になる。

アルデヒドは、自身が酸化されやすいため還元剤となる。例えば、アンモニア性硝酸銀水溶液にアルデヒドを入れて加熱すると、銀イオンが還元されて析出する。これを**銀鏡反応**という。この反応を用いて、銀めっきとして実際に鏡を作ることができる。

硫酸銅(Ⅱ)水溶液と酒石酸カリウムナトリウムに水酸化ナトリウム水溶液を混合したものをフェーリング液(濃青色)といい、これにアルデヒドを加えると還元して赤色の酸化銅(Ⅰ)Cu_2Oが沈殿する。この反応を**フェーリング反応**という。

① ホルムアルデヒドHCHO

ホルムアルデヒドHCHOは最も単純な構造のアルデヒドである。刺激臭、催涙性があり、実験室ではメタノールの蒸気を熱した銅Cuや白金Ptを触媒にして酸化させることによって得られる。

ホルムアルデヒドをさらに酸化させるとギ酸が得られる。**ホルマリン**はホルムアルデヒドの水溶液で、防腐剤や消毒薬に用いられる。

② アセトアルデヒドCH_3CHO

アセトアルデヒドCH_3CHOは刺激臭、催涙性のある液体で、水や有機溶媒によく溶ける。実験室ではエタノールを二クロム酸カリウム$K_2Cr_2O_7$の硫酸酸性溶液で酸化するか、エタノールの蒸気を熱した銅Cuを触媒にして酸化させることによって得られる。工業的には、塩化パラジウムと塩化銅を触媒に、エチレンを酸化させることによって得られる。

$$2CH_2=CH_2+O_2 \rightarrow 2CH_3CHO$$

アセトアルデヒドは、さらに酸化させると酢酸CH_3COOHとなる。

2 ケトン

ケトンは中性で、第2級アルコールを二クロム酸カリウムの硫酸酸性溶液で酸化することによって得られる。水素で還元することによってもとの第2級アルコールに戻る。なおケトンはアルデヒドとは異なり、還元性を示さない。

アセトンCH_3COCH_3は、無色の液体で、有機溶媒としてマニキュアをはがす除光液などに用いられる。実験室では酢酸カルシウム$(CH_3COO)_2Ca$の乾留(熱分解)で得られる。アセトン水溶液にヨウ素と水酸化ナトリウム水溶液を入れて加熱すると、ヨードホルムCHI_3の黄色結晶が生じる。これを**ヨードホルム反応**といい、アセトアルデヒドやエタノールでも起こる。

4 カルボン酸

分子中にカルボキシ基－COOHを持つ化合物を**カルボン酸**という。鎖状の末端にカルボキシ基を1個持つものを**脂肪酸**、ヒドロキシ基を持つものを**ヒドロキシ酸**という。

1 ギ酸 HCOOH

ギ酸HCOOHは最も単純な形のカルボン酸で、刺激臭のある無色の液体である。また分子中にアルデヒド基を持つため、還元性を示す。ホルムアルデヒドを酸化することによって得られる。

$$2HCHO + O_2 \rightarrow 2HCOOH$$

2 酢酸 CH_3COOH

酢酸CH_3COOHは、刺激臭のある無色の液体で、純度の高いものは氷酢酸という。食酢の3～5％を占め、工業的にはメタノールに一酸化炭素を付加して得られる。

$$CH_3OH + CO \rightarrow CH_3COOH$$

無水酢酸$(CH_3CO)_2O$は、無色で刺激臭のある中性の液体で水には溶けにくい。しかし徐々に反応して酢酸となる。

5 芳香族炭化水素

炭素原子6個が作る正六角形の環を**ベンゼン環**という。ベンゼン環は非常に安定しており、これを持つ化合物を**芳香族炭化水素**という。ベンゼンC_6H_6のほかに、ナフタレン$C_{10}H_8$、トルエン$C_6H_5CH_3$などがある。

ベンゼンは特異臭のある無色の液体で、有機溶媒として用いられていたが、やや毒性があるため、近年ではトルエンなどが代替品として用いられている。

1 芳香族炭化水素の反応

① 置換反応

炭化水素を構成する水素原子がほかの原子や原子団に置き換わることを**置換反応**という。

ベンゼン環は安定しているため、不飽和結合を持つが、後述する付加反応が起こりにくい。よって、ベンゼン環が保たれる置換反応が起こりやすい。

(ア) ハロゲン化

鉄を触媒にベンゼンを塩素と反応させると、**クロロベンゼン**C_6H_5Clが生じる。一般に、置換反応で塩素化合物ができる反応を**塩素化**、さらに広くハロゲン化物ができる反応を**ハロゲン化**という。

(イ) ニトロ化

混酸(濃硫酸と濃硝酸の混合物)をベンゼンに加えると**ニトロベンゼン**$C_6H_5NO_2$が生じる。一般に、水素原子がニトロ基$-NO_2$に置換される反応を**ニトロ化**という。

(ウ) スルホン化

ベンゼンに濃硫酸を加えて加熱すると、**ベンゼンスルホン酸**$C_6H_5SO_3H$が生じる。一般に、水素原子がスルホン基$-SO_3H$に置換されることを**スルホン化**という。

ベンゼンの置換反応

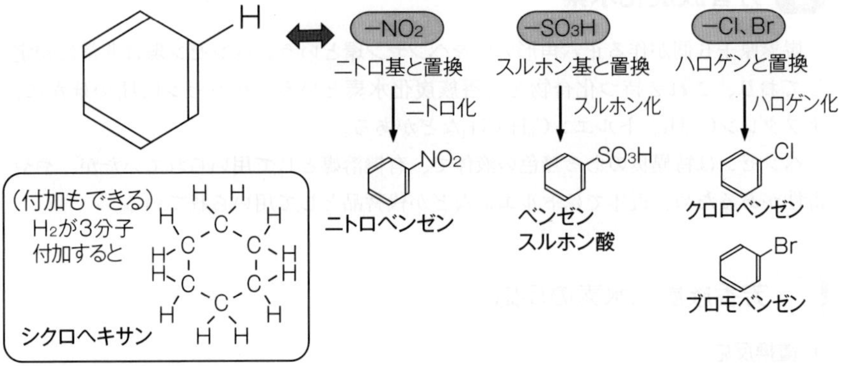

② 付加反応

二重結合や三重結合を持つ化合物は、ハロゲンや水素と反応すると、その結合部分が切れて新たにそれらと結びつく反応をする。これを付加反応という。

ベンゼン環の不飽和結合では付加反応が生じにくいが、紫外線照射などで反応させることができる。例えば、ベンゼンと塩素の混合物に紫外線を当てると、塩素が付加されヘキサクロロシクロヘキサン$C_6H_6Cl_6$が生じる。また、ベンゼンにニッケル触媒で水素を付加させるとシクロヘキサンC_6H_{12}が生じる。

2 酸素を含む芳香族炭化水素

① フェノール類

ベンゼン環の水素原子をヒドロキシ基−OHで置換した化合物をフェノール類という。フェノール類のヒドロキシ基は電離し、水溶液は**弱酸性**を示す。

フェノールの構造式

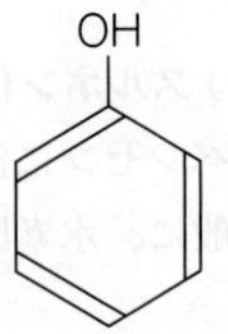

最も単純な構造のフェノールC_6H_5OHは、有毒で皮膚に触れると薬傷を引き起こす。常温では無色の結晶で潮解性がある。医薬品、染料、樹脂の原料、殺菌消毒剤などに用いられる。ホルマリンと合成したフェノール樹脂(ベークライト)などがある。フェノールは、工業的には**クメン法**で合成される。プロペンとベンゼンからクメンを作り、これを空気中で酸化させてクメンヒドロペルオキシドにし、希硫酸で分解すると作られる。このとき、同時にアセトンも生じる。

フェノール類は、強塩基と中和反応して塩を作る。また、塩化鉄(Ⅲ)$FeCl_3$と反応し、青や紫などの呈色反応を示す。

② 芳香族カルボン酸

ベンゼン環の水素原子をカルボキシ基－COOHで置換した化合物を**芳香族カルボン酸**という。一般に無色の固体で、温水に溶けて弱酸性を示す。フェノールと同様に強塩基と中和して塩を作る。

最も単純な構造の芳香族カルボン酸は**安息香酸**C_6H_5COOHで、無色の結晶・酸性を示す。

ベンゼン環にカルボキシ基が２個結合したものをジカルボン酸$C_6H_4(COOH)_2$といい、カルボキシ基の結合位置によってフタル酸、テレフタル酸に分かれる。テレフタル酸はペットボトルの原料である。また、フタル酸を加熱すると無水フタル酸となる。

サリチル酸の構造式

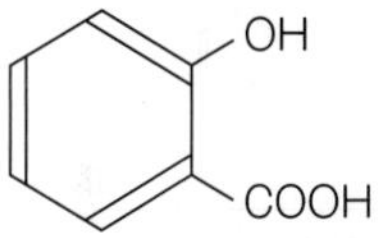

サリチル酸$C_6H_4(OH)COOH$は、ベンゼン環にカルボキシ基とヒドロキシ基が結合した化合物であり、カルボン酸だけでなくフェノールの特徴も持つ。

サリチル酸に無水酢酸を作用させると、**アセチルサリチル酸**$C_6H_4(OCOCH_3)COOH$が生じる。アセチルサリチル酸は**アスピリン**という商品名で解熱鎮痛剤として販売されている。

サリチル酸にメタノールを作用させると、**サリチル酸メチル**$C_6H_4(OH)COOCH_3$となる。特有の強い香りのある液体で、筋肉痛の湿布や歯磨き粉などに用いられる。

3 窒素を含む芳香族炭化水素

アニリンの構造式

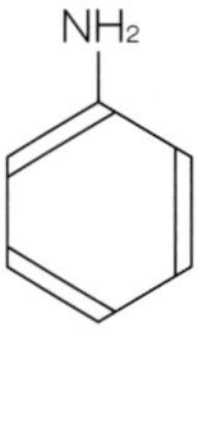

アンモニアの水素原子を炭化水素基で置換した化合物をアミンという。フェニル基であれば芳香族アミン、鎖式炭化水素基であれば脂肪族アミンである。最も単純な構造の芳香族アミンは**アニリン**$C_6H_5NH_2$で、無色の油状の液体である。硫酸酸性二クロム酸カリウム溶液で酸化させると黒色物質に変わる。これを**アニリンブラック**という。アニリンは**塩基性**を示す。

アニリンに酢酸と濃硫酸を加えて加熱、もしくは無水酢酸を作用させアセチル化することによってアセトアニリド$C_6H_5NHCOCH_3$を生じる。

4 芳香族炭化水素の反応

① ベンゼンを起点とした反応

ベンゼンを起点としたさまざまな芳香族炭化水素の反応を示す。

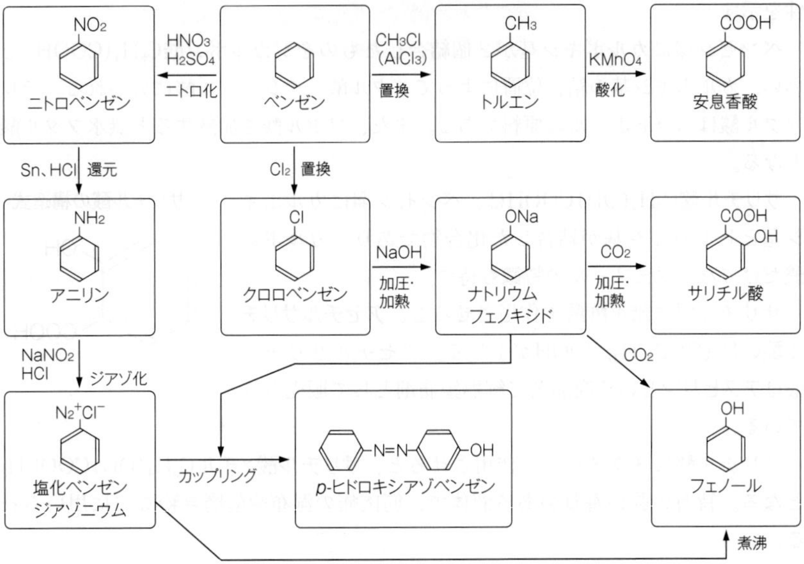

② アニリンを起点とした反応

アニリンを起点としたさまざまな芳香族炭化水素の反応を示す。

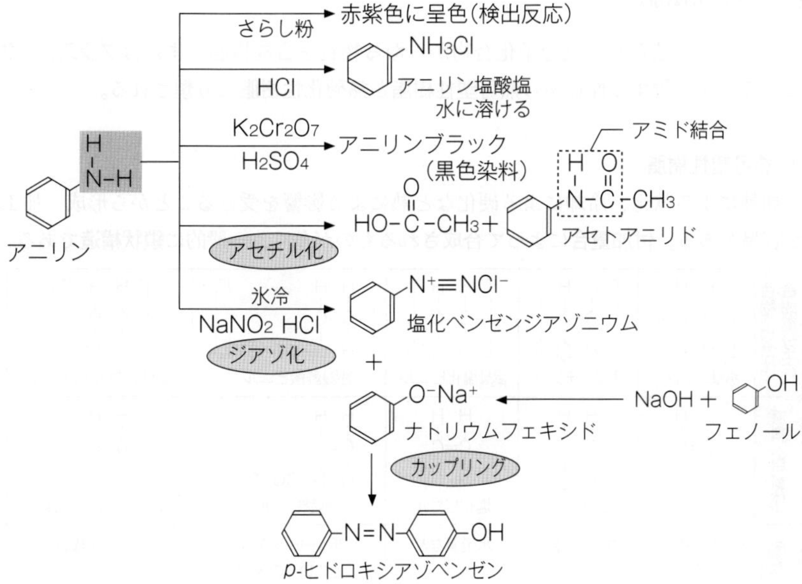

6 生活と有機化合物

1 合成樹脂

人為的に製造された高分子化合物からなる物質を合成樹脂、またはプラスチックという。熱に対する性質から**熱可塑性樹脂**と**熱硬化性樹脂**に分類される。

① 熱可塑性樹脂

加熱による軟化、冷却による硬化など熱による影響を受けることから形成・加工が容易である。**付加重合**によって合成されるものが多く、一般的に**鎖状構造**である。

合成高分子化合物〔重合体〕	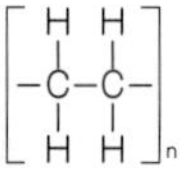 $\left[\begin{array}{c} H\ H \\ -C-C- \\ H\ H \end{array}\right]_n$ ポリエチレン	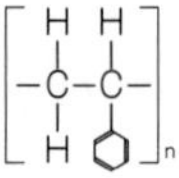 $\left[\begin{array}{c} H\ H \\ -C-C- \\ H\ \bigcirc \end{array}\right]_n$ ポリスチレン	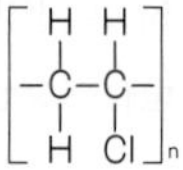 $\left[\begin{array}{c} H\ H \\ -C-C- \\ H\ Cl \end{array}\right]_n$ ポリ塩化ビニル	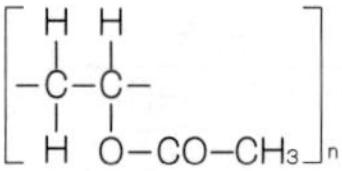 $\left[\begin{array}{c} H\ H \\ -C-C- \\ H\ O-CO-CH_3 \end{array}\right]_n$ ポリ酢酸ビニル	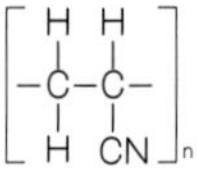 $\left[\begin{array}{c} H\ H \\ -C-C- \\ H\ CN \end{array}\right]_n$ ポリアクリロニトリル
原料〔単量体〕	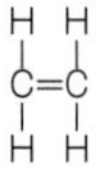 $\begin{array}{c} H\ H \\ C=C \\ H\ H \end{array}$ エチレン	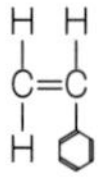 $\begin{array}{c} H\ H \\ C=C \\ H\ \bigcirc \end{array}$ スチレン	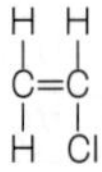 $\begin{array}{c} H\ H \\ C=C \\ H\ Cl \end{array}$ 塩化ビニル	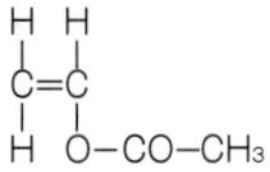 $\begin{array}{c} H\ H \\ C=C \\ H\ O-CO-CH_3 \end{array}$ 酢酸ビニル	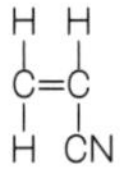 $\begin{array}{c} H\ H \\ C=C \\ H\ CN \end{array}$ アクリロニトリル
用途	包装用材など	カップ容器など	水道管など	チューインガム ビニロンの原料	アクリル繊維

② 熱硬化性樹脂

付加縮合によって合成されるものが多く、一般に**立体構造**である。

主な合成樹脂

	名称	特徴	用途
熱可塑性樹脂	ポリエチレン	耐水性	袋・容器など
	ポリプロピレン	耐熱性・耐薬品性・軽量	包装用フィルム・容器など
	ポリ塩化ビニル	耐水性・耐薬品性・弾力性	ホース・パイプなど
	ポリスチレン	耐熱性・耐薬品性	発泡スチロールなど
	ポリ酢酸ビニル	融点が低い	チューインガムなど
	フッ素樹脂	耐薬品性・不燃性	フッ素加工
	アクリル樹脂	耐久性・透明	有機ガラスなど
熱硬化性樹脂	フェノール樹脂	耐薬品性・電気絶縁性	電気絶縁体など
	尿素樹脂	透明・着色可	ボタン・キャップなど
	メラミン樹脂	耐久性・着色可	食器・家具・建材など
	シリコン樹脂	耐熱性・電気絶縁性・耐湿性	電気絶縁体など
	エポキシ樹脂	耐薬品性	接着剤など

2 合成繊維

単量体を重合させて合成した鎖状の高分子を紡糸することによって合成繊維が得られる。

縮合重合によって得られるポリアミド系(ナイロンなど)やポリエステル系(ポリエチレンテレフタラートなど)と、付加重合によって得られるポリアクリロニトリル系(アクリル繊維など)やポリビニル系(ビニロンなど)に分けられる。

主な合成繊維

		名称	特徴	用途
縮合重合型	ポリアミド系	ナイロン	耐久性・耐薬品性・弾力性	衣料・魚網
		アラミド繊維	耐久性・耐熱性・耐薬品性	防弾チョッキ 消防士服
	ポリエステル系	ポリエチレンテレフタラート(PET)	耐久性・しわになりにくい 吸湿性なし	スーツ・シャツ ペットボトル
付加重合型		ポリプロピレン	耐薬品性・吸湿性なし	テント・魚網
		ポリアクリロニトリル(アクリル繊維)	保湿性・柔軟性	セーター
		ポリウレタン	伸縮性・弾力性	運動着
		ビニロン	吸湿性	衣服・登山具

3 天然繊維と化学繊維

主に衣料として用いられる繊維には、天然繊維と化学繊維がある。

天然繊維はさらに**植物繊維**と**動物繊維**に分類される。植物繊維の**木綿**は、ワタから採取されるセルロースが主成分の繊維で、塩基には強いが酸には弱い。**絹**はカイコガの繭から作られるタンパク質が主成分の繊維である。

生体内や自然環境中で微生物によって分解される高分子化合物(プラスチック)を**生分解性高分子**という。昨今の持続可能社会に向けて注目されている。

過去問 Exercise

問題1 次の文は、有機化合物及び無機化合物に関する記述であるが、文中の空所A～Eに該当する語の組合せとして、妥当なのはどれか。

特別区Ⅰ類2008

有機化合物は、主に［A］原子を骨格として組み立てられている化合物で、融点と沸点が［B］ものが多く、例としてショ糖や［C］などがある。

有機化合物以外の化合物は無機化合物と呼ばれ、融点と沸点が［D］ものが多く、例として炭酸カルシウムや［E］などがある。

	A	B	C	D	E
1	炭素	低い	ポリエチレン	高い	塩化ナトリウム
2	炭素	高い	塩化ナトリウム	低い	ポリエチレン
3	窒素	低い	塩化ナトリウム	高い	ポリエチレン
4	窒素	高い	塩化ナトリウム	低い	ポリエチレン
5	窒素	高い	ポリエチレン	低い	塩化ナトリウム

解説

正解 1

有機化合物とは炭素（**A**）原子が共有結合で結びついた骨格を持つ化合物で、分子間力により集まって液体や固体になっているため、沸点、融点が低い（**B**）。アルコール、エーテル、ショ糖などの糖類、ポリエチレン（**C**）などの重合体が有機化合物である。

有機化合物以外を無機化合物という。無機化合物には固体、気体などさまざまな状態の物質が存在し、酸化鉄、塩化ナトリウム（**E**）、炭酸カルシウムなどが挙げられる。これらの物質の融点、沸点は高い（**D**）ものが多い。

問題2　次の文は、有機化合物の分類に関する記述であるが、文中の空所A～Dに該当する語の組合せとして、妥当なのはどれか。

特別区Ⅰ類2009

最も基本的な有機化合物は、炭素と水素からなる炭化水素であり、炭素原子の結合のしかたによって分類される。

炭素原子が鎖状に結合しているものを鎖式炭化水素、環状に結合した部分を含むものを環式炭化水素といい、環式炭化水素はベンゼン環をもつ［A］炭化水素とそれ以外の［B］炭化水素に分けられる。また、炭素原子間の結合がすべて単結合のものを［C］炭化水素、二重結合や三重結合を含むものを［D］炭化水素という。

	A	B	C	D
1	芳香族	脂環式	飽和	不飽和
2	芳香族	脂環式	不飽和	飽和
3	脂環式	芳香族	飽和	不飽和
4	脂環式	芳香族	不飽和	飽和
5	脂環式	脂肪族	飽和	不飽和

解説

正解 ①

炭素の化合物を一般に有機化合物という。有機化合物の大きな特徴は、構成元素の種類が少ない、化合物の種類が非常に多い、共有結合による分子性物質が多い、沸点および融点が低い物質が多い、水には溶けにくいが有機溶媒には溶けやすいといった点が挙げられる。

次に、最も基本的な有機化合物は炭化水素であり、炭化水素は炭素原子の結合状態によって鎖式炭化水素と環式炭化水素に分けることができる。鎖式炭化水素は炭素原子が鎖状に結合している有機化合物であり、環式炭化水素は炭素原子が環状に結合している有機化合物である。特に、環式炭化水素のうちベンゼン環を持つ有機化合物である芳香族（**A**）炭化水素と、ベンゼン環を持たない炭化水素である脂環式（**B**）炭化水素に分けることができる。また、炭素原子間の結合が単結合のみの炭化水素を飽和（**C**）炭化水素といい、炭素原子間の結合が二重結合や三重結合を含むものを不飽和（**D**）炭化水素という。

問題3　有機化合物の性質を特徴づける官能基について、官能基名と、示性式の中でその官能基を示す部分の組み合わせとして、最も妥当なのはどれか。

東京消防庁Ⅰ類2010

1. ヒドロキシ基(ヒドロキシル基) …COOH
2. カルボキシル基…CHO
3. アルデヒド基…CO
4. アミノ基…NH_2
5. ケトン基…OH

解説

正解 4

1 × ヒドロキシ基は－OHである。

2 × カルボキシ基(カルボキシル基)は－COOHである。

3 × アルデヒド基は－CHOである。

4 ○ 正しい組合せである。

5 × ケトン基は－CO－である。

問題4

次は、有機化合物の特徴とその分析に関する記述であるが、A～Dに当てはまるものの組合せとして最も妥当なのはどれか。

国家専門職2016

炭素原子を骨格とする化合物を有機化合物といい、このうち、炭素原子間に二重結合や三重結合を含むものを［ A ］という。

有機化合物は、官能基と呼ばれる化合物の特性を決める原子団によりいくつかの化合物群に分類でき、有機化合物を化学式で表す場合、官能基を明示した［ B ］がよく用いられる。例えば、酢酸は、［ C ］という官能基を持つため、カルボン酸という化合物群に分類され、CH_3-COOH の［ B ］で表される。

いま、炭素原子、水素原子、酸素原子から成る有機化合物60gを、図のような装置で完全に燃焼させたところ、発生したH_2Oを全て吸収した塩化カルシウム管の質量が72g増加し、発生したCO_2を全て吸収したソーダ石灰管の質量が132g増加したとする。原子量を炭素原子＝12.0、水素原子＝1.0、酸素原子＝16.0とすると、この有機化合物の組成式は［ D ］である。

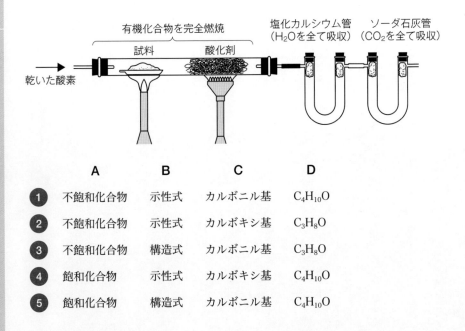

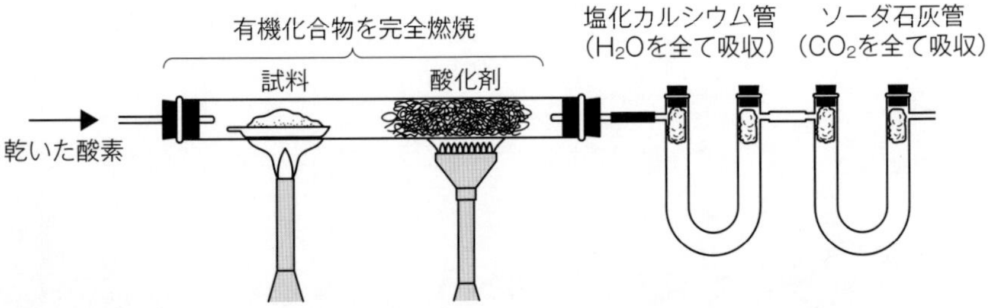

	A	B	C	D
1	不飽和化合物	示性式	カルボニル基	$C_4H_{10}O$
2	不飽和化合物	示性式	カルボキシ基	C_3H_8O
3	不飽和化合物	構造式	カルボニル基	C_3H_8O
4	飽和化合物	示性式	カルボキシ基	$C_4H_{10}O$
5	飽和化合物	構造式	カルボニル基	$C_4H_{10}O$

解説

正解 ②

A：不飽和化合物

炭素原子間の結合がすべて単結合だけで構成された化合物を飽和化合物といい、炭素原子間の結合に二重結合や三重結合を含むものを不飽和化合物という。

B：示性式

有機化合物の化学式の表現方法として、主に構造式と示性式が存在している。構造式は、炭素原子とほかの原子間の結合を省略することなく表記する化学式であり、示性式は、官能基を特に明示する化学式である。

C：カルボキシ基

酢酸の示性式は CH_3COOH によって表され、カルボキシ基－COOH を持つ。

D：C_3H_8O

炭素原子、酸素原子、水素原子からなる有機化合物の組成式を $C_xH_yO_z$ とおく。この化合物中に含まれる水素原子Hはすべて塩化カルシウム管に吸収された水 H_2O（分子量18.0）中に存在していて、炭素原子Cはすべてソーダ石灰管に吸収された二酸化炭素 CO_2（分子量44.0）中に存在している。

また、分子中に含まれる原子の質量は $\frac{当該原子量の合計}{分子量}$ が常に一定であるので、

水素原子の質量は72［g］× $\frac{2}{18}$ ＝8［g］、炭素原子の質量は132［g］× $\frac{12}{44}$ ＝36［g］

とそれぞれ求められる。酸素原子Oの質量は、有機化合物全体から水素原子と炭素原子の質量を差し引けば求められるので、

60［g］－（8＋36）［g］＝16［g］

と求められる。

$x:y:z$ ＝（炭素原子の物質量）：（水素原子の物質量）：（酸素原子の物質量）

よって、

$$\frac{36}{12}:\frac{8}{1}:\frac{16}{16}=3:8:1$$

であることがわかるので、組成式は C_3H_8O と求められる。

問題5　次のうち単結合のみからなる化合物として、最も妥当なのはどれか。

警視庁Ⅰ類2013

1 ベンゼン

2 二酸化炭素

3 アセチレン

4 エタン

5 エチレン

解説

正解 4

1 × ベンゼンは、単結合と二重結合を持つ化合物である。

2 × 二酸化炭素は、二重結合のみを持つ化合物である。

3 × アセチレンは、単結合と三重結合を持つ化合物である。

4 ○ エタンは、単結合のみを持つ化合物である。

5 × エチレンは、単結合と二重結合を持つ化合物である。

問題6

アルコールに関する記述として、妥当なのはどれか。

特別区Ⅰ類2020

❶ メタノールやエタノールのように、炭化水素の水素原子をヒドロキシ基で置換した化合物をアルコールという。

❷ アルコールにナトリウムを加えると、二酸化炭素が発生し、ナトリウムアルコキシドを生じる。

❸ 濃硫酸を160～170℃に加熱しながらエタノールを加えると、分子内で脱水反応が起こり、ジエチルエーテルが生じる。

❹ グリセリンは、2価のアルコールで、自動車エンジンの冷却用不凍液、合成繊維や合成樹脂の原料として用いられる。

❺ エチレングリコールは、3価のアルコールで、医薬品や合成樹脂、爆薬の原料として用いられる。

解説

正解 ❶

❶ ○　正しい記述である。

❷ ×　アルコールにナトリウムNaを加えると水素H_2が発生する。生じる物質はナトリウムアルコキシドR-ONaなのは正しい。

❸ ×　濃硫酸を160 ～ 170℃に加熱しながらエタノールを加えると、エチレンC_2H_4が発生する。

❹ ×　グリセリン$C_3H_5(OH)_3$は２価ではなく３価のアルコールであり、この記述はエチレングリコール$C_2H_4(OH)_2$についての説明である。

❺ ×　この記述はグリセリンについての説明である。

問題7

次の文は、有機化合物に関する記述であるが、文中の空所A～Dに該当する語の組合せとして、妥当なのはどれか。

特別区Ⅰ類2015

[A] は、無色の液体で、水などと混じり合い、有機化合物を良く溶かし、酢酸カルシウムを熱分解して得られる。

[B] は、[C] のある液体で、二クロム酸カリウムの硫酸酸性溶液でエタノールを酸化すると得られ、工業的には触媒を用いて、[D] を酸化して製造する。

	A	B	C	D
1	アセトアルデヒド	アセトン	芳香	エーテル
2	アセトアルデヒド	メタノール	刺激臭	エチレン
3	アセトン	アセトアルデヒド	刺激臭	エチレン
4	アセトン	メタノール	芳香	エーテル
5	メタノール	アセトアルデヒド	刺激臭	エーテル

解説

正解 3

酢酸カルシウムの熱分解によって得ることができるのはアセトン（**A**）である。

アセトアルデヒド（**B**）は、刺激臭（**C**）のある液体で、二クロム酸カリウムの硫酸酸性溶液でエタノールを酸化すると得られる。またアセトアルデヒドは、工業的には触媒を用いてエチレン（**D**）を用いて製造する。

問題8

有機化合物に関する記述として最も妥当なのはどれか。

国家一般職2018

1 アルコールとは、一般に、炭化水素の水素原子をヒドロキシ基(−OH)で置き換えた形の化合物の総称である。アルコールの一種であるエタノールは、酒類に含まれており、グルコースなどの糖類をアルコール発酵することによって得ることができる。

2 エーテルとは、1個の酸素原子に2個の炭化水素基が結合した形の化合物の総称であり、アルコールとカルボン酸が脱水縮合することによって生成する。エーテルの一種であるジエチルエーテルは、麻酔に用いられ、水に溶けやすく、有機化合物に混ぜると沈殿を生じる。

3 アルデヒドとは、カルボニル基(>C=O)の炭素原子に1個の水素原子が結合したアルデヒド基(−CHO)を持つ化合物の総称である。アルデヒドの一種であるホルムアルデヒドは、防腐剤などに用いられる無色無臭の気体で、酢酸を酸化することによって得ることができる。

4 ケトンとは、カルボニル基に2個の炭化水素基が結合した化合物の総称である。ケトンは、一般にアルデヒドを酸化することで得られる。ケトンの一種であるグリセリンは、常温では固体であり、洗剤などに用いられるが、硬水中では不溶性の塩を生じる。

5 カルボン酸とは、分子中にカルボキシ基(−COOH)を持つ化合物の総称である。カルボン酸は塩酸よりも強い酸であり、カルボン酸の塩に塩酸を加えると塩素が発生する。また、油脂に含まれる脂肪酸もカルボン酸の一種であり、リノール酸、乳酸などがある。

解説

正解 ❶

---

❶ ○　アルコールに関する正しい記述である。

❷ ×　エーテルの構造に関する記述は妥当である。エーテルは、アルコールを低温で分子間脱水することで得られる。アルコールとカルボン酸の脱水縮合で得られる物質はエステルである。また、エーテルは水に溶けにくく、有機化合物はエーテルに溶ける。

❸ ×　アルデヒドの構造に関する記述は妥当である。ホルムアルデヒドは刺激臭があり、メタノールを酸化することで得られる。なお、酢酸はこれ以上酸化されない。

❹ ×　ケトンの構造に関する記述は妥当である。ケトンは第2級アルコールを酸化することで得られる。また、グリセリンは3価アルコールであり、常温では液体であり、セッケンの成分である。

❺ ×　カルボン酸の構造に関する記述は妥当である。カルボン酸は弱酸であり、塩酸は強酸であるので、カルボン酸は塩酸よりも弱い酸である。カルボン酸の塩に塩酸を加えた場合、カルボン酸が遊離するが塩素は発生しない。また、鎖式1価カルボン酸のことを脂肪酸といい、リノール酸や乳酸は脂肪酸に分類される(乳酸は脂肪酸に含めないとする立場も存在する)。

問題9　ベンゼンに関する記述として、最も妥当なのはどれか。

東京消防庁Ⅰ類2017

1. 常温で気体である。
2. 水に溶けにくい。
3. 無臭である。
4. 無毒である。
5. 極性分子である。

解説

正解 ②

❶ × ベンゼンは常温で液体である。

❷ ○ ベンゼンは無極性分子であり、水には溶けにくい。

❸ × ベンゼンは芳香族炭化水素であり、独特の芳香(甘い香り)を持つ。

❹ × ベンゼンは有毒な物質であり、発がん性を有する。

❺ × ベンゼンは無極性分子である。

問題10　次の有機化合物Ⅰ、Ⅱと、それらの構造式ア～オを正しく組み合わせているのはどれか。

国家一般職2006

Ⅰ　この物質は、サリチル酸、ピクリン酸など、多くの有機化合物の原料となる。また、水に少し溶け、水溶液は弱い酸性を示す。この物質とホルムアルデヒドを縮合重合させると、立体網目構造をもつ熱硬化性樹脂が得られる。

Ⅱ　この物質は、古代からデンプンや糖を酵母を用いて発酵させてつくられてきた。工業的には、リン酸触媒の存在するところでエチレンに水蒸気を付加反応させてつくられる。

ア

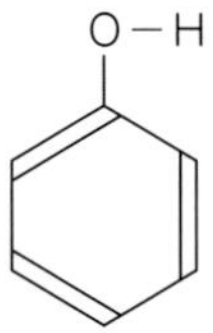

イ

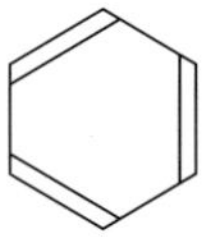

ウ

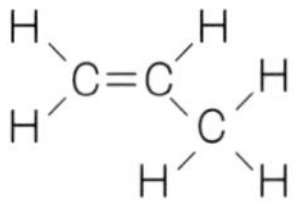

エ

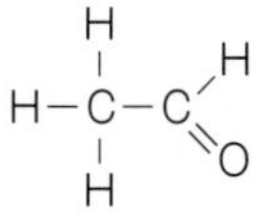

オ

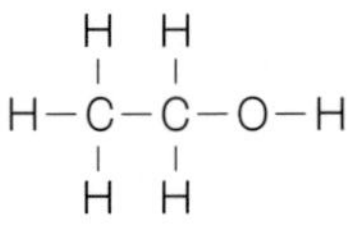

	Ⅰ	Ⅱ
1	ア	エ
2	ア	オ
3	イ	ウ
4	イ	エ
5	ウ	オ

解説

正解 ②

I　フェノールに関する記述である。フェノールはベンゼン環にヒドロキシ基－OH が直接結合した構造を持つので、**ア**がフェノールである。

II　エタノールに関する記述である。エタノールはエタンの水素分子 H がヒドロキシ基－OH に置き換わった構造を持つので、**オ**がエタノールである。

なお、**イ**はベンゼン、**ウ**はプロペン、**エ**はアセトアルデヒドの構造式である。

問題11

繊維に関する記述として最も妥当なのはどれか。

国家専門職2011

1　綿は、植物のワタから得られる天然繊維であり、その主成分はタンパク質である。酸には強いが塩基には弱い。繊維の表面にクチクラがあるため耐熱性や耐摩耗性はよい。

2　絹は、カイコガがまゆを作るときに吐き出す糸から作られる天然繊維である。水や熱に弱いが、これは主成分のセルロースが水や熱により溶解しやすい性質をもつためである。

3　ナイロンは、綿の代用品として開発された化学繊維であり、エーテル結合によって単量体が多数連なった高分子化合物である。耐摩耗性、弾力性、吸湿性に優れている。

4　レーヨンは、古着などから回収された化学繊維を熱溶解し、銅イオンを含む水溶液中で生成される再生繊維である。分子中に銅イオンを含むため耐熱性はよい。

5　ポリエチレンテレフタレート(PET)は、分子内にエステル結合をもつ合成高分子であり、紡糸により繊維として使われる。耐熱性や耐摩耗性はよいが、吸湿性は少ない。

解説

正解 5

---

1 × 綿の主成分はセルロース(炭水化物)である。塩基には強く酸に弱い。

2 × 絹の主成分はタンパク質である。

3 × ナイロンは、アミド結合−CO−NH−によって縮合した合成繊維である。耐摩耗性は高いが吸湿性は低い。

4 × レーヨンは、セルロース(植物繊維)の再生繊維である。銅アンモニア溶液にセルロースを溶解して得られたレーヨンを銅アンモニアレーヨンというが、銅イオンが耐熱性に影響しているかの知見は得られていない。

5 ○ 正しい記述である。

索　引

【執　筆】
TAC公務員講座講師室
序章・第２章・第３章：渡辺 健一（TAC公務員講座）
第１章：木村 裕羽（TAC公務員講座）

◎本文デザイン／黒瀬 章夫（ナカグログラフ）
◎カバーデザイン／河野 清（有限会社ハードエッジ）

本書の内容は、小社より2023年４月に刊行された「公務員試験 過去問攻略Ｖテキスト 18-1 自然科学（上）第３版（ISBN：978-4-300-10572-6）」と同一です。

公務員試験　過去問攻略Ｖテキスト　18-1　自然科学（上）　新装版

2020年１月25日　初　版　第１刷発行
2024年４月１日　新装版　第１刷発行

編著者　ＴＡＣ株式会社（公務員講座）
発行者　多田敏男
発行所　ＴＡＣ株式会社　出版事業部（TAC出版）

〒101-8383
東京都千代田区神田三崎町3-2-18
電話　03（5276）9492（営業）
FAX　03（5276）9674
https://shuppan.tac-school.co.jp

組　版　朝日メディアインターナショナル株式会社
印　刷　日新印刷株式会社
製　本　東京美術紙工協業組合

ISBN 978-4-300-11158-1
N.D.C. 317

乱丁・落丁による交換，および正誤のお問合せ対応は，該当書籍の改訂版刊行月末日までといたします。なお，交換につきましては，書籍の在庫状況等により，お受けできない場合もございます。

また，各種本試験の実施の延期，中止を理由とした本書の返品はお受けいたしません。返金もいたしかねますので，あらかじめご了承くださいますようお願い申し上げます。

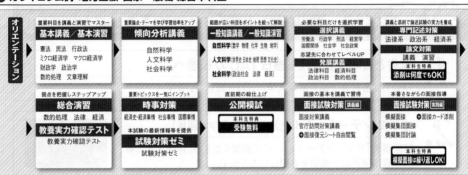

公務員講座のご案内

無料体験入学のご案内

3つの方法でTACの講義が体験できる!

教室で体験　迫力の生講義に出席

予約不要!　**最大3回連続出席OK!**

1. 校舎と日時を決めて、当日TACの校舎へ

TACでは各校舎で毎月体験入学の日程を設けています。

▼

2. オリエンテーションに参加（体験入学1回目）

初回講義「オリエンテーション」にご参加ください。体験入学ご参加の際に個別にご相談をお受けいたします。

▼

3. 講義に出席（体験入学2・3回目）

引き続き、各科目の講義をご受講いただけます。参加者には体験用テキストをプレゼントいたします。

- 最大3回連続無料体験講義の日程はTACホームページと公務員講座パンフレットでご覧いただけます。
- 体験入学はお申込み予定の校舎に限らず、お好きな校舎でご利用いただけます。
- 4回目の講義前までにご入会手続きをしていただければ、カリキュラム通りに受講することができます。

※地方上級・国家一般職、理系（技術職）、警察・消防以外の講座では、最大2回連続体験入学を実施しています。また、心理職・福祉職はTAC動画チャンネルで体験講義を配信しています。
※体験入学1回目や2回目の後でもご入会手続きは可能です。「TACで受講しよう！」と思われたお好きなタイミングで、ご入会いただけます。

ビデオで体験　校舎のビデオブースで体験視聴

TAC各校のビデオブースで、講義を無料でご視聴いただけます。（要予約）

各校のビデオブースでお好きな講義を視聴できます。視聴前日までに視聴する校舎受付までお電話にてご予約をお願い致します。

ビデオブース利用時間 ※日曜日は④の時間帯はありません。

① 9：30 ～ 12：30　② 12：30 ～ 15：30
③ 15：30 ～ 18：30　④ 18：30 ～ 21：30

※受講可能な曜日・時間帯は一部校舎により異なります。
※年末年始・夏期休業・その他特別な休業以外は、通常平日・土日祝祭日にご覧いただけます。
※予約時にご希望日とご希望時間帯を合わせてお申込みください。
※基本講義の中からお好きな科目をご視聴いただけます。（視聴できる科目は時期により異なります）
※TAC提携校での体験視聴につきましては、提携校各校へお問合せください。

Webで体験　スマートフォン・パソコンで講義を体験視聴

TACホームページの「TAC動画チャンネル」で無料体験講義を配信しています。時期に応じて多彩な講義がご覧いただけます。

TAC ホームページ　**https://www.tac-school.co.jp/**

※体験講義は教室講義の一部を抜粋したものになります。

(2021年7月現在)

書籍のご購入は

1 全国の書店、大学生協、ネット書店で

2 TAC各校の書籍コーナーで

資格の学校TACの校舎は全国に展開!
校舎のご確認はホームページにて

資格の学校TAC ホームページ
https://www.tac-school.co.jp

3 TAC出版書籍販売サイトで

CYBER BOOK STORE TAC出版書籍販売サイト

24時間 ご注文 受付中

TAC 出版 で 検索

https://bookstore.tac-school.co.jp/

新刊情報を いち早くチェック!

たっぷり読める 立ち読み機能

学習お役立ちの 特設ページも充実!

TAC出版書籍販売サイト「サイバーブックストア」では、TAC出版および早稲田経営出版から刊行されている、すべての最新書籍をお取り扱いしています。

また、無料の会員登録をしていただくことで、会員様限定キャンペーンのほか、送料無料サービス、メールマガジン配信サービス、マイページのご利用など、うれしい特典がたくさん受けられます。

サイバーブックストア会員は、特典がいっぱい!(一部抜粋)

- 通常、1万円(税込)未満のご注文につきましては、送料・手数料として500円(全国一律・税込)頂戴しておりますが、1冊から無料となります。
- 専用の「マイページ」は、「購入履歴・配送状況の確認」のほか、「ほしいものリスト」や「マイフォルダ」など、便利な機能が満載です。
- メールマガジンでは、キャンペーンやおすすめ書籍、新刊情報のほか、「電子ブック版TACNEWS(ダイジェスト版)」をお届けします。
- 書籍の発売を、販売開始当日にメールにてお知らせします。これなら買い忘れの心配もありません。

書籍の正誤に関するご確認とお問合せについて

書籍の記載内容に誤りではないかと思われる箇所がございましたら、以下の手順にてご確認とお問合せをしてくださいますよう、お願い申し上げます。
なお、正誤のお問合せ以外の**書籍内容に関する解説および受験指導などは、一切行っておりません。**
そのようなお問合せにつきましては、お答えいたしかねますので、あらかじめご了承ください。

1 「Cyber Book Store」にて正誤表を確認する

TAC出版書籍販売サイト「Cyber Book Store」の
トップページ内「正誤表」コーナーにて、正誤表をご確認ください。

CYBER BOOK STORE TAC出版書籍販売サイト

URL:https://bookstore.tac-school.co.jp/

2 1の正誤表がない、あるいは正誤表に該当箇所の記載がない ⇒ 下記①、②のどちらかの方法で文書にて問合せをする

★ご注意ください★

お電話でのお問合せは、お受けいたしません。
①、②のどちらの方法でも、お問合せの際には、「お名前」とともに、
「対象の書籍名(○級・第○回対策も含む)およびその版数(第○版・○○年度版など)」
「お問合せ該当箇所の頁数と行数」
「誤りと思われる記載」
「正しいとお考えになる記載とその根拠」
を明記してください。
なお、回答までに1週間前後を要する場合もございます。あらかじめご了承ください。

① ウェブページ「Cyber Book Store」内の「お問合せフォーム」より問合せをする

【お問合せフォームアドレス】

https://bookstore.tac-school.co.jp/inquiry/

② メールにより問合せをする

【メール宛先 TAC出版】

syuppan-h@tac-school.co.jp

※土日祝日はお問合せ対応をおこなっておりません。
※正誤のお問合せ対応は、該当書籍の改訂版刊行月末日までといたします。

乱丁・落丁による交換は、該当書籍の改訂版刊行月末日までといたします。なお、書籍の在庫状況等により、お受けできない場合もございます。
また、各種本試験の実施の延期、中止を理由とした本書の返品はお受けいたしません。返金もいたしかねますので、あらかじめご了承くださいますようお願い申し上げます。

TACにおける個人情報の取り扱いについて
■お預かりした個人情報は、TAC(株)で管理させていただき、お問合せへの対応、当社の記録保管にのみ利用いたします。お客様の同意なしに業務委託先以外の第三者に開示、提供することはございません(法令等により開示を求められた場合を除く)。その他、個人情報保護管理者、お預かりした個人情報の開示等及びTAC(株)への個人情報の提供の任意性については、当社ホームページ(https://www.tac-school.co.jp)をご覧いただくか、個人情報に関するお問い合わせ窓口(E-mail:privacy@tac-school.co.jp)までお問合せください。

(2022年7月現在)